JURISPRUDENCE

DE LA

COUR ROYALE DE GRENOBLE.

JURISPRUDENCE

DE

LA COUR ROYALE DE GRENOBLE,

OU

TABLE GÉNÉRALE

ALPHABÉTIQUE ET MÉTHODIQUE

DES ARRÊTS DE LA COUR ROYALE DE GRENOBLE,

RENDUS DEPUIS L'AN 8, ÉPOQUE DE L'INSTITUTION DES TRIBUNAUX D'APPEL,
JUSQUES ET COMPRISE L'ANNÉE 1834.

PAR

MM. Crozet, *Licencié en Droit*, et Charrut,

GREFFIERS D'AUDIENCE,

Rédacteurs du *Journal de jurisprudence* de la même Cour.

GRENOBLE,

PRUDHOMME, IMPRIMEUR-LIBRAIRE, RUE LAFAYETTE, N° 9.

—

M·DCCC·XXXV.

AVERTISSEMENT.

Dix années se sont écoulées depuis que le Journal de Jurisprudence de la Cour royale de Grenoble a commencé à paraître , et un grand nombre d'arrêts émanés de cette cour ont été publiés. Ce journal avait été précédé par un recueil entrepris par M. Villars , alors avocat à Grenoble , et contenant les principaux arrêts rendus depuis l'an 8 jusques à 1821. Au moyen de ces deux ouvrages on peut connaître l'ensemble de la jurisprudence de la cour.

Mais malgré tous les soins qui ont été apportés à la confection des tables particulières de chaque volume , et par cela même qu'il faut consulter plusieurs tables pour retrouver les arrêts , on éprouve des difficultés dans les recherches, et on sent le besoin d'une table générale qui embrasse dans une seule classification tous les arrêts contenus dans les deux ouvrages , et présente ainsi le résumé de toute la jurisprudence.

Ces idées, qui nous ont été communiquées par un grand nombre d'abonnés à notre journal , nous ont déterminés à entreprendre la confection de cette table générale , à laquelle nous avons apporté les soins les plus consciencieux.

Nous nous sommes efforcés d'adopter le mode de classement le plus convenable et le plus propre à faciliter les recherches , en plaçant autant que possible les arrêts sous les mots principaux auxquels ils se rapportent le plus naturellement, et en plaçant de nombreux renvois aux mots accessoires sous lesquels ils pourraient également être recherchés. A l'égard des matières qui ont donné lieu à un grand nombre de décisions , nous avons combiné l'ordre méthodique avec l'ordre alphabétique ,

6

afin d'éviter la confusion , et à cet effet nous avons consulté les tables tricennales de MM. Sirey et Dalloz. Enfin , pour ajouter un nouveau degré d'utilité à notre table , nous rapportons , au moyen de notes placées au bas des décisions rendues sur des points de doctrine , les principaux motifs des arrêts qui ont fixé la jurisprudence de la cour ; en sorte que notre table sera pour les avocats une espèce de *Manuel d'audience* , suffisant dans beaucoup de cas pour les citations.

Cette table , ainsi exécutée, pourra suppléer le journal lui-même pour beaucoup de personnes , telles que les notaires et les juges de paix , qui , sans avoir besoin d'étudier la jurisprudence dans tous ses détails , ne peuvent se dispenser d'en connaître les éléments. Ces personnes trouveront , dans notre table , l'indication de toutes les décisions en droit et les principaux motifs des arrêts doctrinaux rendus par la cour royale de Grenoble.

⁂

Explication des Renvois et des Abréviations.

RENVOIS.

Pour faciliter les recherches et faire concourir les deux modes de classement qui ont été admis dans les tables de décisions judiciaires , le classement alphabétique et le classement méthodique , nous avons , en tête de chaque mot principal , ou de chaque article d'une certaine étendue , placé une liste alphabétique des mots caractéristiques de toutes les notices qu'il contient , avec renvoi aux numéros de ces notices. Après cette liste vient un tableau indiquant la division de la matière en paragraphes , d'après l'ordre méthodique.

Des renvois généraux *en petites capitales* , suivant immédiatement chaque titre ou mot principal , ont pour objet d'indiquer les mots analogues qui peuvent servir de complément à l'article , et de conduire le lecteur à des décisions analogues , qui se trouvent placées sous un autre mot , où elles font partie d'un autre système de notices.

ABRÉVIATIONS.

V. indique le recueil d'arrêts publié par M. Villars , et le chiffre qui suit indique la page de ce recueil.

J. indique le Journal de jurisprudence de la cour royale de Grenoble. Le premier chiffre qui vient après indique le volume du journal , et les chiffres suivants indiquent la page.

JURISPRUDENCE

DE

LA COUR ROYALE DE GRENOBLE.

ABSENCE.

1. *Décès.* — *Présomption.* (*Droit ancien.*)

Dans l'ancien droit, l'absent était présumé mort du jour de sa disparition ou de ses dernières nouvelles.

Oddoz. — Veuve Leblanc. — 13 août 1813. — 2ᵉ chamb............Vˢ. 4

2. *Mari.* — *Femme.* — *Capacité.* (*Droit nouveau.*)

Pendant l'absence présumée du mari, la femme mariée sous le régime dotal a qualité suffisante, étant autorisée par la justice, pour intenter une action en pétition de ses droits héréditaires.

Etienne Perier. — La femme Dintre. — 11 mai 1821. — 2ᵉ chamb. J. 3. 359

ABSOLUTION. — V. Complicité. — Dépens.

ABUS (Appel comme d').

1. — La cour royale n'est pas compétente pour statuer sur l'appel comme d'abus ; c'est au conseil d'état qu'il appartient d'en connaître.

Le sieur Dideron. — Les vicaires-généraux du diocèse de Valence. — 10 février 1817. — 1ʳᵉ ch....Vˢ. 105

ACCEPTATION. — V. Donation. — Succession.

ACQUÉREUR. — V. Éviction. — Inscription hypothécaire. — Ordre. — Prescription. — Rentes. — Tierce-opposition.

ACQUIESCEMENT.

Adjudication, 10.
Appel, 3, 4, 5, 6, 7, 9, 15, 20.
Attestation, 1, 2.
Avoué, 17, 18.
Commandement, 13.
Conclusions, 18, 19.
Condition, 14.
Désaveu, 17, 18.
Divisibilité, 15.
Évocation, 25.
Exécution, 4, 8, 22, 24, 25.
Fin de non-recevoir, 3, 4, 5, 6, 7, 9, 10, 11, 13, 18, 19, 20, 22, 24, 25.
Huissier, 1, 2, 26.
Incompétence, 8.

———

§ 1er. — *Capacité pour acquiescer.*
§ 2. — *Acquiescement par suite d'exécution expresse ou tacite.*
§ 3. — *Acquiescement résultant de signification.*
§ 4. — *Acquiescement résultant de jugement volontaire.*
§ 5. — *Acquiescement aux jugements interlocutoires et par défaut.*

———

§ 1er. — *Capacité pour acquiescer.*

1. — L'attestation d'un huissier, que le débiteur condamné s'est libéré entre ses mains, des dépens , ne fait pas foi et ne rend pas l'appel non recevable.
Fugier. — Meunier. — 22 juin 1808.
— 1re sect.................. V'. 55

2. — L'huissier qui signifie un jugement n'a pas qualité pour constater l'acquiescement de la partie à laquelle la signification est faite , si cette partie n'a pas signé cet acquiescement.
Les mariés Jacquillon et Marianne Ogier. — Les acquéreurs de Jean-Louis Ogier. — 6 juillet 1826. — 2e chamb.
J. 3. 109

§ 2. — *Acquiescement par suite d'exécution expresse ou tacite.*

3. — Lorsqu'un jugement est rendu à la charge , par la partie qui triomphe, de prêter serment, si l'adversaire, présent à la prestation de serment , déclare n'avoir moyen de l'empêcher, il se rend non recevable à appeler du jugement.
Mercier. — Jacquelin. — 7 juin 1808.
— 1re sect................. V'. 54
Arrêt conforme :
Truffet. — Michallot. — 26 août 1808.
— 2e sect................. V'. 55

4. — L'appel d'un jugement contradictoire n'est pas non recevable , parce que ce jugement aurait été exécuté par une prestation de serment en plaid , lorsque ce jugement n'a pas été signifié.
Poncin. — Poncin. — 2 février 1818.
— 1re chamb.............. V'. 56

5. — Lorsqu'un **tribunal a déféré** le serment à l'une des parties, qui l'a prêté sans protestation de l'autre , celle-ci n'est pas non recevable à interjeter appel du jugement.
Archinard. — Recoin. — 1er mars 1833. — 1re chamb....... J. 7. 425

6. — Lorsqu'un tribunal a déféré le serment à l'une des parties , qui le prête en l'absence de l'autre , quoique légalement sommée d'assister à la prestation de serment, le silence et le défaut de protestation de la part de celle-ci ne forment pas un acquiescement qui rende son appel non recevable , alors que le jugement n'a pas été préalablement signifié à la partie.

Eynard. — Manillier. — 17 décembre 1834. — 2ᵉ chamb.... J 7. 420

7. — La partie qui demande au tribunal sursis à l'exécution du jugement qu'il va rendre renonce à l'appel.
Chevallier. — Blanc et Chabert-Fontville. — 1ᵉʳ pluviôse an 9. — 1ʳᵉ sect...................... Vˢ. 50

8. — L'exécution du jugement qui n'a pas été signifié n'emporte pas acquiescement, surtout lorsqu'il s'élève une question d'incompétence, *ratione materiæ*.
Reveyrand. — Laliche. — 19 août 1817. — Chamb. civ........ Vˢ. 56

9. — La partie qui plaide au fond, sans avoir appelé du jugement qui rejetait les moyens de nullité par elle opposés contre la demande, acquiesce à ce jugement et se rend non recevable à en appeler.
De Nicolaï.—Le maire de Treschenu. — 27 août 1813. — 2ᵉ chamb. Vˢ. 59

10. — La ratification formelle rend l'exproprié qui l'a donnée non recevable à attaquer le jugement d'adjudication.
Veuve Rochas. — Mariés Rougier. — 19 avril 1823. — 2ᵉ ch... J. 1. 38

§ 3. — *Acquiescement résultant de signification.*

11. — Sous l'ordonnance de 1667, la signification du jugement à avoué, quoique faite sans réserve, ne rendait pas non recevable à en appeler.
Bachasse. — Rolland. — 6 février 1808 .... Vˢ. 53

Il en est de même sous le Code de procédure civile.
Cheysson. — Mandin. — 20 janvier 1817 .... Vˢ. 54

12. — La signification pure et simple d'un jugement, faite sans protestation d'appel, est un acquiescement formel à son exécution.
Les mariés Faucon. — Jacques Lombard. — 18 mai 1822. — 2ᵉ chamb.
J. 3. 282

13. — Quoique la signification du jugement soit faite sous protestation d'en appeler, l'appel est non recevable, si cette protestation n'est pas réitérée dans le commandement qui a suivi l'intimation.
Etienne Rabatel. — Rose Grepat. — 26 mars 1817. — 1ʳᵉ chamb... Vˢ. 58

14. — La signification d'un jugement, avec réserve d'en appeler, si la partie condamnée ne l'exécute pas, maintient son droit à l'intimé, lors même que l'appel de l'adversaire est déclaré nul par défaut de forme. S'il y a plusieurs parties en cause, celle qui a reçu la signification peut, seule, opposer de l'acquiescement.
Chataigner. — Charvet. — 15 janvier 1843. — 2ᵉ chamb...... Vˢ. 59

15. — Lorsque, dans une action en délaissement d'immeuble exercé tout à la fois contre le possesseur et le fermier, on n'a, dans l'exploit d'intimation du jugement, fait des protestations d'appel que contre ce dernier, l'appel qui est interjeté, par la suite, contre

tous les deux, ne peut avoir d'effet que contre le fermier : il est non recevable à l'égard du possesseur ; la validité de l'appel interjeté contre le fermier ne peut entraîner la validité de celui formé contre le possesseur.

Les mariés Faucon. — Jacques Lombard. — 18 mai 1822. — 2ᵉ chamb.

J. 3. 282.

§ 4. — *Acquiescement résultant de jugement volontaire.*

16. — Un jugement qui prononce conformément aux offres du débiteur ne peut être attaqué de sa part. L'offre est un acquiescement à la condamnation.

Couriot. — Eynard. — 21 germinal an 9. — 1ʳᵉ sect.............. Vᵛ. 51

Arrêts conformes :

Mersiet. — Reytinat. — 16 février 1816. — 2ᵉ chamb.......... Vᵛ. 52

David. — De Mépieu. — 11 juillet 1816. — 1ʳᵉ chamb.......... Vᵛ. 52

Marcieux. — Guichard. — 30 décembre 1817. — Chamb. civ.. Vᵛ. 52

Trolliet. — Veuve Arthaud. — 19 août 1818. — Chamb. civ.... Vᵛ. 52

17. —Lorsqu'un jugement a été rendu du consentement de l'avoué, il en résulte pour son client un acquiescement qui ne peut être détruit que par une action en désaveu.

Guillerme. — Rey et Jacques. — 28 février 1812. — 2ᵉ chamb.... Vᵛ. 55

18. — La partie qui a obtenu un jugement conforme aux conclusions

ACQUIESCEMENT.

par elle prises en première instance, par le ministère de son avoué, est non recevable à appeler de ce jugement, quoiqu'elle déclare vouloir exercer une action en désaveu contre cet avoué, à raison de ces conclusions.

Les mariés Gachet. — Jean-Clair Mathieu. — 30 janvier 1823. — 2ᵉ ch.

J. 1. 463

19. — L'appel d'un jugement rendu sur les conclusions conformes de l'appelant n'est pas recevable ; la fin de non-recevoir résultant d'un pareil acquiescement est d'ordre public ; elle ne peut être couverte, quoique non proposée *in limine litis.*

Vincent Astier. — Goubet et Roman. — 7 janvier 1825. — 4ᵉ ch. J. 1. 532

20. — Déclarer qu'on s'en rapporte à la sagesse du tribunal, c'est acquiescer d'avance au jugement. On ne peut donc en appeler.

Etienne Arnaud. — Louis Brun. — 12 juillet 1822. — 2ᵉ ch... J. 3. 265

21. — Il ne peut y avoir acquiescement anticipé envers un jugement, qu'autant que les réclamations de l'une des parties sont reconnues justes par l'autre partie, et accordées ou consenties sans restriction.

Le sieur Bouvier. — Joseph Combe et consorts. — 21 novembre 1829. — 2ᵉ chamb............... J. 5. 97

§ 5. *Acquiescement aux jugements interlocutoires et par défaut.*

22. — L'exécution volontaire d'un jugement interlocutoire, qui ordonne

une enquête, emporte acquiescement à ce jugement, et rend la partie qui l'a ainsi exécuté non recevable à en appeler (1).

François Jourdan.—Jean-Alexandre Ugnon. — 26 août 1826. — 2ᵉ chamb.
J. 3. 150

23. — Lorsqu'un jugement, avant dire droit, ordonne une expertise sur divers chefs de conclusions, la partie qui, présente à la prestation de serment des experts, déclare ne point s'y opposer, faisant réserve de tous ses droits, acquiesce aux chefs de ce jugement pour lesquels l'expertise est ordonnée.

Jean-Roch Roux. — Les consorts Roux. — 17 mai 1827. — 2ᵉ chamb.
J. 3. 493

24. — Une partie est non recevable à appeler d'un jugement interlocutoire

auquel elle a acquiescé, et qu'elle a même exécuté; mais cet interlocutoire ne lie pas les juges et peut être réparé en définitive.

Antoine Grégoire. — M. de Chaponay. — 19 juillet 1827. — 2ᵉ chamb.
J. 4. 93

25. — La partie qui, après avoir appelé d'un jugement renfermant une interlocution, assiste à l'enquête et déclare n'avoir moyen de l'empêcher, acquiesce à ce chef de jugement, et se rend non recevable dans son appel, quant à ce.

La partie qui fait procéder à l'enquête ordonnée exécute le jugement et ne peut plus en appeler.

Dès lors, la cour royale ne peut plus évoquer le fond et principal, nonobstant la production de nouvelles pièces qui rendraient inutile l'interlocution prononcée par les premiers juges.

Les consorts Bonnard. — Hugues Jayet. — 5 juin 1828. — 2ᵉ chamb.
J. 4. 174

26. — On ne peut considérer comme un acquiescement à un jugement par défaut la mention faite par l'huissier, au bas de son exploit, que le débiteur a déclaré ne pouvoir payer faute d'argent.

Joseph Durand. — Marie Bouvier femme Gonon. — 1ᵉʳ juin 1822. — 2ᵉ chamb. . . . . J. 2. 545

27. — L'acquiescement postérieur à la péremption d'un jugement par défaut de constituer avoué ne peut être opposé aux tiers qui ont acquis des

---

(1) Attendu que Jean-Alexandre Ugnon, ayant volontairement exécuté le jugement interlocutoire du 30 août 1825, il en résulte que l'appel qu'il a interjeté dudit jugement interlocutoire, en même temps que du jugement définitif, n'est pas recevable; — qu'en effet, une semblable exécution emportait un acquiescement formel au jugement interlocutoire, et repoussait tout appel; que c'est là un principe consacré notamment par deux arrêts de la cour de cassation, des 14 juillet 1818 et 1ᵉʳ août 1820; principe qui ne contrarie point celui que les jugements et arrêts interlocutoires, qui sont toujours rendus sauf et sans préjudice du droit des parties, ne lient pas les juges, et qu'ils peuvent être réparés en définitive, quand il existe des éléments de décision qui rendent la preuve ordonnée inutile et contraire à la loi.

droits dans l'intervalle du jugement à l'acquiescement.

Les mariés Jacquillon et Marianne Ogier. — Les acquéreurs de Jean-Louis Ogier. — 6 juillet 1826. — 2ᵉ chamb. J. 3. 109

28. — L'acquiescement donné à un jugement par défaut de paraître, postérieurement aux six mois qui en ont suivi l'obtention, et pendant lesquels il est resté sans exécution, ne peut faire revivre ce jugement, même à l'effet de produire un titre hypothécaire (1).

Garnier. — Lurin et consorts. — 19 janvier 1833. — 2ᵉ chamb. J. 6. 445

V. APPEL. — APPEL INCIDENT. — JUGEMENT PAR DÉFAUT.

ACTE EN GÉNÉRAL.

1. — *Destruction. — Force majeure.*

Un acte détruit par force majeure est présumé fait en bonne forme.

De Suze. — Maleyrac. — 27 août 1817 . . . . V⁰. 9

2. — *Exécution. — Régime.*

Le mode d'exécution d'un acte est régi par la loi du lieu où cet acte doit être exécuté.

Jacques Bory. — François Rolland. — 15 mai 1823. — 2ᵉ ch... J. 1. 361

3. — *Production. — Acte récognitif.*

Un acte ancien qui n'est point pro-

duit, mais qui est relaté dans un acte postérieur, peut être considéré comme suffisamment connu.

Girier. — Argoud. — 6 avril 1811. 1ʳᵉ chamb . . . . V⁰. 16

4. — *Renvoi. — Approbation. — Nullité.*

Un renvoi inséré à la suite d'un acte, mais avant aucune signature, n'est pas nul, quoiqu'il n'ait pas été approuvé.

Joseph Richard. —Guillaume David. — 28 mai 1823. — 1ʳᵉ ch.. J. 1. 382

ACTE DE COMMERCE.

1. — *Boulanger. — Achat de farines.*

Le boulanger, en achetant des farines d'un marchand, fait un acte de commerce.

Billon. — Michallon. — 26 juillet 1811. — 2ᵉ chamb . . . . V⁰. 29

2. — *Coupe de bois. — Vente.*

La vente d'une coupe de bois entre marchands est un acte de commerce (1).

Jean Ferlay. — Jean Mathieu. — 2 juillet 1830. — 2ᵉ ch.... J. 6. 177

---

(1) V. dans le même sens, arrêt de Bourges du 7 février 1822. Sirey. 25. 2. 78. — Et arrêt de cassation du 2 août 1826. Sirey. 27. 1. 121.

(1) Considérant que le tribunal de commerce était compétent, puisque l'engagement dont il s'agit est relatif à une opération réputée acte de commerce, à la vente d'une coupe de bois destinée à être revendue, ce qui résulte, soit de la profession des parties, qui font habituellement le commerce des bois, soit des faits dont Ferlay demande à faire la preuve.

Considérant que si, dans leur rapport avec les propriétaires du sol, les bois sont réputés immeubles et ne deviennent meubles qu'au

3. — *Entrepreneur de cercle.—Achat et vente de denrées.*

L'entrepreneur d'un cercle établi pour la lecture des journaux, les jeux de cartes, de billard et autres jeux, qui reçoit de chaque abonné une rétribution annuelle, et fournit aux abonnés seulement et dans le local du cercle, du café, des liqueurs et des rafraîchissements, aux prix communs de la ville, ne peut, à raison de ces opérations, être réputé commerçant.

Le syndic de la faillite Constant. — Le sieur Bourne et la veuve Ribaud. — 12 décembre 1829. — 4ᵉ ch. J. 5. 468

4.— *Entrepreneur de travaux publics. — Fournitures.*

La fourniture faite aux domestiques et aux chevaux d'un entrepreneur de travaux publics est un acte de commerce.

Les frères André. — Alexis Ogier. — 4 février 1826. — 4ᵉ ch. J. 3. 258

fur et à mesure qu'ils sont abattus, il n'en est pas de même dans leur rapport avec les propriétaires ou acquéreurs de la coupe, qui ne sont pas en même temps propriétaires du sol; que dès-lors, si l'on ne considère pas comme actes de commerce les achats de biens immeubles destinés à être revendus, à cause de la nature de ces biens, on peut et l'on doit néanmoins réputer actes de commerce des ventes ou reventes de coupes de bois, intervenues entre personnes qui n'ont acquis que les bois avant même qu'ils aient été détachés du sol, car ces ventes ou reventes ne comprennent que des choses mobilières susceptibles de faire l'objet d'une spéculation commerciale.

5. — *Location. — Maison meublée.*

La location d'une maison garnie de meubles, pour en sous-louer, en détail, les différents appartements, est un acte commercial, lors surtout qu'elle a lieu entre commerçants.

Joseph Pelon. — La veuve Guiboud et Pierre Calvat. — 18 juin 1833. — 4ᵉ chamb............... J. 6. 499

ACTES DE L'ÉTAT CIVIL. — V. FAUX. — MARIAGE.

ACTE NOTARIÉ.

1. — *Foi due aux actes publics. — Témoins instrumentaires.*

La déclaration ou rétractation des témoins instrumentaires ne peut pas seule faire suspecter la foi due aux actes publics.

Le procureur-général. — Le notaire N.... — 26 avril 1823. — Chambre des mises en accusation.... J. 1. 56

2. — *Renvoi.—Clause additionnelle. — Nullité.*

Une clause additionnelle placée, au moyen d'un renvoi, au bas d'un acte notarié, est nulle comme renvoi si elle n'est pas spécialement approuvée et signée, indépendamment des signatures qui terminent l'acte, alors même qu'elle est approuvée et immédiatement suivie par ces signatures; elle est également nulle comme disposition additionnelle, si elle ne contient pas la mention spéciale de l'accomplissement de toutes les formalités nécessaires pour la validité de l'acte lui-même,

par exemple, la mention de la déclaration faite par le testateur de n'avoir
pu signer à cause de sa faiblesse.

Les mariés Oddon. — Les mariés
Candy. — 26 décembre 1832. — 2ᵉ ch.
                                    J. 6. 304

3. — *Signature. — Mention.*

Les termes équipollents peuvent
suppléer à une mention expresse prescrite par la loi ; ainsi, dire dans un
acte public qu'un tel n'a pas signé
pour ne savoir, *de ce enquis*, c'est suffisamment remplir le vœu de l'article
14 de la loi du 25 ventôse an XI.

Latreille. — Payet. — 20 janvier
1830. — 1ʳᵉ chamb......... J. 5. 1

4. — *Signature. — Notaire.*

La mention de la signature du notaire, dans un acte qu'il reçoit, est
suffisamment faite par ces mots : *Par-
devant le notaire soussigné*, quoique
ces mots se trouvent au commencement
de l'acte.

Pajean — Rousseau. — 17 juin 1809.
— 2ᵉ sect................ Vᵛ. 10

**5. — *Signature. — Témoins. — Do-
nation (Droit ancien).***

L'acte de donation doit, à peine de
nullité, faire mention de la cause qui
empêche les témoins de signer, et de
leur déclaration à cet égard. (Art. 45
et 47 de l'ordonnance de 1735.)

Pierre-Henri Vignon. — Les mariés
Bellier et Revol. — 16 mars 1824. —
1ʳᵉ chamb.............. J. 1. 173

6. — *Surcharge.*

La surcharge dans un acte notarié

n'annule l'acte qu'autant qu'elle est
faite après coup et à dessein de nuire (1).

Breynat. — Montoison. — 22 février
1809. — 1ʳᵉ chamb........ Vᵛ. 15

**V. Donation. — Notaire. — Tes-
tament.**

ACTE RESPECTUEUX.

1. — *Notification.*

L'acte respectueux peut être laissé
à personne ou domicile, comme tout
autre exploit de notification. Il n'est
pas nécessaire, à peine de nullité, que
la personne à qui la notification est
faite la reçoive personnellement.

Les sieurs Tezier père et fils. — 1ᵉʳ
décembre 1818. — 1ʳᵉ chamb. Vᵛ. 300

ACTE SOUS SEING PRIVÉ.

§ 1ᵉʳ. — *Écriture et signature de l'acte. —
Effet de l'acte entre les parties.*
§ 2. — *Actes contenant des conventions synallagmatiques. — Nombre des originaux.*
§ 3. — *Effet des actes sous seing privé à
l'égard des tiers.*

———

§ 1ᵉʳ. — *Écriture et signature de l'acte.
— Effet de l'acte entre les parties.*

1. — Lorsqu'un acte sous seing privé
contenant partage n'est pas passé entre
toutes les parties ayant intérêt au partage, il ne peut, dans tous les cas, être
considéré que comme un projet contre
lequel toutes les parties peuvent revenir tant qu'il n'est pas définitif.

———

(1) Nota. Il s'agissait d'une surcharge dans
la date d'un testament.

En admettant qu'un pareil acte dû être considéré comme un commencement de preuve par écrit, les actes d'exécution invoqués pour compléter la preuve, ne peuvent être considérés que comme des actes de possession provisoire.

Blanc. — Les consorts Blanc. — 24 avril 1830. — 2ᵉ ch... ... J. 5. 119

2. — Un acte sous seing privé par lequel les créanciers syndiqués d'un individu conviennent de faire, au nom de la masse, une surenchère sur les biens de leur débiteur, n'est obligatoire pour la masse qu'autant qu'il est signé par tous les créanciers. Il ne l'est pas même pour les créanciers signataires, lorsqu'il a été stipulé qu'il n'aurait d'effet que par la signature de tous les intéressés.

Chancel et autres. — Couthon et Long. — 7 février 1834. — 1ʳᵉ chamb. J. 7. 263

3. — Un acte sous seing privé renfermant des conventions synallagmatiques ne devient parfait et obligatoire que par la signature de toutes les parties qui y figurent, et dès-lors si l'une des parties refuse d'y apposer sa signature, celles qui ont apposé la leur peuvent la rétracter. Dès-lors aussi un pareil acte reste imparfait, et ne contenant aucun lien de droit, n'est pas susceptible d'être ratifié par l'exécution volontaire.

Robin. — Vachon, Clerc et Cottin. — 15 novembre 1834. — 2ᵉ chamb. J. 7. 384

§ 2. — *Actes contenant des conventions synallagmatiques. — Nombre des originaux.*

4. — L'individu qui produit un acte sous seing privé, dans lequel on a omis la mention des mots *fait double*, n'est pas recevable à opposer de cette omission ; ce cas doit être assimilé à celui où l'un des intéressés a exécuté lui-même la convention, et en a, par ce fait, consacré la validité.

Les frères Engilberge. — Les mariés Domeyne. — 8 avril 1829. — 2ᵉ ch. J. 4. 419

5. — L'acte sous seing privé contenant partage entre cohéritiers est nul, lorsqu'il n'a pas été fait en autant d'originaux qu'il y avait de parties ayant un intérêt distinct.

Blanc. — Les consorts Blanc. — 24 avril 1830. — 2ᵉ chamb... J. 5. 119

6. — Lorsque dans un acte sous seing privé fait à double, une clause a été rectifiée par un renvoi, porté à la fin de l'acte après les mots *fait à double* et la signature des parties, et que la rature de la clause et sa rectification sont approuvées et signées par les parties, cette rectification devient une clause de l'acte à laquelle s'applique le *fait à double* qui le termine, sans qu'il soit besoin de répéter les mots *fait à double*.

Jean Reynaud. — Pierre Vieux. — 1ᵉʳ juin 1831. — 1ʳᵉ chamb.. J. 5. 320

7. — L'acte sous seing privé par lequel une partie déclare à l'autre interrompre toute prescription à l'égard des

droits réclamés par celle-ci dans une succession, et fixés suivant les accords des parties à une somme énoncée dans ladite déclaration, est un acte synallagmatique qui doit être fait à double original.

Jacques-Antoine Agnel. — La veuve Agnel. — 14 décembre 1831. J. 5. 568

§ 3. — *Effet des actes sous seing privé à l'égard des tiers.*

V. AYANT-CAUSE. — DATE CERTAINE. — PREUVE TESTIMONIALE.

ACTION EN GÉNÉRAL.

1. — *Créancier.* — *Forclusion.*

Celui qui se dit créancier de quelqu'un peut être obligé, par le prétendu débiteur, à faire une déclaration positive à cet égard, et à exercer son action dans un certain délai, à peine de forclusion.

Devilly. — Hugonin. — 15 février 1816. — 2° chamb.......... V'. 34

2. — *Créanciers.* — *Hoirie vacante.*

Lorsqu'il n'existe aucuns biens dans une hoirie vacante, les créanciers peuvent s'adresser de suite aux détenteurs, sans avoir besoin de former demande contre le curateur.

Magnin. — Dollat et Guinet. — 21 décembre 1810............. V'. 26

V. COMPÉTENCE. — PRESCRIPTION.

ACTIONS DOTALES.

1. — *Aliénation.* — *Mari.* (*Droit ancien.*)

D'après les lois romaines et la juris-

prudence du parlement de Grenoble, le mari avait la libre disposition des actions dotales, et pouvait les aliéner, lors même que ces actions avaient des immeubles pour objet (1).

Jacques Chabert. — La veuve Odier. — 25 juillet 1825. — 1'° ch. J. 2. 323

Arrêts conformes :

Jean-Louis Alléobert. — Les mariés Romey. — 10 août 1826. — 1'° chamb.
.... J. 3. 128

Les mariés Bournat. — La veuve Girodin et autres. — 12 avril 1826. — 1'° chamb.............. J. 3. 188

Barbier.—Gonon.—20 février 1830. — 2° chamb............. J. 5. 171

Dissertation sur cette question.
J. 5. 490

---

(1) Les motifs des arrêts cités sont en substance :

Que la loi romaine et la jurisprudence du parlement du Dauphiné reconnaissaient trois espèces de biens : les meubles, les immeubles et les noms, voies, droits et actions ; — que d'après ces lois et cette jurisprudence, il n'y avait de bien dotal inaliénable pendant le mariage, que celui dont le mari était mis en possession, soit à l'époque du mariage, soit pendant le mariage ; le fonds n'étant dotal, d'après la loi 13, § 2, *ff. de fundo dotali*, et la loi 5, *de divisione*, *ff. soluto matrimonio*, que lorsque la tradition en a été faite au mari ; — qu'il résulte également des lois romaines et de la jurisprudence, que le mari avait la libre disposition des actions dotales ; que cette troisième espèce de biens reposait sur la tête du mari, qu'il pouvait les vendre et céder et en traiter à son gré ; que ce principe, qui découlait de la législation romaine sur le régime dotal, était appuyé sur plusieurs textes positifs, et entre autres sur la loi 2, *Cod. de oblig. et act.*

2. — La loi du 18 pluviôse an 5, qui a accordé au légitimaire la faculté de pouvoir réclamer le supplément de légitime en biens-fonds, n'a pas enlevé au mari constitutaire le droit qu'il avait primitivement de traiter sur l'action en supplément qui compétait à sa femme.

Jacques Chabert. — La veuve Odier. — 25 juillet 1825. — 1re ch. J. 2. 323

3. — Sous l'ancienne législation, le mari avait la libre disposition des actions dotales, lors même qu'elles reposaient sur des droits immobiliers, tels que la revendication d'immeubles vendus au préjudice de la femme; le mari avait le pouvoir d'approuver les ventes.

Les mariés Popon. — La veuve et les enfants Bergeron. — 6 février 1828. — 1re chamb.............. J. 4. 110

4. — D'après les principes admis en Dauphiné, le mari constitutaire avait seul le droit de poursuivre le recouvrement des biens de la femme; tant qu'aucun délaissement n'avait été fait au mari, il pouvait traiter sur l'action dotale et même l'aliéner.

Les mariés Bert. — La veuve Perriolat et autres. — 7 février 1828. — 1re chamb..,............... J. 4. 248

5. — Dans l'ancien droit, le mari était maître de toutes les actions dotales, même immobilières, et pouvait transiger sur l'action en partage d'une succession, toutes les fois que ce traité, fait de bonne foi, pouvait être considéré comme un acte de bonne administration.

Le traité fait par le mari ne peut être attaqué par les héritiers de la femme qui sont en même temps héritiers purs et simples du mari; ils sont tenus, en cette dernière qualité, de la garantie due par leur père.

Barbier. — Gonon. — 20 février 1830. — 2e chamb........ J. 5. 171

6. — Le mari, maître des actions dotales, avait le droit de traiter sur les droits successifs, même immobiliers, revenant à sa femme, tant que le partage n'avait pas eu lieu; jusqu'au partage qui opérait la tradition au mari, ces droits avaient le caractère d'actions dotales, et pouvaient être aliénés.

Femme Sardon. — Consorts Champon. — 31 janvier 1834. — 4e chamb.
J. 7. 151

7. — *Effet rétroactif.*

Le mari a conservé le droit d'aliéner les actions dotales pendant toute la durée du mariage, même après la promulgation du Code civil, qui n'a pas d'effet rétroactif.

Alléobert. — Les mariés Romey. — 10 août 1826. — 1re chamb. (1).
J. 3. 128

---

(1) Attendu que les lois qui régissent les droits et les biens des époux pendant le mariage forment un statut réel, auquel il ne peut être dérogé par la suite, et qui doit avoir son effet pendant toute la durée du mariage, quelles qu'aient été les dispositions des lois postérieures sur la division et la distinction des biens; que la faculté de disposer des actions dotales a toujours été le droit des maris, comme si ces lois postérieures n'eussent pas été promulguées, et la question doit être décidée comme elle l'eût été avant ces lois nouvelles.

Nota. Cet arrêt ayant été déféré à la cour

8. — Le mari ayant le droit, d'après l'ancienne jurisprudence du Dauphiné, de transiger sur les actions dotales, les traités intervenus sous le Code civil sur les droits successifs revenant à la femme sont valables, lorsque le mariage et l'ouverture de la succession sont antérieurs au Code ; ils sont valables, alors même que la succession s'est ouverte sous le Code civil.

Les consorts Genevey. — Pierre Escalle. — 7 décembre 1832. — 4e chamb. (1)............... J. 6. 375

9. — *Prescription.*

En Dauphiné, les actions dotales, proprement dites, se prescrivaient,

même pendant la durée du mariage, par le laps de trente ans ; le mari, comme constitutaire général, était le maître de ces actions, et pouvait les laisser prescrire. La femme n'est donc pas recevable, après ce laps de temps, à exercer aucune action de ce genre.

Les mariés Bournat. — La veuve Girodin et autres. — 12 avril 1826. — 1re chamb............... J. 3. 188

Arrêts conformes :

Etienne Perier. — La femme Dintre. — 11 mai 1821. — 2e ch... J. 3. 359

Les mariés Popon. — La veuve et les enfants Bergeron. — 6 février 1828. — 1re chamb............... J. 4. 110

---

suprême, il a été cassé par arrêt du 16 mars 1829 (Sirey. 29. 1. 141). La cour de cassation a décidé qu'il importait peu que la loi ou la jurisprudence existante à l'époque du mariage accordât au mari la libre disposition des actions dotales de sa femme, ou que les biens de celle-ci ne dussent être considérés comme dotaux qu'autant que le mari en aurait eu la tradition ; en un tel cas, la question d'aliénabilité ou d'inaliénabilité des droits successifs que la femme s'est constitués en dot se règle, d'après leur nature, par la loi régulatrice de la succession à l'époque de son ouverture, et non par la loi régulatrice de la dotalité à l'époque de la constitution de dot.

(1) Par cet arrêt, la cour a persisté dans sa jurisprudence établie dans l'arrêt *Alléobert*, nonobstant l'arrêt de la cour de cassation, du 16 mars 1829. Voici les motifs qu'elle a donnés à l'appui de sa décision :

Attendu qu'aux termes du Code civil, comme d'après les principes du droit écrit, et la jurisprudence du parlement de Grenoble, les immeubles déclarés inaliénables par le contrat de mariage peuvent seuls être considérés comme tels ; que les lois qui régissent

les biens des époux forment un statut réel qui doit avoir tout son effet pendant le mariage, nonobstant les dispositions des lois survenues postérieurement ; — que si les lois nouvelles sur les successions, notamment le Code civil, ont changé la nature et l'étendue des droits de la femme, elles n'ont pu changer cette nature et cette étendue que quant aux tiers, et non quant au mari, qui n'a pu être privé de son droit ; — que, bien que, quant aux tiers, l'action dotale qui a pour but de revendiquer des immeubles soit aujourd'hui immobilière, elle n'a pu prendre ce caractère quant au mari, et que lors même qu'elle l'aurait pris à l'égard du mari, il aurait encore le droit de l'aliéner, puisque son contrat de mariage, antérieur à toutes ces lois, l'y autorisait ; — que le Code civil a bien pu modifier la forme dans laquelle un droit serait exercé, mais non porter atteinte au fond même du droit qui est régi par la loi en vigueur à l'époque du contrat, loi qui seule peut l'interpréter, le Code ne disposant que pour l'avenir et ne pouvant rétroagir sur le passé.

ACTION EN DÉCLARATION D'HYPOTHÈQUE.

1. — *Tiers-détenteur.*

Le tiers - détenteur d'un immeuble grevé d'hypothèques peut être amené en cause pour voir déclarer exécutoire contre lui le jugement à intervenir contre le débiteur principal. L'action en déclaration d'hypothèque, dégagée de l'action personnelle en paiement, n'a pas été abrogée par la législation nouvelle.

Les enfants Bourgeat. — Antoine Buisson. — 1er juin 1824. — 1re chamb.

J. 2. 356

ACTION EN RESCISION.

1. — *Degré de juridiction.*

L'action en rescision contre une transaction sur un procès pendant au parlement est une action principale et nouvelle qui n'a pu être portée ni devant le parlement, ni devant la cour, sans avoir préalablement subi les degrés de juridiction ordinaires.

Les consorts Alliez. — Pierre Gerard. — 26 juin 1822. — 1re chamb.

J. 2. 201

2. — *Procuration. — Mineur.*

Les actions rescindantes et rescisoires sont comprises dans une procuration générale ; mais le mandataire d'un mineur ne peut opposer la nullité de l'obligation qu'il a souscrite, sans un pouvoir spécial.

Cailler. — Jourdan. — 27 juin 1816. — 1re chamb.............. V'. 36

ACTION EN RETRANCHEMENT.

1. — Le bénéfice de l'action en retranchement est personnel aux enfants ; cette action n'est point comprise dans une vente de droits successifs, à moins de clause expresse.

Faure-Durif. — Chaix. — 29 nivôse an 13. — 2e sect............ V'. 37

ACTIONS HOSTILES.

1. — *Douanes. — Violences. — Territoire étranger. — Compétence.*

Les violences exercées par des Français envers un poste de la douane étrangère, à l'effet d'enlever des objets introduits par contrebande sur le territoire étranger, et saisis par les préposés de la douane, constituent des actions hostiles, dans le sens de l'art. 84 du Code pénal, ou tout au moins des actes qui exposent des Français à éprouver des représailles, dans le sens de l'art. 85 du même Code.

Les coupables de ces violences peuvent être poursuivis et jugés par les tribunaux français.

Le procureur-général. — Antoine Perret, Joseph Cayen, Pierre Malenjon et Antoine Magnin. — 25 avril 1831. — Chamb. d'acc........ J. 5. 271

ACTION JUDICIAIRE.

1. — *Action pétitoriale. — Demandeur.*

L'action pétitoriale soumet le demandeur à prouver, d'une manière claire et positive, son droit de propriété.

Delavaux. — Les mariés Derne. — 20 janvier 1818. — 1re chamb. V'. 24

2. — *Étrangers.* — *Lettres citatoires.*

Il n'est pas besoin d'obtenir des lettres citatoires des tribunaux sardes, pour assigner un étranger de cette nation devant un tribunal français.

Dumazet. — Doppet et Gucher. — 16 juin 1818. — 1re chamb... V'. 25

3. — *Exception dilatoire.* — *Héritiers.*

L'héritier, assigné avant les trois mois et quarante jours accordés pour faire inventaire et délibérer, ne peut demander la réjection absolue de l'assignation ; il n'a droit qu'à un sursis jusqu'à l'expiration du terme.

Eynard.—Eynard.— 1er floréal an 9.
V'. 26

4. — *Réparations civiles.* — *Voie correctionnelle.*

La partie qui a obtenu l'envoi en possession provisoire d'un immeuble ne peut agir par la voie correctionnelle, pour obtenir réparation de l'enlèvement des récoltes, fait par la partie adverse.

Bœuf. — Vauche. — 4 février 1818. — Chamb. corr............ V'. 25

5. — La partie qui a pris la voie civile pour obtenir la réparation du dommage résultant d'un délit n'est pas recevable, avant le jugement de l'instance, à prendre la voie criminelle dans le même objet.

S.... — F.... — 29 mai 1833. — Chamb. corr............ J. 6. 509

ACTION PUBLIQUE.

1. — *Poursuite.* — *Outrage public.*

Le ministère public ne peut exercer d'office des poursuites à raison des faits d'outrage public envers des dépositaires et agents de l'autorité publique ou envers des particuliers. (Loi du 8 octobre 1830, art. 4.)

Céas et autres. — Le procureur-général. — 8 janvier 1835. — Chamb. corr.................... J. 7. 475

2. — *Poursuites successives.* — *Non bis in idem.*

On ne peut intenter plusieurs poursuites successives à raison d'un fait ni à raison des diverses circonstances de ce fait. Ainsi, un individu traduit aux assises pour un faux en écriture ne peut, après son acquittement, être poursuivi correctionnellement à raison des manœuvres frauduleuses qui auraient eu pour objet d'arriver à la consommation de ce faux.

Le procureur-général. — Alexis Pernet. — 31 juillet 1833. — Chamb. corr.
J. 6. 507

3. — *Prévenu.* — *Citation directe.*

Le procureur du roi peut citer directement le prévenu devant le tribunal de police correctionnelle, quand même une information aurait été entamée par le juge d'instruction, sur la plainte et avant la citation.

Le ministère public. — Joubert. — 7 février 1828. — Chamb. d'acc.
J. 4. 149

4. — *Prescription*.

La prescription de l'action publique, résultant d'un délit, s'acquiert par trois années sans poursuites, à compter de l'appel du jugement de première instance. (Art. 637 et 638 du Code d'instruction criminelle.)

L'administration forestière. — Roison. — 11 juillet 1833. — Chamb. corr.................... J. 7. 74

5. — *Prescription*. — *Délit*. — *Arrêt par contumace*.

L'action publique à raison d'un délit est entretenue par un arrêt rendu par contumace sur les faits qui donnent lieu à la poursuite ; ainsi, lorsqu'un individu poursuivi et condamné par contumace, pour banqueroute frauduleuse, se représente, et que par la déclaration du jury il n'est reconnu coupable que du délit de banqueroute simple, il ne peut exciper de la prescription de ce délit, par défaut de poursuites pendant cinq ans, depuis l'arrêt par contumace.

M. le procureur-général. — Poncet. — 13 février 1835. — Cour d'assises de l'Isère .... J. 7. 531

6. — *Sursis*. — *Suppression d'état*.

Lorsqu'il n'y a pas substitution d'un enfant à un autre, et par conséquent suppression d'état, mais seulement supposition d'un enfant à une femme qui n'est pas accouchée, il n'y a pas lieu de surseoir au jugement de l'action criminelle, en conformité de l'article 327 du Code civil.

Le procureur-général. — Dominique

Marcellin et Rose Manduech. — 19 février 1831. — Ch. d'acc. J. 7. 185

V. Délit.

ADJUDICATAIRE. — ADJUDICATION.

1. — *Avoué*.

L'avoué qui poursuit l'expropriation n'est pas incapable de se rendre adjudicataire des biens expropriés.

Rolland. — Jeanneau-Lagrave. — 21 août 1818. — Chamb. civ. V'. 718

2. — *Juge*. — *Créancier*.

Le juge, créancier de l'exproprié, peut devenir adjudicataire des biens de celui-ci ; l'art. 713 du Code de procédure ne lui est pas applicable.

Veuve Rochas. — Mariés Rougier. — 19 avril 1823. — 2ᵉ chamb. J. 1. 38.

V. Compensation. — Folle enchère. — Prescription. — Saisie immobilière. — Surenchère. — Tutelle.

ADJUDICATION DÉFINITIVE.

1. — *Appel*. — *Délai*.

L'appel du jugement d'adjudication définitive est recevable pendant trois mois à dater de l'intimation.

Borel. — Joly. — 28 mars 1809. — 1ʳᵉ chamb............... V' 583.

2. — *Délai*. — *Exécution*.

Après l'adjudication, les juges ne peuvent accorder à l'exproprié aucun délai pour le délaissement des biens vendus.

Belluard et Busco. — Les consorts

Caillat. — 26 août 1825. — 2ᵉ chamb.
J. 3. 71

5. — *Jugement.* — *Formes.*

Le jugement d'adjudication définitive n'est pas assujetti aux formalités des autres jugements. Il n'est pas non plus nécessaire que le ministère public y soit entendu, si les parties sont majeures. (Loi du 11 brumaire an 7.)

Roubeaux. — Charlamotte et Rochas. — 24 floréal an 9. — 1ʳᵉ sect. Vᵉ. 584

4. — *Jugement.* — *Notification aux créanciers.*

En matière d'expropriation forcée, on doit, avant de faire procéder à l'ouverture de l'ordre, notifier le jugement d'adjudication à tous les créanciers inscrits.

Les frères Davin. — Mᵉ Ducros-Sylvain. — 7 février 1824. — 4ᵉ chamb.
J. 1. 70

Arrêt conforme, qui décide en conséquence que les frais de cette notification doivent être alloués en privilége :

Les frères Allard. — Les créanciers Rivail. — 20 juillet 1825. — 4ᵉ ch. (1).
J. 2. 183

---

(1) Les motifs de ces deux arrêts sont en substance :

Que, dans le sens des articles 749 et 750 du Code de procédure civile, la signification de tout jugement d'adjudication doit être faite à toutes les parties intéressées ; que tous les créanciers inscrits sont parties intéressées dans la poursuite en expropriation forcée et dans le jugement d'adjudication qui la termine ; jugement qui change leur position et doit être exécuté à leur égard tout

Arrêt en sens contraire :

Marguerite Jail et Guy-Gustave Glandet. — André Albertin. — 25 juillet 1827. — 2ᵉ ch. (2). . J. 3. 499

V. Appel. — Saisie immobilière.

---

comme à l'égard de la partie saisie ; qu'il est si vrai qu'ils sont parties en qualité, que l'expropriation ne peut être poursuivie sans qu'ils aient tous été appelés ; que tous les créanciers inscrits doivent être mis en situation de connaître le jugement d'adjudication, et d'en appeler, pour faire réparer les griefs qu'il peut renfermer à leur préjudice ; qu'aussi les art. 749 et 750 prévoient-ils le cas d'un appel, et par suite d'une suspension à l'ouverture de l'ordre ; — que, sous un autre rapport, la signification devrait encore être faite à tous les créanciers inscrits , puisque , d'une part, il leur est enjoint de se régler entre eux sur la distribution du prix d'adjudication , dans le mois de la signification du jugement, et que d'autre part, à défaut de règlement dans ce délai, la forclusion est acquise et l'ordre peut être ouvert ; qu'enfin , en prescrivant la signification du jugement d'adjudication , le législateur n'a point restreint cette signification au seul débiteur saisi, mais que l'article 749 embrasse dans sa généralité toutes les parties intéressées ou en qualité, et qu'il est de principe que nulle forclusion ne peut être acquise, si celui qui en est frappé n'est mis en demeure par la signification du jugement.

(2) Par ce dernier arrêt, la cour a réformé la jurisprudence qu'elle avait admise par les deux précédents. Les motifs de sa décision sont puisés dans le jugement du tribunal de Grenoble qui lui était déféré et qui fut confirmé sur ce point. Voici le sommaire de ces motifs :

Aucune disposition du Code de procédure n'exige que le jugement d'adjudication soit signifié à tous les créanciers inscrits, et on

ADJUDICATION PRÉPARATOIRE.

1. — *Appel.*

Lorsque le jugement d'adjudication préparatoire ne statue sur aucune nullité, il n'est pas susceptible d'être attaqué par la voie de l'appel.. J. 7. 548

2. — *Notification.*

Le jugement d'adjudication préparatoire auquel ne se rattache aucun incident en nullité ou autre, sur la poursuite, n'est pas exactement une décision judiciaire, mais plutôt un procès-verbal fait pour constater l'accomplissement d'une formalité exigée par la loi.

Ainsi, il n'est pas nécessaire que ce procès-verbal soit notifié au saisi ; il suffit, pour lui en donner connaissance,

de la mention prescrite par l'art. 704 du Code de proc. civ.

Alexis Reboud. — Jean Jallud. — 20 juillet 1827. — 2ᵉ chamb... J. 3. 495

Arrêt conforme :

Jacques et Pierre Marcellot. — Didier Roux-Carrel et Hugues Barbas. — 23 mai 1828. — 2ᵉ chamb.... J. 4. 157

V. Saisie immobilière.

ADOPTION.

1. — *Enfant adultérin.*

L'enfant adultérin n'a pas pu être adopté antérieurement au Code civil, sous l'empire de la loi du 18 janvier 1792.

Mariés Barneron. — Coupier et Camon. — 27 avril 1825. — 1ʳᵉ chamb.
J. 2. 97

---

n'y trouve pas mieux l'obligation implicite de faire cette signification. — Le législateur a dû vouloir, sous peine d'entraver à l'infini la marche de la procédure et de donner lieu à des frais énormes, établir un délai commun à tous les créanciers et à l'adjudicataire un point fixe, à partir duquel les plus pressés seraient autorisés à provoquer l'ordre judiciaire, ce qui n'existerait pas dans le cas de la nécessité d'une signification à tous les créanciers incrits. — Si les dispositions du Code de procédure civile pouvaient être douteuses, il faudrait recourir à la loi de l'an 7 pour les interpréter ; or, l'article 31 de cette loi autorisait les créanciers à requérir l'ouverture de l'ordre, sans prescrire de leur notifier le jugement d'adjudication, notification qui n'était nécessaire à faire au saisi que pour l'obliger à délaisser l'immeuble adjugé. — Quant à la forclusion, la loi n'en a prononcé aucune contre la faculté de faire un ordre amiable, même quand l'ordre judi-

ciaire est ouvert, et les articles 749 et 750 ne contiennent qu'une invitation à la partie saisie et aux créanciers inscrits, de se régler amiablement entre eux. — Il résulte de la combinaison de divers articles et de l'économie de la loi, que tous les créanciers inscrits ne sont pas parties directes dans l'instance en expropriation forcée ; ils sont seulement représentés par le créancier poursuivant en général, et par le poursuivant et le créancier premier inscrit, dans le cas particulier d'une demande en distraction ; dès-lors ils n'ont pas le droit d'appeler des jugements rendus dans l'instance ; d'où il suit qu'il n'est pas nécessaire, qu'il est même inutile et frustratoire de leur faire signifier le jugement d'adjudication définitive en leur simple qualité de créanciers inscrits.

Nota. La jurisprudence de la cour de cassation est conforme à celle consacrée par ce dernier arrêt. — Voy. Dalloz. 1826. 1. 237. — Sirey. 27. 1. 3, et 29. 1. 397.

2. — Sous l'empire du Code civil, l'enfant naturel reconnu peut être adopté par ses père et mère.

Arrêts contraires :

Retour à la première jurisprudence :

ADULTÈRE.

1. — *Concubinage. — Preuve.*

Les enfants ne sont pas recevables à prouver le concubinage de leur mère , pour établir la simulation d'une obligation faite à son complice.

---

(1) Le principe de l'adoption de l'enfant naturel reconnu avait été consacré par de nombreux arrêts ; deux arrêts contraires seulement furent rendus en 1830 sous la présidence de M. Chantelauze. Après la révolution de juillet, la cour revint à sa première jurisprudence. Cependant la question s'étant reproduite au mois de juin 1832, elle fut discutée de nouveau avec solennité et un arrêt de partage fut rendu le 12 de ce mois ; c'est ce partage qui a été vidé par l'arrêt du 19 juillet 1833, sur les conclusions conformes de M. Mesnard , procureur - général , et depuis cet arrêt, la question n'a plus fait difficulté devant la cour.

2. La preuve du concubinage n'est pas admissible pour établir l'incapacité de donner ou de recevoir par donation ou par testament.

3. — *Concubine. — Legs. — Billets.*

Les legs et billets faits au profit d'une concubine ne sont pas valables.

AFFIRMATION DE PROCÈS VERBAL. — V. Délit forestier. — Procès verbal.

AGENT DU GOUVERNEMENT.

1. — *Poursuite. — Autorisation.*

Les commissaires de police sont agents du gouvernement, et, en cette qualité, ils ne peuvent être poursuivis sans autorisation préalable du conseil d'état.

2. — *Qualité. — Autorisation administrative.*

L'agent national du district était sans caractère sous l'empire des lois des 5 novembre 1790 ; 27 mars 1791, et du décret du 14 frimaire an 2, pour défendre aux actions exercées pour ou contre la nation ; et postérieurement à ce décret, il n'a pu plaider, en sa propre

qualité, qu'après y avoir été préalablement autorisé par l'administration du
département.

Blanchet. — La commune de Saint-
Gervais. — 31 janvier 1822. — 2ᵉ ch.
J. 2. 389

AJOURNEMENT. — V. Exploit.

ALBERGEMENT.

1. — *Résolution. — Mise en demeure.*

La résolution d'un contrat d'albergement ou de rente ne peut être prononcée
qu'autant que le débiteur a été mis en
demeure avant la demande en résolution.

Les consorts Besson. — Clémaron. —
10 juillet 1829. — 2ᵉ chamb.. J. 5. 7

V. Féodalité. — Rentes.

ALIÉNATION. — V. Actions dotales. — Communes. — Dot. — Hypothèque légale. — Succession future.

ALIMENTS.

**1. — *Epoux. — Contrat de mariage.
— Inexécution.***

L'inexécution d'un engagement pris
dans un contrat de mariage, par l'un
des parents, de nourrir et entretenir les
époux, donne à ceux-ci le droit de réclamer l'effet de cette promesse, ou une
indemnité, si elle n'a pas été remplie.

Davin. — Borel et Bonpar. — 29 mars
1810. — 2ᵉ chamb......... Vᵗ. 49

2. — *Héritier. — Dettes.*

L'obligation de fournir des aliments
emporte celle d'acquitter les dettes contractées pour cette cause.

De Seyve. — De Vourey. — 27 août
1817. — Chamb. civ........ Vˢ. 46
En sens contraire : — Arrêt qui casse
le précédent. — 17 mars 1819. Vˢ. 47

**3. — *Obligation. — Enfants. —
Indivisibilité.***

L'obligation des enfants de fournir
des aliments à leur père est de sa nature indivisible, et dès-lors ils doivent
être soumis à l'acquitter solidairement.

Pierre Mathieu père. — Paul Mathieu fils. — 19 avril 1831. — 1ʳᵉ ch.
J. 5. 465

4. — *Parents. — Remboursement.*

La demande en paiement du logement
et de la nourriture fournis à une parente
ne peut être accueillie, lorsqu'elle n'a
pas été formée du vivant de la personne
qui les a reçus.

Pillon. — Vallernod. — 8 août 1812.
— 2ᵉ chamb.............. Vᵗ. 48

V. Enfant naturel.

AMENDE.

**1. — *Dépaissance. — Forêt commu-
nale.***

Il y a lieu à double amende contre
l'individu qui a commis le délit de dépaissance dans la forêt qui appartient
à la commune dont il est membre.

L'administration forestière. — Joseph-Simon Payen. — 26 février 1829.
— Chamb. corr......... J. 4. 379

2. — *Responsabilité civile.*

Le propriétaire est civilement respon-

4

sable de l'amende encourue par son pàtre, sauf son recours.

L'administration forestière. — Payen. — 26 février 1829. — Chamb. corr.

J. 4. 379

V. Compétence. — Délit forestier.

APPEL.

Acquiescement, 7, 15.
Adjudication, 5.
Assignation, 51, 52, 53, 54, 55, 56.
Avoué, 36, 37.
Cohéritiers, 19, 49.
Conclusions, 3, 13.
Constitution, 36, 37.
Contrainte personnelle, 38, 41.
Copie, 44, 45, 48.
Créancier, 18, 39.
Date, 32, 33.
Délai, 16, 22, 23, 24, 25, 26, 27, 28, 29, 30, 31, 51, 52, 53, 54, 55, 56.
Dernier ressort, 58.
Dispositions distinctes, 7.
Divisibilité, 49.
Domicile, 34, 38, 39, 40, 41, 42, 43, 44, 47, 48.
Etranger, 52.
Exécution, 13, 17, 58, 59.
Fin de non-recevoir, 4, 8, 10, 11, 13, 23, 25, 29, 30.
Garantie, 20.
Hypothèque légale, 6.
Indivisibilité, 19, 20, 21.
Interrogatoire, 9.
Jugement interlocutoire, 15, 16, 17.
Jugement par défaut, 29, 30, 31.
Jugement préparatoire, 10, 11, 12, 13.

APPEL.

Motifs, 2.
Mineur, 27, 28.
Nullité, 34, 36, 37, 42, 50, 51, 52, 53, 54, 55, 56.
Ordonnance, 8.
Partage, 59.
Poursuites, 58.
Prête-nom, 18.
Profession, 35.
Renvoi, 1.
Signification, 22, 24, 26, 27, 28, 38, 39, 40, 41, 42, 43, 44, 46, 47, 48, 49.
Subrogé tuteur, 27, 28.
Tuteur, 27, 28.

———

§ 1er. — *Quels jugements sont susceptibles d'appel, et de quoi on peut appeler.*
§ 2. — *Quelles personnes peuvent appeler ; à qui profite l'appel.*
§ 3. — *Délais de l'appel.*
§ 4. — *Formes de l'appel.*
§ 5. — *Effets de l'appel.*

———

§ 1er. — *Quels jugements sont susceptibles d'appel, et de quoi on peut appeler.*

1. — Le jugement qui renvoie à statuer sur une demande est définitif, comme contenant un déni de justice, et on peut en appeler.

Barral. — Payant-Lagarde.. Vs. 60

2. — Quoique les motifs du jugement de première instance décident la contestation dans tous ses points, si dans le dispositif il n'est question que d'un seul des chefs contestés, la question reste entière sur les autres ; en consé-

quence, les derniers chefs, non compris dans le dispositif, ne peuvent faire la matière d'un appel.

Meunier Rivière. — Bouffier. — 16 mars 1819. — 1re chamb..... V°. 61

3. — L'adjudication des conclusions subsidiaires n'empêche pas d'appeler pour faire admettre la conclusion principale.

Martinet. — Parent. — 1er germinal an 9. — 1re sect............ V°. 63

4. — Est non recevable l'appel d'un jugement qui ne cause aucun grief à l'appelant.

James. — Giraud. — 29 janvier 1825. — 4° chamb............ J. 2. 216.

5. — On doit se pourvoir par voie d'appel, et non par action principale contre un jugement d'adjudication.

La veuve Rochas. — Les mariés Rougier. — 19 avril 1823. — 2e chamb.
J. 1. 38

6. — Le jugement qui restreint l'hypothèque légale de la femme sur certains immeubles du mari n'est pas susceptible d'appel de la part de la femme, à l'égard de laquelle il doit être considéré comme contrat en jugement. Peu importe que la femme soit constituée en perte par l'effet de ce jugement; elle ne peut en appeler, même après la dissolution du mariage, et quoique le jugement n'ait pas été signifié (1).

La veuve Mazade. — Les sieurs Leydier, Colombier et autres. — 18 janvier 1833. — 2° chamb........ J. 6. 322

7. — Lorsqu'un jugement contient plusieurs dispositions distinctes, par exemple, des dispositions définitives et des dispositions interlocutoires, l'exécution de ces dernières dispositions n'emporte pas acquiescement aux dispositions définitives, et ne rend pas l'appel non recevable.

Les consorts Revellin. — Guillaume-Henri et Pierre Revellin. — 14 février 1832. — 2° chamb........ J. 6. 456

8. — L'appel n'est pas recevable envers une ordonnance obtenue sur requête d'un tribunal, tant que la voie de l'opposition n'a pas été épuisée.

Vachon. — 31 octobre 1812.

Arrêt conforme :

Valet. — Pilogue. — 14 janvier 1813. 2° chamb.................. V°. 63

9. — Les jugements ou ordonnances rendus sur demande en interrogatoire sont sujets à appel, comme tous autres jugements des tribunaux de première instance.

Ageron. — Trafouret. — 3 janvier 1826. — 1re chamb....... J. 2. 532

10. — Un jugement rendu en vacations, qui renvoie la cause après la ren-

---

(1) Cette question a été discutée devant la cour avec solennité. Ce n'est qu'après un long débat que la cour a rendu son arrêt, sur les conclusions contraires de M. de Boissieux, avocat-général. Les motifs de cet arrêt étant très-développés, nous ne pouvons les rapporter ici, et nous renvoyons au journal pour la discussion et les motifs.

trée, est purement d'instruction, et n'est pas susceptible d'appel.

Faure. — Verlot et Brunet. — 10 mai 1809. — 2ᵉ chamb.......... V·. 61

11. — L'appel d'un jugement purement préparatoire n'est pas recevable.

Les mariés Roux. — La veuve Dourille. — 1ᵉʳ mars 1825. — 1ʳᵉ chamb. J. 1. 511

12. — Le jugement qui ordonne un rapport d'experts, pour savoir s'il y a lésion ou non dans une vente, est purement préparatoire; on ne peut donc en appeler qu'après le jugement définitif.

Etienne Arnaud. — Louis Brun. — 12 juillet 1822. — 2ᵉ chamb. J. 3. 265

13. — N'est pas recevable l'appel envers un jugement préparatoire sur un chef, et définitif sur d'autres chefs, lorsque les dispositions définitives ont été rendues sur les conclusions conformes de l'appelant, qui les a exécutées et qui n'élève aucun grief contre ces dispositions.

Marie Porchier, veuve Guillermin. — Les sieurs Monin, Voilin et autres. — 21 avril 1828. — 1ʳᵉ chamb. J. 4. 97

14. — Un jugement portant qu'avant dire droit l'une des parties expliquera, dans un délai fixé avec forclusion, si elle entend faire usage d'une pièce, n'est pas purement préparatoire, et dès-lors il est susceptible d'appel.

Antoine Vial. — François Odru. — 8 mai 1832. — 1ʳᵉ chamb.. J. 6. 121

15. — Le jugement interlocutoire est toujours réparable en définitive, d'où

il suit qu'on peut en appeler, même après acquiescement.

Chatagnier. — Poncin. — 14 août 1817. — 1ʳᵉ chamb......... V·. 62

Francon. — Bariger. — 22 août 1817. 1ʳᵉ chamb............... V·. 620

16. — L'appel d'un jugement interlocutoire est recevable et peut être interjeté dans le même délai que la loi accorde pour appeler d'un jugement définitif.

Romieux et Roux. — Pierre Jean, dit Landre. — 6 décembre 1823. — 2ᵉ chamb............... J. 1. 79

17. — On peut appeler d'un jugement interlocutoire, même après l'avoir exécuté.

Pierre Cotta. — Abraham et Vialet. — 17 mai 1822. — 2ᵉ ch... J. 2. 11

§ 2. — *Quelles personnes peuvent appeler; à qui profite l'appel.*

18. — Les poursuites faites par un prête-nom sont-elles valables et peuvent-elles être utilisées par le créancier réel? Spécialement le créancier réel est-il recevable à appeler, en son propre nom, d'un jugement rendu dans une instance où il n'était pas partie et dans laquelle figurait son prête-nom? — Oui.

Femme Berger. — Les mariés Chalmas et la veuve Payet. — 12 mai 1834. 1ʳᵉ chamb............... J. 7. 351

19. — L'appel émis par un des cohéritiers, envers un jugement qui les condamne à une reddition de compte, profite aux autres par la raison que la

demande en reddition de compte est une action indivisible.

Joseph et Jean Roux. — Vincent et Jean-Étienne Roux. — 8 décembre 1810. — 2ᵉ chamb......... V⁵. 84

20. — L'appel émis par le garant profite au garanti.

Les consorts Collet. — La demoiselle Costaz. — 22 mars 1811. — 2ᵉ chamb. V⁵. 85

21. — L'appel émis par un débiteur, condamné solidairement avec d'autres, profite à ses codébiteurs, quoiqu'ils n'aient pas appelé dans le délai.

Les sieurs Marchand, Drevon et Bouvier. — Le sieur Reymond. — 4 janvier 1815. — 1ʳᵉ chamb...... V⁵. 85

§ 3. — *Délais de l'appel.*

22. — D'après l'ordonnance de 1667, le délai d'appel était de dix ans, à dater de la signification du jugement, et ce délai continuait à courir, nonobstant le décès de la partie condamnée, sans qu'il fût nécessaire de faire une nouvelle signification à l'héritier.

Daniel Guieu. — André Arnoux. — 5 août 1825. — 1ʳᵉ chamb.. J. 2. 376

23. — L'appel émis dans les huit jours de la date d'un jugement est non recevable, et l'exception est d'ordre public. — Le jour du jugement n'est point compris dans la huitaine. — L'intimation d'un jugement qui ordonne une prestation de serment n'est point un acte d'exécution, et peut être faite dans la huitaine.

Mariés Barbier. — Le sieur Poncet. — 11 février 1813. — 2ᵉ chamb. V⁵. 89

24. — Le jour de la signification, ni celui de l'échéance, ne doivent pas être comptés dans le délai d'appel.

Le sieur Combel. — La veuve Bonnet. — 17 février 1815. — 2ᵉ chamb. V⁵. 90

25. — L'appel d'un jugement est non recevable le lendemain de l'expiration du délai de trois mois, lors même que le dernier jour du délai est un jour férié : cette circonstance ne proroge pas le délai (1).

Sébastien Guillon. — Les mariés Tissot et Michalon. — 16 août 1826. 1ʳᵉ chamb............... J. 3. 112

26. — La signification d'un jugement expédié sur des qualités auxquelles il a été formé, en temps opportun, une opposition qui n'a pas été vidée, ne peut faire courir le délai d'appel.

Claude Dutrieux. — Martin Peyrard. — 13 juin 1827. — 2ᵉ chamb. J. 3. 571

27. — Le délai d'appel ne court utilement contre le mineur qu'autant que

______

(1) Attendu qu'un appel signifié un jour de fête légale n'est pas nul; que l'article 1037 du Code de procédure civile ne porte pas la peine de nullité, mais peut faire condamner l'huissier à l'amende, pour la contravention, d'après l'article 1030; que d'ailleurs l'appelant pouvait se pourvoir devant le juge, pour être autorisé à faire cette signification; que, suivant le même article 1030, aucun acte de procédure ne peut être annulé que dans les cas pour lesquels la nullité en est formellement prononcée par la loi.

le jugement a été notifié tant au tuteur qu'au subrogé tuteur. Le subrogé tuteur qui obtient un jugement contre le mineur doit faire pourvoir celui-ci d'un subrogé tuteur *ad hoc* pour lui faire notifier le jugement et faire courir le délai d'appel.

La veuve Anthoard. — Joseph Anthoard, les sieurs Sambut, Délis et Girard. — 15 mars 1822. — 2ᵉ chamb.

J. 1. 40

28. — Lorsque le tuteur a appelé, dans le délai de la loi, d'un jugement rendu contre son mineur, celui-ci n'est pas recevable à interjeter postérieurement un nouvel appel, sous le prétexte que le jugement n'aurait pas été signifié au subrogé tuteur, et que, dès-lors, le délai de l'appel n'aurait point valablement couru; son droit, quant à l'appel, est entièrement consommé.

Les consorts Veyret. — Les consorts Duvivier.—18 juillet 1828.—2ᵉ chamb.

J. 4. 168

29. — L'appel d'un jugement, en défaut de plaider, émis plus de trois mois après la huitaine de la signification à avoué, est non recevable.

Ginet. — Les héritiers Bigallet. — 29 avril 1815. — 2ᵉ chamb.

Arrêt conforme du 3 janvier 1815:— 1ʳᵉ chamb. — Entre la veuve Darces, Jarre et autres (1).......... Vᵉ. 91

____

(1) V., en sens contraire, l'arrêt cité sous le nᵒ 31.

30. — L'appel d'un jugement par défaut est non recevable pendant les délais de l'opposition, surtout si cette opposition a déjà été formée, lors même que l'appelant déclarerait s'en désister.

Reynier. — Berne et Bourbousson. 19 mars 1825. — 4ᵉ chamb.. J. 2. 263

31. — Le délai pour appeler des jugements par défaut de plaider ne court pas du jour où l'opposition n'est plus recevable, mais seulement du jour de la notification de ces jugements à personne ou à domicile (1).

La veuve Lamonta. — Pomponne Busco. — 29 janvier 1822. — 1ʳᵉ ch.

J. 3. 548

§ 4. — *Formes de l'appel.*

Art. 1ᵉʳ — *Date.*

32. — L'erreur sur la date d'un jugement, dans un acte d'appel, est insignifiante dès qu'il n'y a point eu d'autres jugements entre les parties.

13 frimaire an XI. — 2ᵉ section.

Arrêt conforme :

Jacquemond. — Saint-Louis et Richard. — 16 décembre 1813.. Vᵉ. 63

____

(1) Considérant que de la combinaison des art. 147 et 443 du Code de procédure civile, il résulte que, dans les matières ordinaires, le délai pour appeler des jugements par défaut de plaider ne court pas du jour où l'opposition n'est pas recevable, mais seulement du jour de la notification des jugements à personne ou domicile, tout comme pour les jugements contradictoires; que c'est ainsi que la cour de cassation l'a jugé en thèse par deux arrêts des 18 décembre 1815 et 24 avril 1816.

33. — Il en est de même de l'omission de date.

Muget et consorts. — La veuve Saint-Germain. — 21 décembre 1820. 2ᵉ chamb.................. Vˢ. 64

Art. 2. — *Noms et domicile de l'appelant.*

34. — L'acte d'appel dans lequel l'appelant se qualifie *d'employé dans les hôpitaux militaires à la Martinique* est nul, quoiqu'il n'y ait que deux hôpitaux militaires à la Martinique, comme n'indiquant pas suffisamment le domicile.

Aribert.—Blanchet.—22 avril 1818. — Chamb. civ............. Vˢ. 297

35. — Un exploit d'appel, dans lequel on a omis de faire mention de la profession de l'appelant, n'est pas nul et fait suffisamment connaître ce dernier, si d'ailleurs cet exploit se réfère à un jugement et à des actes intervenus entre les parties, de sorte qu'il ne puisse s'élever aucun doute sur l'individu qui actionne.

Coche et consorts. — Les consorts Gorge. — 10 juin 1822. — 1ʳᵉ chamb. J. 3. 140

Art. 3. — *Constitution d'avoué.*

36. — La constitution faite d'un avoué décédé depuis peu de temps n'entraîne pas la nullité de l'acte d'appel.

Garnier. — Reymond et Garnier. — 6 décembre 1814. — 1ʳᵉ ch... Vˢ. 114

37. — Est nul l'acte d'appel dont la copie ne contient pas le nom de l'avoué constitué sur l'appel.

La femme Oriol. — Les sieurs Terrot et Eynard, l'huissier Morel et Mᵉ Chastellière, avoué. — 14 décemb. 1832. — 2ᵉ chamb....... J. 6. 289

Art. 4. — *Signification de l'appel.*

38. — Le débiteur peut signifier son appel au domicile élu par le créancier dans le commandement à fins de contrainte par corps, tout comme il l'aurait pu, suivant l'art. 584 du Code de proc., en cas d'élection de domicile, dans un commandement à fins de saisie-exécution.

Faucon. — Alphan. — 2 mars 1812. — 2ᵉ chamb............... Vˢ. 93

39. — Le créancier d'une partie, qui intervient au procès pour faire valoir et appuyer les droits de son débiteur, ne peut signifier valablement l'appel du jugement qui est rendu au domicile élu par la partie adverse, par rapport au débiteur.

La femme Fayard. — Le sieur Moreste. — 14 mars 1818. — 1ʳᵉ chamb. Vˢ. 93

40. — L'appel ne peut être signifié au domicile élu dans un simple exploit d'intimation du jugement.

La veuve Pascal. — Les héritiers Bret et Glat. — 6 mars 1812. — 2ᵉ ch. Vˢ. 93

Arrêt conforme :

La régie de l'enregistrement. — La comtesse Sade. — 30 décembre 1815. — 2ᵉ chamb.............. Vˢ. 94

41. — L'appel d'un jugement peut être valablement signifié au domicile élu dans la signification de ce jugement, contenant commandement à fins de contrainte personnelle (1).

Les cohéritiers Jouve. — Marcel Tane. — 4 juin 1821. — 1re chamb. J. 3. 143

42. — L'appel d'un jugement ne peut être valablement signifié au domicile élu dans un commandement à fins d'expropriation forcée, contenant en même temps sommation hypothécaire à des tiers-détenteurs ; ainsi est nul l'appel notifié à un semblable domicile. — La faculté accordée par l'art. 584 du Code de proc. civ. est un cas d'exception en matière de saisie-exécution, qui ne peut être étendu à d'autres cas.

Le sieur Trolliet. — Les héritiers Chanteur. — 15 janvier 1826. — 1re chamb.................. J. 3. 285

43. — L'appel est verbalement signifié au domicile élu par un créancier, dans son inscription, alors même que ce créancier a été alloué dans l'ordre,

(1) Considérant que de la combinaison des dispositions de l'article 780 du Code de procédure civile, il résulte, 1° que l'élection de domicile exigée par cet article, lorsqu'il s'agit de mettre à exécution la contrainte par corps, n'a eu pour objet que d'autoriser la partie condamnée à faire, au domicile élu, toutes significations, même d'offres réelles et d'appel ; 2° que ce même article 780 renferme, comme l'article 584, une exception à l'article 456.

en vertu d'un privilége ; il suffit que la contestation soit relative à l'inscription.

La veuve Mazade. — Les sieurs Leydier, Colombier et autres. — 18 janv. 1833. — 2e chamb....... J. 6. 322

44. — Une signification, quoique faite à un domicile élu, doit comprendre autant de copies qu'il y a de parties en cause (1).

La veuve Darce. — Le sieur Jouvin. —10 juin 1817. — 1re chamb... V^t. 9

Arrêt conforme :

Les consorts Roy. — Les cohéritiers Novat. — 28 juin 1822. — 2e chamb. J. 1. 338

45. — L'acte d'appel qui contient la mention de la personne à laquelle il a été laissé copie est valable ; la loi n'exige pas qu'il soit dit à quelle personne l'huissier a parlé.

Le maire de Saint-Christophe. — Perret et Faure cadet, huissier. — 11 août 1820. — 2e chamb...... V^t. 94

46. — L'appel ne peut être signifié à la partie adverse lorsqu'elle est décédée, et que son décès n'est pas ignoré de l'appelant : il faut intimer les héritiers en nom direct.

Vitalis. — Arnoux - Bermont. — 22 mai 1812. — 2e chamb...... V^t. 99

47. — Est nul l'acte d'appel notifié au domicile d'un procureur fondé, dont le mandat n'autorise pas la signification de l'appel, alors surtout qu'il

(1) V., dans le même sens, l'arrêt cité sous le n° 48.

ne s'agit pas d'exécution dans les vingt-quatre heures.

Les consorts Borel. — Les sieurs Galice. — 2 juillet 1824. — 4ᵉ chamb. J. 1. 199

48. — Lorsqu'un acte d'appel est signifié à plusieurs parties, il doit être remis une copie pour chacune d'elles, bien que la signification soit faite au domicile élu dans l'inscription.

La veuve Michallon. — La veuve Vincendon, les consorts Simian et MM. Durand père et fils. — 17 août 1831. — 2ᵉ chamb........ J. 4. 406

49. — Les droits des cohéritiers étant divisibles, il y a nécessité de les intimer séparément sur l'appel.

Pierre-Henri Vignon. — Les mariés Bellier et l'huissier Morel. — 16 août 1826. — 1ʳᵉ chamb........ J. 3. 370

50. — Est nul, comme ne contenant pas la mention de la personne à laquelle la copie a été laissée, l'acte d'appel ainsi terminé :

« J'ai audit un tel donné et laissé la
» présente copie, en son domicile,
» parlant à..... »

Jacques Tourette. — François Boulard père et l'huissier Ville. — 12 janvier 1829. — 1ʳᵉ chamb.... J. 4. 394

Art. 5. — *Enonciation du délai pour comparaître.*

51. — L'appel est nul lorsqu'il contient assignation dans un délai moindre que celui de la loi.

Chatagnier. — Echinard. — 3 juillet 1812. — 2ᵉ chamb.......... Vⁱ. 99

52. — L'acte d'appel signifié à un étranger est nul s'il ne contient pas assignation dans le délai accordé aux étrangers par l'art. 75 du Code de proc.

Les consorts Borel. — Le sieur Galice. — 2 juillet 1824. — 4ᵉ ch... J. 1. 199

53. — Est nul l'acte d'appel contenant assignation pour procéder sur appel après les féries.

Riondet. — Les mariés Blanc. — 23 février 1825. — 2ᵉ chamb... J. 1. 491

54. — Est nulle l'assignation donnée pour comparaître à la forme de la loi, cette locution ne faisant pas connaître les délais de comparution.

Les sieurs Coche et consorts. — Les consorts Gorge. — 10 juin 1822. — 1ʳᵉ chamb.............. J. 3. 140

55. — Est nul l'acte d'appel qui contient assignation dans un délai de huitaine, sans addition de délai, à raison de la distance, lorsque l'intimé est éloigné de plus de trois myriamètres de la ville où siége la cour royale.

Les mariés Mariton. — Les mariés Denis. — 29 mars 1824. — 1ʳᵉ chamb. J. 1. 77

56. — Est nul l'acte d'appel contenant assignation dans un délai de huitaine franche lorsque, l'intimé étant domicilié à plus de trois myriamètres, l'exploit ne renferme point l'indication du délai particulier, à raison de la distance, accordé par l'art. 1033 du Code de proc. civ.

La société d'exploitation des mines et houillères de France. — Le sieur

Teyssère de Miremont. — 10 mai 1833.
— 4e chamb.............. J. 6. 483

§ 5. — *Effets de l'appel.*

57. — C'est à la partie poursuivante à produire le jugement dont est appel.

Barthélemy Marion. — Les héritiers Marion. — 30 juin 1819. — 1re chamb.
V°. 91

58. — Sont valables les poursuites faites en exécution d'un jugement en dernier ressort, nonobstant l'appel qui aurait été interjeté de ce jugement.

Guieu. — Arnoux. — 5 août 1825. — 1re chamb........... J. 2. 376

59. — L'arrêt qui ordonne un partage, en réformant le jugement dont est appel, doit être exécuté de l'autorité de la cour, s'il n'y a renvoi exprès devant un autre tribunal.

La femme Chapuis. — Félix Prompsal. — 13 août 1830. — 2e chamb.
J. 5. 166

V. ACQUIESCEMENT. — ADJUDICATION DÉFINITIVE. — ADJUDICATION PRÉPARATOIRE. — ARBITRAGE. — CAUTIONNEMENT. — CONTRIBUTIONS INDIRECTES. — DEGRÉ DE JURIDICTION. — DERNIER RESSORT. — DISCIPLINE. — EXPLOIT. — FOLLE ENCHÈRE. — OPPOSITION. — ORDRE. — REQUÊTE CIVILE. — SAISIE IMMOBILIÈRE. — SURENCHÈRE. — TUTELLE.

APPEL EN MATIÈRE CORRECTIONNELLE.

1. — *Administration forestière. — Renonciation.*

Lorsque l'administration forestière a

déclaré, en première instance, renoncer à un chef de prévention, et qu'il n'y a pas appel de la part du ministère public, elle ne peut, sur son propre appel, prendre devant la cour des conclusions sur le chef abandonné.

L'administration forestière. — Bron et autres. — 27 février 1835. — Ch. correct................ J. 7. 536

2. — *Fin de non-recevoir. — Appel incident.*

En matière correctionnelle, l'appel *a minima* du ministère public ne peut autoriser un appel incident de la part du prévenu qui n'a pas appelé dans le délai de la loi.

Le ministère public. — Marguerite J... — 2 février 1825. — Chamb. correct................ J. 2. 302.

3. — *Mandat. — Nullité.*

Est nul et non recevable l'appel en matière correctionnelle, interjeté au nom des prévenus par leur avocat, qui, au moment de cet appel, n'avait pas un mandat spécial par écrit.

L'administration forestière. — Joseph Paquet et Jacques Bousson. — 1er juin 1827. — Chamb. correct.. J. 3. 447

APPEL INCIDENT.

1. — *Acquiescement. — Erreur de fait.*

On peut être relevé d'un acquiescement donné à un jugement, lorsqu'il est établi qu'il n'a été donné que par erreur de fait. — Par suite de cette erreur, on peut appeler incidemment d'un jugement que l'on aurait fait confirmer par défaut.

Montchenu. — De Leuse et de Vogué. — 22 juillet 1820. — 2ᵉ ch... V'. 59

2. — *Conclusions.* — *Fin de non-recevoir.*

L'appel incident n'est pas recevable de la part de celui qui a conclu sans réserve , dans un premier arrêt par défaut , à la confirmation du jugement de première instance.

Marie Cherlery. — Les mariés Gouy. — 21 juillet 1811. — 1ʳᵉ ch.. V'. 87

3. — L'appel incident est recevable en tout état de cause de la part de celui qui a conclu à la confirmation pure et simple du jugement de première instance , après s'être réservé néanmoins le droit d'appel en faisant signifier le jugement.

François Bourgeat. — La veuve Dumas. — Clément Doncieux. — 29 mai 1821. — Ch. civiles réunies (1). V'. 87

---

(1) Voici les motifs de cet arrêt :

Considérant qu'aux termes de l'article 443 du Code de procédure civile , l'intimé peut , en tout état de cause, se rendre incidemment appelant du jugement attaqué par son adversaire , c'est-à-dire tant qu'il n'a pas été prononcé sur l'appel principal , à moins qu'avant aucun appel incident , et à la suite de la conclusion de l'intimé, tendante à la confirmation pure et simple du jugement , l'appelant originaire n'eût formellement déclaré consentir à cette confirmation , auquel cas il y aurait contrat en jugement, et il n'existerait plus d'instance ;

Considérant que s'il en était autrement les

4. — On ne peut appeler incidemment lorsqu'on a demandé , par une conclusion formelle , la confirmation pure et simple du jugement de première instance.

Les mariés Roux. — La veuve Dourille. — 1ᵉʳ mars 1825. — 1ʳᵉ ch. (2). J. 1. 511

---

chances ne seraient pas égales ; qu'en effet , l'appelant pourrait toujours, en cause d'appel, faire valoir tous les moyens par lui employés en première instance , mais encore en proposer de nouveaux , tandis que l'intimé , dans plusieurs circonstances , telles que celle où il serait défendeur au principal, et aurait excipé de diverses fins de non-recevoir , dont une partie aurait été rejetée par les premiers juges , mais aurait néanmoins été mis hors de cour , ne pourrait pas , en cause d'appel , renouveler les fins de non-recevoir auxquelles les premiers juges ne se seraient pas arrêtés , s'il n'avait pas , aussitôt après l'appel de sa partie adverse , formé lui-même un appel incident ; et cela , parce qu'il n'aurait pas d'abord pensé qu'il était dans l'ordre des choses possibles , que les motifs qui avaient déterminé les premiers juges à le mettre hors de cour pourraient n'être pas admis par les juges d'appel, et qu'il aurait besoin d'employer les fins de non-recevoir rejetées pour obtenir la confirmation du jugement qui lui était favorable ; et alors que , d'autre part , la conclusion au principal serait toujours la même , savoir : la confirmation de la disposition du jugement qui l'aurait renvoyé d'instance ;

Considérant d'ailleurs que le sieur Clément, en faisant notifier le jugement dont il s'agit , aurait formellement déclaré n'y donner aucun acquiescement, et se serait expressément réservé d'en appeler.

(2) Attendu que l'article 443 du Code de procédure civile doit être entendu en ce sens que l'appel incident est recevable en tout état

5. — *Délai.*

L'appel incident, émis dans l'intervalle des plaidoiries aux répliques, est admissible, lors surtout qu'on a fait des protestations de tous moyens et exceptions, dans les actes antécédents.

Clotilde Comte, femme Coindre. — Son mari. — 28 janvier 1826. — 2ᵉ ch.

J. 3. 278.

APPROBATION D'ÉCRITURE.

1. — *Arrêté de compte.*

L'art. 1326 du Code civil, qui exige que le billet ou la promesse contenant engagement de payer une somme d'argent soit revêtu d'un bon ou approuvé de la main du débiteur, portant en toutes lettres la somme due, ne s'applique pas à l'obligation de payer une somme résultant d'un arrêté de compte.

Etienne Navière. — Les consorts Navière. — 26 janvier 1826. — 2ᵉ ch.

J. 3. 67

2. — *Billet.* — *Commencement de preuve par écrit.*

Le billet n'est pas nul par cela seul que celui qui s'est obligé n'a pas approuvé la somme en toutes lettres ; on peut être admis à prouver qu'il en a fait les fonds.

---

de cause, si l'intimé n'a pas acquiescé formellement au jugement par des actes subséquents à cet appel ; que, dans l'espèce, l'intimée a donné son acquiescement au jugement par ses conclusions motivées, tendantes à la confirmation pure et simple dudit jugement ; que dès-lors elle est non recevable dans son appel incident formé postérieurement.

Billoud. — Les héritiers Robert. — 12 juillet 1809. — Ch. civ... Vᵗ. 136
Arrêt conforme : — Romand. — Lanthelme et Vincendon-Dumoulin. — 3 mai 1822. — 1ʳᵉ chamb. (1). Vᵗ. 137

3. — *Femme.* — *Solidarité.*

On ne peut opposer à la femme d'un marchand, qui a souscrit un billet solidairement avec son mari, l'exception du bon ou approuvé. — Le fait de la solidarité stipulée dans le corps du billet ne permet pas de la considérer comme caution, pour dispenser son obligation de la nécessité du bon ou approuvé.

Femme Dufresne. — Le sieur Bernard. — 9 mai 1820. — 2ᵉ ch. Vᵗ. 134

4. — Le billet souscrit solidairement par la femme et le mari est nul à l'égard de la femme, quoique écrit par le mari, s'il ne contient pas l'approbation

---

(1) Voici la substance des motifs de cet arrêt :

L'article 1326 du Code civil ne prononce pas la nullité du billet qui, n'étant pas écrit en entier de la main de celui qui l'a souscrit, ne renferme pas, outre la signature, le bon ou approuvé exigé par cet article. La conséquence de l'inobservation de ces formalités est que le billet est un acte imparfait qui ne peut pas, seul, former une preuve complète de la dette ; mais la signature existant au bas du billet forme incontestablement un commencement de preuve par écrit, dans le sens de l'article 1347 du Code civil, dès qu'il constitue un écrit émané de la partie, qui rend vraisemblable le fait allégué par la partie adverse, et qui dès-lors doit faire admettre la preuve testimoniale.

de la somme, écrite en toutes lettres de la main de la femme.

La dame Dufresne. — Les sieurs Doyon. — 29 mars 1822. — 2ᵉ chamb.
J. 2. 49

5. — *Femme de marchand.*

La femme d'un marchand n'est pas comprise dans l'exception de l'art. 1326 du Code civil, relativement à la nécessité du *bon ou approuvé*, si elle n'est pas marchande de fait, et si elle n'a la qualité de marchande qu'à raison de la profession de son mari.

La dame Dufresne. — Les sieurs Doyon. — 29 mars 1822. — 2ᵉ chamb.
J. 2. 49

6. — *Laboureur.*

Le propriétaire de campagne qui fait valoir ses biens est compris dans la classe des laboureurs dispensés du bon ou approuvé ; la qualité de laboureur étant applicable à celui qui cultive ses propres champs, tout comme à celui qui laboure les champs d'autrui.

Claude Gachet. — Jean Coindet. — 31 mai 1849. — 1ʳᵉ chamb... Vˢ. 134

7. — Celui qui laboure habituellement, en faisant valoir ses biens par lui-même à l'aide de domestiques, est compris dans la classe des laboureurs, et, par conséquent, dans l'exception portée par l'art. 1326 du Code civil, qui le dispense du bon ou approuvé sur les billets qu'il souscrit.

Blaise Ageron. — Les cohéritiers Perier. — 27 août 1818. — Chamb. civ.
J. 3. 248

8. — Celui qui, après avoir été fermier, se retire dans sa propriété pour la cultiver à l'aide de domestiques, ne cesse pas pour cela d'être dans la classe des laboureurs.

Jean-Louis Garnier. — Les consorts Praz. — 22 août 1829. — 2ᵉ chamb.
J. 4. 496

9. — La femme d'un laboureur ne cesse pas, après le décès de son mari, d'appartenir à la classe des laboureurs, et de se trouver dans l'exception portée par l'art. 1326 du Code civil.

Jean-Louis Garnier. — Les consorts Praz. — 22 août 1829. — 2ᵉ chamb.
J. 4. 496

10. — *Laboureur. — Preuve.*

Le défaut d'approbation exigée par l'art. 1326 du Code civil ne prive pas le porteur du billet du droit de faire valoir tous ses moyens pour établir la réalité de sa créance.

Ainsi, et par exemple, si le billet émane d'un laboureur, il doit être permis au créancier de faire preuve de cette qualité.

Le sieur Garnier. — Les consorts Praz. — 14 mai 1828. — 2ᵉ chamb.
J. 4. 145

V. Commencement de preuve par écrit.

ARBITRAGE.

§ 1er. — *Durée des pouvoirs des arbitres.*
§ 2. — *Formes du jugement arbitral.*
§ 3. — *Ordonnance d'exécution.*
§ 4. — *Voies de recours contre les jugements arbitraux.*

§ 1er. — *Durée des pouvoirs des arbitres.*

1. — La mission des arbitres est prorogée de droit au-delà du terme légal de trois mois, toutes les fois qu'il y a discordance entre eux et qu'il y a lieu de faire intervenir un tiers-arbitre, pourvu que cette discordance soit constatée avant l'expiration de ce terme, par une déclaration au bas de leur procès-verbal.

Les consorts Lattier. — Les consorts Brichet. — 1er mars 1822. —2e ch. (1).
J. 2. 459

2. — Le tiers-arbitre convenu doit prononcer dans le mois de son acceptation formelle, ou du jour qu'il a été mis en demeure de le faire.

Les consorts Lattier. — Les consorts Brichet. — 1er mars 1822. — 2e ch.
J. 2. 459

§ 2. — *Formes du jugement arbitral.*

3. — Le jugement arbitral fait pleine foi de la date qui lui est donnée, quoiqu'il n'ait été enregistré que quelque temps après.

Etienne Bigot. — Louis Fragnon. — 31 août 1818. —Chamb. civ. V'. 369

4. — La sentence arbitrale fait foi de sa date par la simple signature des arbitres : elle n'est pas nulle pour n'avoir été déposée, ni par l'un des arbitres, ni dans les trois jours de sa date.

Pierre Thermoz. — François Thermoz. — 7 décembre 1824. — 1re ch.
J. 2. 3

5. — La nullité du compromis entraine celle du jugement arbitral, et de toute transaction intervenue à la suite.

Les consorts Marion. — Les frères Marchand. — 20 juin 1817. — Chamb. tempor................. J. 3. 377

6. — Les arbitres, autorisés à nom-

---

(1) Considérant que, d'après les dispositions de l'article 1018 du Code de procédure civile, la mission des deux arbitres est prorogée au-delà du terme de trois mois, toutes les fois que les deux arbitres ont été partagés d'opinion et qu'il y a lieu à faire intervenir le tiers-arbitre, qui n'est tenu de juger que dans le mois de son acceptation ; que, pour qu'il en fût autrement, il aurait fallu que le législateur eût prescrit aux deux arbitres de faire connaître leur partage d'opinion dans les deux mois du compromis, et au tiers-arbitre de prononcer dans le troisième mois ; disposition que l'on ne trouve nulle part dans le Code de procédure civile.

mer un tiers-arbitre, en cas de partage,
ne sont pas tenus, à peine de nullité,
de rédiger leur avis distinct et motivé,
avant de s'adjoindre le tiers-arbitre; ils
peuvent modifier leur opinion avant la
décision du tiers-arbitre.

Fluchaire. — Fiard. — 31 juillet
1830.

Arrêt conforme : —Jean Reynaud. —
Pierre Vieux. — 1er juin 1834. — 1re
chamb.................. J. 5. 320

7. — Lorsque deux arbitres discordants ont rendu leurs décisions séparées, ils ne peuvent plus modifier leur décision, et le tiers-arbitre doit se conformer à l'avis de l'un des arbitres. Ainsi est nul le jugement arbitral dans lequel l'un des arbitres dissidents a réformé ou modifié sa première décision, par une nouvelle décision qui a été adoptée par le tiers-arbitre.

M. Boulu. — Les héritiers Drevet et
le sieur Chatain. — 12 août 1826. —
4e chamb.............. J. 4. 530

8. — Un jugement arbitral n'est pas nul pour n'avoir pas été signé par l'un des arbitres, faute par celui-ci de savoir écrire.

Le sieur Garambaud. — Ollier, père
et fils. — 21 mai 1832. — 1re ch. (1).
J. 6. 280

9. — Le jugement arbitral n'est pas nul pour n'avoir pas été déposé dans les trois jours, la disposition de l'art. 1020 du Code de procédure qui prescrit ce dépôt n'étant pas portée à peine de nullité.

Jean Reynaud. — Pierre Vieux. —
1er juin 1834. — 1re chamb. J. 5. 321

§ 3. — *Ordonnance d'exécution.*

10. — Le juge ne peut ordonner aucune exécution du jugement arbitral, tant qu'on ne lui a pas justifié que le tiers-arbitre a été mis en demeure de prononcer sur la discordance.

Les consorts Lattier. — Les consorts
Brichet. — 1er mars 1822. — 2e chamb.
J. 2. 459

11. — Lorsqu'il a été compromis en même temps sur une affaire portée devant le tribunal de première instance et sur une affaire portée devant la cour, l'ordonnance d'exécution du jugement arbitral doit être rendue par le président du tribunal de première instance.

---

(1) Attendu que s'il est désirable que les arbitres sachent écrire, la loi ne frappant point cependant d'incapacité les Français qui ne possèdent point ce talent, il n'est pas possible de les exclure des fonctions d'arbitres;

Attendu que lorsqu'un jugement arbitral a été convenu et arrêté entre trois arbitres librement choisis par les parties, il serait fort dangereux de faire dépendre la validité dudit jugement de l'impossibilité où se trouverait l'un des arbitres, d'apposer sa signature par suite de l'inhabileté à signer, provenant, soit d'ignorance, soit d'un accident;

Attendu que, l'article 1016 du Code de procédure civile déclarant valide le jugement que l'un des trois arbitres refuse de signer, il serait irrationnel d'invalider cette même sentence lorsque l'arbitre, en persistant dans l'opinion commune, explique seulement qu'il ne peut signer par un obstacle indépendant de sa volonté.

Carraz. — Billat. — 4 août 1834. —
1re chamb............. J. 7. 374

§ 4. — *Voies de recours contre les jugements arbitraux.*

12. — L'opposition à l'ordonnance
d'exécution d'une sentence arbitrale
doit être portée devant le tribunal d'où
est émanée cette ordonnance; ainsi, on
ne peut former devant une cour ro'yale
opposition à l'ordonnance d'exécution
émanée du président du tribunal de
première instance.

Chaix, Bourne et consorts. — Les
frères Royanez. — 8 mars 1824. — 1re
chamb................ J. 2. 268

13. — Lorsque toutes les parties ont
respectivement appelé d'une sentence
arbitrale et contesté au fond, chacune
d'elles est non recevable à former opposition à l'ordonnance d'exécution.

Chaix, Bourne et consorts. — Les
frères Royanez. — 8 mars 1824. — 1re
chamb................ J. 2. 268

14. — La qualité d'amiables compositeurs, donnée à des arbitres, n'empêche pas qu'on ne puisse appeler de
leur décision, si la faculté en est formellement réservée dans le compromis.

Claude Empereur. — Frédéric Empereur. — 23 juin 1820. — 2e ch. (1).
J. 2. 493

15. — Lorsque, dans un compromis,
les parties ont donné aux arbitres le

____

(1) V., en sens contraire, l'arrêt cité sous
le n° 15.

pouvoir de juger comme amiables compositeurs, elles ne peuvent plus être
admises à appeler du jugement arbitral, malgré la réserve de l'appel exprimée dans le compromis.

Bonichon. — Bron. — 19 janvier
1835. — 1re chamb. (2)... J. 7. 495

16. — Les cours royales, en annulant une décision arbitrale pour vice de
forme ou toute autre cause, peuvent
prononcer définitivement sur le fond.

M. Boulu. — Les héritiers Drevet et
le sieur Chatain. — 12 août 1826. —
4e chamb.............. J. 4. 530

V. Compromis. — Conciliation. —
Dernier ressort.

ARBITRAGE FORCÉ.

1. — *Amiables compositeurs.*

Lorsque des associés donnent aux
arbitres chargés de juger les contestations élevées entre eux, la faculté de

____

(2) Attendu que les arbitres chargés de
statuer sur les contestations existantes entre
les parties, non-seulement ont été dispensés
de suivre les formes de procédure, mais
encore ont été chargés de statuer comme
amiables compositeurs ;

Attendu qu'il suit d'une qualification semblable l'exemption, pour les arbitres, de
suivre les formes du droit ; que, pour statuer
sur le bien ou mal jugé de leur sentence, il
faudrait que les magistrats chargés de statuer
sur l'appel pussent aussi s'écarter des règles
du droit, ce qui ne leur est pas donné de
faire ; que dès-lors l'appel d'une pareille sentence est non recevable, et la réserve d'appel
insérée dans le compromis reste sans objet.

prononcer sur ces difficultés comme amiables compositeurs, en dernier ressort, et sans être astreints à observer les formalités judiciaires, les arbitres ne sont-ils pas des arbitres ordinaires auxquels sont applicables les dispositions du Code de procédure civile sur l'arbitrage? Décidé que, dans l'espèce, les arbitres nommés étaient des arbitres forcés.

Ant° Germain. — Régis Doréy. — 7 juin 1834. — 2° chamb.... J. 7. 214

2. — *Appel.*

Le jugement arbitral qui prononce entre associés, pour raison de société, est susceptible d'appel, quel que soit le montant de la demande et de la condamnation, dès que l'objet de la société excède la valeur de 1,000 fr.

Chapelin. — Fouillet. — 23 juin 1817. — 1re chamb......... V°. 86

3. — *Appel. — Opposition.*

Les jugements des arbitres de commerce ne peuvent être attaqués que par la voie de l'appel, et non par la voie de l'opposition à l'ordonnance d'exécution ; les nullités de ces jugements dégénèrent en griefs.

Chaix, Bourne et consorts. — Les frères Royanez. — 8 mars 1824. — 1re chamb.............. J. 2. 268

4. — Est non recevable l'opposition à l'ordonnance d'exécution d'un jugement arbitral rendu par les arbitres nommés par le tribunal de commerce, sur les difficultés entre associés, à l'occasion d'une société commerciale ; un pareil jugement ne peut être attaqué que par la voie de l'appel, lorsque les parties n'y ont pas renoncé.

Aubert, oncle. — Aubert, neveu. — 13 juillet 1824. — 1re ch... J. 2. 43

5. — *Arbitre de commerce. — Capacité.*

Un membre du tribunal de commerce ne peut être nommé arbitre en matière de société.

Rey. — Perier. — 24 juillet 1812. — 2° chamb................. V°. 32

6. — *Délai.*

Lorsque le tribunal de commerce ni les parties n'ont pas fixé le délai dans lequel devra être rendue la décision des arbitres forcés, ceux-ci ne sont soumis à aucun délai, et peuvent fixer eux-mêmes celui qu'ils croient nécessaire.

Le sieur Boulu. — Les héritiers Drevet et le sieur Chatain. — 12 août 1826. — 2° chamb. (1)........ J. 4. 529

———————————

(1) Les motifs de cet arrêt sont en substance :

Que les articles 51 et 54 du Code de commerce ne fixent pas le délai dans lequel les arbitres sont tenus de prononcer, mais disposent seulement qu'à défaut de terme convenu, le délai sera fixé par les juges ; que, si les dispositions du Code de procédure doivent être appliquées aux matières commerciales, dans le silence du législateur sur la manière de procéder, il n'en est pas ainsi lorsqu'il s'agit de prononcer une forclusion, peine qu'on ne peut infliger dans le silence de la loi ;

˜ Qu'il y a cette différence essentielle entre l'arbitrage volontaire et l'arbitrage forcé, que, dans le premier cas, les arbitres n'étant

7. — En matière d'arbitrage forcé, les arbitres ne sont pas soumis, pour la prononciation de leur sentence, à un délai fatal, lorsque les parties n'ont pas fixé celui dans lequel ils statueraient.

Ant^e Germain. — Régis Dorey. — 7 juin 1834. — 2e chamb.... J. 7. 214

juges que par la volonté des parties, leur pouvoir cesse au moment fixé par les parties; que dans le second, au contraire, les arbitres sont établis par la loi, indépendamment de la volonté des parties, et sont investis des mêmes prérogatives et des mêmes droits que les juges; que dès-lors les arbitres forcés peuvent, conformément à l'article 58 du Code de commerce, fixer les délais nécessaires pour la production des pièces, et peuvent, comme les juges ordinaires, retarder leur jugement, s'ils ne sont pleinement instruits des faits de la cause et des questions qu'ils font naître;

Que, lorsqu'il s'agit d'arbitrage volontaire, les pouvoirs des arbitres peuvent être continués par la volonté des parties; qu'en matière d'arbitrage forcé, cette continuation de pouvoirs s'induit nécessairement du silence des parties, tant qu'elles n'ont pas demandé le remplacement des arbitres, et qu'elles ont laissé les pièces entre leurs mains;

Que les contestations entre associés sont pour l'ordinaire des affaires chargées de détails et de calculs; que fixer, dans le silence de la loi, un délai fatal de trois mois pour les productions et le jugement, serait amener ce résultat, qu'une décision dans un aussi court espace de temps deviendrait souvent impossible et serait nuisible aux intérêts du commerce; que dès-lors il n'y a nulle application à faire de l'article 1007 du Code de procédure, qui, à défaut de fixation de délai dans le compromis, dispose que la mission des arbitres ne durera que trois mois.

8. — *Dernier ressort.*

Lorsqu'il a été stipulé, dans un acte de société, que les difficultés qui pourraient s'élever entre les associés seront jugées par des arbitres qui prononceront *sans appel ni recours;* néanmoins, si les parties ne peuvent pas s'accorder sur le choix des arbitres, ce qui oblige de les faire nommer d'office par le tribunal, la décision de ces arbitres n'en est pas moins en dernier ressort, conformément au pacte social.

Ant^e Ovel. — François Astier. — 4 mai 1825. — 2e chamb.... J. 2. 236

V. Tierce-opposition.

ARBRES.

1. — En Dauphiné, les arbres plantés à une distance moindre de six pieds du fonds voisin doivent être coupés, aux termes d'un arrêt de règlement du parlement de 1612, mais les arbres plantés depuis plus de trente ans ne peuvent être coupés que moyennant indemnité.

Duvaure. — Louis Barret. — 29 décembre 1820. — 1re chamb.. V^t. 109

ARMES.

Les pistolets de poche sont des armes prohibées; ainsi, les fabricants, débitants ou porteurs de cette arme sont passibles des peines portées par les lois sur cette matière.

Le ministère public. — Balmont et Blanc. — 11 novembre 1824. — Ch. correct................ J. 1. 496

ARRÊTÉ ADMINISTRATIF.

1. — L'arrêté du préfet par lequel

la chasse est défendue doit recevoir son exécution, tant qu'il n'est ni réformé ni suspendu par l'autorité supérieure.

Le procureur-général. — François Rochas. — 22 février 1827. — Chamb. correct................ J. 3. 347

ARROSAGE. — V. Eaux.

ASSIGNATION.

1. — *Constitution d'avoué. — Nullité.*

Le défaut de constitution d'avoué n'emporte pas la nullité d'une assignation qui a été donnée le jour même de l'installation des avoués au tribunal, devant lequel la demande était portée.
Barbier. — Gonon. — 20 février 1830. — 2ᵉ chamb....... J. 5. 170

2. — *Constitution d'avoué. — Préfet.*

Le préfet, représentant l'état, n'est pas soumis à l'obligation de constituer avoué dans les procès qu'il peut avoir à soutenir. En conséquence, une assignation introductive d'instance donnée à la requête du préfet, au nom de l'état, n'est pas nulle pour ne pas contenir une constitution d'avoué.
M. le préfet de l'Isère. — François Miraillat. — 20 novembre 1834. — 2ᵉ chamb. (1).............. J. 7. 381

____

(1) Attendu qu'aux termes de la loi du 19 nivôse an 4 toutes les actions en justice qui sont intentées par les corps administratifs, doivent l'être au nom de l'état par les préfets, et doivent être suivies et dirigées par ces fonctionnaires ;

Attendu qu'un arrêté du directoire, du 10

3. — *Copie. — Nullité. — Commune. — Maire.*

Lorsqu'une assignation est donnée à des communes, en la personne de leur maire, et qu'en l'absence des maires l'exploit est visé par le juge de paix, l'huissier doit, à peine de nullité, laisser au juge de paix autant de copies qu'il y a de communes intéressées, quoiqu'il ait laissé une copie au domicile de chaque maire et à des parents ou alliés de ceux-ci, mais sans leur avoir fait viser l'original.

Les communes de Mions et de Marennes. — Le sieur Pitiot. — 17 juillet 1832. — 1ʳᵉ chamb....... J. 6. 173

4. — *Défendeur. — Domicile.*

Lorsqu'il y a plusieurs défendeurs, le demandeur peut les assigner à son choix devant le tribunal du domicile de l'un d'eux ; peu importe que celui dont le demandeur choisit le domicile ne soit engagé que comme caution.

Le sieur Clot fils. — La maison Gi-

____

thermidor an 4 a expressément chargé les officiers du parquet de défendre l'état, a enjoint aux préfets de leur adresser des mémoires contenant les moyens de défense de l'état, laissant à l'organe du ministère public le droit de proposer tel moyen et de prendre telles conclusions que la nature de l'affaire lui paraîtrait exiger ;

Attendu que cet arrêté, inséré au Bulletin des lois, a toujours été exécuté comme loi de l'état, et que les lois des 7 thermidor an 9, 8 mars 1810, 30 mars 1831 et 7 juillet 1833 ont consacré les mêmes principes, qui ont d'ailleurs été maintenus par la jurisprudence constante de la cour de cassation.

rard et Salomon. — 2 avril 1830. —
2ᵉ chamb............... J. 6. 190

V. Appel. — Exploit. — Péremption. — Prescription. — Surenchère.

ASSOCIATION EN PARTICIPA-
TION.

1. — Les opérations de commerce
qui embrassent une série d'affaires sur
une espèce de marchandises, et qui
établissent entre les associés une communauté d'intérêts continus, ne peuvent constituer une association en participation.

Les syndics de la faillite Raymond.
— Joseph Bernizet. — 9 juillet 1831.
— 2ᵉ chamb............ J. 5. 466

ATTROUPEMENTS.

1. — Lorsque le défaut de sommation
de la part des commissaires de police
chargés de diriger des troupes pour
dissiper un attroupement donne lieu à
un choc entre les soldats et les citoyens,
par suite duquel des coups sont portés
et des blessures sont faites, ces faits
constituent, à l'égard des commissaires
de police, les délits prévus par les
art. 319 et 320 du Code pénal.

Le procureur-général. — Bastide,
Vasseur et autres. — 17 avril 1832. —
Chamb. d'accus............ J. 6. 3

AUDIENCE. — V. Juge de paix. —
Jugement.

AUGMENT.

1. — *Caution.*

Le père qui se rend caution de la dot

de sa belle-fille, par contrat de mariage,
ne répond pas de l'augment et des
bagues et joyaux. Ces avantages ne font
point partie de la dot.

Pierre Perret. — Marthe Bourguis,
femme Perret. — 10 janvier 1820. —
1ʳᵉ chamb................ V'. 121

2. — *Intérêts.*

Les intérêts de l'augment et des bagues et joyaux courent, au profit de la
femme, dès le jour du décès du mari ou
de la séparation de biens.

Viviant et sa femme. — 25 juin 1808.
— 2ᵉ sect.

Arrêts conformes : — Sorin. — Les
mariés Clerginet. — 1ᵉʳ février 1809.
— 1ʳᵉ chamb.

La femme Gargon. — Le sieur Gayme.
— 10 août 1813. — 1ʳᵉ ch... V'. 123

3. — *Intérêts. — Séparation de biens.*

La femme séparée de biens a droit de
jouir des intérêts de son augment.

La dame Roussillon. — La dame Rabilloud et autres. — 9 avril 1824. — 2ᵉ
chamb................ J. 1. 104

4. — *Legs d'usufruit. — Réduction.
— Seconde femme.*

La seconde femme qui est tout à la
fois donataire d'un augment et légataire de l'usufruit de la moitié des biens
de son mari, ne peut plus réclamer
dans la succession de ce dernier le paiement de l'augment, lorsqu'elle a opté
pour le legs d'usufruit, ces deux libéralités ne pouvant recevoir leur exécution simultanée au préjudice des enfants
du premier lit.

François Barbier. — Les mariés Chanrion et la veuve Drevon. — 20 juin 1832. — 2ᵉ chamb...... J. 6. 116

5. — *Lois nouvelles.*

Sont nulles les conventions matrimoniales qui ne peuvent recevoir leur exécution qu'en recourant à des principes anciens et abrogés.

Ainsi, les stipulations d'un augment, celles des bagues et joyaux, genres de libéralités permises par les anciennes lois, ne sont plus en harmonie avec la législation actuelle, et ne peuvent en conséquence être exécutées.

La dame veuve Brun, née Astier. — — Le sieur Marchand. — 6 juin 1829. — 2ᵉ chamb............ J. 4. 474

6. — *Part virile.*

Quoique l'augment ait été donné à la femme pour en disposer en faveur de l'un ou de plusieurs de ses enfants, la femme acquiert sa portion virile en propriété.

Le sieur d'Audiffret. — La dame Voisin. — 2 juin 1818. — 1ʳᵉ chamb. J. 3. 41

7. — *Part virile. — Donation à titre universel.*

La femme a une portion virile de l'augment, s'il n'est pas expressément stipulé que l'augment appartiendra en entier aux enfants ; la donation à titre universel, par elle faite, comprend une partie proportionnelle de la virile.

Etienne-Louis Allinot. — Antoine-Félix-Fortuné Allinot et les mariés Sibeud. — 29 avril 1826. — 2ᵉ chamb. J. 3. 65

8. — *Part virile. — Prescription.*

La prescription de la part virile de l'augment ne court que du jour du décès de la femme.

François Bouquin et autres. — 13 fructidor an 13. — 2ᵉ sect. Arrêt conforme : — Etienne Magnin. — Ginet et Dolat. — 21 décembre 1810. — 2ᵉ chamb............. Vˢ. 122

9. — *Peine des secondes noces. — Femme. — Usufruit.*

D'après l'ancienne jurisprudence du parlement du Dauphiné, la femme remariée après l'an de deuil, qui avait accompli les conditions exigées pour passer à un second mariage, ne perdait que la propriété de sa portion virile de l'augment, mais jamais les avantages qui lui avaient été faits seulement en usufruit.

D'après la même jurisprudence, la femme remariée perdait la faculté de succéder à son enfant du premier lit, quant à la propriété, en ce qui provenait de la substance du premier lit.

Antᵉ Nattan. — Consorts Gonin et Moiroud. — 12 décembre 1834. — 2ᵉ chamb................ J. 7. 470

10. — *Réduction.*

L'augment stipulé dans un contrat de mariage fait dans un pays qui accordait à la femme un augment de plein droit, doit être réduit, conformément aux art. 13 et 14 de la loi du 17 nivôse an 2, lorsque la succession s'est ouverte sous l'empire de cette loi.

Anthelme Julliard. — Les mariés Ginard. — 19 juin 1810. — 1re chamb. V°. 124

V. DONATION.

AUTORISATION ADMINISTRATIVE. — V. AGENT DU GOUVERNEMENT. — HOSPICE.

AUTORISATION DE COMMUNES.

1. — *Appel.*

Une commune autorisée à plaider en première instance ne peut le faire sur l'appel, sans une nouvelle autorisation.

La commune de Brangues. — Le sieur Sillac-de-la-Pierre. — 4 janvier 1830. — 1re chamb.............. J. 5. 34

2. — Une commune autorisée à plaider en première instance n'a pas besoin d'une nouvelle autorisation pour appeler.

La commune de Larivière. — Blanchet, père et fils. — 7 janvier 1830. — 2e chamb. (1).............. J. 5. 36

3. — *Demande reconventionnelle.*

Une commune ne peut, sans une

----

(1) *Nota.* Cet arrêt paraît contraire à celui cité sous le n° 1. Cependant, la cour ayant considéré, dans l'affaire de la commune de Larivière, que l'autorisation était générale et indéfinie, à l'effet d'ester en justice et défendre à la demande des sieurs Blanchet, et que l'autorisation non limitée vaut jusqu'à jugement ou arrêt définitif, il y a lieu de croire que c'est la différence dans les termes de l'autorisation qui a amené des décisions différentes.

autorisation spéciale de l'administration, former une demande reconventionnelle, qui n'est pas un simple moyen de défense à la demande principale.

Le sieur Jubié. — La commune de Saint-Antoine. — 2 août 1832. — 2e chamb................ J. 6. 256

4. *Effets de l'autorisation.*

L'autorisation légale donnée à une commune, de soutenir un procès, emporte celle de le terminer par tous moyens, tels, par exemple, que celui d'une demande en subrogation à une cession de droits litigieux.

La commune de Champoléon. — Le chevalier d'Hugues. — 19 mai 1828. — 1re chamb.............. J. 4. 353

5. — *Maire. — Intervention.*

Le maire d'une commune peut, sans autorisation, intervenir dans une instance sur un délit forestier commis dans une forêt communale, alors même qu'il s'agit de poursuivre correctionnellement une commune usagère qui abuse de son droit.

L'administration forestière et le maire de la commune de Nantes. — Pierre Durand et Bertrand. — 3 avril 1824. — 4e chamb. (2).......... J. 1. 51

----

(2) Considérant qu'une semblable poursuite, qui, de sa nature est urgente, et doit avoir lieu dans un bref délai, à peine de prescription, est un acte conservatoire, un acte d'administration, qui n'appelle aucune solennité, qui ne comporte d'autre discussion que la simple appréciation du procès-verbal ser-

6. — *Nullité*.

La nullité résultant du défaut d'autorisation d'une commune pour acquérir un immeuble est une nullité relative, créée seulement dans l'intérêt de la commune, et ne peut être invoquée contre elle.

La commune de Frontonas. — Les sieurs Dumoulin, Jocteur et autres. — 26 février 1831. — 2ᵉ ch.. J. 6. 230

7. — *Pluralité d'habitants*.

L'autorisation administrative n'est exigée que lorsqu'il s'agit des intérêts d'une commune ; les habitants qui se réunissent pour la conservation d'intérêts particuliers, doivent procéder suivant les formes ordinaires.

Les sieurs Rebourcel et Guibert. — Les sieurs Buis et de Montrond. — 26 juillet 1820. — 1ʳᵉ chamb... Vˢ. 154

AUTORISATION MARITALE.

1. — *Appel*.

L'acte d'appel fait à la requête d'une femme, se disant autorisée de son mari, n'est pas nul par défaut d'autorisation, si le mari, amené en cause par le même acte, procède en conséquence, surtout s'il déclare en outre à l'audience qu'il autorise sa femme.

---

vant à établir le délit ; que le maire, qui est chargé de veiller à la conservation des propriétés de la commune, n'a pas besoin, pour poursuivre la répression du délit en police correctionnelle, d'une autorisation du conseil de préfecture.

Marianne Caillat, femme Trapet. — Joseph Robert-Brunard et autres. — 21 février 1832. — 1ʳᵉ chamb.. J. 6. 34

2. — *Biens dotaux*. — *Donation*. — *Mari*. — *Responsabilité*.

Le mari qui assiste sa femme mariée sous une constitution générale de dot, et l'autorise à donner par contrat de mariage une somme d'argent, et qui fait ensuite révoquer cette donation comme contenant aliénation du bien dotal, n'est soumis à aucune responsabilité à l'égard du donataire. L'autorisation donnée par le mari ne peut pas même être le fondement d'une action en dommages-intérêts, à concurrence des fruits de la chose donnée.

Les mariés Sibeud. — Les mariés Rouget. — 14 mai 1829. — 2ᵉ chamb.
J. 5. 282

3. — *Biens dotaux*. — *Vente*. — *Validité*.

Pour la validité de la vente des biens dotaux de la femme, le consentement du mari donné par sa signature au bas de la demande en permission de vendre, et au bas du cahier des charges, est suffisant ; peu importe que le mari ait omis ou qu'il ait même refusé de signer l'acte d'adjudication, cette omission ne saurait invalider l'acte.

Le sieur Martin. — La femme Durand. — 14 janvier 1830. — 1ʳᵉ ch. J. 5. 28

4. — *Contrat de mariage*. — *Capacité*. — *Statut personnel*.

La femme dont le contrat de mariage

passé en pays de droit écrit, avant la promulgation du Code civil , porte qu'elle pourra agir seule et sans le concours de son mari, pour la régie de ses biens , a-t-elle pu , depuis cette promulgation , s'obliger sans l'autorisation de son mari ou de la justice?

La dame Debelle. — Le sieur Piot-d'Anneville. — 8 janvier 1829. — 2e chamb. (1).............. J. 6. 276

5. — *Femme séparée de biens.* — *Obligations.*

Les obligations souscrites par une femme séparée de biens , sans l'autorisation de son mari, sont valables et peuvent être exécutées sur les fruits et revenus de la dot.

Femme Durand. — Ballefin. — 14 juin 1825. — 1re ch... (2). J. 2. 164

6. — *Jugement.*

La femme ne peut ester en jugement sans l'autorisation de son mari, encore qu'elle agisse comme tutrice de ses enfants mineurs nés d'un premier mariage.

La veuve Michallon. — La veuve Vincendon. — Les consorts Simian et autres. — 17 août 1831. — 2e chamb.
J. 5. 406

7. — *Nullité.*

La nullité fondée sur le défaut d'autorisation du mari ne peut être opposée que par la femme , par le mari ou par leurs héritiers.

Félicien Trolliet. — La dame Magnin. — 11 juin 1825. — 2e chamb.
J. 2. 393.

8. — *Nullité.* — *Fin de non-recevoir.*

Les créanciers d'une femme mariée sont non recevables à invoquer la nullité résultant du défaut d'autorisation maritale ; cette nullité ne peut être opposée que par la femme , le mari ou leurs héritiers.

Les héritiers Jacob. — La veuve Mayousse. — 2 août 1827. — 1re ch.
J. 4. 47

9. — *Promesse.* — *Nullité.*

Est nulle la promesse passée par la femme sans l'autorisation de son mari :

---

(1) La cour avait résolu cette question affirmativement; mais, sur le pourvoi formé contre cet arrêt , il a été cassé par arrêt du 13 novembre 1832 , qui a considéré que les lois qui règlent l'état et la capacité des personnes sont des statuts d'ordre public , et que par suite elles régissent l'état et la capacité du moment de leur publication.

(2) Considérant que la séparation de biens n'apporte aucun changement dans la nature de la dot, qui conserve toujours son caractère d'inaliénabilité , même lorsqu'elle est mobilière; que néanmoins la femme séparée de biens peut , dans l'intérêt de sa famille et pour l'administration de la dot, s'obliger valablement , sans l'autorisation du mari , sur les fruits et revenus de sa dot; que l'obligation de la femme Durand, considérée comme un emploi de l'excédant de ses revenus, ne porte aucune atteinte au principe de l'inaliénabilité de la dot, et que le jugement dont est appel, en ordonnant l'exécution du titre, a réservé aux parties de faire déterminer la proportion dans laquelle lesdits revenus seraient soumis aux exécutions du créancier.

cette autorisation doit d'ailleurs être instantanée; celle donnée après coup est sans effet.

Lucie Prompsal, femme Chapuis. — Mᵉ Prompsal. — 26 juillet 1828. — 2ᵉ chamb .... J. 4. 179

AVAL.

1. — *Billet à ordre. — Défaut de protêt. — Contrainte par corps.*

Le donneur d'aval qui a cautionné le souscripteur d'un billet à ordre ne peut opposer au porteur le défaut de protêt à l'échéance, lors même qu'il a déclaré se rendre garant du paiement comme endosseur.

Il est soumis à la contrainte par corps, quoiqu'il ne soit pas négociant, lorsque le souscripteur était lui-même contraignable par corps.

Le sieur Rivoire. — Le sieur Grange. — 24 janvier 1829. — 4ᵉ ch. J. 4. 366

AVANCEMENT D'HOIRIE. — V.

AVANTAGES DE MARIAGE. — V.

AVEU.

1. — *Indivisibilité.*

L'aveu judiciaire d'une association verbale pour acquisition d'immeubles, mais qu'on soutient avoir été dissoute postérieurement, est indivisible.

Buisson et Bouvier. — Clément Guivier. — 25 mars 1824. — 1ʳᵉ chamb. J. 1. 235

**2. — D'après le principe de l'indivisibilité de l'aveu, celui qui déclare avoir reçu des cuirs pour les ouvrer, mais aussi les avoir rendus au propriétaire après leur préparation, ne peut être tenu de prouver le fait de la remise. La preuve testimoniale, en ce cas, doit être fournie par le demandeur lui-même.

Les sieurs Gaillard, Doyon et autres. — Les syndics de la faillite Poncet. — 28 janvier 1826. — 4ᵉ ch... J. 3. 326

AVOCAT.

1. — Le président qui pense qu'un avocat, dans sa plaidoirie, a manqué au respect dû au tribunal, ne peut exercer, envers cet avocat, le droit de police d'audience, que séance tenante; la clôture de l'audience dessaisit le président de ce droit.

Le procureur-général. — Mᵉ F...., avocat. — 7 juillet 1827. — Chamb. réunies .... J. 4. 76

2. — L'avocat qui a outragé les magistrats à l'audience peut être rayé définitivement du tableau de l'ordre.

Le procureur-général. — Mᵉ N..., avocat. — 26 décembre 1828. — Ch. réunies .... J. 4. 289

AVOUÉS.

1. — *Copie de pièces. — Signature.*

Un avoué qui fait signifier une copie

de pièces ou de jugements n'est pas tenu de signer cette copie à peine de nullité de la signification ; le défaut de signature n'a que l'effet d'attribuer le droit de copie à l'huissier, porteur de la commission.

Les mariés Guerre. — Les mariés Guillot. — 26 juillet 1824. — 2ᵉ chamb.
J. 1. 324

2. — *Frais.* — *Solidarité.*

Les parties ayant intérêt commun, qui ont constitué le même avoué, sont tenues solidairement envers lui du paiement des frais faits pour elles par cet avoué. (Art. 1222 et 2002 du Cod. civ.)

Mᵉ Repellin. — Les tenanciers du Grand-Liers. — 23 mars 1829. — 1ʳᵉ chamb................ J. 4. 408

3. — *Mandat.* — *Cessation.* — *Expertise.* — *Sommation.*

Le mandat de l'avoué de première instance cesse dès que le procès pour lequel il a été constitué est terminé par un jugement définitif, lors même qu'une instance est encore liée devant la cour royale, sur l'appel de ce jugement ; dans ce cas, c'est l'avoué d'appel qui devient le mandataire des parties, et c'est à lui que doit être notifiée la sommation exigée par l'art. 315 du Code de procédure, pour assister à une expertise ordonnée par un arrêt exécutoire de l'autorité de la cour.

Bettigny. — Carcel. — 20 août 1825. — 4ᵉ chamb............ J. 2. 211

4. — *Mandat.* — *Remise des pièces.*

Pour qu'un avoué puisse valablement

représenter sa partie et la défendre, il suffit que celle-ci lui ait remis les titres servant à l'instruction du procès, ou même une simple copie de l'assignation qu'elle a reçue.

Tisserand. — Quenin-Reynaud. — 9 décembre 1815. — 2ᵉ ch.. Vⁱ. 527

5. — *Plaidoirie.*

Les arrêtés pris par les cours royales, conformément à l'ordonnance du 27 février 1822, ayant été rendus en l'absence des avoués, ne peuvent priver ceux-ci du droit de réclamer, devant les tribunaux, la faculté de plaider dans les affaires dans lesquelles ils occupent.

L'ordonnance royale du 27 février 1822, qui prive les avoués licenciés de la faculté de plaider dans les affaires dans lesquelles ils occupent, n'a point été rendue hors des limites des pouvoirs constitutionnels, et elle doit être exécutée par les tribunaux.

Mᵉ Chaboud. — M. le procureur-général. — 27 mai 1834. — 1ʳᵉ ch. (1).
J. 7. 222

---

(1) Voici les motifs de l'arrêt au fond :

Attendu que le droit de plaider tient à la discipline du barreau et des tribunaux ; que si bien l'article 32 de la loi du 22 ventôse an 12, sur l'établissement des écoles de droit, porte que les avoués qui seront licenciés pourront plaider et écrire dans les affaires où ils occuperont, l'article 38 de la même loi portant qu'il serait pourvu par des règlements d'administration publique, à ce qui concernera la formation du tableau des avocats, a décidé par là que la disposition de l'article 32 n'était que temporaire et révocable ;

Qu'en effet, le législateur, en créant les

6. — *Qualité.* — *Remplacement.*

On ne peut contester la qualité d'avoué à celui qui, en attendant sa réception, a fait constituer un autre avoué en son nom, lors surtout que l'avoué de la partie adverse lui a adressé des significations en cette qualité.

Nicolas. — Chaléon. — 5 mai 1818. — Chamb. civ............ V°. 527

7. — *Révocation.* — *Jugement.*

La révocation d'un avoué, faite par sa partie, avec défense d'occuper pour elle, n'empêche pas que la cause ne puisse être jugée contradictoirement lorsque les conclusions ont été respectivement prises à l'audience, antérieurement à la révocation de l'avoué.

Les mariés Reynier. — Le sieur Ravaz-Dugaz et autres. —25 août 1832.

écoles de droit, a voulu réorganiser le corps des avocats, entièrement détruit pendant la révolution; établir, ainsi qu'il l'a exprimé dans le décret du 14 décembre 1810, l'incompatibilité qui avait anciennement existé entre la profession d'avocat et les fonctions d'avoué; délaisser à ceux-ci la postulation et aux premiers le droit de plaider, et que si la nécessité où il se trouvait, en raison du petit nombre d'avocats existant alors, l'a forcé, par l'article 32, d'accorder aux avoués le droit de plaider, il a réservé au gouvernement, par l'article 38, celui de révoquer cette faculté;

Attendu, dès-lors, que les décrets de 1810 et 1812, comme l'ordonnance royale du 27 février 1822, ont été entièrement dans les attributions du pouvoir exécutif, ne sont point sortis du cercle des pouvoirs constitutionnels qui lui étaient attribués, et doivent être exécutés.

— 2° chamb............ J. 6. 215

V. Adjudicataire. — Compensation. — Dépens. — Prescription.

AYANT-CAUSE.

1. — *Acquéreur.* — *Acte sous seing privé.*

L'acquéreur est l'ayant-cause du vendeur, et le représente, tant pour les avantages que pour les charges de la propriété qui lui a été transmise, résultant des titres constitutifs du droit du vendeur; ainsi, un acte de partage sous seing privé, qui forme le titre du vendeur, est obligatoire pour l'acquéreur, bien que cet acte n'ait été enregistré que postérieurement à la vente qui forme le titre de l'acquéreur.

Jacques Berthelot. — François Chuillat. — 30 mai 1832. — 1ʳᵉ chamb.

J. 6. 349

2. — *Créancier hypothécaire.* — *Exécutions.*

Les actes faits par le débiteur sont obligatoires pour le créancier dont les droits réels sont postérieurs à ces actes; ainsi, le créancier, même hypothécaire, ne peut porter ses exécutions sur les biens vendus par son débiteur, antérieurement à l'inscription prise par ce créancier, alors surtout que la vente a été transcrite à une époque antérieure à cette inscription.

Le sieur Bonnet. — Le sieur Bouchard. — 5 janvier 1833. — 2° chamb.

J. 6. 354

V. Contre-lettre. — Date certaine.

BAIL.

1. — *Carrières. — Cas fortuit. — Indemnité.*

Lorsque, pendant l'exécution du bail d'une carrière dans lequel l'étendue de l'exploitation n'a pas été réglée, il survient un évènement imprévu qui procure au fermier le débit d'une quantité de pierres très-considérable, de telle sorte que l'extension donnée à l'exploitation produirait l'épuisement de la carrière ; le propriétaire est fondé, dans ce cas, à demander au fermier une indemnité à raison de cette livraison extraordinaire, et les tribunaux, appréciant les circonstances et l'intention des parties, ont le droit de déterminer et d'adjuger cette indemnité.

Clet et Bethoux. — Arnaud et Blandin. — 5 mars 1833. — 1re chamb. (1).

J. 7. 508

2. — *Cas fortuit. — Perte de la chose. — Remise.*

Le fermier qui a perdu toutes ses récoltes par suite d'un cas fortuit ne peut obtenir aucune remise si la perte des récoltes ne survient qu'après qu'elles ont été séparées du sol.

Veuve Torrent. — Basset, père et fils. — 3 juin 1819. — 2e ch. Vr. 130

3. — *Cheptel. — Bail verbal.*

Les bestiaux et instruments d'agriculture qui garnissent un domaine sont présumés appartenir au propriétaire, alors qu'il n'y a pas de bail écrit, et que l'existence et les conditions du bail ne sont connues que par l'aveu du propriétaire qui revendique ces objets saisis contre son fermier, par un tiers.

Le sieur Revol. — Pierre Gelibert et Joseph Faux. — 1er juin 1832. — 4e chamb. . . . . J. 6. 110

---

(1) Attendu que les conventions verbales intervenues entre les parties n'ont point réglé le mode d'exploitation de la carrière louée, et ne sont que la reproduction des conventions passées entre les anciens propriétaires et les bailleurs actuels ;

Attendu qu'une carrière, comme tout autre objet mobilier ou immobilier, est susceptible de location, mais que les règles applicables aux baux à loyer ou à ferme, au contrat de louage de choses dont la substance reste, ne peuvent s'appliquer, d'une manière absolue ou exclusive, au bail d'une chose dont l'effet de la location est de la détruire :

Attendu que, si en règle générale, et dans le contrat de louage de choses ordinaires, le législateur n'a stipulé, en cas d'évènements fortuits, d'indemnité qu'en faveur du preneur, c'est que, d'une part, la loi ne prévoit en général, que ce qui arrive le plus communément, mais sans exclure les analogies ; et de l'autre, que dans ces cas la chose reste, le propriétaire peut en jouir après comme avant le bail, et que le preneur ne s'étant obligé à payer un prix de ferme au bailleur qu'en représentation des fruits de la chose louée, l'équité voulait que, étant privé des fruits de cette chose par un évènement imprévu et qu'il n'avait pas pu empêcher, une indemnité lui fût accordée par le propriétaire ;

Attendu qu'il en eût été de même pour le preneur d'une carrière qui eût été, par un fait de force majeure ou par le fait du prince, privé de la faculté de l'exploiter, quoique cependant la loi soit muette sur les baux des carrières et les modifications que les cas fortuits peuvent amener dans leur exécution,

4. — *Cheptel. — Restitution.*

Le fermier n'est pas tenu, à sa sortie de ferme, de laisser un nombre de bestiaux égal à celui qu'il a reçu en entrant, mais bien des bestiaux d'une valeur égale au montant de l'estimation exprimée dans le bail.

L'hospice de Saint - Marcellin. — Michel Mottin. — 9 juillet 1814. — 1re chamb............... J. 2. 413

5. — *Bail. — Congé.*

Lorsque le bail est écrit, il n'est pas nécessaire de donner congé après une tacite reconduction.

---

soit par rapport aux preneurs, soit pour ce qui concerne le bailleur ;

Attendu que, dans le silence de la loi, le magistrat doit se guider par les principes généraux du droit, la raison et l'équité ; qu'il serait souverainement injuste de laisser profiter le preneur seul de bénéfices immenses, résultant d'un évènement imprévu qui épuiserait totalement la carrière, destinée, dans les prévisions communes des parties, a être exploitée long-temps encore après l'expiration du bail, et attribuerait ainsi aux preneurs ce que les conventions sainement entendues ne leur concèdent point et dont ils ne paient aucun prix, de telle sorte qu'à la fin du bail la propriété serait ruinée, sans réciprocité pour les bailleurs, tandis que les preneurs se seraient enrichis en l'épuisant sans la payer, résultats évidemment contraires à l'intention des parties et à l'esprit de leur bail ;

Attendu qu'aux termes de l'article 1156 du Code civil, on doit, dans les conventions, rechercher quelle a été la commune intention des parties contractantes plutôt que de s'arrêter au sens littéral des termes.

Blanche. — Amenay. — 24 février 1810. — 2e chamb........ V^s. 128

6. — *Drolées.*

On n'entend pas par *drolées*, dans un prix de ferme, les grains, tels que blé, sarrasin et avoine, ni le foin ; mais les menues prestations, telles que beurre, œufs, volaille, porc, etc.

Saulnier. — Paleyron. — 5 février 1819. — 4e chamb........ V^s. 129

7. — *Nullité. — Saisie immobilière.*

Le bail à ferme passé par le débiteur exproprié, après le commandement qui doit précéder la saisie immobilière, peut être annulé sur la demande des créanciers, abstraction faite de tous moyens de simulation contre le bail.

François Pagnoud. — Guillaume Brunet. — 29 avril 1817. — Ch. civ.

V^s. 557

8. — *Prix. — Clause ambiguë.*

La clause du bail ainsi conçue : *Le prix du bail est fixé à la somme de 1,000 fr. payable par douzième, en seigle, à raison de 4 fr. 10 s. la bichette*, est toute en faveur du fermier, qui peut bien, s'il le veut, payer son prix en seigle, mais qui ne peut y être contraint s'il préfère payer en argent.

Patton. — Bouvard. — 23 mai 1812. — 2e chamb............... V^s. 129

9. — *Prix. — Paiement anticipé.*

Le fermier peut payer par anticipation le prix du bail, lorsque nulle inscription n'est encore prise sur l'immeuble affermé ; il n'a pas besoin de faire inscrire sa quittance.

Les sieurs Arragon. — Menon et les créanciers Vachon........ V⁵. 340

10. — *Prix. — Paiement. — Échéance.*

Lorsqu'il y a contestation sur l'époque de l'échéance des paiements du prix d'un bail verbal, le bailleur ne doit pas, à cet égard, être cru sur son affirmation, comme à l'égard de la quotité du prix. L'échéance des paiements doit être déterminée par l'usage des lieux.

Les consorts Massonnet. — Les mariés Duvert. — 4 août 1832. — 2ᵉ ch.
J. 6. 217.

11. — *Prix. — Preuve par témoins.*

L'art. 1716 du Code civil, ajoutant foi à l'affirmation du propriétaire, sur le prix du bail verbal, autorise, *a fortiori*, les juges à lui permettre de prouver par témoins la quotité de ce prix.

Marcellin. — Astier. — 8 avril 1809. — 2ᵉ chamb............. V⁵. 128

12. — *Repentir. — Preuve.*

Lorsqu'un fermier prétend qu'il lui a été passé bail pour six ans, *sans repentir*, sans pouvoir représenter le bail qui s'est égaré, il faut en croire le propriétaire, qui affirme que le bail avait été fait pour six ans, *mais avec repentir à mi-terme*.

Pontonnier — Martin. — 21 avril 1818. — 1ʳᵉ chamb........ V⁵. 129

13. — *Sous-location.*

Lorsqu'il a été convenu que le locataire ne pourrait pas sous-louer, cette convention emporte prohibition de tenir des chambres garnies. Le locataire doit donc être tenu de faire sortir le sous-locataire; mais ce n'est pas là une clause de résiliation du bail.

Barbier. — Espier. — 18 août 1807. — 1ʳᵉ chamb............. V⁵. 129

V. Preuve testimoniale. — Privilége.

BANALITÉ.

1. — *Commune.*

Les anciennes banalités consenties par les communes obligeaient et obligent encore les habitants de ces communes.

Le consentement exprès et unanime de tous les habitants n'est pas nécessairement exigé pour l'établissement d'une banalité conventionnelle; il suffit qu'elle ait été consentie par les mandataires de la commune, autorisés à cet effet par des assemblées générales des habitants, et dans tous les cas, la demande en nullité de l'acte établissant une semblable banalité ne pourrait être formée que par les habitants agissant en corps de commune, elle ne peut l'être isolément par quelques-uns d'entre eux.

Liothaud. — Colomb. — 21 août 1832. — 1ʳᵉ chamb....... J. 6. 237

BIENS DOTAUX. — V. Dot.

BIENS PARAPHERNAUX. — V. Hypothèque légale. — Paraphernaux (Biens).

BILLET.

1. — *Exigibilité.*

Quoiqu'une promesse soit stipulée payable à un an et demi *de dénoncé*, et qu'aucune demande en paiement ne soit légalement constatée, il peut résulter des circonstances de la cause que la promesse est devenue exigible.

Le sieur Busco. — Le sieur Perrin. — 21 août 1828. — 2ᵉ ch.. J. 4. 228

2. — *Simulation de cause.*

Le souscripteur d'un billet, stipulé valeur reçue, n'est pas recevable à soutenir qu'il existait une autre cause.

Poncet. — Perrin et Tagnard. — 1ᵉʳ février 1815. — 1ʳᵉ chamb.... Vᵗ. 21

Arrêt contraire : — Coindet. — Gachet. — 31 mai 1819. — 1ʳᵉ ch. Vᵗ. 22

V. APPROBATION D'ÉCRITURE. — FEMME.

BILLET A ORDRE.

1. — *Compétence.*

Le billet à ordre qui ne contient pas l'énonciation de la valeur fournie, et qui n'est pas souscrit par un négociant, ne peut être soumis, à l'égard du souscripteur, à la compétence du tribunal de commerce, quand même il serait endossé par des négociants, et que le souscripteur ne serait assigné devant le tribunal de commerce qu'avec les endosseurs négociants.

Richard. — Alix. — 4 mars 1817. — 1ʳᵉ chamb.................. Vᵗ. 30

2. — Un billet à ordre payable sur une place autre que celle où il a été souscrit ne rend point justiciable du tribunal de commerce, si d'ailleurs le souscripteur n'est pas négociant.

Brunet. — Trolliet. — 5 février 1819. — 4ᵉ chamb.............. Vᵗ. 31

3. — L'endossement, mis par un percepteur sur un billet à ordre souscrit par un individu non négociant, rend l'affaire de la compétence du tribunal de commerce.

Vachon. — Durand. — 14 août 1812. — 2ᵉ chamb.............. Vᵗ. 31

4. — Le billet à ordre, quoique souscrit par un individu non négociant, soumet celui-ci à la juridiction du tribunal de commerce, toutes les fois que ce billet porte l'endossement d'un négociant ou d'un percepteur de contributions.

Borel-Féline. — Les sieurs Rival et Buissard. — 18 août 1818. — Ch. civ.
J. 2. 409

5. — Lorsque les billets à ordre portent tout à la fois des signatures d'individus négociants et d'individus non négociants, les poursuites peuvent être portées devant les tribunaux de commerce, quoiqu'elles ne soient dirigées que contre les individus non négociants.

Le sieur Proby. — Les sieurs Rossat et Jacquemet. — 7 février 1832. — 1ʳᵉ chamb................... J. 6. 86

6. — *Condition. — Effet de commerce.*

Un billet à ordre souscrit par un

négociant, payable sous une condition suspensive, quoique accomplie le jour du dernier endossement, n'est pas un effet de commerce ; il ne peut être réputé tel que lorsqu'il est pur et simple.

Furcat-Faure. — Bozanne-Faure et Breynat. — 19 juin 1824. — 4ᵉ chamb.

J. 1. 182

7. — *Endossement.* — *Abus de confiance.* — *Revendication.*

Le porteur de bonne foi d'un billet à ordre transmis par abus de confiance ou escroquerie n'est pas obligé à en faire la restitution ; dans ce cas, la revendication exercée par le propriétaire primitif ne peut être accueillie.

Antoine Godard. — MM. Gaillard, banquiers, et les sieurs Puissant. — 23 juillet 1819. — 4ᵉ chamb.. J. 1. 220

8. — *Prescription.*

La prescription établie par l'art. 189 du Code de commerce, est une présomption *juris et de jure*, contre laquelle aucune présomption contraire ne peut être admise.

Antoine Florence. — Jean-François Frezet. — 13 décembre 1828. — 4ᵉ ch.

J. 4. 392

V. Aval. — Commencement de preuve par écrit. — Effets de commerce. — Hypothèque.

BLANC-SEING.

1. — L'abus d'un blanc-seing non confié constitue le crime de faux en écriture privée.

Le procureur-général. — Bourguignon. — 24 juin 1829. — Ch. d'acc.

J. 4. 467

BOIS ET FORÊTS.

1. — *Passage.*

La disposition de l'art. 41 de la loi du 28 septembre 1791 qui permet aux voyageurs de passer sur les propriétés voisines, lorsque le chemin communal est impraticable, s'applique aux forêts soumises au régime forestier, tout comme aux propriétés particulières. Le Code forestier n'a pas placé les forêts soumises à son régime en dehors de ce droit commun.

L'administration forestière. — Carrot et Frenois. — 9 mai 1834. — Chamb. corr.................... J. 7. 250

2. — *Possession.* — *Propriété.*

En fait de bois et forêts, les faits de possession étant, de leur nature, plus ou moins équivoques et souvent simultanés, la condition du demandeur et celle du défendeur, lorsque le premier n'a pas reconnu la possession du second, doivent être égales, surtout si la demande primitive tend à un bornage. Les parties doivent être respectivement tenues de produire leurs preuves de possession, et la propriété doit être adjugée à celle qui établit ou une possession immémoriale, ou la possession la plus constante et la mieux caractérisée, soit par la preuve testimoniale, soit par les cadastres et autres documents.

Sibeaud. — Les frères Charbonnel.
— 24 janvier 1835. — 4ᵉ ch. J. 7. 542

V. Communes. — Délit forestier.
— Prescription. — Usage.

BOISSONS.

1. — Débit. — Licence.

Le fait seul d'exercice d'une des professions désignées en l'art. 50 de la loi du 28 avril 1816 n'emporte pas la présomption légale de la vente de boissons en détail, indépendamment du fait de débit, et n'astreint pas les particuliers qui exercent les professions à l'obligation de faire la déclaration et de prendre la licence exigée des débitants de boissons.

L'administration des contributions indirectes. — Beaudoin. — 13 décembre 1834. — Chamb. corr. J. 7. 434

2. — Transport de boissons. — Congé. — Contravention.

Il y a contravention aux art. 1ᵉʳ et 6 de la loi du 28 avril 1816 sur les boissons, de la part de celui qui transporte, sans être muni d'un congé, une quantité quelconque de vin acheté chez un débitant, quelque minime que soit cette quantité, et soit que le transport ait lieu à l'extérieur ou à l'intérieur d'un lieu soumis à l'octroi.

L'administration des contributions indirectes. — Moulin. — 26 décembre 1834. — Chamb. corr..... J. 7. 448

BORDEREAU DE COLLOCATION. —

V. Hypothèque judiciaire.

BORNAGE.

1. — Possession. — Preuve.

Le défendeur à une action en bornage, s'il veut faire excepter de la mensuration la portion litigieuse des deux propriétés, devient demandeur dans cette prétention, en ce sens qu'il n'est pas fondé à exiger, quand il n'y a titre ni de part ni d'autre, que le demandeur eu bornage demeure chargé d'établir par témoins une possession de la portion litigieuse, suffisante pour en avoir prescrit la propriété.

Sibeaud. — Les frères Charbonnel. — 24 janvier 1835. — 4ᵉ ch. J. 7. 542

BREVET D'INVENTION.

1. — Méthode de lecture. — Contrat. — Cause. — Nullité.

L'enseignement de la lecture étant purement intellectuel, une méthode de lecture ne peut être l'objet d'un brevet d'invention, et la cession d'un brevet accordé pour une semblable méthode est nulle, comme étant sans cause réelle.

Mᵉ Augier. — Le sieur Cheynet. — 12 juin 1830. — 4ᵉ ch. (1). J. 5. 241

(1) Attendu qu'Augier, garant de la chose vendue, l'est nécessairement de la réalité du privilége cédé; d'où il suit que si cette réalité n'existe pas, la vente ou cession aura été faite sans cause véritable, et pour un objet qui ne pouvait être la matière d'un contrat;

Attendu, à cet égard, que l'enseignement de la lecture est évidemment du domaine de l'intelligence, et que ce qui appartient à l'entendement humain, sans le concours d'objets

8

*2. — Méthode d'écriture. — Contrat.
— Cause. — Nullité.*

Celui qui s'est rendu acquéreur d'une méthode pour laquelle le vendeur avait obtenu un brevet d'invention (par exemple une nouvelle méthode d'écriture), est en droit de se soustraire aux engagements par lui contractés, si la méthode ne produit pas les résultats promis. Dans ce cas, il y a lieu d'annuler le contrat, comme étant sans cause, ou reposant sur une fausse cause.

Le sieur Soubeyran. — Les sieurs Bernardet et Capron. — 27 mai 1831. — 4ᵉ chamb. . . . . J. 5. 373

Arrêt conforme :

Le sieur Labouisse. — Les sieurs Joubert, père et fils. — 18 juillet 1832. 1ʳᵉ chamb. (1) . . . . J. 6. 193

---

matériels, ne peut être une propriété privilégiée, puisqu'on ne saurait priver celui qui sait d'user de sa science et de la communiquer, et qu'aucune voie légale ne peut être ouverte contre celui qui a enrichi son intelligence de la science d'un autre ;

Attendu que, quels que soient les avantages de la méthode Lafforienne pour rendre l'enseignement de la lecture plus prompt et plus facile, les moyens de cette méthode étant purement intellectuels ne pouvaient être l'objet d'un privilége et d'une vente, et qu'ainsi la cession faite par Augier, n'ayant point de cause réelle, se trouve nulle, conformément aux dispositions des articles 1128 et 1131 du Code civil

(1) Attendu qu'il est suffisamment établi que la méthode d'enseignement de l'écriture, qui a fait l'objet du contrat, ne saurait avoir les résultats annoncés par le prétendu inventeur ;

CAHIER DES CHARGES. — V. Saisie immobilière. — Surenchère.

CANAL. — V. Eaux.

CANTONNEMENT.

1. — Usage.

L'action en cantonnement, autorisée par la jurisprudence du conseil d'état du roi avant la révolution, a été maintenue par la loi du 28 août 1792, tant en faveur des propriétaires que des usagers.

Le cantonnement consiste à convertir les usages en une portion de propriété des terrains qui y sont soumis, proportionnée aux besoins des usagers et à la qualité des droits d'usage.

Garnier-Labareyre. — Commune de Volvent. — 25 mars 1812. — 1ʳᵉ ch. V'. 152

CAPACITÉ.

1. — Statut personnel. — Émancipation.

D'après les principes anciennement reçus en Dauphiné, les lois relatives à

Attendu que les cessionnaires, étant subrogés aux droits de l'inventeur, pensaient avoir seuls l'avantage et les moyens d'enseigner cette méthode ; que néanmoins l'enseignement de la méthode donnait aux élèves les moyens de la transmettre, et la contrefaçon ne pouvant être constatée et poursuivie, le privilége du brevet devient illusoire ;

Attendu que les défauts de la chose vendue la rendaient impropre à l'usage auquel on la destinait, ou diminuaient tellement son usage, qu'il est évident que les acheteurs ne l'auraient pas acquise s'ils les avaient connus.

la capacité des personnes les suivaient partout; ainsi, un Dauphinois n'était point émancipé par son mariage contracté dans un pays où le mariage émancipait.

Anne Thevenet, femme Balastron — Les cohéritiers Balastron. — 23 thermidor an 12. — 2ᵉ sect. (1). J. 3. 23

V. Femme. — Testament. — Tutelle.

CAPTATION. — V. Testament.

CAUTION , CAUTIONNEMENT.

1. — *Appel.* — *Fin de non-recevoir.* — *Tierce-opposition.*

L'appel formé par la caution envers le jugement rendu au profit du créancier contre le débiteur principal, alors que ce jugement a acquis l'autorité de la

---

(1) Considérant que Balastron fils, né et domicilié à Grenoble, n'a point été émancipé par le statut de Lyon ; qu'il n'a pu ni dû l'être que d'après les formes voulues en Dauphiné et devant le juge compétent, suivant les lois pénultième et dernière, *Cod. de emancip.* ;

Considérant que les lois touchant la capacité du père et du fils les suivaient partout ; que les statuts particuliers n'ont jamais régi que ceux qui étaient domiciliés dans leurs limites; que c'est là un point de jurisprudence constante, consacrée notamment par un arrêt du parlement de Grenoble, du 26 août 1769, rendu dans une hypothèse semblable à l'espèce de la cause, s'agissant alors d'un mariage contracté à Lyon par un Dauphinois non émancipé, dans lequel les parties avaient déclaré vouloir être réglées par les us et coutumes de Lyon ; que c'était aussi la jurisprudence du parlement de Provence et celle du sénat de Savoie.

chose jugée contre ce dernier, est non recevable ; mais la caution est recevable à former tierce-opposition, lorsqu'elle allègue des exceptions personnelles.

Étienne Barril. — MM. de Buffevent et Ginet. — 18 janvier 1832. — 1ʳᵉ chamb. (2).............. J. 6. 74

---

(2) Attendu que, s'il est vrai, en principe général, que la caution et le débiteur principal sont, relativement au créancier, une seule et même personne, ou, pour emprunter le langage de Pothier, que la caution doive être regardée comme étant la même partie que le débiteur principal, à l'égard de tout ce qui est jugé pour ou contre le débiteur principal, il faut cependant admettre une distinction importante, reconnue par la cour de cassation et la doctrine des meilleurs auteurs, entre les exceptions qui sont communes au débiteur et à la caution, et les exceptions qui sont personnelles à cette dernière ;

Attendu qu'en faisant l'application de ces principes à la cause, il en résulte que, pour tous les moyens et exceptions qui lui sont communs avec Janon, débiteur principal, et qui sont inhérents à l'obligation principale de celui-ci, Barril, sa caution, ayant été représenté par ledit Janon dans l'instance terminée dans le jugement dont est appel, et Janon ayant laissé ce jugement acquérir l'autorité de la chose jugée, Barril n'est pas plus recevable que Janon lui-même à appeler dudit jugement, puisque étant avec lui (légalement parlant) une seule et même personne, il ne peut faire valoir que les mêmes droits et exceptions;

Et quant aux exceptions personnelles à Barril, particulières à son cautionnement, et que ne pourrait faire valoir le débiteur principal :

Attendu que, d'une part, Barril n'a point été réellement partie dans l'instance ; et que, d'autre part, relativement à ces exceptions qu'il soutient lui être personnelles, il n'aurait

2. — *Bon ou approuvé.*

Le cautionnement, étant un contrat
unilatéral, est soumis, comme les billets
ou promesses , à la règle de l'art. 1326
du Code civil, relative au bon ou approuvé.

Demoiselle Vuaillet. — Vessilier. —
14 décembre 1833. — 4ᵉ ch. J. 7. 87

**3. — *Contrat unilatéral. — Double
écrit. — Lettre missive.***

Le cautionnement qui ne renferme
aucun engagement de la part du créancier est un contrat unilatéral pour la
validité duquel un seul original suffit ,
et qui peut, par conséquent, être contenu dans une lettre missive.

point été représenté par Janon , le jugement
devant alors être considéré , par rapport
audit Barril, comme *res inter alios judicata ;*
il ne pourrait à aucun titre s'en rendre appelant, puisqu'il n'y aurait point été partie ,
et que , s'agissant d'exceptions qu'il prétend
opposer de son chef, il ne pourrait même
alors les faire valoir comme appartenant au
débiteur principal ;

Attendu que l'article 474 du Code de procédure civile permet d'attaquer par la voie
de la tierce-opposition les jugements ou
arrêts préjudiciant aux droits d'un tiers ,
lorsque ni lui ni ceux qu'il représente n'ont
été appelés ;

Attendu que Barril soutient avoir éprouvé
des préjudices ; qu'il n'a point été appelé
dans l'instance ; qu'il fait valoir des exceptions personnelles et pour lesquelles il ne
représente point le véritable obligé ; et
qu'ainsi il y a lieu , conformément à l'article
474 ci-dessus cité , à recevoir la tierce-opposition.

MM. Barthelon et Comp.ᵉ — Mᵉ Bajat
et M. de L.... — 10 juin 1825 — 2ᵉ
chamb.................. J. 2. 152

4. — *Décharge. — Attermoiement.*

La caution qui s'est obligée dans une
simple promesse n'est pas déchargée par
l'attermoiement que le créancier a accordé au débiteur principal.

Garde. — Pascal. — 3 mars 1810.
— 2ᵉ chamb.............. Vᵗ. 144

5. — *Décharge. — Créancier.*

La caution ne peut , même après
l'expiration du terme accordé pour le
paiement, demander sa décharge directement contre le créancier ; elle n'a
action, à cet égard , que contre le débiteur.

André Faresse. — Arnaud , Bellier et
autres. — 7 mars 1818. — Ch. civ.
J. 2. 488

**6. — *Décharge. — Terme. — Indem-
nité.***

Celui qui s'est rendu caution pour le
paiement d'un prix de vente peut ,
après l'expiration du délai stipulé pour
ce paiement, réclamer contre l'acquéreur la décharge de son cautionnement , à peine, par ce dernier , d'être
tenu de l'indemniser , en conformité de
l'art. 2032 du Code civil : l'acquéreur
ne peut résister à cette demande de la
caution, lors même qu'il existe des
inscriptions sur l'immeuble par lui acquis , dès que la loi lui fournit également, en ce cas, le moyen de se libérer
valablement.

André Faresse. — Arnaud , Bellier et autres. — 7 mars 1818. — Ch. civ.
J. 2. 488

7. — *Dette.* — *Exigibilité.* — *Stellionat.*

La circonstance que le débiteur principal est tombé en faillite, et a hypothéqué un immeuble qui ne lui appartenait pas , ne peut rendre la dette exigible , à l'égard de la caution, même solidaire, si la caution n'a pas participé au stellionat.
Marchand. — Roux. — 16 août 1808. — 1ʳᵉ sect................ Vˢ. 142

8. — *Engagement de commerce.* — *Preuve.*

Un engagement de commerce peut être considéré comme un simple cautionnement, lorsqu'il résulte des circonstances qui l'ont accompagné, précédé ou suivi, que ce n'est point pour son propre compte , mais seulement comme caution, que le souscripteur a entendu s'obliger.
MM. Durand et Compᵉ. — M. Repiton-Préneuf. — 29 juillet 1832. — 2ᵉ chamb................ J. 6. 134

9. — *Obligation indéterminée.*

Un cautionnement indéterminé est valable, s'il se rapporte à une somme qui peut être déterminée.
MM. Barthelon et Compᵉ. — Mᵉ Bajat et M. de L.... — 10 juin 1825. — 2ᵉ chamb................. J. 2. 152

10. — *Paiement- — Subrogation.*

L'acquéreur d'un immeuble qui , après avoir payé avec subrogation à des créanciers du vendeur, est obligé de repayer son prix , à la suite d'un ordre, à d'autres créanciers antérieurs en hypothèque , n'a point de recours contre les cautions des dettes qu'il a acquittées. Ces cautions ont été libérées par le paiement qu'il avait fait.
Ogier. — Serrassaint. — 24 mars 1817. — 1ʳᵉ chamb........ Vˢ. 143

11. — *Simulation.*

La caution solidaire est recevable et fondée à proposer la querelle de simulation, alors même qu'elle a été partie dans l'acte et qu'elle a promis de ne pas opposer des exceptions personnelles au débiteur principal , ni d'aucune autre cause de nullité, lorsqu'il s'agit d'un acte expressément prohibé par la loi, tel qu'une donation déguisée faite à un successible, après que la quotité disponible a été épuisée par une libéralité antérieure et lorsque les circonstances de simulation sont frappantes ; qu'elle est présentée par forme d'exception et établie par des actes contraires.
Joseph-Bernard Reymond. — Dominique Blanc-Gras. — 4 décembre 1830. — 2ᵉ chamb............. J. 5. 207

V. Prescription. — Surenchère. — Usufruit.

CAUTIONNEMENT DE BONNE CONDUITE.

1. — *Surveillance de la haute police.* — *Commutation de peine.*

La cour royale, en entérinant des

lettres de grâce, est compétente pour fixer le cautionnement du gracié renvoyé sous la surveillance de la haute police (1).

P.... — Le procureur-général. — 6 août 1817. — Ch. civ..... V°. 144

CAUTIONNEMENT DE FONCTIONNAIRES PUBLICS.

1. — *Notaire.* — *Créancier.*

Le cautionnement d'un notaire est spécialement affecté à la garantie des condamnations prononcées contre lui par suite de l'exercice de ses fonctions; il ne peut être détourné au profit d'un créancier personnel, ni saisi par ce dernier, tant que le notaire est en fonctions.

M° Léon. — Le sieur Gras. — 15 février 1823. — 4° ch. (2). J. 1. 89

____

(1) *Nota.* Le cautionnement de bonne conduite ayant été supprimé par le nouveau Code pénal de 1832, cet arrêt devient maintenant sans application.

(2) Considérant que, d'après l'art. 33 de la loi du 25 ventôse an XI, les notaires ont été assujettis à un cautionnement spécialement affecté à la garantie des condamnations prononcées contre eux, par suite de l'exercice de leurs fonctions;

Que si, par l'effet de cette garantie, le montant du cautionnement a été employé en tout ou en partie, le notaire est suspendu de ses fonctions jusqu'à l'entier rétablissement du cautionnement, et que faute de ce faire dans le délai de six mois, il est censé démissionnaire ; que de ces dispositions il faut conclure que pendant tout le temps qu'un notaire exerce ses fonctions, le montant de son cautionnement ne peut être diminué que par l'effet de la garantie résultant des condamna-

CESSION, CESSIONNAIRE. — V.

DROITS LITIGIEUX. — HÉRITIER BÉNÉFICIAIRE. — SURENCHÈRE. — TRANSPORT DE CRÉANCES.

CESSION DE BIENS.

1. — *Contrainte par corps.* — *Sursis.*

Les tribunaux peuvent, pendant la demande en cession de biens, suspendre l'exercice de la contrainte par corps, pour faciliter au débiteur les moyens de se défendre.

Desgranges. — Chavanne, Burdet et Comp°. — 22 mai 1834. — 1° chamb.
J. 7. 282

2. — *Créanciers.* — *Assignation.*

Le demandeur en cession de biens n'est pas tenu d'assigner tous ses créanciers; l'omission d'un ou de plusieurs d'entre eux ne peut leur nuire, puisqu'ils peuvent toujours former tierce-opposition au jugement dans lequel ils n'ont pas été parties.

Antoine Vernet. — Le sieur Blanc. — 29 juillet 1824. — 1° ch.. J. 1. 502

Arrêt conforme :

Le sieur Berton. — Les consorts Janon. — 11 juillet 1829. — 4° ch. (3).
J. 5. 41

____

tions prononcées contre lui par suite de l'exercice de ses fonctions, sauf, à la cessation de ces mêmes fonctions, à être distribué aux créanciers dans l'ordre établi par l'art. 1er de la loi du 25 nivôse an XIII.

(3) Attendu qu'on ne trouve dans le Code de procédure civile aucune disposition qui oblige le débiteur à assigner tous ses créan-

3. — *Demande. — Requête.*

Le demandeur en cession de biens n'est pas tenu de se pourvoir préalablement par requête, en permission d'assigner ses créanciers.

Le sieur Berton. — Les consorts Janon. — 11 juillet 1829 — 4° chamb.
J. 5. 41

4. — *Exception.*

On ne peut refuser les bénéfices de la cession de biens au débiteur incarcéré, sous le prétexte qu'il est tuteur, à moins que la condamnation ne résulte de reliquats de comptes tutélaires, ou que le débiteur ne se trouve dans les cas d'exception établis par la loi.

Antoine Vernet. — Blanc. — 29 juillet 1824. — 1re chamb. J. 1. 502

CIRCONSTANCES ATTÉNUANTES.
— V. Délit.

CHAMBRE D'ACCUSATION.

1. — *Bigamie. — Exception. — Fin de non-recevoir.*

La chambre d'accusation peut repousser par fin de non-recevoir, en matière de bigamie, l'exception de

nullité opposée à la poursuite principale, lors surtout qu'elle ne se rattache point à une action déjà formée devant un autre tribunal.

Le procureur-général. — N... — 23 novembre 1825. — Chamb. d'accusat.
J. 2. 400

2. — *Supplément d'instruction.*

La chambre de mise en accusation, appelée à statuer sur l'opposition formée par le ministère public envers une ordonnance de la chambre du conseil, qui ne statue que sur la demande de mise en liberté provisoire, n'est pas saisie du fond de l'affaire, et ne peut ordonner un supplément d'instruction.

Le procureur-général. — Pellafol Dessagnes, père et fils. — 29 novembre 1831. — Chamb. d'acc.... J. 5. 537

V. Compétence.

CHAMBRE DU CONSEIL.

1. — *Incompétence.*

Hors les trois cas prévus par les art. 23 et 69 du Code d'instruction criminelle, la chambre du conseil du tribunal, et successivement la cour royale sont incompétentes pour statuer sur le rapport du juge d'instruction, s'il n'est pas fonctionnaire du lieu où le délit a été commis.

Le procureur-général. — Pierre et François Charras. — 3 janvier 1829. — Chamb. d'acc........... J. 4. 311

2. — *Instruction.*

En matière de crime ou délit, la procédure ne peut être portée devant la

---

ciers ; qu'il serait en effet inutile de l'obliger à appeler ceux de ses créanciers du consentement desquels il se serait assuré, dont plusieurs même, comme dans l'espèce, lui en auraient passé déclaration ;

Attendu que l'omission d'un ou de plusieurs créanciers ne peut nuire à ceux-ci, puisqu'ils peuvent toujours former tierce-opposition à un jugement dans lequel ils n'auraient pas été parties.

chambre du conseil que lorsqu'elle est complète, et spécialement lorsque tous les témoins désignés par le ministère public ont été entendus, et que le prévenu a été interrogé ou mis en demeure de satisfaire au mandat d'amener décerné contre lui.

Le procureur-général. — Jean-Baptiste N... — 14 octobre 1824. — Ch. d'acc................. J. 4. 488

3. — Ordonnance. — Juridiction. — Attribution.

Les ordonnances de la chambre du conseil sont seulement indicatives et non attributives de juridiction. Ainsi, malgré les renvois qui émanent de ces chambres, les tribunaux correctionnels doivent se déclarer incompétents, lorsqu'il s'agit de crime et non pas seulement de délit.

Le fils Gessey. — Le procureur-général. — 28 avril 1824. — Ch. corr. J. 1. 124

4. — Ordonnance. — Opposition. — Prévenu.

La voie de l'opposition n'est pas ouverte au prévenu contre les ordonnances de la chambre du conseil qui règlent la compétence ; ce droit n'appartient qu'au ministère public et à la partie civile.

M. le procureur-général. — Rossignol. — 29 mars 1834. — Chamb. d'acc. (1).............. J. 7. 194

(1) Attendu qu'aucun article du Code d'instruction criminelle n'a ouvert au prévenu la voie de l'opposition aux ordonnances rendues

5. Ordonnance. — Opposition. — Procureur du roi.

L'opposition formée par le procureur du roi envers l'ordonnance du conseil qui statue sur la compétence doit être faite au greffe du tribunal qui a rendu l'ordonnance. Elle est nulle si elle n'est formée que par un acte écrit et signé par le procureur du roi.

Le procureur-général. — Jeanne-Marie Borel. — 19 avril 1834. — Ch.

par la chambre du conseil ; que ce droit n'est accordé qu'à la partie publique et à la partie civile, dont les intérêts pourraient être lésés définitivement par une ordonnance d'acquit ;

Attendu que, si la loi n'a pas expressément interdit cette voie au prévenu, c'est que, ne s'agissant à son égard que de règlements de compétence, de décisions purement préparatoires, de pareilles décisions, de leur nature, ne sont susceptibles d'aucun appel ni recours, qu'il suffit par conséquent que la loi n'ait pas étendu jusqu'à lui l'exception introduite en faveur du ministère public et de la partie civile, pour que le droit ne puisse lui en être attribué ;

Attendu, d'ailleurs, que la règle générale veut que le prévenu ne soit admis à établir ses faits justificatifs qu'à l'audience ; que c'est là aussi qu'il doit faire valoir tous ses moyens tant au fond qu'en la forme, et notamment ceux d'incompétence ; mais que lui ouvrir jusque là un recours quelconque contre les ordonnances de la chambre du conseil, et surtout par des moyens tirés du fond, ce serait multiplier sans raison les procédures, entraver la marche de la justice et retarder indéfiniment la décision des affaires ; que le 2e paragraphe de l'article 247 du Code d'instruction criminelle a mis le sceau à ces principes évidents, consacrés par un arrêt de la cour de cassation du 30 décembre 1815.

d'acc. (1)............... J. 7. 203

V. Compétence.

CHASSE.

1. — Chasse à la glu, au filet, etc.—
Arrêté du préfet.

La défense de chasser au filet, à la
glu, à la chouette et autres engins,
appartient à l'autorité administrative.

Lorsqu'un arrêté du préfet défend la
chasse à la glu et ne détermine aucune
peine pour les contraventions qui pourraient être commises contre son exécution, on doit appliquer les peines portées par la loi du 30 avril 1790.

Le procureur-général. — François
Rochas. — 22 février 1827. — Ch. corr.
J. 3. 347

2. — Chasse à la neige. — Port
d'armes.

La chasse à la neige, en temps non
prohibé, n'est un délit que lorsque le
chasseur n'a pas un permis de port
d'armes.

---

(1) Attendu qu'il importe qu'il soit constaté
d'une manière authentique que l'opposition a
ou n'a pas été formée dans le délai de la loi ;

Attendu que le même motif doit déterminer
à décider que cette opposition doit être faite
dans les formes voulues par l'article 203 du
Code d'instruction criminelle, c'est-à-dire
que la déclaration que le ministère public se
pourvoit, par la voie de l'opposition, envers
l'ordonnance de la chambre du conseil, doit
être faite au greffe du tribunal qui a rendu
cette ordonnance.

Joseph Buissard. — Le procureur-
général. — 12 mai 1824. — 4ᵉ chamb.
J. 1. 366

3. — Délit de chasse. — Garde fores-
tier.

Un garde forestier n'a pas le droit de
constater un délit de chasse dans un pré
ou un champ, mais seulement dans les
forêts.

Le procureur-général. — Claude
Joubert. — 13 septembre 1834. —
Chamb. corr............. J. 7. 370

4. — Délit de chasse. — Preuve.

Quoique un délit de chasse ne soit
pas constaté par un procès-verbal régulier, la preuve peut en être administrée
par les voies ordinaires ; et le Code d'instruction criminelle, qui n'exige pas
un nombre déterminé de témoins pour
faire la preuve d'un délit, a abrogé les
lois antérieures sur la forme de procéder
devant les tribunaux correctionnels.

Le procureur-général. — César Cor-
teys. — 22 novembre 1833. — Chamb.
correct.................. J. 7. 6

5. — Destruction des oiseaux nuisi-
bles.

La disposition de l'art. 15 de la loi
du 30 avril 1790, qui autorise la destruction des oiseaux qui nuisent aux
récoltes, n'est applicable qu'autant
qu'on a prouvé ou qu'il soit encore possible de prouver le dommage occasionné
par la présence des oiseaux.

Le procureur-général. — François
Rochas. — 22 février 1827. J. 3. 347

6. — *Permis de port d'armes.* — *Consignation.*

Il ne suffit pas qu'une consignation ait été faite pour obtenir un permis du port d'armes de chasse ; il faut que la permission ait été accordée avant de pouvoir chasser.

Le procureur-général. — Le sieur Buisson. — 26 novembre 1823. — 4ᵉ chamb.................... J. 1. 76

7. — *Permis de port d'armes.* — *Temps prohibé.* — *Double amende.*

Celui qui chasse sans permis de port d'armes et en temps prohibé est passible, non-seulement de l'amende pour fait de chasse sans port d'armes, mais encore de l'amende pour fait de chasse en temps prohibé.

Le procureur-général. — Jean-Baptiste Dreveton. — 25 juin 1828. — Ch. correct................ J. 4. 151

CHEMIN PUBLIC.

1. — *Chemins communaux ou vicinaux.* — *Empiètements.* — *Indemnité.* — *Constructions.*

Un propriétaire bordier d'un chemin vicinal qui a moins de six mètres de largeur, ne peut prétendre à aucune indemnité pour le terrain qu'il s'est approprié en diminution de cette largeur, lorsque l'autorité locale, par suite d'une reconnaissance légale des chemins vicinaux, veut donner à ces chemins une largeur de six mètres.

Un propriétaire qui a construit un mur le long d'un chemin vicinal, sans laisser à ce chemin la largeur voulue par la loi et fixée par une délibération du conseil municipal, revêtue de toutes les formalités légales, peut être condamné à démolir son mur.

Meunier. — Le maire de Jarrie. — 20 novembre 1833. — Conseil de préfecture de l'Isère......... J. 7. 456

2. — *Passage.* — *Compétence.* — *Autorité administrative.*

Un ou plusieurs individus n'ont pas qualité, à moins qu'ils ne représentent un titre formel, pour faire déclarer chemin public le passage pratiqué sur le fonds d'un particulier. L'action, à cet égard, n'appartient qu'à l'autorité administrative.

Jourdan et Coquand. — Guerre-Genton. — 26 juillet 1822. — 2ᵉ ch.

J. 1. 518

3. — Des particuliers *ut singuli* n'ont ni qualité ni droit pour opposer de la publicité d'un chemin, alors que le préfet, seule autorité compétente en ce cas, a déclaré que le chemin en litige était un chemin privé.

Cohet et Chabrand. — Consorts Savet. — 20 janvier 1825. — 1ʳᵉ chamb.

J. 2. 18

V. Compétence. — Servitudes.

CHOSE JUGÉE.

1. — *Demande en distraction.* — *Nullité.*

Le jugement qui rejette une demande en distraction d'immeubles saisis, en se fondant sur ce que les formalités prescrites pour la régularité de cette demande n'ont pas été remplies, ne peut être invoqué par l'adjudicataire, comme ayant acquis l'autorité de la chose jugée sur le fond du droit, pour établir le mérite d'une action en revendication formée par l'adjudicataire des immeubles dont la distraction avait été demandée.

Les consorts Novat. — Les veuves Sancy et Pelat. — 20 juin 1833. — 2ᵉ chamb. (1).............. J. 6. 490

V. Dot. — Exécution. — Faux.

COHÉRITIERS. — V. Communion. — Partage.

---

(1) Attendu que, suivant les dispositions de l'article 1351 du Code civil, l'autorité de la chose jugée n'a lieu qu'à l'égard de ce qui a fait l'objet du jugement ;

Attendu que les jugements du tribunal de Saint-Marcellin, des 26 juillet 1823 et 21 février 1824, n'ont statué que sur l'exception de nullité de la demande en distraction, formée par les enfants Novat ; que les motifs de ces deux décisions ne laissent aucun doute sur ce qui en faisait l'objet, puisqu'ils consistent à démontrer que les formalités indiquées par la loi pour la demande en distraction n'avaient pas été observées ; que les réserves qui sont faites au profit des enfants Novat de se pourvoir ainsi et comme ils aviseraient, pour demander la distraction des immeubles saisis qu'ils prétendaient leur appartenir, prouvent encore que les jugements dont il s'agit n'ont rien décidé quant au fond de la contestation ;

Attendu que l'adjudication ne transfère à l'adjudicataire d'autres droits à la propriété que ceux qu'avait le saisi.

COMMANDEMENT.

1. — *Péremption.* — *Nouveau pouvoir.*

La péremption d'un commandement à fin d'exécution personnelle entraîne celle de la commission donnée à l'huissier par le juge. En conséquence, il est nécessaire qu'il soit nouvellement commis pour faire un nouveau commandement et exécuter.

Le sieur Vial. — Le sieur Trolliet. — 29 août 1820. — 1ʳᵉ chamb. Vⁱ. 476

V. Acquiescement. — Appel. — Intérêts. — Saisie immobilière.

COMMENCEMENT DE PREUVE PAR ÉCRIT.

1. — *Aveu.* — *Indivisibilité.* — *Preuve testimoniale.*

Il y a commencement de preuve par écrit d'une convention dans un écrit signifié au procès, et contenant aveu de l'existence de la convention, alors même que cet aveu est libératoire. L'indivisibilité de l'aveu n'est point un obstacle à l'admission de la preuve testimoniale.

Clarenson. — Allier. — 13 mars 1834. — 2ᵉ chamb....... J. 7. 134

2. — *Signature.* — *Billet.*

Le créancier doit être admis à prouver qu'il a réellement fait les fonds du billet attaqué de nullité, pour défaut d'approbation, quoique la somme excède 150 fr. ; la signature du débiteur forme contre lui un commencement de preuve par écrit, qui rend admissible le moyen d'exception porté par l'art. 1347 du Code civil.

Le sieur Garnier. — Les consorts Pra. — 14 mai 1828. — 2ᵉ chamb. (1).
J. 4. 145

3. — Les signatures données par une femme non marchande, au dos de billets à ordre, et non précédées du bon ou approuvé prescrit par l'art. 1326 du Code civil, peuvent servir de commen-

---

(1) Attendu que la signature veuve Pra, existant au bas du billet du 5 juin 1822, forme incontestablement un commencement de preuve par écrit dans le sens de l'article 1347 du Code civil, dès qu'elle constitue un écrit émané de la veuve Pra, qui rend vraisemblable le fait allégué par le sieur Garnier, savoir : qu'il était réellement créancier de ladite veuve Pra, de la somme de 1,500 fr., à l'époque de la passation du billet ;

Attendu, au surplus, qu'aux termes de l'article 211 du Code de procédure civile, lorsqu'il s'agit de signature déniée, des témoins peuvent être entendus, soit pour la preuve du fait de la signature, soit pour celle de tous autres faits pouvant, est-il dit, servir à la découverte de la vérité ; d'où il suit qu'il a été dans la pensée du législateur de donner à celui qui réclame l'exécution d'un écrit quelconque, la faculté d'employer tous les moyens par lesquels il peut corroborer cet écrit et en établir la sincérité ;

Attendu que, dès-lors il doit être permis au sieur Garnier de prouver par témoins qu'il a réellement fait les fonds du billet dont il réclame le paiement. Le fait est concluant : il y a un commencement de preuve par écrit, et l'article 1347 du Code civil veut, dans ce cas, que la preuve testimoniale soit admise.

cement de preuve par écrit, de l'engagement contracté par la personne signataire.

Demoiselle Vuaillet. — Vessilier. — 14 décembre 1833. — 4ᵉ chamb. (2).
J. 7. 57

V. ACTE SOUS SEING-PRIVÉ. — APPROBATION D'ÉCRITURE. — PREUVE TESTIMONIALE.

COMMERÇANT.

1. — *Qualité.*

La qualité de négociant, attribuée à un débiteur, est suffisamment prouvée, et la contrainte par corps peut être prononcée contre lui, s'il a pris cette qualité dans des actes même étrangers à la poursuite, ou si déjà il s'est laissé condamner en justice en cette qualité et par corps ; tout au moins de pareils faits doivent mettre à sa charge la preuve qu'il n'est pas négociant.

Genard. — Magand. — 31 août 1832. — 2ᵉ chamb . . . . J. 6. 297

V. ACTE DE COMMERCE.

---

(2) Attendu que, si la signature, sans approbation en toutes lettres, ne suffit pas pour prouver qu'on s'est engagé à payer ou à cautionner une somme déterminée, on peut y voir cependant un commencement de preuve par écrit, qui permet aux magistrats de recourir, soit à la preuve testimoniale, soit à des présomptions graves, précises et concordantes, pour s'assurer que la personne signataire a connu l'étendue de l'engagement qu'elle contractait quand elle a donné sa signature.

COMMISSAIRES-PRISEURS.

**1. — *Tarif. — Bourse commune.
— Vacations.***

C'est la loi du 17 septembre 1793 qui
doit servir de règle pour la fixation des
droits attribués aux commissaires-priseurs dans les ventes : ces droits, pour
les commissaires-priseurs des départe-
ments, sont des deux tiers de ceux
perçus par les commissaires-priseurs de
Paris.

La moitié de ces droits doit être ver-
sée dans une bourse commune, sans
distinction entre les ventes faites à la
campagne ou à la ville ; les droits à
verser se composent de tous ceux perçus
dans l'étendue de la résidence : le ver-
sement à la bourse commune est restreint
aux seuls droits de vente; il ne s'étend
pas aux droits sur les prisées.

COMMUNAUTÉ.

**1. — *Renonciation. — Séparation de
biens. — Inventaire.***

La femme séparée de biens, qui veut
renoncer à la communauté, n'est pas
tenue, comme la femme survivante,
de faire faire un inventaire des biens
de la communauté.

COMMUNES.

**1. — *Biens communaux. — Posses-
sion trentenaire. — Réintégration.***

Les communes doivent justifier d'une
possession trentenaire pour être réinté-
grées, d'après la loi du 28 août 1792,
dans les biens dont les seigneurs les
avaient dépouillées avant la révolution,
en vertu de la puissance féodale.

**2. — *Biens communaux. — Réinté-
gration.***

Les lois des 28 août 1792 et 10 juin
1793 ont réintégré les communes dans
les droits de propriété dont elles avaient
été dépossédées, même en vertu d'arrêts contradictoires du conseil du roi,
alors que ces arrêts avaient pour fondement le droit que s'attribuaient les
seigneurs dans les pays non allodiaux.

**3. — *Bois communaux. — Aliéna-
tion. — Partage.***

Une commune qui possède des bois
qui ne lui produisent aucun revenu
peut les partager aux habitants par lots,
et le partage doit être fait par feu et
non par tête.

Des habitants, même en grand nombre, qui n'ont pas formé opposition au
partage en temps utile, et qui ont re-

fusé de prendre part au tirage au sort des lots, ne peuvent pas en demander l'annulation, sous le prétexte de leur défaut de comparution au tirage.

Commune de Feyzin. — 12 février 1834. — Conseil de préfecture de l'Isère................. J. 7. 468

4. — *Dégats.* — *Responsabilité.*

La loi du 10 vendémiaire an 4 sur la responsabilité des communes, à l'égard des attentats commis sur leur territoire, soit envers les personnes, soit envers les propriétés, est toujours en vigueur; en conséquence, la commune sur le territoire de laquelle un attentat à la propriété d'un particulier a été commis, doit être condamnée au paiement de la valeur totale de la chose enlevée ou détruite, et, en outre, à des dommages-intérêts égaux à cette valeur.

Le sieur Vincent. — La commune de Voreppe. — 27 juin 1832. — 2ᵉ ch.

J. 6. 97

5. — *Forêt communale.* — *Coupe.* — *Maire.*

Un maire ne peut, sous aucun prétexte, accorder à l'un de ses administrés le droit de couper des bois dans les forêts communales. Ce droit appartient exclusivement à l'administration forestière qui ne l'accorde, d'ailleurs, que conformément aux lois sur la matière.

L'administration forestière. — François-Claude et Eugène Griat, père et fils. — 26 mai 1824. — Chamb. corr.

J. 3. 379

6. — *Marais.* — *Propriété.* — *Présomption légale.*

Dans les pays de franc aleu, et particulièrement en Dauphiné, les marais et les terrains vains et vagues étaient légalement présumés appartenir aux communes dans les territoires desquelles ils se trouvaient, et les seigneurs n'y pouvaient prétendre qu'en vertu de titres exprès.

Les mariés de Martel — La commune de Saint-Symphorien-d'Ozon. — 30 mars 1832. — 2ᵉ chamb.... J. 6. 44

7. — *Propriété.* — *Eglise.* — *Action.*

Les communes sont-elles propriétaires des églises qui servent à l'exercice du culte? Est-ce les communes ou les fabriques des églises qui ont qualité pour exercer les actions relatives à cette propriété (1)?

Le sieur Jubié. — La commune de Saint-Antoine. — 2 août 1832. — 2ᵉ chamb................. J. 6. 256

V. Autorisation. — Banalité. — Compétence. — Délit forestier. — Prescription.

COMMUNION, COMMUNISTES.

1. — *Acquisition.* — *Propriété exclusive.*

L'acquisition faite par l'un des communistes, stipulant en son propre, lui

____

(1) Cette question n'a pas été résolue par l'arrêt quoique discutée devant la cour. V. le Journal qui contient le résumé de cette discussion.

appartient exclusivement , s'il n'est prouvé qu'il a payé des revenus communs.

Les frères Dullin. — Benoit Dullin. — 6 avril 1813. — 1re chamb. V°. 156

2. — *Biens communs.* — *Aliénation.* — *Partage.*

En Dauphiné , avant le Code civil , quand un communiste avait aliéné sans fraude une partie des biens communs, les biens ainsi vendus devaient être attribués à son lot dans le partage de ces biens, et les autres communistes ne pouvaient demander la nullité des ventes qu'en cas d'insuffisance de biens libres et de bonne qualité, pour former leurs lots.

Etienne Mathieu. — Victor Blanc et autres. — 17 juillet 1826. — 1re chamb. J. 3. 164

3. — *Chose commune.* — *Innovation.*

Le communiste ne peut faire aucune innovation à la chose commune , sans le consentement du copropriétaire.

Gras. — Riondet. — 18 janvier 1818. — 1re chamb. (1) .... V°. 157

4. — Un communiste ne peut faire aucun changement , aucune innovation à la chose commune, sans le consentement de l'autre communiste , alors surtout que ces innovations seraient nuisibles à celui-ci.

Marie-Antoinette Labbe. — Les mariés Piraud. — 27 novembre 1821. — 1re chamb.............. J. 6. 263

5. — Lorsqu'une maison est divisée par étages entre plusieurs propriétaires, chacun des copropriétaires a le droit de faire, nonobstant l'opposition des autres copropriétaires, des innovations dans la partie de maison qui lui appartient ; le copropriétaire de l'étage supérieur peut même exhausser le toit commun, pourvu toutefois que les travaux ne portent aucun préjudice aux autres propriétaires , et ne changent pas la destination de la chose commune.

Les sieurs Murzonne. — Le général Lavalette. — 12 août 1828 (2). J. 6. 266

---

(2) Attendu que le droit que chaque propriétaire d'une maison divisée par étages a sur les murs et sur le toit de cette maison , forme un droit de copropriété indivise, qui n'est ni un droit de mitoyenneté , ni un droit de société proprement dit, quoiqu'il participe de l'un et de l'autre ;

Attendu, en effet, que le mur mitoyen est spécialement celui qui sert de séparation aux héritages , et que la chose sociale est particulièrement celle dont chaque associé peut disposer en entier, et qui est toujours susceptible de division ;

Attendu, au contraire, que les copropriétaires d'une maison divisée par étages ont des propriétés distinctes , et chacun une part dans la maison qui ne peut pas être confondue avec celle de l'autre ; qu'il suit de là que les dispo-

---

(1) Considérant qu'il est de principe qu'un communiste ne peut faire aucune innovation à la chose commune, sans le consentement de l'autre communiste ; que, dans l'espèce, la demande de Riondet tend à changer l'état du toit du pavillon dont il s'agit, c'est-à-dire, à percer ledit toit qui est commun aux parties, pour y faire passer le tuyau d'une nouvelle cheminée, et par conséquent , à innover la chose commune.

6. — Les dispositions de l'art. 664 du Code civil, relatives au mode de réparation et reconstruction des gros murs des différents étages d'une maison appartenant à divers propriétaires, établissent moins entre ceux-ci une société ou commune propriété, qu'une servitude réciproque, et ne s'opposent point à ce que le propriétaire de chaque étage y fasse des innovations, à la condition toutefois qu'il n'en résulte ni dommages,

---

sitions du Code civil sur le mur mitoyen, ni celles relatives aux sociétés, ne sauraient être appliquées d'une manière rigoureuse et précise au droit de copropriété, forcément indivis, dont il s'agit dans la cause ;

Attendu qu'à défaut de dispositions bien formelles, les magistrats doivent régler les droits des parties d'après les principes généraux du droit et de l'équité ;

Attendu qu'en conciliant le principe général, qui ne permet pas à un communiste de faire des innovations sur la chose commune, sans le consentement de son communiste, avec cet autre principe que chacun doit jouir et user de cette chose, pourvu qu'il n'en dénature ni l'usage ni la destination, et qu'il ne nuise nullement à son copropriétaire ; et avec ce principe encore, que celui qui est sans intérêt est sans action, il en résulte que le copropriétaire d'une maison divisée par étages peut bien s'opposer à son élévation et à tous autres travaux sur les objets communs, alors que cette élévation ou ces travaux ont pour but de créer de véritables innovations ou surcharges ; mais qu'il ne saurait, au contraire, être admis à s'opposer à des travaux qu'un des copropriétaires fait chez lui et dans son utilité, alors que ces travaux ne causent évidemment aucun préjudice, et doivent être considérés moins comme une innovation que comme une jouissance de la chose commune.

ni danger pour les propriétaires des autres étages de la même maison.

Les héritiers Ducros. — Les héritiers Duport-Lavillette. — 15 juin 1832. — 1re chamb.............. J. 6. 269

7. — *Cohéritiers.*

Lorsque les cohéritiers ont vécu en communion, ils sont réputés avoir travaillé pour leur avantage commun, et avoir consommé ou recueilli leur portion des fruits des biens indivis, et l'augmentation subséquente de la valeur du mobilier est censée provenir de l'industrie ou des revenus communs.

Les frères Riquet. — 13 juillet 1843. — 1re chamb.............. V^e. 157

8. — *Cohéritiers. — Jouissance commune. — Prescription.*

Les cohéritiers qui jouissaient en commun ne pouvaient, sous l'ancien droit, acquérir aucun droit au préjudice les uns des autres ; ainsi, la prescription acquise au profit de l'un des cohéritiers profitait à tous.

Les cohéritiers de Pierre Nougier. — Les cohéritiers de Jean Nougier. — 30 juillet 1829. — 2e chamb.. J. 4. 558

9. — *Jouissance. — Compte de fruits.*

Les copropriétaires qui ont joui en commun des biens indivis sont présumés avoir joui chacun en proportion de ses droits, et s'être prévalus annuellement de leur part dans les produits ; dès-lors ils ne se doivent aucun compte de fruits.

Les mariés Sestier. — Georges Guillet. — 7 mai 1831. — 2e ch. J. 5. 304

COMPENSATION.

1. *Acquéreur. — Créance.*

Le prix d'une adjudication, par suite d'expropriation forcée, appartient à la masse des créanciers; en conséquence, l'adjudicataire n'est pas fondé à vouloir compenser ce prix avec les sommes dont il se trouvait créancier du débiteur exproprié au jour de l'adjudication.

M⁰ Salamand. — La veuve Charmeil et Mᵉ Charmeil. — 19 mars 1829. — 1ʳᵉ chamb. (1) . . . . J. 4. 425

2. — *Avoué. — Dépens. — Distraction.*

La partie condamnée aux dépens, lesquels ont été distraits au profit de

l'avoué de la partie victorieuse, ne peut opposer à cet avoué la compensation de ce que lui devait son adversaire.

Mᵉ Gariel. — Perret. — 22 juillet 1814. — 2ᵉ chamb. . . . . V⁰. 160

3. — *Créancier. — Donataire.*

La donation faite à un créancier n'est pas censée faite en compensation de sa créance, si l'intention de compenser n'a été formellement exprimée dans la donation.

Marianne Pialat. — Rose Estival. — 2 janvier 1811. — 1ʳᵉ chamb. V⁰. 237

4. — *Mari. — Créance dotale.*

Un mari peut, sous le régime dotal, opposer en compensation sa propre dette avec les sommes dotales dues à sa femme par celui dont il est débiteur. La différence des qualités sous lesquelles il se trouve à la fois débiteur et créancier n'est pas, dans ce cas, un obstacle à la compensation.

Bizet. — Les frères Seignoret. — 13 décembre 1823. — 2ᵉ chamb. (2).

J. 1. 309

---

(1) Attendu que les créanciers hypothécaires ont un droit de suite sur l'immeuble frappé de leur hypothèque, à l'effet d'obtenir en définitive le paiement de leurs créances dans la distribution du prix de vente de l'immeuble hypothéqué, et ce, suivant le rang des hypothèques;

Attendu que la masse des créanciers hypothécaires de Sibut, débiteur exproprié, se trouvant ainsi appelés à prendre part, chacun selon son rang d'hypothèque, dans une distribution générale de la vente forcée dont il s'agit, il s'ensuit qu'aucune compensation de droit n'a pu s'opérer en faveur de Mᵉ Salamand, du prix par lui dû comme adjudicataire, avec les sommes dont il se trouvait créancier envers ledit Sibut, au jour de l'adjudication, avec d'autant plus de raison, qu'un adjudicataire se trouvant au lieu et place du débiteur exproprié devient dès-lors débiteur lui même, et comptable envers la masse des créanciers, du montant du prix de l'adjudication.

(2) Attendu que la compensation s'opère de plein droit par la seule force de la loi, même à l'insu des débiteurs, et que les deux dettes s'éteignent réciproquement à l'instant où elles se trouvent exister à la fois, jusqu'à concurrence de leurs quotités respectives; que cette disposition du Code civil est conforme aux anciens principes;

Attendu que bien que le legs dont Etienne Seignoret devait la moitié n'eût pas été fait à Bizet, mais à sa femme, néanmoins celle-ci s'étant fait une constitution générale de tous ses biens présents et à venir, Bizet seul pou-

5. — *Partage.*

La compensation doit être admise entre copartageants, quoique les objets opposés en compensation ne soient pas liquides, par la raison que l'action du partage embrasse, par sa nature, toutes les prestations personnelles.

Les frères et sœurs Dubouchet. — 20 juillet 1810. — 2ᵉ chamb. Vˢ. 160

V. Dépens. — Transport de créances. — Tutelle.

COMPÉTENCE.

Action, 1 , 2.
Amende , 5.
Arrêt, 4.
Autorisation, 11.
Chemins, 15 , 16.
Commandement, 3.
Commune, 6 , 7.
Conciliation , 5.
Conseil de préfecture , 14, 15 , 16.
Digues , 6.
Domicile, 2 , 3.
Dommages, 14.
Exécution, 4.
Faillite, 9.
Femme, 11.
Juge de paix , 8.

---

vait exiger le paiement du legs et en passer quittance valable ; la dot étant mobilière, lui seul en était le maître pendant la durée du mariage , et pouvait en disposer à son gré.

Attendu que, suivant Roussilhe, ce qui est dû à la femme est vraiment dû au mari, et que ce dernier peut l'opposer en compensation.

Obligation, 12.
Opposition , 4.
Ouvrier, 8.
Quasi-délit, 13.
Revendication, 9.
Saisie-exécution, 3.
Travaux publics, 7, 14.
Tribunal civil, 4, 5, 6, 7.
Tribunal criminel, 17, 18.
Tribunal de commerce, 9, 10, 11, 12, 13.

---

§ 1ᵉʳ. — *Règles générales sur la compétence.*
§ 2. — *Compétence des tribunaux civils.*
§ 3. — *Compétence des juges de paix.*
§ 4. — *Compétence des tribunaux de commerce*
§ 5. — *Compétence administrative.*
§ 6. — *Compétence des tribunaux criminels.*

---

§ 1ᵉʳ. — *Règles générales sur la compétence.*

1. — Une action réelle, portée devant un tribunal compétent, n'en est pas distraite en cas de division de territoire, suivant la règle : *ubi acceptum est semel judicium, ibi et finem accipere debet.*

Gariot. — Burdet. — 29 avril 1815. — 2ᵉ chamb................ Vˢ. 33

2. — La demande qui porte tout à la fois sur le délaissement d'un immeuble, sur une restitution de fruits et des dommages-intérêts, est une action mixte qui peut être portée devant le juge du domicile du défendeur, ou devant le juge de la situation de l'immeuble.

Gatel, Bouvier et Laurent. — Mᵉ Thomas Clerc. — 29 avril 1824. — 1ʳᵉ chamb................ J. 1. 168

3. — Lorsqu'un commandement à fin de saisie-exécution contient élection de domicile faite par le créancier, cette élection est attributive de juridiction, et le débiteur peut porter la demande en nullité des exécutions devant le tribunal du lieu de la saisie, nonobstant l'élection de domicile faite par les parties, dans l'acte de l'exécution duquel il s'agit.

Joseph Trembley. — La femme Avignon. — 9 février 1825. — 2ᵉ chamb.
J. 2. 196

§ 2. — *Compétence des tribunaux civils.*

4. — L'opposition à l'exécution d'un arrêt par défaut de constituer avoué, et qui est périmé faute d'avoir été exécuté dans les six mois, doit être portée devant le tribunal de première instance, par la raison qu'il faut distinguer l'instruction d'un procès, de l'exécution d'un arrêt.

Armand. — Aubert. — 29 décembre 1815. — 2ᵉ chamb.......... Vˢ. 33

5. — La compétence pour prononcer l'amende encourue par suite du défaut de comparution au bureau de conciliation est exclusivement attribuée aux tribunaux civils.

Le sieur Darier. — Le sieur Peal. — 8 août 1832. — Cour de cass., chamb. civ. (1)................ J. 6. 287

6. — Lorsqu'une demande en paiement de travaux confectionnés pour des digues est formée tout à la fois contre les syndics des intéressés et contre une commune, et met en question le point de savoir si c'est la commune ou le syndicat qui doivent être déclarés débiteurs, cette demande est de la compétence des tribunaux.

Les héritiers Berthoin. — Les communes de Sassenage et Noyarey, et les syndics des intéressés aux digues de l'Isère. — 23 novembre 1832. — 2ᵉ ch.
J. 6. 438

7. — Les contestations survenues à l'occasion des marchés ou contrats passés entre une commune et un entrepreneur, sont de la compétence des tribunaux ordinaires.

Une clause du cahier des charges, portant que les parties contractantes se soumettent à la juridiction du conseil de préfecture, ne peut les soustraire à la juridiction des tribunaux ordinaires.

Le maire de la Chapelle-du-Bard. — Trouvard. — 29 janvier 1834. — Conseil de préfecture de l'Isère... J. 7. 460

§ 3. — *Compétence des juges de paix.*

8. — Les contestations qui s'élèvent entre un maître peigneur de chanvre et son ouvrier, à raison de leurs engagements respectifs, ne sont pas de la compétence des tribunaux de commerce, mais bien de celle des juges de paix.

Philippe Talin. — Le sieur Gonnet. — 31 août 1814. — 1ʳᵉ ch. J. 2. 385

---

(1) Cet arrêt a été rendu sur le pourvoi du procureur-général contre un jugement du tribunal de Die.

§ 4. — *Compétence des tribunaux de commerce.*

9. — Le tribunal de commerce est incompétent pour statuer sur la demande de la femme ou de la fille du failli, en restitution d'objets mobiliers. Cependant, en infirmant, la cour peut retenir et juger le fond.

Femme Blache. — Syndics Blache. — 17 septembre 1811. — Chamb. des vacations.................. V°. 29

10. — La livraison de marchandises envoyées sur commission n'est légalement faite qu'au moment où elles ont été reçues et reconnues dans le magasin du commettant; en conséquence, les contestations relatives à cette livraison doivent être portées devant le tribunal du lieu où est situé le magasin du commettant.

Reusset. — Bertrand. — 16 février 1816. — 2° chamb.......... V°. 34

11. — Une femme mariée ne peut se faire un moyen, pour décliner la juridiction du tribunal de commerce, de ce qu'elle n'était pas autorisée de son mari, dans les actes de commerce qu'elle faisait, par la raison qu'on peut faire des actes de commerce quoiqu'on ne soit pas commerçant. — Le mari n'est pas mieux fondé à invoquer ce défaut d'autorisation.

Aubry. — Christophe et Danon. — 31 août 1818. — 1re chamb .. V°. 35

12. — Le tribunal de commerce est compétent pour connaître d'une contestation relative à une convention notariée contenant obligation avec hypothèque, intervenue entre négociants, pour des faits de leur commerce: une pareille obligation emporte la contrainte par corps.

Les sieurs Duverney, Milloz et consorts. — Les sieurs Baudot, père et fils. — 17 juin 1826. — 4° chamb. J. 3. 97

13. — L'action résultant d'un quasi-délit qui a eu lieu entre commerçants et à l'occasion d'un fait commercial est de la compétence du tribunal de commerce.

Depelley. — Plantier et Roche. — 5 janvier 1834.—2° ch. (1). J. 7. 148

§ 5. — *Compétence administrative.*

14. — *Entrepreneurs de travaux publics. — Dommages.*

Le conseil de préfecture est seul compétent pour prononcer sur les réclamations des particuliers à raison des dommages procédant du fait personnel des entrepreneurs de travaux publics. (Lois des 28 pluviôse an 8 et 16 septembre 1807.)

Le sieur Seguin. — Le sieur Baboy. — 9 juillet 1832. — 1re ch. J. 6. 283

----

(1) Attendu que l'art. 631 du Code de commerce attribue aux tribunaux de commerce toutes les contestations relatives aux engagements entre négociants, et que le législateur n'a fait ni dû faire aucune distinction entre l'engagement purement volontaire et celui qui résulte des dispositions de la loi.

15. — Les conseils de préfecture sont compétents pour connaitre des empiètements commis sur les chemins vicinaux.

Meunier. — Le maire de Jarrie. — 20 novembre 1833. — Conseil de préfecture de l'Isère........ J. 7. 456

16. — Les conseils de préfecture sont compétents pour régler, conformément à la loi du 28 pluviôse an 8, les indemnités dues à un propriétaire dont le sol a été fouillé pour l'entretien d'une route royale, lorsque l'indemnité n'a pas été réglée de gré à gré entre l'entrepreneur et le propriétaire.

Commune de Feyzin. — 12 février 1834. — Cons. de préfecture de l'Isère. J. 7. 463

§ 6. — *Compétence des tribunaux criminels.*

17. — La chambre d'accusation et la chambre du conseil sont compétentes pour examiner l'état moral du prévenu et déclarer qu'il n'y a ni crime, ni délit, si elles pensent que le prévenu ou l'accusé était en état de démence au moment de l'action qui a donné lieu aux poursuites.

Le procureur-général. — Laurent C... — 13 novembre 1823. — Chamb. d'acc.................. J. 1. 375

18. — Les tribunaux correctionnels sont compétents pour statuer sur les faits de coupe ou d'enlèvement d'arbres sur le terrain d'autrui, alors même qu'il y a, de la part du prévenu, bonne foi ou ignorance que le terrain sur lequel

les arbres ont été coupés, fût sur la propriété d'autrui.

Garnier. — Sestier et Faure. — 11 juillet 1834. — Ch. corr... J. 7. 348

V. Abus (Appel comme d'). — Actions hostiles. — Billet a ordre. — Chambre du conseil. — Délit politique. — Dernier ressort. — Discipline. — État civil. — Faillite. — Garantie. — Juge d'instruction. — Lettre de change. — Tribunal étranger.

COMPLICITÉ.

1. — *Déclaration du jury. — Absolution.*

Lorsque, à la question de savoir si deux individus étaient coupables d'une tentative d'empoisonnement, le jury a répondu négativement, et qu'à cette autre question : si le sieur N (l'un des accusés) n'est pas l'auteur de la tentative d'empoisonnement ci-dessus qualifiée, est-il coupable, 1° d'avoir, par dons, promesses, etc., provoqué le sieur N (l'autre accusé) à cette tentative d'empoisonnement; 2° d'avoir procuré les moyens qui ont servi à cette tentative d'empoisonnement, le jury a répondu affirmativement, cette réponse doit-elle entrainer l'absolution ou la condamnation de l'accusé?

Résolu dans le sens de l'absolution par la cour d'assises, et dans le sens de la condamnation par la cour de cassation.

Louis Durand. — Le procureur-général. — 7 août 1833 — Cour d'assises de l'Isère. — 14 septembre 1833. —

Arrêt qui casse........... J. 6. 543

2. — *Usure.* — *Délit.*

Il ne peut exister de complicité d'u-
sure là où il n'y a pas délit d'usure.

Le procureur-général. — Les sieurs
C. et R. — 1ᵉʳ septembre 1826. — Ch.
corr.................... J. 3. 353

COMPOSITION DE MASSE.

1. — *Bâtiments.* — *Impositions.* —
Réparations.

On ne doit estimer le revenu des
bâtiments, que distraction faite des
contributions des portes et fenêtres et
des réparations d'entretien.

Les mariés Voisin. — M. d'Audiffret.
— 2 juin 1818. — Ch. civ.. J. 3. 41

2. — *Bois taillis.* — *Prairies.* —
Estimation.

Dans une composition de masse, on
ne doit porter aucune somme pour
valeur des arbres et des crues de bois
taillis, si ces bois sont compris dans les
baux, parce qu'ils forment un des éléments du prix de ferme, lorsque la
valeur des immeubles a été calculée en
capitalisant ces prix de ferme. Il en est
autrement des crues de bois taillis non
compris dans les baux : la même distinction doit être faite pour les foins des
prairies.

Les mariés Voisin. — M. d'Audiffret. — 2 juin 1818. — Chamb. civ.
J. 3. 41

3. — *Dettes.* — *Prélèvement.* —
Héritiers.

L'héritier qui, lors de la composition de masse des biens du défunt, n'a
réclamé aucun prélèvement en nature
à raison des dettes de l'hoirie qu'il avait
antérieurement acquittées, ne peut se
plaindre de ce que les experts n'ont
pas opéré de prélèvement ; il ne lui reste
que le droit de contraindre les légitimaires à lui imputer leur part contribu-
tive dans les dettes, sur les sommes
dont il est débiteur pour restitution de
fruits.

Bossan. — Les consorts Bossan. —
— 30 août 1830. — 1ʳᵉ ch. J. 5. 139

4. — *Étang.* — *Dessèchement.* —
Estimation.

Un étang compris dans une donation
de biens présents, qui était empois-
sonné au moment de cette donation, qui
avait ensuite été desséché et ne pro-
duisait que de la bauche à l'époque du
décès du donateur qui s'en était réservé
la jouissance, ne doit être estimé qu'eu
égard à son état lors de ce décès.

Les mariés Voisin. — M. d'Audiffret.
— 2 juin 1818. — Ch. civ. J. 3. 41

5. — *Légitimes.* — *Fixation.* —
Base.

D'après les anciens principes, lorsqu'il s'agissait de faire une composition
de masse pour la fixation des légitimes,
il fallait vérifier les immeubles article
par article, pour réunir ensuite le tout
en corps de domaine, et estimer le pro-

duit annuel, déduction faite des semences et fourrages nécessaires pour la nourriture des bestiaux, des contributions, des rentes et même de l'entretien annuel des bâtiments; puis capitaliser le produit au quatre et demi pour cent, et distraire ensuite le passif.

Tripier ainé. — Consorts Tripier. — 13 mars 1833. — 1re chamb. J. 7. 80

6. — *Rentes. — Capitaux.*

Les capitaux de rente doivent être portés au passif de la composition de masse pour leur valeur nominale, lorsque le donataire n'a obtenu aucune diminution de la part des créanciers.

Les mariés Voisin. — M. d'Audiffret. — 2 juin 1818. — Ch. civ.. J. 3. 41

7. — *Réparations. — Donataire.*

Le légitimaire à qui il a été expédié des immeubles dont l'estimation a été faite sans avoir égard aux réparations faites par le donataire, doit rembourser ou imputer à celui-ci le montant de ces réparations.

Les mariés Voisin. — M. d'Audiffret. — 2 juin 1818. — Ch. civ. J. 3. 41

V. Légitime. — Partage.

COMPROMIS.

1. — *Arbitres. — Nomination.*

La nomination faite par les parties du tiers-arbitre peut, comme celle des arbitres, être constatée par procès-verbal dressé par les arbitres eux-mêmes.

Jean Paillet. — Les consorts Biessy. — 13 juillet 1825. — 2e chamb.
J. 2. 238

2. — *Conclusions. — Jugement arbitral. — Nullité.*

On ne peut admettre comme un nouveau compromis, ou addition de compromis valable, les conclusions prises devant les arbitres, et non signées des parties, lors, surtout, qu'elles sont étrangères aux objets du compromis.

Ainsi, un jugement arbitral qui a statué sur de pareilles conclusions est nul, comme étant rendu hors des termes du compromis.

Jean-Pierre Chalaboud. — Les consorts Paulin. — 26 juin 1817. — Ch. civ................... J. 3. 250

3. — *Divisibilité.*

La maxime *utile per inutile non vitiatur* est applicable à un arbitrage; ainsi, le jugement arbitral rendu sur un compromis portant sur des biens dotaux et d'autres objets susceptibles d'être mis en arbitrage est nul pour ce qui concerne les biens dotaux, et valable pour le surplus.

Les mariés Charlet. — Les mariés Vial. — 24 août 1818. — Chamb. civ.
Vs. 369

4. — *Juge de paix. — Nullité. — Ratification.*

Le juge de paix peut être désigné arbitre par les parties qui comparaissent en conciliation par-devant lui; le compromis constatant sa nomination et par lui reçu, est valable.

Il y a ratification d'un compromis nul dans son principe, lorsqu'on a comparu volontairement devant les arbitres, et qu'on a communiqué ses titres.

Jacques Tissot. — François Plaussu. — 17 janvier 1822. — 2ᵉ ch. J. 1. 61

5. — *Nullité.*

La nullité d'un compromis fait sur une contestation sujette à communication au ministère public, et du jugement arbitral ensuivi, est une nullité absolue qui peut être opposée par toutes les personnes qui ont concouru à ce compromis.

Benoît et Joseph Eynard. — Pierre Eynard et les mariés Champion. — 25 avril 1831. — 1ʳᵉ chamb.. J. 5. 254

6. — *Prorogation.* — *Nullité.* — *Exécution.*

La nullité de l'acte de prorogation de délai sur compromis résultant de ce qu'il n'est pas fait double est couverte par l'exécution.

Pierre Thermoz. — François Thermoz. — 7 décembre 1824. — 1ʳᵉ ch. J. 2. 3

V. Arbitrage. — Enquête. — Faux. — Péremption. — Prescription.

COMPTE.

1. — *Créancier hypothécaire.*

Celui qui a une créance hypothécaire liquide et certaine, mais qui doit rendre un compte par suite duquel il peut être constitué débiteur, n'est pas pour cela

non recevable à se faire allouer dans l'ordre au rang de son hypothèque; il y a seulement lieu, en ce cas, à ordonner qu'il sera sursis à la délivrance du bordereau, jusqu'à ce que le compte ait été rendu et liquidé.

Les frères Anthouard. — La dame Marchon, les sieurs Ferrier et Lesbros. — 29 mars 1827. — 1ʳᵉ ch. J. 4. 13

2. — *Règlement.* — *Imputation.* — *Présomption.*

Un règlement de compte général entre parents fait supposer qu'ils se sont respectivement fait raison de tout ce qu'ils pouvaient se devoir pour négociations antérieures à ce règlement.

Etienne Navière. — Les consorts Navière. — 26 janvier 1826. — 2ᵉ ch. J. 3. 67

V. Mandat.

COMPTE TUTÉLAIRE. — V. Mineur. — Tutelle.

CONCILIATION.

1. — *Compromis.* — *Arbitres.*

Lorsqu'il y a eu citation en conciliation, et que, devant le juge de paix, les parties conviennent d'arbitres pour terminer leurs différends, si les arbitres ne rendent pas de décision, le demandeur peut assigner directement en jugement, et n'a pas besoin de renouveler l'épreuve de la conciliation.

Le sieur Ollivier. — Le sieur Bastian. — 22 juillet 1818......... J. 2. 435

2. — *Demande additionnelle.*

Toute demande additionnelle doit être portée en conciliation.

Claude Tourton. — Michel Langlois. — 8 frimaire an 11. — 1re sect. V·. 163

3. — *Exception.*

Le défaut de conciliation peut être opposé en tout état de cause, et même pour la première fois en appel.

André Chaléaz. — Chozy. — 8 janvier 1818. — 1re chamb. (1) V·. 161

4. — La nullité résultant du défaut de conciliation n'est pas d'ordre public; elle est couverte par le silence gardé en première instance, et ne peut être proposée pour la première fois en cause d'appel.

Joseph-Bernard Reymond. — Dominique Blanc-Gras. — 4 décembre 1830. — 2e chamb. (2)........ J. 5. 207

---

(1) Cet arrêt est motivé sur ce que la disposition de l'article 48 du Code de procédure civile, qui prescrit la conciliation, est d'ordre public, et que les juges doivent même refuser d'office toute contestation qui n'a pas été précédée de l'essai de la conciliation.

(2) Attendu que le préliminaire de la conciliation n'est point d'ordre public; qu'il n'a été ordonné par le législateur que dans l'intérêt seul des parties et dans le but, en les faisant présenter devant le juge conciliateur, d'éviter des procès et de leur faire connaître, par les exhortations de ce magistrat, tous les inconvénients qui peuvent résulter d'un litige qu'elles veulent commencer;

Attendu qu'admettre qu'on peut proposer le défaut de conciliation pour la première fois en cause d'appel, ce serait admettre

5. — *Exception. — Fin de non-recevoir.*

Celui qui se présente au bureau de paix, sur une citation en conciliation, sans exciper de l'insuffisance des pouvoirs d'une personne qui comparaît pour le demandeur, est non recevable à attaquer ensuite de nullité l'épreuve de conciliation.

Jeanne Meffre, veuve Pizot. — Les sieurs Reynaud, Beranger et Pichat. — 25 mai 1825. — 1re chamb. J. 3. 74

6. — *Jugement de police. — Exception.*

Un jugement de police qui renvoie les parties à fins civiles ne peut dispenser du préalable de la conciliation.

Jean et Moïse Richaud, père et fils. — David Richaud. — 23 mars 1820. — 2e chamb................. V·. 163

7. — *Saisie-arrêt. — Titre. — Nullité.*

Un tribunal chargé de statuer sur une demande en nullité de saisie-arrêt ne peut, tout en annulant la saisie, par le motif que le demandeur n'a produit aucun titre pour justifier ses poursuites, annuler en même temps, et en défaut

---

qu'après un long litige devant le premier juge, après des procédures nombreuses et inévitables, des frais faits au préjudice des parties, on serait renvoyé aux premiers pas d'une procédure régulière pour l'omission d'une formalité qui n'a d'autre but que de prévenir les procès et d'en tarir la source, ce qui doit faire supposer que la nullité, étant d'intérêt privé, est couverte par le silence gardé par les parties en première instance.

11

contre le poursuivant , les titres en vertu desquels on a procédé. La nullité de ces titres forme une demande principale qui doit être préalablement soumise à l'épreuve de la conciliation.

Le sieur Dieulafoy. — Le sieur Epervier. — 29 juillet 1814. — 2ᵉ chamb. J. 3. 365

V. Degré de juridiction. — Prescription. — Réméré. — Séparation de corps.

CONCLUSIONS.

1. — *Signification.*

Les écrits renfermant des conclusions additionnelles, en matière civile, signifiés après la clôture de la discussion à l'audience, doivent être rejetés du procès.

Les sieurs Gaillard et compᵉ. — Jean-Baptiste Gaillard. — 3 juin 1825. — 4ᵉ chamb . . . . J. 3. 277

2. — Lorsqu'une partie, après avoir fait signifier des conclusions , constitue un autre avoué, il n'est pas nécessaire qu'elle signifie de nouvelles conclusions ; il suffit qu'elle déclare adhérer à celles qui avaient été primitivement prises.

La veuve Bouvard et autres. — Mᵉ Blanchet. — 9 janvier 1827. — 1ʳᵉ ch. J. 3. 466

V. Jugement.

CONDITION. — V. Legs.

CONFLIT.

1. — *Élections. — Compétence.*

Quand le préfet élève le conflit d'attribution, relativement à l'appel d'un de ses arrêtés interjeté devant la cour, celle-ci doit (jusqu'à ce qu'il ait été statué sur le conflit par l'autorité compétente) différer toute décision, lors même que le conflit aurait été élevé dans une cause dont la connaissance est attribuée spécialement à la cour, par les lois des 5 février 1817 et 2 mai 1827 ; il ne résulte des dispositions de ces lois aucune abrogation expresse ou tacite des conflits, même en matière d'élection.

Le préfet de l'Isère. — Les sieurs Bonnaud , Cohet et consorts. — 29 janvier 1828. — 1ʳᵉ chamb. J. 4. 87

2. — *Règlement de juges.*

Lorsqu'une ordonnance de la chambre du conseil a renvoyé un prévenu devant le tribunal correctionnel, pour simple délit , et que le tribunal correctionnel, jugeant que le fait constitue un crime, s'est déclaré incompétent et a renvoyé devant le juge d'instruction pour suivre au criminel, le juge d'instruction ne peut suivre sur ce renvoi : il y a conflit donnant lieu à règlement de juges par la cour de cassation.

Le procureur - général. — Claude Expilly, dit Cagnard. — 14 novembre 1826 . . . . J. 3. 272

CONSEIL DE FAMILLE.

1.—*Délibération.—Parents.—Degré.*

L'avis des quatre plus proches parents , exigé par l'art. 2144 du Code civil, doit s'entendre des plus proches parents dans un rayon donné , et non pas d'une manière absolue , des quatre parents les plus proches.

La veuve Mazade. — Les sieurs Leydier, Colombier et autres. —18 janvier 1833. — 2ᵉ chamb. (1).... J. 6. 322

V. Tutelle.

CONSEIL DE PRÉFECTURE. — V. Compétence.

CONSOLIDATION. — V. Donation. — Légitime.

CONSTITUTION D'AVOUÉ. — V. Appel. — Assignation. — Avoués. — Nullité. — Péremption.

CONSTITUTION DE DOT.— V. Dot.

CONTRAINTE PAR CORPS.

1. — *Aliments. — Consignation.*

Le débiteur emprisonné ne peut pas obtenir son élargissement sous prétexte de l'insuffisance d'une consignation de 20 fr. par mois , quoique quelques-uns de ces mois se trouvent être de trente-un jours, s'il y a toujours eu une somme suffisante pour lui fournir des aliments, lors même qu'il devrait être consigné 20 fr. pour chaque période de trente jours.

***

(1) Attendu que , par ces mots insérés dans l'article 2144 du Code civil , *l'avis des quatre plus proches parents* , le législateur n'a pas entendu que ce serait absolument les quatre parents les plus proches ; mais parmi les proches parents , ceux qui seraient domiciliés à une distance telle que la délibération du conseil de famille pût être possible

Antoine Sibert père et fils. — Jean-Pierre Descrambes.—16 décemb. 1824. — 2ᵉ chamb............ J. 1. 434

2. — Le débiteur d'une dette commerciale , élargi faute de consignation d'aliments , ne peut plus être incarcéré pour la même dette ; l'art. 14 de la loi du 15 germinal an 6 , qui le dispose ainsi, est toujours en vigueur.

Tournier. — Combe. — 15 mars 1830.— 1ʳᵉ chamb........ J. 5. 80

3. — *Arrestation.*

L'emprisonnement est valable , si l'arrestation a été faite avant le coucher du soleil , quoique l'introduction du débiteur dans la prison n'ait eu lieu qu'après le coucher du soleil.

Champin et Muguet. — Annette Moutet. — 9 novemb. 1825. — 2ᵉ ch. J. 2. 341

4. — *Associé. — Demande nouvelle.*

La contrainte par corps peut être prononcée entre associés , et elle peut être demandée devant la cour, lors même qu'on ne l'aurait pas demandée devant les premiers juges, parce qu'elle ne doit être considérée que comme moyen d'exécution, et non comme une demande nouvelle.

Les sieurs Chaix , Bourne et consorts. — Les frères Royanez. — 8 mars 1824. 1ʳᵉ chamb............... J. 2 268

5. — *Détention arbitraire.*

Un emprisonnement n'est pas nul par cela seul que l'huissier, au lieu de conduire le débiteur directement dans la prison, l'aurait conduit auparavant dans une maison particulière pour y discuter des propositions d'arrangement, faites par ce débiteur : il n'y a pas là détention arbitraire dans le sens de l'art. 788 du Code de procéd. civ.

Champin et Muguet. — Annette Moutet. — 9 novembre 1825. — 2ᵉ chamb.
J. 2. 341

V. AVAL. — CESSION DE BIENS. — COMPÉTENCE. — DERNIER RESSORT.

CONTRATS.

1. — *Nullité.* — *Clause.* — *Division.*

La nullité d'un traité sur la succession d'une personne vivante n'entraine pas la nullité des autres dispositions du même acte étrangères à ce traité, alors que la division des stipulations peut se faire facilement.

Mathieu Berréon. — Les consorts Berréon. — 8 août 1832. — 2ᵉ chamb.
J. 6. 228

2. — *Simulation.* — *Exécution volontaire.* — *Ratification.*

L'exécution volontaire envers des actes reconnus simulés, mais sur lesquels il y a eu traité postérieur, constitue une ratification formelle, qui rend celui qui pouvait en demander la nullité, ou ses ayant-cause, non recevables dans leur action. (Art. 1338 du Cod. civ.)

Les mariés Popon. — La veuve et les enfants Bergeron. — 6 février 1828. — 1ʳᵉ chamb. . . . . J. 4. 110

CONTRAT DE MARIAGE.

1. — *Interprétation.* — *Biens à venir.* — *Procuration générale.*

Lorsque le contrat de mariage antérieur au Code civil ne contient aucune stipulation relative aux biens à venir de la future épouse, la procuration générale par elle donnée à son fiancé ne peut suppléer à ce défaut de stipulation, et les biens à venir doivent êtres réputés paraphernaux.

Benoit Silvain et la veuve Gilibert. — Les mariés Carre. — 25 mai 1832. — 4ᵉ chamb. . . . . J. 6. 171

2. — *Interprétation.* — *Constitution générale.*

En pays de droit écrit, il était de jurisprudence constante que la constitution générale des biens présents et à venir pouvait n'être pas stipulée en termes exprès et qu'on pouvait l'induire de stipulations équipollentes.

La veuve Flandin-Blety. — Joseph Berthet, Fagot et autres. — 5 juin 1832. — 1ʳᵉ chamb. . . . . J. 6. 169

3. — *Régime.* — *Fonds dotal.* — *Hypothèque.*

Les effets d'un contrat de mariage antérieur au Code civil doivent être régis par l'ancien droit ; ainsi, la femme mariée sous l'ancien droit a pu, sous le Code civil, hypothéquer le fonds dotal pour les impenses faites pour la conservation et l'amélioration de la dot.

Les mariés Rimont. — La veuve Archinard. — 9 janvier 1830. — 4ᵉ ch. (1).

J. 6. 279

V. ACTIONS DOTALES. — DOT. — HYPOTHÈQUE LÉGALE. — SIMULATION.

CONTRAVENTION. — V. BOISSONS —CONTRIBUTIONS INDIRECTES. — GARDE FORESTIER. — TRANSPORT DE LETTRES.

CONTREBANDE.

1. — *Tabac. — Colportage.*

Celui qui colporte du tabac de contrebande est punissable de la même peine que celui qui en opère la vente.

Le procureur-général. — Joseph M.... et Claude-Delphin P.... — 2 mai 1827. — Chamb. correct.. J. 3. 527

CONTREDITS. — V. ORDRE.

CONTRE-ENQUÊTE. —V. ENQUÊTE.

CONTRE-LETTRE.

1. — *Enregistrement.*

Les frais d'enregistrement de la contre-lettre portant augmentation de prix sont à la charge du vendeur.

Espitalier et autres. — Chabert et Gondrand. — 30 novembre 1829. — 1ʳᵉ chamb.............. J. 5. 193

2. — *Vente. — Créancier. — Ayant-cause.*

Une contre-lettre portant augmenta-

tion d'un prix de vente peut être opposée aux créanciers de l'acquéreur qui offrent au vendeur le paiement de ce prix ; en ce cas, les créanciers agissent comme faisant valoir les droits de leur débiteur, et ne peuvent être considérés comme des tiers.

Espitalier et autres. — Chabert et Gondrand. — 30 novembre 1829. — 1ʳᵉ chamb. (1)........... J. 5. 193

CONTRIBUTIONS INDIRECTES.

1. — *Appel. — Délai.*

Le délai de l'appel à interjeter par

---

(1) Considérant que, d'après l'article 1321 du Code civil, les contre-lettres ont effet entre les parties contractantes ; que, suivant l'article 1322, l'acte sous seing privé a, entre ceux qui l'ont souscrit et leurs héritiers ou ayant-cause, la même foi que l'acte authentique ;

Considérant que les consorts Chabert ont le droit de demander contre Gantin la résolution de la vente du 17 octobre 1827, faute de paiement du prix, et que celui-ci ne peut se soustraire à l'action en résolution qu'en payant le prix intégral de l'immeuble vendu, porté, soit dans l'acte de vente reçu par Buisson, notaire, soit dans les autres actes énoncés au procès ;

Considérant que les créanciers de Gantin ont aussi la faculté de faire valoir ce droit appartenant à leur débiteur ; mais qu'ils ne peuvent l'exercer que de la même manière et aux mêmes conditions que le débiteur lui-même, puisqu'ils n'agissent point en vertu d'un droit qui leur soit propre, mais comme faisant valoir les droits de leur débiteur ; que dès-lors ils ne peuvent être réputés que les ayant-cause de ce dernier, et ne sauraient conséquemment jouir d'une position plus favorable.

---

(1) V., dans le même sens, l'arrêt du 6 février 1813, rendu entre les mariés Popon et les enfants Bergeron.......... J. 4. 110

V. aussi les autres arrêts cités au mot *Actions dotales.*

l'administration des contributions indirectes n'est pas celui de dix jours à partir de la prononciation du jugement porté par l'art. 203 du Code d'instr. crim , mais le délai spécial de huitaine à partir de la signification du jugement porté par l'art. 32 du décret du 1er germinal an 13.

L'administration des contributions indirectes. — Moulin. — 26 décemb. 1834. — Chamb. correct.. J. 7. 448

2. — *Assignation.* — *Délai.* — *Déchéance.*

La disposition de l'art. 28 du décret du 1er germinal an 13 , qui veut que l'administration des contributions indirectes assigne, au plus tard dans la huitaine du procès-verbal , n'étant point portée à peine de nullité, l'administration n'est pas tenue , à peine de déchéance , d'exercer son action dans ce délai.

L'administration des contributions indirectes. — Moulin. — 26 décemb. 1834. — Chamb. correct.. J. 7. 448

3 — *Contravention.* — *Prescription.*

La prescription pour les contraventions aux lois des contributions indirectes, n'étant portée par aucune loi spéciale sur la matière, est régie par les dispositions générales du Code d'inst. crim.

L'administration des contributions indirectes. — Joseph Sarret. — 9 décembre 1826. — Chamb. correct.

J. 3. 255

4. — *Contravention.* — *Procès-verbal.*

Les employés à la perception des octrois ont le droit de constater les contraventions aux lois en matière de contributions indirectes.

L'administration des contributions indirectes. — Joseph Sarret. — 9 décembre 1826. — Chamb. corr. J. 3. 255

V. BOISSONS. — TRANSPORT DE LETTRES.

CONVENTIONS.

1. — *Interprétation.*

L'interprétation des conventions renfermant des dispositions contradictoires doit se faire dans le sens qui peut avoir quelque effet.

Les frères Engilberge. — Les mariés Domeyne. — 8 avril 1829. — 2e ch.

J. 4. 419

2. — *Nullité.* — *Erreur de droit.*

L'erreur de droit, comme l'erreur de fait, est une cause de nullité de la convention, lorsqu'il est établi que cette erreur est la cause unique de cette convention.

Spécialement, la cession d'un droit héréditaire, faite par suite d'une erreur sur la nature et l'étendue de ce droit, doit être annulée, lorsque l'erreur est telle qu'il n'y a eu aucune autre cause qui ait pu fonder l'obligation.

Tabourèche. — Buée. — 24 juillet 1830. — 2e chamb....... J. 5. 154

CONVOL.

1. — *Femme.* — *Dispositions testamentaires.*

L'enfant du premier lit peut disposer, en faveur de la mère qui a convolé, des biens qui lui étaient provenus de la succession paternelle par l'effet du convol.

Les frères et sœurs Argoud.—Marie-Sabine Breynier. — 26 avril 1822. — 1ᵣᵉ chamb . . . . J. 2. 29

2. — *Femme.* — *Peines.*

La veuve qui se remarie sous l'empire du Code civil, qui a abrogé les peines des secondes noces, perd par son convol les libéralités que lui avait faites son premier mari à une époque où ces peines n'étaient pas encore abrogées : la privation de ces libéralités est moins une véritable peine qu'une réserve établie au profit des enfants du premier lit.

Les mariés Sert et les mariés Barthélemy. — Les mariés Roux. — 13 mai 1824.—2ᵉ chamb . . . . J. 1. 332

3. — La femme qui se remariait, même après l'an de deuil et la puberté de ses enfants du premier lit, perdait, au moment du convol, la propriété de toutes les libéralités à elles faites par son premier mari ; cette propriété passait de suite sur la tête des enfants du premier lit, auxquels elle était irrévocablement acquise ; elle ne restait point en suspens pour ne passer que sur la

tête de ceux qui survivraient à la femme remariée.

Les frères et sœurs Argoud. — Marie-Sabine Breynier. — 26 avril 1822. — 1ᵣᵉ chamb . . . . J. 2. 29

4. — *Femme.* — *Usufruit.*

La femme ne perd pas, par son convol, l'usufruit qui lui a été légué par son mari, sans condition impérative, mais sur la simple invitation de vivre en viduité.

Les mariés de Miribel. — Le sieur Gerbolet du Châtelard.—31 août 1819. — 2ᵉ chamb . . . . J. 1. 14

5. — *Mari.*

Le père ne perd point, par son convol, la jouissance des biens de ses enfants, qu'il retient en vertu de la puissance paternelle.

Crozat. — Broussard. — 9 janvier 1815. — 1ᵣᵉ chamb . . . . V°. 409

6.—Le mari qui convolait, sous l'ancien droit, était sujet aux peines des secondes noces.

Laurent Bossu. — Bayet, Jourdan et Sillan. — 14 janvier 1825. — 2ᵉ ch.
J. 2. 40

COPIE DE PIÈCES.

1. — *Matière correctionnelle.*—*Prévenu.* — *Défense.*

En matière correctionnelle, comme en matière de simple police, il ne peut être délivré au prévenu, dans l'intérêt même de sa défense, et à ses frais.

aucune expédition ou copie de pièces de la procédure, sans une autorisation du procureur-général. Le prévenu ni son conseil n'ont pas même la faculté d'examiner la procédure au greffe, sans déplacement.

Sieur Victor Blanc. — Le ministère public. — 17 mai 1823. — Ch. corr.

J. 3. 202

CORPORATION RELIGIEUSE.

1. — *Autorisation.*

Anciennement il était de principe que toute corporation religieuse établie en France y était, par là même, autorisée, à moins qu'il n'y eût de défense de s'y établir.

Les hospices de Romans. — Les consorts Chabert. — 3 juin 1830. — 2ᵉ chamb.................... J. 5. 123

CRÉANCES. — V. Transport de créances.

CRÉANCIER. — V. Adjudicataire. — Adjudication définitive. — Appel. — Ayant-cause. — Hypothèque. — Inscription hypothécaire. — Intervention. — Novation. — Ordre. — Paraphernaux (biens). — Partage. — Saisie immobilière. — Séparation de biens. — Société. — Subrogation. — Surenchère. — Tierce-opposition. — Transport de créances.

COURS ROYALES.

1. — *Composition de chambres. — Juges acquis.*

Lorsque les plaidoiries d'une cause

---

ont été commencées devant plus de sept magistrats composant une chambre d'une cour royale, l'absence de quelques-uns de ces magistrats, qui, par des motifs légitimes, n'ont pu se rendre à l'audience indiquée pour la continuation de cette cause, n'est point un obstacle à cette continuation devant les autres, s'ils restent en nombre suffisant pour constituer la chambre et pour juger.

Les mariés Désisnards. — Les héritiers Devalernod. — 23 août 1827. — 2ᵉ chamb.............. J. 3. 491

CULTES.

1. — *Protection.*

La charte constitutionnelle ne protége que les cultes professés et pratiqués de bonne foi. Ainsi celui qui, sous le nom d'une secte religieuse, emploie des manœuvres frauduleuses pour se faire remettre de l'argent ou d'autres effets, peut être poursuivi pour escroquerie.

Le ministère public. — Claude Dubia. — 2 mai 1829. — Chamb. corr.

J. 4. 453

DATE. — V. Appel. — Arbitrage. — Inscription hypothécaire.

DATE CERTAINE.

1. — *Acquéreur. — Quittance. — Bail à ferme.*

La quittance, donnée par le propriétaire au fermier, des objets compris en son chargé, peut être opposée par celui-ci à ceux qui acquièrent le domaine, quoiqu'elle n'ait pas de date certaine avant l'acquisition, si les acquéreurs ont gardé long-temps le silence.

Bessier. — Bernard et de Gruel. — 30 juillet 1814. — 2ᵉ chamb.. V. 13

2. — *Ayant-cause.* — *Donataire.* — *Vente.*

Le donataire à titre universel est-il l'ayant-cause du donateur, en ce sens qu'une vente privée, souscrite par le donateur et portant une date antérieure à la donation, doive faire foi contre lui ? — *Rés. nég.*

Peut-on prouver la sincérité de la date de la vente sous seing privé en faisant la preuve de faits établissant que le donataire avait connaissance de cette vente, antérieurement à la donation, et qu'il l'a exécutée ? — *Rés nég.*

Les mariés Mesly. — Les sieurs Chabert et Foussat. — 9 mai 1833. — 2ᵉ chamb. (1)............... J. 6. 467

3. — *Ayant-cause.* — *Fraude.*

La règle d'après laquelle la date

d'un contrat fait foi entre les parties contractantes, leurs héritiers et ayant-cause, doit céder aux présomptions de fraude qui peuvent s'attacher à la date des actes, et la preuve de la fraude est admissible.

Les sieurs Sibut, Armanet et Chagniard. — La veuve Berthier et le sieur Bordière. — 11 décembre 1832. — 1ʳᵉ chamb.............. J. 6. 457

4. — *Vente sous seing privé — Immeuble dotal.* — *Mari.*

Une vente sous seing privé, consentie par la femme avant son mariage, ne peut être attaquée par le mari comme contenant aliénation du bien dotal, quoiqu'elle n'ait acquis date certaine par l'enregistrement que postérieurement au mariage, lorsqu'il est constant que l'acquéreur a acheté et possédé de bonne foi au vu et su du mari.

Les mariés Mazet.—Le sieur Plagnol. —13 mai 1831.—2ᵉ chamb. J. 5. 403

5. — *Visa pour timbre.*

Le visa pour timbre d'un acte sous

---

(1) Attendu que, bien que le droit du donataire émane du donateur qui aurait vendu à Chabert, il est vrai de dire que le donataire est un tiers à l'égard de l'acquéreur comme du donateur en ce qui concerne l'empêchement de celui-ci d'attenter directement ou indirectement à l'irrévocabilité de la donation, d'où il suit qu'il faut appliquer dans ce cas les dispositions de l'article 1328 du Code civil ;

Attendu que, bien que toutes les circonstances de la cause semblent annoncer que la dame Mesly, et même son mari, avaient, à l'époque de leur contrat de mariage et de la donation à elle faite, connaissance de la vente que Foussat père avait passée à Chabert de la léchère, objet du litige, et de la libération de ce dernier, les dispositions de l'art. 1328, entièrement limitatives et n'attachant la certitude de la date des actes sous seing privé qu'on oppose aux tiers qu'aux trois cas qui y sont énumérés, sont trop impératives pour que la cour puisse suppléer à la loi et attribuer à cet article une interprétation à laquelle se refusent et l'esprit et la lettre de ses dispositions.

seing privé, non enregistré, suffit pour donner à cet acte une date certaine, même à l'égard des tiers, du jour où il a été soumis à la formalité du visa.

MM. Barthellon et C*. — M. Bajat et M. de L.... (1). — 10 juin 1825. — 2* chamb............. J. 2. 152

V. AYANT-CAUSE. — JUGEMENT PAR DÉFAUT.

DÉCLINATOIRE. —V. COMPÉTENCE.

DÉGRADATIONS.

1. — *Indemnité.*

Le possesseur momentané d'un immeuble n'est pas tenu d'indemniser le propriétaire à raison des dégradations commises par le fermier, lorsqu'elles ne proviennent pas de son fait personnel.

____

(1) Considérant qu'en effet l'article 1328 du Code civil n'est pas limitatif du cas dans lequel un acte privé fait foi de sa date, même à l'égard des tiers ; que, suivant les principes attestés, notamment par Toullier, Delvincourt et Paillet, l'acte privé fait foi de sa date en général, toutes les fois que cette date peut être assurée par des preuves irrécusables ; que le visa pour timbre n'a pu s'appliquer qu'aux billets antérieurs au 1er janvier 1816, et que le visa apposé, par le receveur de l'enregistrement, sur les billets dont il s'agit, conforme à l'extrait des registres du visa pour timbre, fait pleine foi jusqu'à inscription de faux, conformément à l'article 1319 du Code civil ; qu'ainsi, les billets, ayant nécessairement existé avant la formalité du visa, ont, par-là même, date certaine, antérieure au cautionnement donné par M* Bajat, et doivent être admis pour en déterminer l'étendue.

Les cohéritiers Dallemagne. — Le sieur Carron. — 21 juin 1822. — Audience solennelle........ J. 1. 113

DEGRÉ DE JURIDICTION.

1.—*Demande en garantie. — Appel.*

Le garant ne peut être directement assigné devant la cour ; il doit subir les deux degrés de juridiction.

Granjou. — La veuve Bonnet. — Le sieur Ribes. — 23 décembre 1808. — 2* chamb. .... V*. 100

Arrêt conforme :

Les héritiers Vassel. — Jean-Baptiste Vassel et Dupré. — 14 juillet 1807. V*. 101

2. — *Demande en partage. — Supplément de légitime.*

On peut, en instance d'appel, convertir une demande en partage en demande en supplément de légitime. Le préliminaire de conciliation n'est pas nécessaire.

Poisson et Robert. — Baptiste Deboille. — 9 avril 1806. — 1re section. V* 161

Arrêt conforme :

La demande en paiement de droits légitimaires peut être convertie en une demande en supplément de légitime.

André Vernay. — Héritiers Maunier. — 28 août 1810. — 1re ch.. V*. 162

3. — *Demande nouvelle. — Donation. — Nullité. — Exception.*

La demande en nullité d'une donation, faite en fraude des droits des créanciers, peut être formée pour la première fois en instance d'appel, lorsqu'elle est proposée par voie d'exception , et comme défense à l'action principale.

Pierre Albrand. — Jean-Marie Perrin. — 5 mars 1825. — 2ᵉ chamb. J. 2. 146

4. — *Demande nouvelle.* — *Droits légitimaires.* — *Traité.*

Demander en première instance l'annulation d'un traité qui a réglé les droits légitimaires de la femme , et demander au contraire , sur l'appel, l'exécution do ce même traité, ce n'est pas introduire une demande nouvelle , telle qu'on puisse dire que le premier degré de juridiction n'a pas été épuisé. L'une et l'autre de ces demandes, n'ayant pour objet que le paiement des droits de la femme , ne doivent être considérées que comme moyen pour obtenir les fins de la demande principale.

Étienne Perier. — La femme Dintre. — 11 mai 1821. — 2ᵉ ch.. J. 3. 359

5. — *Demande nouvelle.* — *Exception.*

La renonciation à la communauté, faite en cause d'appel, pour repousser une fin de non-recevoir opposée à la femme et tirée de sa qualité de commune en biens, ne constitue pas une demande nouvelle , mais seulement une exception qui peut être invoquée pour la première fois devant la cour.

Henriette Chastel , femme Rostaing. — Les sieurs Eyme et Ronin et les co-

héritiers Vincent. — 12 février 1830. —4ᵉ chamb............ J. 5. 445

6. — *Demande nouvelle.* — *Nomination de curateur.*

La demande en nomination d'un curateur est soumise aux deux degrés de juridiction.

Antoine-Michel Mottin , fils aîné. — — Les frères et sœurs Mottin , et le sieur Mottin père. — 19 janvier 1827. — 2ᵉ chamb........... J. 3. 309

7. — *Demande nouvelle.* — *Omission de prononcer.*

La partie qui a fait signifier un jugement qui contenait une omission à son préjudice ne peut pas, par action nouvelle, former demande du chef omis ; il fallait agir par appel ou par requête civile.

Baptiste Caire. — Victoire Davin. — 13 avril 1812. — 1ʳᵉ chamb... V·. 98

8. — *Demande nouvelle.* — *Partage.*

Dans une instance en partage on peut, en cause d'appel, faire toute demande nouvelle qui ne tend qu'à fixer la consistance des biens à partager. Ainsi, on peut, en cause d'appel, demander la nullité d'une vente pour cause de simulation, à l'effet de faire rentrer dans la masse les biens vendus.

La femme Chapuis. — Félix Prampsal. — 13 août 1830. — 2ᵉ chamb. J. 5. 166

9. — *Demande principale.* — *Modification.*

La demande subsidiaire en paiement

du prix de travaux faits pour dessèchement de marais n'est pas une demande nouvelle lorsqu'on a demandé au principal le délaissement des marais ; elle n'est qu'une modification de la demande principale.

Les mariés de Martel. — La commune de Saint-Symphorien-d'Ozon. — 30 mars 1832. — 2ᵉ chamb. J. 6. 44

10. — *Demande reconventionnelle. — Action principale.*

Une demande reconventionnelle , qui n'a aucune corrélation avec celle qui a été le principe de l'instance , ne peut être accueillie et doit être formée par action principale.

Jean-Claude Armand. — Dumas , Guibert et Feutrier. — 11 juillet 1822. — 2ᵉ chamb. . . . . J. 2. 463

11. — *Demande reconventionnelle. — Conciliation.*

Une demande reconventionnelle peut être portée en tout état de cause et sans conciliation, lorsqu'elle est une défense à l'action principale.

Joseph Bonnet. — Antoine Dorey.— 17 janvier 1821. — 1ʳᵉ chamb. Vˢ. 96

12. — *Dol. — Exception. — Demande nouvelle.*

Les moyens de dol qui sont une défense à l'action principale ne constituent pas une demande nouvelle, qui soit non recevable en cause d'appel, quoiqu'ils n'aient pas été proposés en première instance.

Joseph Eymeri. — La veuve Moralis.

— 29 décembre 1824. — 2ᵉ chamb.
J. 2. 319

13. — *Discipline. — Avocat. — Appel.*

La cour qui infirme , sur l'appel, la décision rendue par un tribunal faisant fonction de conseil de discipline , à l'égard d'un avocat, ne peut statuer au fond, si le premier degré de juridiction n'a pas été rempli d'une manière régulière.

Le procureur-général. — M. F . . . ., avocat. — 7 juillet 1827. — Chambres réunies en chambre du conseil. J. 4. 76

14. — *Fin de non-recevoir. — Ordre public.*

Les fins de non-recevoir résultant de déchéances encourues, soit dans les délais de l'appel, soit dans ceux de requête civile , étant d'ordre public , peuvent être proposées même après toutes défenses au fond, et pour la première fois, dans l'instance sur l'appel.

M. Mathieu. — La commune de Rac. — 24 février 1829. — 1ʳᵉ chamb.
J. 4. 412

15. — *Ordre public. — Exception.*

Les juridictions étant d'ordre public, toute exception fondée sur ce que cet ordre a été violé est toujours recevable, nonobstant la défense au fond.

Claude Empereur. — Frédéric Empereur. — 23 juin 1820. — 2ᵉ chamb.
J. 2. 493

V. ACTION EN RESCISION. — APPEL.— DÉLIT FORESTIER. — HUISSIER.

DÉLAI.

1. — *Forclusion. — Crainte d'éviction*.

Lorsqu'un arrêt accorde à une partie l'option ou d'abandonner un immeuble, ou de le retenir, en en payant le prix dans un délai déterminé, à peine de forclusion, cette partie peut, comme un acquéreur ordinaire, invoquer l'art. 1653 du Code civil, et suspendre le paiement de ce prix, sans qu'on puisse lui opposer de forclusion, si elle a un juste sujet de craindre une éviction; comme si, par exemple, cet immeuble est grevé d'hypothèques : la forclusion doit être entendue en ce sens, que l'on puisse se libérer valablement dans le délai fixé.

La commune de Saint-Genis. — Les sieurs Flaur de Saint-Genis. — 4 avril 1827. — 2ᵉ chamb...... J. 3. 436

2. — *Prorogation. — Forclusion*.

Lorsqu'un jugement a permis une vérification dans un délai préfix, à peine de forclusion, le tribunal ne peut, par nouveau jugement, accorder une prorogation de délai, si la demande en prorogation n'a pas été formée avant l'expiration de ce délai, et si le premier jugement a acquis l'autorité de la chose jugée.

Les sieurs Mallet, Goubet et Roman. — Vincent Astier. — 24 juin 1825. — 4ᵉ chamb............... J. 2. 143

V. Adjudication définitive. — Appel. — Arbitrage. — Dépens. — Enquête. — Faux. — Jugement par défaut. — Ordre. — Péremption. — Réméré. — Saisie immobilière. — Séparation de biens. — Surenchère.

DÉLIT.

1. — *Circonstances atténuantes. — Réduction de peines. — Lois spéciales*.

Les dispositions de l'art. 463 du Code pénal d'après lesquelles les tribunaux correctionnels sont autorisés à réduire les peines encourues, si les circonstances paraissent atténuantes, ne sont applicables qu'aux délits prévus par le Code pénal; elles ne peuvent être appliquées aux délits prévus par des lois spéciales.

M. le procureur-général. — Reyboz et autres. — 21 mars 1834. — Chamb. correctionnelle (1)........ J. 7. 174

______

(1) Attendu que les dispositions de l'article 463, par lesquelles les tribunaux correctionnels sont autorisés à réduire les peines encourues, ne sont applicables qu'aux délits prévus par le Code pénal; que cette faculté de diminuer la peine ne peut être étendue à des délits qui sont régis par des lois spéciales qui doivent continuer, d'après l'article 484, à recevoir leur exécution; qu'une jurisprudence constante avait décidé ce point de droit dans ce sens;

Attendu que si les législateurs, lors de la révision du Code pénal en 1832, avaient voulu changer cette jurisprudence, ils l'eussent formellement exprimé; que loin de là on rejeta un amendement qui aurait étendu l'application de l'article 463 à toute espèce de pénalités, et que l'on disposa formellement que la modification s'appliquait dans tous les cas où l'emprisonnement et l'amende sont

2. — *Circonstances atténuantes.* — *Réduction de peines.* — *Surveillance.*

Les dispositions de l'art. 463 du Code pénal étant exceptionnelles, les tribunaux correctionnels ne peuvent étendre à la surveillance de la haute police l'autorisation de réduire l'amende et l'emprisonnement, quand les circonstances paraissent atténuantes.

M. le procureur-général. — Jean-Louis Morin. — 26 mars 1834. — Ch. correctionn. . . . . J. 7. 248

3. — *Mineur de seize ans.* — *Discernement.* — *Loi spéciale.*

La disposition de l'art. 69 du Code

pénal, qui modifie la peine encourue par le mineur de seize ans, ne doit être appliquée qu'aux délits prévus par le Code pénal, et non point à ceux prévus par des lois spéciales. Ainsi, dans ce dernier cas, les juges n'ont point à examiner si ou non le prévenu a agi avec discernement.

M. le procureur-général. — Jean Garillon. — 28 novembre 1833. — Chamb. correctionnelle. . . . . J. 7. 3

4. — *Procès-verbal.* — *Erreur de date.*

Lorsque le ministère public poursuit la réparation d'un délit de chasse constaté par un procès-verbal, et qu'il résulte des débats que ce même délit a été commis un autre jour que celui mentionné au procès-verbal, il n'y a pas lieu pour cela à admettre la prescription de l'action publique pour défaut de poursuites pendant le mois, sur le fondement que la poursuite n'aurait eu lieu que pour le fait constaté par le procès-verbal.

M. le procureur-général. — Jacques-François Frize. — 11 décembre 1834. — Chamb. correctionnelle. J. 7. 440

5. — *Responsabilité civile.* — *Administrations publiques.*

Les administrations publiques sont civilement responsables du fait de leurs préposés, agissant dans l'exercice de leurs fonctions et à l'occasion de cet exercice.

Spécialement, lorsqu'un préposé des douanes étant dans l'exercice de ses

---

prononcés par le Code pénal; qu'on ne pourrait raisonnablement soutenir, après un texte si formel, que l'article 463 peut s'appliquer toutes les fois qu'il y a pénalité, pour amende envers un officier ministériel, en matières de douanes, d'octroi, de contributions indirectes et autres délits ou contraventions réprimés par des lois spéciales;

Attendu que, postérieurement au Code pénal de 1832, la cour de cassation a décidé que l'on ne pouvait appliquer l'article 463 aux délits de la presse, ni aux délits militaires régis par des lois spéciales (arrêt du 22 septembre 1832; Bulletin criminel de 1833, n° 83); qu'ainsi la cour régulatrice a maintenu la jurisprudence sur ce point;

Attendu que dans les lois spéciales intervenues soit avant, soit après le Code pénal de 1832, lorsqu'ils ont voulu laisser aux tribunaux la faculté d'appliquer l'article 463, les législateurs s'en sont formellement expliqués, ce que l'on voit par les lois du 25 mars 1822, 21 mars 1832, 16 février 1834, dispositions expresses qui viennent démontrer de plus en plus que l'article 463 ne s'applique pas à toutes les dispositions pénales.

fonctions, et à l'occasion de cet exercice, a commis un homicide involontaire, l'administration des douanes est civilement responsable des dommages résultant de cet homicide.

La partie lésée, ayant une action directe contre l'administration, n'est pas tenue d'actionner préalablement ou simultanément l'auteur du fait qui a donné lieu à son action.

(Loi du 22 août 1791, art. 19, tit. 13.)

M. le directeur-général des douanes. — Veuve Muretin. — 13 mars 1834.— 1re chamb................ J. 7. 177

V. Action publique. — Compétence. — Mineur. — Prescription.

DÉLIT FORESTIER.

1. — *Commune. — Garantie solidaire. — Degrés de juridiction.*

La demande en garantie solidaire, formée contre une commune usagère pour les condamnations prononcées contre l'entrepreneur d'une coupe affouagère, est une demande ordinaire qui doit subir les deux degrés de juridiction ; en conséquence, la commune ne peut être assignée *de plano* devant la cour.

L'administration forestière. — Bron et la commune de Châteauvilain. — 27 février 1835. — Chamb. correctionn.
J. 7. 536

2. — *Coupe de bois. — Procès-verbal. — Nullité.*

La demande en nullité d'un procès-

verbal de récolement en matière forestière, fondée sur le défaut d'enregistrement du procès-verbal dans le délai prescrit par la loi, doit être portée devant le conseil de préfecture ; mais lorsque cette demande en nullité n'est pas elle-même formée dans le délai prescrit par la loi, les tribunaux correctionnels peuvent statuer au fond sans s'y arrêter.

L'administration forestière. — Gallissian. — 6 juin 1834. — Ch. correc.
J. 7. 252

3. — *Dépaissance. — Amende.*

Suivant la nouvelle législation forestière, les délits de dépaissance dans les forêts communales entraînent deux espèces de peines, l'une contre le pâtre conducteur du troupeau, l'autre contre le propriétaire, en raison du nombre de têtes de bétail trouvées en dépaissance.

Joseph-Simon Payen. — L'administration forestière. — 26 février 1829. — Chamb. correctionnelle. J. 4. 379

4. — *Garde forestier. — Bâtiments. — Introduction. — Procès-verbal. — Nullité.*

La défense faite aux gardes par l'art. 161 du Code forestier de s'introduire dans les maisons, bâtiments, cours et enclos sans la présence d'une des autorités qui y sont désignées, ne peut être considérée comme étant d'ordre public, tellement qu'une semblable introduction, opérée du consentement du prévenu lui-même, doive faire annuler le procès-verbal.

Les gardes forestiers ont qualité pour constater, dans leurs procès-verbaux, le consentement donné par un délinquant à ce que les gardes s'introduisent dans son domicile sans la présence du juge de paix, du maire ou du commissaire de police.

L'administration forestière. — Brun Lafleur. — 20 décembre 1834. — Ch. correctionnelle.......... J. 7. 445

5. — *Procès-verbal.* — *Affirmation.*

Lorsqu'un procès-verbal est affirmé devant un conseiller municipal, la présomption légale est que ce conseiller municipal a procédé en l'absence ou empêchement du maire ou de l'adjoint; mais cette présomption peut être détruite par la preuve contraire.

L'administration forestière. — Jean Repellin. — 4 juillet 1834. — Chamb. correctionnelle.......... J. 7. 287

6. — La mention faite dans un procès-verbal devant le juge de paix, que le garde a ouï lecture de son procès-verbal peut être considérée comme constatant suffisamment que l'officier public a donné lui-même cette lecture.

L'administration forestière. —Pierre Flandin. — 4 juillet 1834. — Chamb. correctionnelle.......... J. 7. 285

7. — Les procès-verbaux dressés par les gardes à cheval sont dispensés de la formalité de l'affirmation, alors même que le procès-verbal est dressé par deux préposés dont l'un est un garde à cheval, et l'autre un simple garde.

L'administration forestière. — Hyp-

polite Nicolas. — 5 décembre 1834. — Chamb. correctionnelle.... J. 7. 442

8. — *Récidive.* — *Double amende.* — *Solidarité.*

Le prévenu déclaré coupable d'un délit forestier, commis de concert avec d'autres individus qui sont en récidive, est passible solidairement, quoique n'étant pas lui-même en récidive, de l'amende double encourue par les codélinquants, sauf son recours contre eux à raison du double de l'amende.

L'administration forestière. — Charrat-Badon. — 12 juin 1834. — Chamb. correctionnelle.......... J. 7. 346

DÉLIT POLITIQUE.

1. — *Qualification.* — *Compétence.*

La disposition de l'art. 7 de la loi du 8 novembre 1830, qui énumère les délits qui sont réputés politiques, est limitative et non pas seulement démonstrative; en conséquence, un tribunal correctionnel ne peut se déclarer incompétent et renvoyer les prévenus devant la cour d'assises, bien qu'il reconnaisse au délit un caractère politique, lorsque ce délit ne rentre pas dans les cas énumérés par l'art. 7.

M. le procureur-général.—Les sieurs Gabourd fils, Germain et Raffin. — 22 juillet 1834.—Chamb. correctionnelle.

J. 5. 422

DÉLIT RURAL.

1.—*Responsabilité civile.*—*Amende.*

En matière de délit rural, la responsabilité civile du père, à raison des condamnations prononcées contre le fils, ne s'applique qu'aux dommages et aux frais, et non à l'amende, qui est due personnellement par le délinquant; il en serait autrement si le délit avait été commis dans une forêt royale.

L'administration forestière. — Antoine et Pierre Muzet, père et fils. — 4 août 1824 .... J. 2. 548

DEMANDE NOUVELLE. —V. Degré de juridiction.

DEMANDE RECONVENTIONNELLE. — V. Degré de juridiction.

DEMANDE RÉDUITE. —V. Dernier ressort.

DÉMENCE.

1. — La démence n'est point un fait d'excuse; elle est exclusive de la volonté, et par conséquent de la culpabilité.

Laurent. — Le procureur-général. — 13 novembre 1823. — Chambre d'accusation .... J. 1. 375

DÉMISSION.

1. — *Fonctionnaire public.* — *Convention illicite.*

La démission de sa place, donnée par un fonctionnaire public (un percepteur de contributions directes), moyennant le paiement d'une somme, ne constitue ni une convention illicite, ni la vente d'une chose placée hors du commerce

Hyppolite Prial. — François Faure. — 5 juillet 1825. — 1er chamb. (1).

J. 2. 306

DÉPENS.

1. — *Avoué.* — *Pièces de procès.*

L'avoué qui a remis un procès à un avocat, greffier ou rapporteur, a action contre la partie en représentation des pièces du procès, afin qu'il puisse faire son état de dépens.

Me Bon. — Le sieur Viennois. — 16 janvier 1810. — 1er chamb.. Ve 172

———————

(1) Attendu qu'il est convenu entre les parties que les billets, objet du procès, ont été le prix de la démission de Faure; qu'il est avancé par Prial que ces billets furent déposés entre les mains de Me Picot, notaire; qu'ils devaient être remis à Faure le 1er avril 1822, à moins que Prial ne rendît la démission de Faure; qu'il n'est intervenu ni dol ni fraude dans cette négociation; que les circonstances du procès établissent que Faure ne s'est point obligé de faire obtenir la place de percepteur à Prial, et n'a pu s'occuper des poursuites de Prial; que Faure a reçu une indemnité pour sa démission; qu'aucune loi n'interdit à un fonctionnaire la faculté de se démettre de l'emploi qui lui est confié; qu'il ne lui est pas défendu non plus de recevoir, en pareil cas, une indemnité d'un ou de plusieurs postulants auxquels sa retraite laisse un champ libre; que par là il ne porte ni ne peut porter atteinte aux droits du gouvernement, ni à la prérogative royale; que le contrat intervenu entre les parties contient, de la part de Faure, l'obligation de donner sa démission pure et simple, et ne constitue pas la vente d'une place qui était hors du commerce; qu'un tel acte ne présente rien de contraire aux lois et à l'ordre public.

2. — *Compensation.* — *Parenté.*

Les dépens ne peuvent être compensés, pour le seul motif de parenté, que lorsque les parties sont conjointes, ascendants, frères et sœurs, ou alliées au même degré; hors de ces cas, la partie qui succombe doit supporter les dépens.

Mᵉ François Long, les consorts Manuel. — Les consorts Ruelle et Gonssolin. — 25 juillet 1827. — 1ʳᵉ chamb.

J. 3. 516

3. — *Frais contumaciaux.*

Les dépens contumaciaux sont, dans tous les cas, à la charge du défaillant, quand même il obtiendrait gain de cause sur son opposition.

Déléon-Brunet. — Bigallet. — 2 février 1848 . . . . Vˢ. 481

4. — *Frais contumaciaux.* — *Compensation.*

Lorsque dans une compensation générale des dépens, il n'y a pas précision spéciale des frais contumaciaux, ils se trouvent nécessairement compris dans cette compensation, et chacune des parties reste passible de ceux qu'elle a frayés personnellement.

Les mariés Thevenon. — Les cohéritiers Gras. — 5 juillet 1823. — 2ᵉ ch.

J. 1. 11

5. — *Frais frustratoires.*

Les parties ne peuvent réclamer les honoraires des conseils qui les assistent dans les procédures.

Leytermoz. — Peyronnet. — 18 décembre 1811. — 1ʳᵉ chamb.. Vˢ. 173

6. — La condamnation aux dépens n'est censée comprendre que ceux faits conformément à la loi.

Sébastien Guttin. — Les mariés Flandin. — 11 juillet 1823. — 2ᵉ chamb.

J. 1. 378

7. — *Honoraires d'avocats.* — *Action.* — *Prescription.*

Les avocats ont action en paiement de leurs honoraires. La prescription introduite par l'art. 2273, Cod. civ., ne concerne que les frais et salaire des avoués, et l'avoué qui a payé pour son client les honoraires de l'avocat a une action de trente ans pour les répéter.

Le sieur Bosq. — Mᵉ Accarias, ex-avoué. — 30 juillet 1821. — 1ʳᵉ chamb.

Vˢ. 179

8. — *Instance d'ordre.* — *Créanciers postérieurs.* — *Avoué unique.*

Les créanciers postérieurs à ceux dont les collocations sont contestées doivent se faire représenter par un seul avoué, même dans l'instance sur l'appel du jugement d'ordre, à peine de supporter personnellement les dépens auxquels leur contestation particulière donne lieu.

Sébastien Guttin. — Les mariés Flandin. — 11 juillet 1823. — 2ᵉ chamb.

J. 1. 378

Mais on doit leur adjuger tous les frais faits dans l'intérêt commun, et qui auraient eu lieu également s'ils n'avaient eu qu'un seul avoué.

Sébastien Guttin. — La femme Guillaud. — 1er août 1823. — 2e chamb.
J. 1. 380

9. — Quand un créancier conteste individuellement dans un ordre, il doit supporter les frais auxquels sa contestation particulière a donné lieu, sans qu'ils puissent être adjugés comme accessoires des créances.

La veuve Bouvard et autres. — Me Blanchet. — 9 janvier 1827. — 1re ch.
J. 3. 466

10. — *Liquidation. — Matière de commerce.*

Les dépens, en matière de commerce, doivent être liquidés comme en matière sommaire; la liquidation doit en être faite dans le dispositif de l'arrêt; par conséquent, ce n'est qu'après la signification de l'arrêt que le débiteur est tenu de se pourvoir en réduction de la taxe.

Guerre. — Goeck. — 1er mars 1816. — 2e chamb............ V. 174

11. — *Liquidation. — Matière sommaire. — Déclinatoire.*

Les causes qui doivent être jugées sommairement rentrent dans la classe des matières sommaires. Les dépens relatifs à un déclinatoire doivent être taxés comme en matière sommaire.

Jean Alker. — Simond Offand. — 6 mars 1821. — 2e chamb.... V. 177

12. — *Liquidation. — Matière sommaire. — État de frais.*

Aucune loi ne prescrit de déposer au greffe l'état des frais en matière sommaire.

Joseph Richerd. — Guillaume David. — 28 mai 1828. — Chambre du conseil................. J. 1. 382

13. — *Liquidation. — Opposition. — Délai.*

Le délai, pour former opposition à un exécutoire de dépens, signifié par les vacances, ne court pas pendant ces vacances.

Guerre. — Goeck. — 1er mars 1816. — 2e chamb............... V. 174

14. — Le délai de l'opposition envers un exécutoire des dépens ne court que du jour de la notification faite à l'avoué; celle faite à la partie ne fait courir aucun délai utile, tant qu'elle n'a pas été faite à l'avoué.

Mariés Thevenon. — Cohéritiers Gras. — 5 juillet 1823. — 2e chamb. civile................. J. 1. 11

15. — L'opposition au chef d'un jugement renfermant une liquidation des dépens, est non recevable si elle n'est formée dans les trois jours de la signification à avoué.

Joseph Richerd. — Guillaume David. — 28 mai 1823. — Chambre du conseil................ J. 1. 382

16. — *Matière correctionnelle. — Absolution.*

En matière correctionnelle, le prévenu, déchargé de la prévention, ne peut être condamné aux dépens.

Jean Maréchal. — Le ministère public. — 23 mars 1825. — Chamb. correctionnelle . . . . J. 2. 189

Arrêt conforme :

Le procureur - général. — Louis-Victor B.... — 3 janvier 1827. — Ch. correctionnelle . . . . J. 3. 451

17. — *Saisie immobilière. — Erreur de fait. — Privilége.*

Les dépens occasionnés par suite d'une erreur de fait reconnue, sur contestation en matière de saisie immobilière, doivent être adjugés à toutes les parties pour les faire valoir en privilége dans l'ordre des créanciers du débiteur.

Les mariés Masson. — Les consorts Lasalle. — 4 février 1829. — 2ᵉ ch.
J. 4. 443

18. — *Séparation de biens. — Privilége. — Tiers-détenteurs.*

Les frais faits à l'occasion de la séparation de biens, ou pour la conservation des biens dotaux, conservent le privilége et le rang de ceux de cette dernière espèce.

Toutefois, les tiers-détenteurs qui ont mal contesté, doivent, en cas d'insuffisance des prix à distribuer, supporter personnellement, et sur leurs biens propres, tous les dépens d'instance et autres, frayés par la femme à raison de sa dot.

Marie Porchier, veuve Guillermin. — Les sieurs Morin, Voilin, Gonin et autres. — 21 avril 1828. — 1ʳᵉ chamb.
J. 4. 97

19. — *Solidarité. — Syndicat.*

Les habitants syndiqués d'une commune s'étant unis pour suivre l'objet d'un procès, qui est un fait indivisible dans son inexécution, sont solidairement passibles des dépens.

Les habitants du Colombier. — La commune de Saint-Laurent-de-Mure. — 22 août 1810. — 1ʳᵉ chamb.. V·. 174

V. Avoué. — Saisie immobilière.

DERNIER RESSORT.

Action hypothécaire, 24, 30.
Cassation, 3.
Compétence, 1.
Contrainte par corps, 13, 14.
Demandes accessoires, 38, 39, 40.
Demandes alternatives, 29, 30.
Demandes incidentes, 36, 37.
Demandes reconventionnelles, 41, 42, 43, 44, 45, 46, 47, 48, 49, 50.
Demandes réduites, 26, 27.
Demandes réunies, 31, 32, 33, 34, 35.
Dommages-intérêts, 4, 15, 40, 41, 42, 46, 47, 48.
Imputation, 25.
Incompétence, 36, 37.
Intérêts, 38, 39.
Jugement arbitral, 2.
Offres, 28.
Ordonnance d'exécution, 2.
Saisie-arrêt, 7.
Saisie-exécution, 8, 15, 22.
Saisie immobilière, 9, 10, 20, 21.
Société, 23.
Titre, 7, 9, 17, 18, 19.

Valeur indéterminée, 5, 6, 8, 10, 11, 15, 16, 19, 21, 22, 24.

————

§ 1er. — *Règles générales.*
§ 2. — *Demandes indéterminées ou inférieures à 1,000 fr. , mais se rattachant à des objets d'une valeur supérieure ou indéterminée.*
§ 3. — *Demandes réduites , alternatives , réunies ou jointes.*
§ 4. — *Demandes incidentes ou accessoires.*
§ 5. — *Demandes reconventionnelles.*

————

§ 1er. — *Règles générales.*

1. — La compétence , pour statuer en dernier ressort , est fixée par les conclusions prises à l'audience , et non par celles qui ont été prises antérieurement dans une opposition à un commandement.

La demoiselle Jacomin. — Le sieur Barillon. — 13 mai 1825. — 4e chamb. J. 2. 221

2. — On peut se pourvoir par appel, devant la cour, contre un jugement rendu sur l'opposition à l'ordonnance d'exécution d'une sentence arbitrale , quoique le tribunal de première instance , qui a prononcé sur cette opposition , eût été juge en dernier ressort de la contestation sur laquelle les arbitres ont prononcé, si elle lui eût été soumise , parce que l'opposition à l'ordonnance d'*exequatur* ne saisit pas ce tribunal de la connaissance du fond de la cause , mais seulement du point de savoir si les arbitres ont excédé leurs attributions.

Jean Paillet — Les consorts Biessy. — 13 juillet 1825. — 2e ch. J. 2. 238

3. — Avant le Code de procédure , et sous l'empire des lois des 16 août et 1er décembre 1790, les jugements mal à propos qualifiés en dernier ressort ne pouvaient être attaqués que par la voie du recours en cassation ; le Code de procédure ne peut, sans rétroactivité , être appliqué à un jugement rendu et à un appel interjeté avant sa publication.

Daniel Guieu. — André Arnoux. — 5 août 1825. — 1re chamb. J. 2. 376

§ 2. — *Demandes indéterminées ou inférieures à 1,000 fr. , mais se rattachant à des objets d'une valeur supérieure ou indéterminée.*

4. — Une demande en paiement de denrées , dont la valeur, suivant les mercuriales, n'arrive pas à 1,000 fr. , n'est pas susceptible d'appel. — La protestation de reconvenir en dommages-intérêts , n'étant pas suivie de conclusions précises , ne peut changer la compétence du tribunal.

Perret. — Perrotin. — 25 février 1812. — 1re chambre. . . . . V. 74

5. — Le donataire de biens présents et à venir, condamné, au préjudice d'une renonciation aux biens à venir, à payer une dette inférieure à 1,000 fr. contractée par le donateur, peut appeler du jugement ; l'objet devient indéterminé.

Pierre Gaudoz. — Les consorts Ricard. — 15 ventôse an 12. — 1re sect. V. 72

Arrêts contraires :

Les mariés Bertray. — Charrel. — 28 août 1812. — 2ᵉ chamb. (1). Vᵉ. 72

Le sieur de Lamorte. — Femme Gervais — 14 décembre 1815. — 2ᵉ ch.
Vᵉ. 73.

6. — Lorsque la contestation roule sur une chose de valeur indéterminée, et que cependant les parties l'ont appréciée antérieurement à une somme au-dessus de 1,000 fr. ; les premiers juges ont pu statuer en dernier ressort.

La femme Tournois. — Le sieur Belissard. — 20 février 1808. — 2ᵉ sect.
Vᵉ. 73

7. — La contestation sur la validité d'une saisie-arrêt faite pour une somme au-dessous de 1,000 fr. ne donne pas lieu d'appeler, lors même que le défendeur dénie la signature mise au bas du titre qui a donné lieu à la saisie.

____

(1) Attendu que les mariés Bertray ont été condamnés au paiement d'une somme au-dessous de 1,000 fr., non comme héritiers de Joseph Lanfray, mais comme donataires de Claudine Odoux, et possesseurs des biens de Joseph Lanfray ; que, d'ailleurs, quand même la qualité d'héritier, ou toute autre, aurait été jugée, les mariés Bertray ne pourraient s'en faire un moyen pour soutenir leur appel ; car, lorsqu'une qualité est contestée incidemment à une action principale, si cette action principale n'est pas susceptible d'appel, comme dans l'espèce de la cause, la question incidente doit suivre le même sort, ainsi que l'a décidé la cour de cassation plusieurs fois, et notamment par son arrêt du 24 mars 1812 (Denevers, page 408, de 1812).

Mingrat. — Bonin et Gattel. — 20 mars 1812. — 2ᵉ chambre.... Vᵉ. 75

8. — Une demande en main levée de saisie-exécution est indéterminée, quelle que soit la valeur de l'objet demandé par le saisissant.

Trouillet et Morel. — Morel-Colombe. — 31 juillet 1807. — 2ᵉ sect.. Vᵉ. 76

9. — Le jugement qui statue sur une opposition formée à une poursuite en expropriation, et fondée sur la nullité du titre, est en dernier ressort, si la somme portée au titre n'excède pas 1,000 fr.

Femme Tardy-Point. — Riondet. — 8 juin 1818. — 1ʳᵉ chambre. Vᵉ. 77.

10. — Lorsque la demande en main levée de saisie est formée sur des motifs indépendants de la validité du titre, le juge a statué sur une valeur indéterminée, et l'appel est recevable.

Louis Revol. — Marianne Sorlin. — 1ᵉʳ septembre 1818. — Chambre des vacations .... Vᵉ. 78

11. — Lorsqu'un séquestre est condamné à payer au saisissant une somme inférieure à 1,000 fr., pour le cas où il ne représenterait pas les objets saisis, l'appel est recevable, parce que la condamnation est subordonnée à la non-représentation des effets saisis, ce qui est indéterminé.

Blain. — Duc et Gerbert. — 4 janvier 1812. — 2ᵉ chambre..... Vᵉ. 80

12. — La condamnation au paiement de la somme de 338 fr. est susceptible

d'appel, lorsque cette adjudication est la suite d'une demande primordiale de plusieurs annuités de pension, excédant 1,000 fr.

Philibert Udry. — Alexandre Udry. — 1er février 1812. — 4e ch.. Vs. 86

13. — La circonstance que le tribunal a prononcé la contrainte par corps ne fait pas obstacle à ce que son jugement soit en dernier ressort, parce que cette contrainte est autorisée par la loi, comme moyen d'exécution du principal, et qu'elle ne forme pas l'objet principal de la demande.

Barbier. — Autran. — 11 mars 1808. — 2e sect................. Vs. 74

Arrêts conformes :

La femme Planque. — Pinet et consorts. — 24 juillet 1810. — 1re chamb.

Adrien Richard. — Couturier. — 3 juin 1817. — Chamb. civ..... Vs. 75

Mais il en est autrement, si l'on a contesté en première instance, sur le point de savoir si le tribunal devait prononcer la contrainte par corps.

Meynal. — Gueffier. — 28 février 1815. — 1re chamb......... Vs. 75

14. — Le jugement qui prononce condamnation au paiement d'une somme au-dessous de 1,000 fr., avec contrainte par corps, n'est pas susceptible d'appel, même quant au chef qui prononce cette contrainte, lorsqu'elle se rattache à la condamnation principale,

et qu'elle n'en est qu'un mode d'exécution (1).

Belluard. — Fuzier-Perrin. — 13 décembre 1823. — 4e chamb. J. 3. 21

Arrêt conforme :

Les mariés Trincon. — Alexandre Cocat. — 12 mars 1824. — 4e chamb.
J. 1. 223

15. — Lorsqu'un jugement prononce sur la validité d'une saisie arguée de nullité par un tiers qui se prétend propriétaire des objets saisis, la demande de ce tiers doit être prise en considération pour la fixation du dernier ressort ; et si ces objets sont d'une valeur indéterminée, ou si les dommages-intérêts réclamés par ce tiers excèdent 1,000 fr., l'appel de ce jugement est recevable, quoique la saisie ait été faite pour une somme au-dessous de 1,000 fr.

Les héritiers Boissieu. — Les mariés Olivet et les mariés Vial. — Arrêt du 20 mars 1824............... J. 1. 460

16. — L'appel d'un jugement est recevable, encore que ce jugement énonce qu'il a été rendu en dernier ressort, et qu'il ne s'agisse que d'une demande au-dessous de 1,000 fr., si le mérite de cette demande est subordonné à la question de savoir si le défendeur a ou n'a pas la qualité d'associé.

---

(1) Cette question a été tranchée par l'art. 20 de la loi du 17 avril 1832, qui dispose que dans les affaires où les tribunaux civils ou de commerce statuent en dernier ressort, la disposition de leur jugement relative à la contrainte par corps sera sujette à l'appel.

Les sieurs Sibert, père et fils. — Le sieur Descrambes. — 10 février 1825. — 1re chambre.......... J. 2. 170

17. — Quoiqu'une condamnation prononcée par un jugement soit au-dessous de 1,000 fr., l'appel de ce jugement est recevable lorsque la condamnation prend son fondement dans un titre relatif à une créance au-dessus de 1,000 fr., si ce titre est contesté.

La veuve Lamonta — Pomponne Busco. — 29 janvier 1822. — 1re ch. J. 3. 548

18. — Un jugement est en dernier ressort, s'il a prononcé sur une demande au-dessous de 1,000 fr., quoique cette demande prenne son fondement dans un titre contesté, exprimant une créance au-dessus de 1,000 fr., si ce titre n'établit en faveur du demandeur qu'une créance inférieure à 1,000 fr.

Les mariés Ageron — Mamert Mallein. — 3 mai 1827. — 2e ch. J. 3. 554

19. — Quoiqu'une condamnation soit au-dessous de 1,000 fr., l'appel du jugement qui l'a prononcée n'en est pas moins recevable si la condamnation prend son fondement ou repose sur un titre qui ait été contesté dans toutes ses parties, et qui présente des valeurs au-dessus de 1,000 fr., ou des objets d'une valeur indéterminée.

Jean-François Nugues et les mariés Jacquier. — Me Bresse. — 28 juin 1828. — 2e chamb........ J. 4. 253

20. — En matière de saisie immobilière, le jugement rendu sur la demande

en nullité de la saisie, est susceptible d'appel, quoique la poursuite ait eu lieu pour une somme moindre de 1,000 fr., dans le cas où la saisie profite à tous les créanciers.

La veuve Bouvaret. — La veuve Feybié. — 12 août 1828. — 2e ch. J. 4. 262

21. — Un jugement qui ordonne la continuation de poursuites sur saisie immobilière est susceptible d'appel, quoique les sommes pour lesquelles la saisie a eu lieu n'arrivent pas à 1,000 fr.

Les mariés Richard. — Gensoul, Doncieux et Buisson. — 7 juillet 1830. 1re chambre.............. J. 5. 102

22. — Quoiqu'une saisie-exécution ait procédé pour une somme moindre de 1,000 fr., et que les objets saisis, quoique non estimés, paraissent valoir moins de 1,000 fr., les tribunaux de première instance ne peuvent statuer en dernier ressort sur la demande en revendication de ces objets formée par un tiers qui s'en prétend propriétaire.

M. Revol. — Pierre Gelibert et Joseph Faux. — 1er juin 1832. — 4e chambre. J. 6. 110

23. — La demande en résiliation pour cause d'inexécution d'une convention de société dans laquelle les parties ont stipulé une indemnité en argent inférieure à 1,000 fr., est une demande d'une valeur déterminée qui ne peut donner lieu à l'appel.

Bressot-Javit. — Dard et Souchier. — 11 janvier 1834. — 4e ch... J. 7. 277

24. — L'action hypothécaire dirigée contre un tiers-détenteur est indéterminée de sa nature. En conséquence, bien qu'elle soit exercée par un individu créancier de moins de 1,000 fr., elle est jugée en premier ressort seulement, par le tribunal devant lequel elle est portée.

Rolland-Garagnol. — Jourdan. — 22 août 1834. — 2ᵉ chambre.. J. 7. 295

§ 3. — *Demandes réduites, alternatives, réunies ou jointes.*

25. — La demande d'une somme supérieure à 1,000 fr., sous l'offre d'imputer tous légitimes paiements, n'ôte point la faculté d'appeler, quand même les imputations consenties réduiraient la condition principale à moins de 1,000 f.

Rollet. — Ressouche. — 11 thermidor an 13. — 1ʳᵉ sect............. Vˢ. 81

26. — Les conclusions réduites, sans égard aux primitives, règlent la compétence des premiers juges.

Albert André. — La femme Tarin. — 20 décembre 1809. — 1ʳᵉ ch.. Vˢ. 83

27. — Dans une instance en partage, si le demandeur, à la suite d'enquête ou rapport d'experts, ne forme qu'une demande au-dessous de 1,000 fr., les tribunaux peuvent prononcer en dernier ressort; l'appel de leur jugement est non recevable, encore qu'il n'ait été statué que sur la validité de l'enquête, si la demande en nullité formée à cet égard n'a eu pour but que d'obtenir une mise hors de cour.

Pierre Curt. — Les mariés Pellet. — 2 mars 1822. — 2ᵉ chambre.

J. 1. 59

28. — Lorsque le débiteur d'une somme supérieure à 1,000 fr. fait des offres réelles qui réduisent le litige à moins de 1,000 fr., et qui ne sont pas acceptées, le jugement est susceptible d'appel.

Eynard. — Manillier. — 17 décembre 1834. — 2ᵉ chambre...... J. 7. 420

29. — Lorsque le demandeur réclame le délaissement d'un fonds dont le revenu n'est pas déterminé, en donnant au défendeur la faculté de délaisser ou de payer une somme au-dessous de 1,000 fr., le jugement qui intervient est susceptible d'appel.

Ducret. — Thivollier et Poncet. — 20 avril 1848. — 1ʳᵉ chambre. Vˢ. 80

30. — Lorsqu'un jugement a statué sur une action hypothécaire par laquelle on réclamait le paiement d'une dette moindre de 1,000 fr., ou le délaissement d'un fonds, l'appel de ce jugement est recevable : cette action est un objet d'une valeur indéterminée.

Ennemond Rochas et Joseph Vernet. — Revol-Magnan. — 25 juin 1827. — 1ʳᵉ chambre.............. J. 4. 27

31. — Le jugement est en dernier ressort, lorsque le demandeur a réclamé 925 fr. d'une part, et telle autre somme qu'il plaira au tribunal lui adjuger pour un autre chef, si le tribunal adjuge, pour ce dernier chef, une

14

somme qui, réunie au premier, n'excède pas 1,000 fr.

Les mariés Clavel. — Sieur Billiard. — 24 juin 1818. — Ch. civ... V'. 79

32. — Lorsque plusieurs demandes formées par le même exploit excèdent 1,000 fr., l'appel est recevable pour tous les chefs comme pour un seul ; il est recevable, même contre le garant qui n'avait été mis en cause que pour la garantie d'un objet inférieur à 1,000 fr.

Ducret. — Thivollier et Poncet. — 20 avril 1818. — 1re chamb... V'. 80

33. — S'il est statué par un seul jugement sur plusieurs demandes formées par actes séparés, il suffit que, réunies, elles excèdent 1,000 fr., pour que l'appel du jugement soit recevable.

Drujot. — Barral et Bernuzet. — 16 février 1810. — 2e chamb.... V'. 82

34. — Lorsque deux parties ayant un intérêt distinct forment, par le même exploit, deux demandes dont chacune est inférieure à 1,000 fr., mais qui, réunies, excèdent cette somme, le jugement rendu sur ces demandes est en dernier ressort.

Falque et Ruffy. — François Roche. — 11 février 1824. — 2e chamb. (1). J. 1. 394

35. — Lorsque plusieurs demandes, formées séparément par un seul contre plusieurs, sont jointes pour qu'il soit fait droit, sur le tout, par un même jugement, attendu la parité des faits et moyens, il faut, pour savoir si l'appel est recevable, ne considérer que chaque partie du jugement isolément.

Bessoz. — Ogier et consorts. — 6 avril 1810. — 2e chamb. (1)... V'. 82

___

(1) Attendu que les demandes de Falque et Ruffy, quoique contenues dans le même exploit, et présentées par le ministère du même avoué, étaient cependant distinctes et séparées, et n'étaient pas communes à l'un et à l'autre, et qu'elles prenaient leur origine dans des faits particuliers à chacun des deux demandeurs, Falque et Ruffy, celui-ci réclamant 830 fr., et l'autre 415 fr. ;

Attendu que, par suite, la prononciation et la condamnation ne pouvaient être faites que divisément, et au prorata de ce que le titre de chacun pouvait lui attribuer, ce qui ne pouvait excéder, dans ce que chacun d'eux était dans le cas d'obtenir, la somme de 1,000 fr., et qu'en conséquence le jugement du tribunal de Bourgoin doit être réputé avoir été rendu en dernier ressort.

(1) Considérant que la demande de l'avoué, tendant à ce que les différents procès dans lesquels il occupait pour les cinq intimés fussent jugés par un seul et même jugement, n'a pu nuire aux droits de ceux-ci, et que l'intérêt de chacun d'eux n'a pu cesser d'être distinct et séparé de celui des autres ; que, si bien, le tribunal de première instance a pu juger à la fois toutes les causes, ce n'a été qu'à raison de la conformité des moyens ; mais que chacun des intimés peut s'appliquer particulièrement leur jugement, comme s'il eût été rendu pour lui seul ;

Que la compétence est de droit public, et que ce serait un moyen d'éluder ce dernier ressort, s'il était permis de cumuler des demandes distinctes et séparées, formées contre des parties différentes ;

Qu'il est constant que chacune des cinq rentes réclamées par l'appelant, prise isolément, est de beaucoup inférieure à la somme jusqu'à laquelle les tribunaux de première instance jugent en dernier ressort.

§ 4. — *Demandes incidentes ou accessoires.*

36. — Lorsque les premiers juges ont prononcé sur une demande au-dessous de 1,000 fr., l'appel de leur jugement est non recevable , même pour cause d'incompétence , *ratione materiæ ,* si cette exception d'incompétence ne leur a pas été soumise.

Pierre David. — Les sieurs Gaspard et Oléty. — 12 avril 1826. — 2ᵉ ch. (1).
J. 3. 17

(1) Attendu qu'il ne s'est agi , devant les premiers juges, que de sommes qui ne s'élevaient pas à 1,000 fr. ;

Attendu que , dès-lors, le tribunal de première instance a prononcé en premier et dernier ressort ;

Attendu qu'il est indifférent que les appelants aient, devant la cour, élevé une exception d'incompétence *ratione materiæ*, dès que les appelants n'avaient point , en première instance , décliné la juridiction du tribunal civil de Grenoble, et que par conséquent ils n'ont point porté devant la cour l'appel d'un jugement qui aurait prononcé sur cette prétendue incompétence, mais celui d'un jugement qui a prononcé , en premier et dernier ressort, sur une demande purement mobilière ;

Attendu que l'exception d'incompétence dont il s'agit n'ayant point été un sujet de discussion en première instance, n'ayant donné lieu à aucune décision de la part des premiers juges, la cour ne serait compétente, pour apprécier le mérite de cette exception , proposée pour la première fois devant elle , qu'autant que les premiers juges n'auraient statué qu'en premier ressort sur les demandes portées devant eux, et qu'autant qu'elle pourrait recevoir l'appel de David et de Gaspard ; mais que le tribunal de première instance

37. — L'exception d'incompétence qui n'a pas été proposée devant les premiers juges ne peut être proposée , pour la première fois , en instance d'appel, si l'objet de la demande qui leur a été soumise n'excède pas 1,000 f.

Belluard. — Fuzier-Perrin. — 13 décembre 1823. — 4ᵉ ch... J. 3. 21

38. — Les intérêts échus avant la demande forment des capitaux ; on doit les réunir à la somme demandée, pour savoir si l'objet du litige n'excède pas 1,000 fr.

Rousselle. — Gresse. — 21 mai 1806. — 1ʳᵉ sect. (2). . . . . V'. 81

ayant prononcé en premier et dernier ressort, et la cour ne pouvant exercer aucune juridiction au sujet de la chose jugée (laquelle ne s'élève pas seulement à la somme de 400 fr.), il est évident qu'elle est également sans juridiction au sujet de l'exception à la faveur de laquelle David et Gaspard voudraient faire décider que leur appel est recevable ;

Attendu qu'il en serait autrement si l'exception d'incompétence avait été proposée et jugée en première instance, quel qu'eût été l'objet du litige au principal, parce que, dans ce cas, la cour aurait été saisie de l'appel d'un jugement qui aurait prononcé sur une question de juridiction, c'est-à-dire d'ordre public.

(2) Considérant que, par sa demande introductive d'instance, Gresse a réclamé la somme de 700 fr., avec les intérêts échus et incourus depuis 1780, ce qui portait la totalité de sa demande à plus de 1,300 fr. ;

Considérant , en droit, que, d'après les lois romaines, les lois françaises et la jurisprudence, les intérêts d'une somme capitale, échus avant la demande , sont considérés comme capitaux (*L.* 51, § 1ᵉʳ, *ff. de pet*

39. — Les intérêts qu'un protêt a fait courir avant l'exploit de demande judiciaire, de même que les frais de ce protêt, ne forment pas un capital pour la détermination du dernier ressort, il y a connexion parfaite entre le protêt considéré comme commencement d'action, et la demande judiciaire.

Joseph Barbier. — MM. Périer et Comp^e, et le sieur Probi. — 10 février 1825. — 4e chambre...... J. 1. 493

40. — Le jugement qui prononce la validité d'une saisie-arrêt arguée de nullité par un tiers qui, se prétendant propriétaire de la créance saisie, réclame une somme de 1,200 fr. à titre de

---

hered. — *L.* 15, *ff. de usur. et fruct.;* et encore article 3 de l'édit du mois d'août 1777, qui dispose que les intérêts ou arrérages, échus avant la demande, doivent être portés en ligne de compte, pour fixer la compétence);

Que la loi du 24 août 1790, qui fixe la compétence des premiers juges, en dernier ressort, à 1,000 livres, n'a pas dérogé à ces règles; que peu importe que, dans l'espèce, la somme demandée par Gresse se composât de deux éléments, l'un des 700 livres, l'autre des intérêts arrivant à plus de 600 liv.; car il n'en restait pas moins dans le fait que ces sommes réunies excédaient la compétence des premiers juges, puisque les intérêts échus avant la demande formaient par eux-mêmes un capital indépendant du principal qui les a produits; qu'ainsi l'appel de Rousselle est recevable;

Que, d'ailleurs, telle est sur ce point la jurisprudence de la cour de cassation, arrêt du 3 pluviôse an 12, en la cause de Trumeau et de la veuve Tourangin, attestée par Merlin, dans son recueil de questions de droit, tom. 3, 9.

dommages-intérêts, est en dernier ressort, si cette saisie-arrêt a été faite pour une somme au-dessous de 1,000 fr.

Ageron. — Cuzin et Faure. — 1er mars 1823. — 4e chambre.. J. 2. 293

§ 5. — *Demandes reconventionnelles.*

41. — La demande reconventionnelle en dommages ne rend pas la cause susceptible d'appel, si la demande principale n'était pas supérieure à 1,000 fr.

Boissier. — Gemon. — 25 prairial an 11. — 1re sect............ V^s. 64

Escoffier. — Baret. — 9 août 1808. — 1re sect................ V^s. 65

Novelle. — Maillet. — 17 mars 1812. 1re chambre................ V^s. 65

Gros-Sommet. — Gaillard. — 24 juillet 1813. — 2e chambre...... V^s. 65

En sens contraire : Latour. — Terrat. — 6 juillet 1810. — 2e ch. V^s. 65

42. — La demande reconventionnelle en dommages-intérêts excédant 1,000 f., formée par le débiteur contre le créancier, à la suite d'une exécution, rend le jugement susceptible d'appel, bien que la créance qui a donné lieu à l'exécution soit au-dessous de 1,000 fr.

Moyroud. — Ferrand. — 20 mai 1813. — 2e chamb. (1)....... V^s. 66

43. — Il en est de même lorsque la

---

(1) Le motif de cette décision a été que l'instance avait été introduite par la demande en main-levée de la saisie avec 1,200 fr. de dommages-intérêts; qu'ainsi le tribunal n'avait pas jugé en dernier ressort.

demande reconventionnelle , bien qu'elle n'ait pas son fondement dans un fait
antérieur à la demande principale , ne
lui est cependant pas accessoire.

Jacques Cochet. — Les cohéritiers
de Belle. — 8 janvier 1813. — 2ᵉ ch.
Vˢ. 67

44. — Lorsque la demande reconventionnelle a son fondement dans un
fait antérieur à la demande principale ,
elle est prise en considération pour
fixer la compétence des premiers juges.

Léon Gras. — Honoré. — 22 février
1811..................... Vˢ. 67

45. — Lorsque la demande principale
n'est pas contestée , elle doit être dé-
duite du montant de la demande reconventionnelle qui donnerait lieu à l'appel , pour fixer la compétence du tribunal.

Blaise Gouvemar. — Charles Goy. —
22 janvier 1811............ Vˢ. 68

46. — La somme réclamée à titre de
dommages-intérêts doit être prise en
considération pour la fixation du dernier
ressort , si elle forme une demande
principale ; il ne doit pas en être de
même si cette somme ne forme qu'une
demande reconventionnelle , ou qui ne
repose pas sur un fait indépendant de
la demande principale , ou qui lui soit
antérieur.

Nugues et Durand. — MM. Durand
et Doyon. — 4 juin 1825. — 4ᵉ ch. (1).
J. 2. 185

---

(1) V. , dans le même sens , l'arrêt cité sous
le numéro 48 ci-après.

47. — La demande reconventionnelle , incidente ou accessoire à la demande
principale , ne doit pas être prise en
considération pour la fixation du taux
du dernier ressort , qui demeure déterminé par la demande principale.

Louis Brun. — Jacques Blanc. — 2
juillet 1825. — 4ᵉ ch. (2)... J. 2. 289

---

(2) Attendu que la saisie dont il s'agit a
procédé pour une somme de 523 fr. ;

Attendu que la demande de Brun , en nullité de cette saisie et en dommages-intérêts
portés à 1,200 fr. , ne reposait pas sur un fait
antérieur et indépendant de l'exécution ,
mais prenait son fondement dans la saisie
elle-même , et était par conséquent formée
accessoirement et incidemment à cette saisie ,
et constituait ainsi une demande purement
reconventionnelle , accessoire et incidente à
la demande principale ;

Attendu que dès-lors la demande en dommages-intérêts de Brun ne pouvait pas , par
rapport à la compétence des premiers juges ,
être additionnée à la somme qui avait donné
lieu à la saisie , ou considérée comme un
des éléments de cette compétence :

Attendu qu'il est de principe , en effet , que,
s'il s'agit d'un litige en deniers , c'est uniquement la demande originaire qui sert de base
à la compétence des premiers juges , et que
nulle demande reconventionnelle , incidente
ou accessoire à la demande principale , ne
peut entrer dans la supputation des sommes
qui doivent déterminer la compétence ; que
c'est par une conséquence du même principe
que , si une saisie mobilière donne lieu à une
contestation entre le saisissant et le saisi ,
c'est uniquement la somme qui a causé la
saisie qui sert à régler la compétence , et que
toute demande en reconvention qui se rattache à la saisie , qui n'en est qu'un accessoire ,
ne peut point changer cette compétence :

Attendu que ce principe , qui dérive de
l'article 5 du titre 4 de la loi du mois d'août

Arrêt conforme :

François Guillaudin. — François Bouvier. — 26 janvier 1818. — Chamb. civ.................... J. 2. 291

48. — La somme réclamée à titre de dommages-intérêts doit être prise en considération pour la fixation du dernier ressort, si elle forme une demande principale ; il ne doit pas en être de même si cette somme ne forme qu'une demande reconventionnelle, ou qui ne repose pas sur un fait indépendant de la demande principale, ou qui lui soit antérieur.

Alexis Magnan. — Tezier et Vallet. — 13 décembre 1826. — 2ᵉ chambre. J. 3. 244

49. — Ce n'est que dans le cas où la demande reconventionnelle est pure-

1790, portant que les premiers juges connaissent en premier et dernier ressort de toute affaire personnelle et mobilière jusqu'à la valeur de 1,000 fr. de capital, a été consacré par divers arrêts de la cour de cassation, notamment par celui du 28 février 1821 (Sirey, tom. 22, 1, 295), portant rejet d'un pourvoi contre un arrêt de la cour royale de Grenoble, rendu dans une espèce semblable à celle qui est le sujet de la présente contestation ;

Attendu qu'il résulte de ce qui précède, qu'en prononçant sur le mérite d'une saisie mobilière, dont la cause était une somme au-dessous de 1,000 fr., et sur une demande en nullité de cette même saisie, et en dommages-intérêts, qui n'était qu'incidente et accessoire à ce genre d'exécution, le tribunal civil de Briançon a prononcé en premier et dernier ressort sur toutes les difficultés existantes entre les parties.

ment accessoire à la demande principale, et où elle ne repose pas sur une cause antérieure à cette demande, qu'elle ne doit pas être prise en considération pour fixer la compétence des premiers juges.

Brichet. — Thomasset. — 7 juillet 1830. — 2ᵉ chambre (1).... J. 5. 131

50. — La demande reconventionnelle ne doit pas être prise en considération pour la fixation du dernier ressort, lorsqu'elle ne repose pas sur un fait indépendant de la demande principale.

Les mariés Patton et autres. — Jo-

(1) Attendu que sur la demande formée par Thomasset, devant le tribunal civil de St-Marcellin, laquelle n'excédait pas 1,000 fr., Brichet père et Brichet fils avaient formé une demande reconventionnelle d'une somme de 1,200 fr. ;

Attendu que si bien les tribunaux doivent être en garde contre les demandes reconventionnelles, jetées le plus souvent dans les causes pour se ménager un deuxième degré de juridiction, et ne doivent fixer leur compétence que sur la demande principale, ce n'est que dans le cas où la demande reconventionnelle est purement accessoire à cette demande principale, et qu'elle ne repose pas sur une cause qui lui soit antérieure ;

Attendu, dans l'espèce, que Brichet père et Brichet fils ont fondé leur demande reconventionnelle en paiement d'une somme de 1,200 fr., à titre de dommages-intérêts, non-seulement sur l'assignation du 9 mars 1830, mais encore sur d'autres faits antérieurs à cette assignation, et qui sont relatés dans les conclusions prises en première instance ;

Attendu dès-lors, que le tribunal de St-Marcellin n'a jugé qu'à la charge de l'appel, et que la fin de non-recevoir élevée contre cet appel doit être rejetée.

seph Vidard et autres. — 13 aoùt 1832.
— 1re chambre........... J. 6. 244

V. Appel. — Arbitrage. — Ordre.

DÉSAVEU DE PATERNITÉ.

1. — *Admissibilité.* — *Preuve.*

L'action en désaveu de paternité n'est pas admissible lorsque l'impossibilité physique de cohabitation, dont la preuve est exigée par l'article 312 du Code civil, n'est pas établie d'une manière précise. Cette preuve ne résulte pas suffisamment des énonciations d'un jugement qui prononce le divorce entre les époux, alors que les faits énoncés dans ce jugement sont contredits par des pièces en forme probante.

François G... et la demoiselle M.... — La dame L... — 21 décembre 1830. — Audience solennelle.... J. 5. 237

DÉSISTEMENT.

1. — *Acceptation.*

Un désistement peut être valablement accepté à l'audience par les avocats et avoués des parties.

Chancel et autres. — Couthon et Long. — 7 février 1834. — 1re cham.
J. 7. 263

2. — *Acceptation.* — *Formes.*

Un désistement n'est parfait qu'autant qu'il a été accepté, et l'acceptation doit être faite dans les mêmes formes que le désistement.

Les héritiers de Jean Luce. — Jo-

seph Muret. — 17 février 1832. — 2e chamb................. J. 6. 93

3. — *Réserves.* — *Conditions.*

Tout désistement devant être pur et simple, la déclaration, insérée dans un désistement d'appel, qu'il n'est donné que dans l'objet de conduire à l'exécution pure et simple du jugement dont est appel, et de le rendre inattaquable pour toutes les parties, et les réserves insérées dans le même acte, par la partie qui se désiste, de faire déclarer ses adversaires non recevables et mal fondés, dans le cas où ils attaqueraient eux-mêmes ce jugement par un appel quelconque, et encore de reproduire, en ce cas, tous les griefs contre ledit jugement, altèrent la substance du désistement et constituent de véritables conditions qui en entraînent le rejet.

Consorts Giraud. — Claude Gérard. — 21 avril 1832. — 2e ch.. J. 6. 149

DESTINATION DU PÈRE DE FAMILLE. — V. Servitudes.

DETTES. — V. Composition de masse. — Donation. — Dot. — Légitime. — Succession. — Usufruit.

DIFFAMATION.

1. — *Propos injurieux.*

Le fait d'avoir dit publiquement qu'un électeur a été conduit en voiture aux élections, et qu'on a payé son voyage, n'est pas de nature à porter atteinte à l'honneur ou à la considération, et ne constitue pas le délit de diffamation ni d'outrage.

Monin. — Cros et Henri. — 13 septembre 1834. — ch. corr... J. 7. 368

DIGUES.

1. — *Entrepreneur. — Action. — Négoce géré.*

Lorsque des entrepreneurs de digues ne se sont pas conformés à la loi du 16 septembre 1807, ils ont perdu le droit de contraindre les intéressés, par la voie administrative, au paiement des frais occasionnés par les digues, et de faire juger, par une commission spéciale les contestations qui pourraient s'élever ; mais ils ne sont point par là privés de leur recours au droit commun, et ils peuvent invoquer devant les tribunaux les règles ordinaires relatives au négoce géré.

Pierre Joyeux et consorts. — Joseph Primard et autres. — 28 mars 1833. — 4° chamb.............. J. 6. 420

DISCERNEMENT. — V. Délit.

DISCIPLINE.

1. — *Avocat. — Compétence. — Chambre du conseil.*

La décision d'un tribunal ou d'un président d'un tribunal qui censure un avocat et lui enjoint d'être plus circonspect à l'avenir ne peut être considérée que comme un acte de discipline de la compétence de la cour, chambres réunies en chambre du conseil.

Le procureur-général. — Mᵉ F...., avocat. — 3 juillet 1827. — 1ʳᵉ chamb.

J. 4. 71

2. — L'avertissement donné par le président à un avocat, pendant sa plaidoirie, n'exclut nullement l'application postérieure des peines de discipline, le cas échéant.

Le procureur-général. — Mᵉ F...., avocat. — 7 juillet 1827. — Chambres réunies en chambre du conseil.

J. 4. 76

3. — *Avocat. — Décision. — Formes.*

La décision, en matière de discipline, d'un tribunal exerçant les fonctions du conseil de discipline de l'ordre des avocats, statuant en vertu des dispositions de l'ordonnance de 1822, ne peut être considérée que comme un acte de discipline et non comme un acte de police d'audience, ni comme un acte de juridiction du tribunal. Une décision en cette matière, quels qu'en soient le caractère, les motifs et les expressions, ne peut être rendue qu'après en avoir référé au bâtonnier de l'ordre, et après que l'avocat inculpé a été ajourné et entendu.

Le procureur-général. — Mᵉ F...., avocat. — 7 juillet 1827. — Chambres réunies en chambre du conseil.

J. 4. 76

4. — Un tribunal, exerçant les fonctions de conseil de discipline de l'ordre des avocats, aux termes de l'article 10 de l'ordonnance royale du 20 novembre 1822, et sans violer la maxime *non bis* *in idem*, peut, après avoir prononcé une peine correctionnelle contre l'avocat qui l'a outragé, le traduire aussitôt et pour le même fait, en conseil de discipline, et lui infliger les peines qu'il a encourues en sa qualité, soit qu'il eût plaidé en sa propre cause, soit qu'il eût plaidé pour un étranger ; les fonctions que ce tribunal remplit, tout à la fois comme tribunal et comme conseil de discipline, sont entièrement distinctes et séparées.

Les conclusions qui tendent à porter atteinte à la vérité du procès-verbal rédigé par le tribunal contre l'avocat sont inadmissibles ; foi entière est due à cet acte, tant qu'il n'est pas attaqué par les voies légales.

M. le procureur-général. — N...., avocat. — 26 décembre 1828. — Chambres réunies en chambre du conseil.

J. 4. 289

5. — *Officier ministériel. — Chambre du conseil. — Appel. — Cassation.*

Les arrêtés des tribunaux, pris en chambre du conseil, qui appliquent des mesures de discipline contre les officiers ministériels, sur les plaintes du ministère public, ne sont sujets ni à l'appel, ni au recours en cassation.

Le procureur-général. — M⁰ M...., avoué. — 3 janvier 1828. — Chambres réunies en chambre du conseil.

J. 4. 70

6. — *Officier ministériel. — Compétence.*

Les mesures de discipline contre un officier ministériel, et spécialement contre un huissier, doivent être prises par le tribunal assemblé en chambre du conseil, et non par le tribunal jugeant correctionnellement.

Le procureur-général. — Pierre C... — 16 mai 1827. — Chamb. correct.

J. 3. 404

DISTRACTION. — V. Chose jugée. — Saisie immobilière.

DIVISIBILITÉ.

1. — *Instance. — Indivisibilité.*

Une instance entre plusieurs parties n'est point tellement indivisible qu'elle ne puisse être jugée en premier ressort à l'égard de l'une, et en dernier à l'égard de l'autre.

Girier. — Curny. — Fournier. — 12 janvier 1818. — 1ʳᵉ chamb... V². 69

V. Acquiescement. — Appel.

DOL.

1. — *Acte authentique. — Preuve testimoniale.*

Les moyens de dol ou de fraude élevés contre un acte authentique ne peuvent être accueillis lorsqu'ils tendent à en affaiblir la substance, et que la somme qui en est l'objet excède 150 fr. ; la preuve, en ce cas, est inadmissible, conformément à l'article 1341 du Code civil, sauf les exceptions spécifiées aux articles 1347 et 1348 du même Code ; exceptions, d'ailleurs, que l'auteur du dol ou de la fraude ne serait jamais recevable à proposer lui-même.

15

Le sieur Martin.—La femme Durand.
— 14 janvier 1830. — 1re ch. J. 5. 28

DOMAINES ENGAGÉS.

1. — *Aliénation.* — *Rachat.*

Les aliénations des domaines de la
couronne , faites postérieurement à
l'édit de février 1566 , sous quelque
dénomination , et en quelques termes
qu'elles fussent conçues, étaient répu-
tées simples engagements , et comme
telles révocables et perpétuellement
sujettes à rachat. La maintenue de
l'engagiste principal , au moyen du
paiement du quart de la valeur des
biens, conformément à la loi du 14
ventôse an 7, profite aux sous-enga-
gistes.

Les sieurs Couturier, Vincendon et
autres. — Les cohéritiers de Buffevent.
— 17 février 1823.—1re ch. J. 3. 193

DOMICILE.

1. — *Changement de domicile.* — *Preuve.*

La preuve du choix d'un domicile
différent du domicile d'origine résulte
suffisamment, pour un Français majeur , de sa résidence dans le lieu où
sont situés ses biens , et où se trouve,
par conséquent, son principal établissement.

Adèle Pirodon.—Alphonse Chabord.
— 1er février 1833.—2e ch. J. 6. 448

2. — *Déclaration.*

A défaut de déclaration expresse, la
fixation du domicile dépend des circonstances.

Antoinette Mouillon , veuve Poulet.
— Charles Françon. — 11 août 1824.
— 2e chamb............ J. 2. 365

3. — *Indication.* — *Exploit.*

Enoncer dans un exploit qu'on demeure ou qu'on habite dans un lieu
désigné, c'est dire qu'on y est domicilié , lorsque d'ailleurs il n'est pas contesté qu'on y a réellement son domicile.

Sébastien Guillon. — Les mariés
Tissot et Jean Michallon. — 16 août
1826. — 1re chamb....... J. 3. 112

V. APPEL. — EXPLOIT. — INSCRIP-
TION HYPOTHÉCAIRE. — MANDAT D'AME-
NER. — MARIAGE. — ORDRE. — SUREN-
CHÈRE. — TÉMOIN.

DOMMAGES-INTÉRÊTS.

1. — *Blessures.*

Les dommages-intérêts dus à raison
de blessures faites involontairement
doivent être en rapport avec le préjudice causé, et l'évaluation est dans les
attributions du juge.

Veuve Gatel. — Antoine Raudet. —
5 août 1815. — 2e ch....... V'. 187

2. — *Chef d'atelier.* — *Ouvrier.* — *Livret.*

Aux termes de la loi du 22 germinal
an 11, aucun chef d'atelier ne peut,
sous peine de dommages-intérêts, recevoir un ouvrier s'il n'est muni d'un
livret portant le certificat d'acquit de

ses engagements, délivré par le maître de chez qui il sort.

Jean Petit. — Les sieurs Fritz, Perregaux et Robin. — 10 décembre 1841. — 1re chamb............. V^s. 192

3. — *Clientelle commerciale. — Contrat licite.*

La clause d'un contrat par laquelle un commerçant s'adjoignant un associé se réserve que sa clientelle demeurera sa propriété personnelle, clause répétée dans l'acte de dissolution, nonseulement n'a rien d'illicite, mais doit être entendue en ce sens qu'elle oblige ce dernier à ne faire aucune démarche tendant à détourner la clientelle à son profit; en conséquence, les actes de ce genre rendent l'associé sortant passible de dommages-intérêts.

Badier. — Reynier. — 7 février 1835. — Chamb. correctionn.... J. 7. 545

4. — *Condamnation.*

La condamnation à des dommages doit être faite au profit de la partie lésée. Les lois modernes n'autorisent pas les tribunaux à les adjuger aux hospices.

Vaganay. — Latour. — 12 décemb. 1810. — 1re chamb....... V^s. 191

5. — *Fonds dotal. — Vente. — Résolution.*

La résolution de la vente du fonds dotal, demandée par le mari, ne donne pas à l'acquéreur le droit de réclamer des dommages-intérêts, s'il avait connaissance du caractère de dotalité de l'immeuble vendu.

Claret. — Muraillat. — 4 juillet 1818. — Chamb. civ............. V^s. 724

6. — *Hôtelier. — Vol. — Responsabilité.*

Lorsqu'un voyageur laisse sous la remise de l'hôtelier, et sur sa propre voiture, un coffre plein d'objets précieux, sans le dire à l'hôtelier, il est lui-même coupable de négligence et ne peut demander une indemnité contre l'hôtelier, si le vol n'a pas été commis par des personnes affidées à l'hôtellerie.

Bordier. — Monessy. — 13 août 1813. — 1re chamb........ V^s. 186

7. — *Nourrice. — Enfant malsain.*

Les parents d'un enfant malsain sont tenus de réparer, envers sa nourrice, les maux qu'il lui aurait communiqués.

Les mariés Vieux. — Les mariés Lesbros. — 2 mars 1818. — 1re chamb. V^s. 193

8. — *Plainte. — Acquittement.*

Une plainte ne donne pas lieu à une action en dommages contre le plaignant, quoique l'accusé ait été acquitté, s'il y a donné de justes motifs par sa conduite.

François Boiron. — Jean Chaucrin et autres. — 10 thermidor an 13. — Audience solennelle......... V^s. 190

9. — *Promesse de mariage. — Inexécution.*

L'inexécution d'une promesse de mariage donne lieu à des dommages-intérêts de la part du contrevenant.

François Chavanay. — Anne Mollard

— 7 février 1818. — Chamb. civile.

V°. 188

10. — Arrêt contraire au précédent :

Le refus de tenir une promesse de mariage ne donne lieu à aucun dommages-intérêts. Il ne soumet son auteur qu'à payer les frais du contrat et les dépenses qui ont été faites à l'occasion du mariage.

Joseph Bouillanne.—Antoine Fière. 23 décembre 1819 — 1re chamb. (1).

V°. 189

11. — *Témoin.* — *Partie civile.* — *Fin de non-recevoir.*

La circonstance que la partie qui

(1) Considérant que, de sa nature, une promesse de mariage ne forme point un engagement absolu entre les parties, mais essentiellement subordonné à la condition que la volonté de se prendre pour époux continuera d'avoir lieu jusqu'à la célébration du mariage; que, s'il en était autrement, la crainte d'être exposé à des condamnations en dommages-intérêts, gênerait et porterait atteinte à la liberté des mariages;

Qu'ainsi le simple refus de tenir une promesse de mariage ne saurait donner lieu à aucun dommage-intérêt, à moins qu'il ne fût prouvé que l'auteur du refus n'eût agi avec dol, lors de la promesse de mariage, ou que le refus n'eût été accompagné de quelques faits ou circonstances graves; ce qui ne se rencontre point dans la cause actuelle;

Considérant néanmoins que le refus de tenir une promesse de mariage soumet l'auteur du refus à payer ou rembourser les frais du contrat de mariage, et toutes les dépenses qui auraient été faites à l'occasion de ce contrat, à réparer enfin tout le préjudice réel et pécuniaire qu'il a causé.

actionne en dommages celui qui a été condamné pour excès et sévices envers elle, a déposé comme témoin devant la cour criminelle, et a refusé de se rendre partie civile, ne peut être une fin de non-recevoir qui puisse l'empêcher d'obtenir des dommages-intérêts devant les tribunaux civils après la condamnation du coupable.

Les cohéritiers Orjollet. — François Milliaud. — 2 août 1811. — 2e chamb.

V°. 192

V. Dernier ressort. — Garantie. — Homicide. — Huissier. — Incendie. — Juge de paix. — Novation. — Prescription. — Remplacement militaire. — Saisie immobilière.

DON MANUEL. — V. Paiement. — Preuve testimoniale.

DONATIONS ENTRE-VIFS.

§ 1er. — *Droit ancien.*
§ 2. — *Droit intermédiaire.*
§ 3. — *Droit nouveau.*

§ 1er. — *Droit ancien.*

1. — *Action en nullité.* — *Fin de non-recevoir.*

La demande en paiement d'un legs ou d'un supplément de légitime n'est point une fin de non-recevoir contre l'action en nullité d'une donation.

Les frère et sœur Jouve. — Pierre Bellon. — 15 ventôse an 9. — 1re sect.

V°. 202

2. — *Biens à venir.* — *Répudiation.*
— *Effet.*

Dans une donation de biens présents
et à venir , sous une réserve avec
clause de consolidation , la répudiation
des biens à venir prévient l'effet de la
consolidation , et le donataire devenu
créancier du donateur peut se payer
sur la réserve.

Les frères d'Audiffret. — 2 juin 1818.
— 1re chamb.......... .... V^s. 210

3. — Les effets d'une donation de
biens présents et à venir , faite sous
l'empire de l'ordonnance de 1731 , sont
réglés par les dispositions de cette
ordonnance , et non par celles des lois
subséquentes qui n'ont pu porter atteinte aux droits acquis , quoique le
donateur ne soit décédé que depuis ces
dernières lois.

Ainsi, dans ce cas , le donataire des
biens présents et à venir peut , en répu-
diant les biens à venir , s'exonérer du
paiement des légitimes excédant le
montant des assignats faits dans la donation ; et si le légitimaire , d'après la
loi du 18 pluviôse an 5 , est en droit de
réclamer cumulativement sa légitime
et les biens réservés , il ne peut cependant porter atteinte aux biens irrévocablement acquis au donataire , dès le
moment de la donation , que par voie
de retranchement et à concurrence seulement d'une ancienne légitime de droit,
imputation préalablement faite sur cette
légitime , du montant des biens libres
et des biens réservés.

Pierre et Anne Billaudaz. — Paul
Billaudaz. — 30 décembre 1824. —
2e chamb.............. J. 2. 230

4. — *Biens à venir.* — *Répudiation.*
— *Légitime.* — *Dettes.*

Sous l'ancien droit, le donataire de
biens présents et à venir, qui répudiait
les biens à venir , s'exonérait de l'obligation de payer les légitimes ainsi que
les dettes du donateur, postérieures à
la donation ; et s'il ne se trouvait pas
dans la succession *ab intestat* des biens
suffisants pour compléter ces légitimes ,
les légitimaires avaient une action pour
se faire expédier, par voie de retranchement sur les biens donnés, leurs
légitimes qui, dans ce cas , ne devaient
pas être calculées sur la masse des biens
présents et de ceux de la succession *ab
intestat*, mais sur ceux compris dans la
donation des biens présents , autres que
ceux réservés ou exceptés , et sous la
distraction seulement des dettes passi-
ves existantes à l'époque de la donation.

Les mariés Voisin. — M. d'Audiffret.
— 2 juin 1818. — Ch. civ.. J. 3. 41

5. — *Biens dotaux.*

D'après la jurisprudence du parlement de Grenoble, la femme pouvait ,
avec le consentement du mari, donner
son bien dotal à des collatéraux ou
étrangers, par contrat de mariage.

Louis Durieu. — Baptiste Bessa. —
9 juillet 1817. — Chamb. civ. V^s. 206

Arrêt conforme , pour le cas d'une
donation à un enfant : — 24 décembre
1817. — Ch. civ.......... V^s. 207

6. — *Condition potestative.*

La clause de la donation, par laquelle le donataire doit prendre les biens en l'état où ils se trouveraient à la cessation de l'usufruit que s'en réserve le donateur, ne peut être considérée comme une charge prohibée par l'ordonnance de 1731, surtout s'agissant d'immeubles qui ne peuvent être détruits par l'usufruitier.

Fournier. — Lamorte. — 21 juillet 1809. — 2e chamb. . . . . V^s. 200

7. — *Condition potestative. — Légitime.*

Une donation de biens présents, à la charge de payer les légitimes de droit, était valable sous l'ordonnance de 1731; elle était nulle, lorsqu'elle était faite à condition de payer les légitimes des enfants du donateur, au-delà de ce dont le donataire pouvait en être tenu de droit, d'après ce qui était réglé par cette ordonnance.

Mourvillier. — Meyssonnier. — 22 février 1816. — 2e chamb . . . V^s. 200

Charles de Pujol. — Alexandre de Pujol. — 31 août 1818. — Chamb. civ. V^s. 201

Veuve Neybon et Andrieux Boissac. — Antoine Tabardel. — 20 juin 1834. — 2e chamb . . . . J. 7. 241

8. — *Contrat de mariage. — Constitution de dot.*

Suivant la jurisprudence du parlement de Grenoble, la donation faite

par le père à sa fille, dans son contrat de mariage était réputée dotale, surtout lorsqu'elle était faite en faveur du mariage et pour cause de noces, et alors même qu'elle était faite aux deux époux conjointement.

Michel Goy. — Veuve Fuzier-Perrin. — 26 novembre 1833. — 1re chamb. J. 7. 182

9. — *Donation entre époux. — Survie. — Validité.*

D'après la jurisprudence ancienne, la donation faite entre époux, par contrat de mariage, lorsqu'il n'y avait pas de stipulation d'augment, était cependant valable, même en cas de prédécès du donataire, lorsqu'il apparaissait que le donateur avait voulu se dépouiller des objets donnés et en laisser la pleine disposition au donataire.

Les sieurs Marchand et Garin. — Le sieur Jas. — 28 août 1832. — 1re ch. J. 6. 241

10. — *Effets mobiliers. — Etat. — Tradition.*

Il n'y a pas contravention à l'art. 15 de l'ordonnance de 1731 qui exige l'annexe, à l'acte de donation, de l'état des effets donnés, lorsque, par une clause expresse de l'acte, le donataire a été autorisé à jouir de tous les effets compris dans la donation, dès le jour même de la donation, et qu'il est constant qu'il en a réellement pris possession, car cet état n'est exigé que lorsqu'il n'y a pas eu tradition des objets donnés

Cohéritiers Audras. — 15 février 1809. — 1re chamb........ V^s. 199

11. — *Fils de famille. — Capacité.*

Sous la jurisprudence du parlement de Dauphiné , le fils de famille ne pouvait , même avec l'autorisation de son père, disposer de ses biens au préjudice de ses enfants ; ces sortes de donations étaient nulles , étant considérées comme le fruit de la captation.

Pierre-Henri Vignon — Les mariés Bellier et Revol. — 16 mars 1824. — 1re chamb.............. J. 1. 173

12. — *Insinuation. — Délai. — Nullité.*

Sous l'empire de l'ordonnance de 1731 , la nullité résultant du défaut d'insinuation d'une donation , dans les quatre mois de sa date, ne pouvait être invoquée par les héritiers du donateur, qu'autant que le donateur était décédé sans que l'insinuation eût été faite.

Pierre Gasquet. — Les sieurs Girard, père et fils. — 28 décembre 1831. — 1re chamb.............. J. 5. 509

13. — *Irrévocabilité.*

Sous l'empire de l'ordonnance de 1731 , le donataire de biens présents et à venir, par contrat de mariage , devenait propriétaire irrévocable des biens présents, du jour de la donation, et pouvait les transmettre à ses héritiers , du vivant même du donateur , toutes les fois qu'il n'y avait pas lieu au droit de retour.

François Catil. — Les mariés Argoud et Catil. — 29 mars 1822. — 2e chamb. J. 3. 261

14. — *Portion virile de l'augment.*

La donation de biens présents faite a un enfant comprend la portion virile de l'augment.

Le sieur d'Audiffret. — La dame Voisin. — 2 juin 1818. — 1re chamb. V^s. 205

15. — *Promesse d'instituer.*

La promesse d'instituer , faite en contrat de mariage , vaut institution.

Jean-Louis Bouvier. — Les frères et sœurs Bouvier. — 5 mars 1817. — 1re chambre................... V^s. 209

16. — *Rapport.*

La donation d'une quote-part de biens du donateur, faite sous l'ordonnance de 1731 , est soumise au rapport , à défaut de stipulation contraire, quoique le donateur soit décédé depuis la promulgation de la loi du 4 germinal an 8.

Les mariés Bisson. — Les mariés Bert. — 10 juillet 1843. — 1re chamb. V^s. 207

17. — *Renonciation.*

Suivant l'ancienne jurisprudence du parlement du Dauphiné , les donations, même celles faites à titre onéreux , étaient considérées comme des contrats de bienfaisance auxquels les donataires étaient toujours admis à renoncer.

Les lois nouvelles ne contiennent aucune disposition contraire à ce principe.

Jean-Pierre Brachet. — Antoine Sibourg, Mathieu Mège et Claude Jean. — 12 août 1828... ... . . J. 4. 274

18. — *Réserve.* — *Légitime.* — *Héritier.*

L'héritier d'une réserve que s'est faite le donateur, de biens présents et à venir, ne peut être tenu des légitimes; c'est le donataire qui doit les payer.

Dominique Marcellin. — Joseph Marcellin. — 24 décembre 1808. — 2ᵉ chamb. ... ... V'. 212

19. — *Statut delphinal.* — *Formes.*

Le statut delphinal n'excluait pas les alliés de la faculté d'assister, comme conseil, ceux qui faisaient des donations entre-vifs.

Cohéritiers Audras. — 15 février 1809. — 1ʳᵉ chamb. ... ... V'. 199

20. — L'inobservation des formalités prescrites par le statut delphinal n'annule point une donation du père à sa fille, lorsqu'elle n'a pas été dotée.

La loi sous laquelle la donation a été faite règle la quotité disponible.

La dame veuve Vigne. — Les mariés Gondareau. — 26 juin 1820. — 2ᵉ ch. V'. 219

21. — Lorsque, dans un acte de donation fait dans les formes prescrites par le statut delphinal, trois proches voisins du donateur ont été appelés comme conseils, à défaut de ses parents, le but de la loi est rempli, et la

preuve du fait qu'il existait des parents du donateur, habitant dans la commune, n'est pas admissible.

Pierre Gasquet. — Les sieurs Girard père et fils. — 28 décembre 1831. — 1ʳᵉ chambre ... ... J. 5. 509

§ 2. — *Droit intermédiaire.*

22. — *Avancement d'hoirie.* — *Retour légal.*

Une donation en avancement d'hoirie, faite sous la loi du 17 nivôse an 2, emporte clause de retour, en faveur du père donateur, en cas de prédécès de l'enfant donataire.

Les frères Ginon. — 21 décembre 1813. — 1ʳᵉ chamb.

Chollat. — Cohéritiers Brizon. — 18 mai 1818. — Chamb. civ.... V'. 215

23. — *Biens présents.*

L'art. 2 de la loi du 18 pluviôse an 5, qui attribue aux légitimaires les réserves faites dans une donation, sans imputation sur les légitimes dont est grevé le donataire, n'a trait qu'aux donations de biens présents et à venir, et non pas aux donations de biens présents. Il faut imputer la réserve sur la légitime, avant de réduire la donation.

Tisserand. — Bourgeois. — 7 avril 1807. — 1ʳᵉ sect.

Arrêt conforme du 4 avril 1810. — 1ʳᵉ chamb. ... ... V'. 218

24. — *Biens présents et à venir.* — *Réserve.*

La réserve faite dans une donation

de biens présents et à venir appartient aux légitimaires, indépendamment de la portion des légitimes dont le donataire se trouve grevé par la loi.

Pierre Bret. — Les mariés Meyrand. — 23 ventôse an 9. — 1re sect. Vs. 217

25. — *Donations successives. — Préférence.*

Une donation faite sous la loi du 4 germinal an 8 doit valoir de préférence à une donation faite par le même individu, sous la loi du 17 nivôse an 2.

Les mariés Montalon. — La veuve Rapian. — 19 février 1816. — 2e ch.
Vs. 216

26. — *Institution contractuelle.*

Une institution contractuelle de moitié des biens présents et à venir, avec consolidation de l'autre moitié, si l'instituant n'en disposait pas, est valable et doit avoir effet, même pour la moitié réservée, malgré la survenance des lois de nivôse an 2 et autres, abolitives de la faculté de disposer, si le testateur est décédé depuis le Code civil, suivant la maxime *media tempora non nocent.* Mais cette institution, quant à cette moitié réservée, étant révocable, la légitime des enfants se fixe suivant la proportion déterminée par le Code civil.

Anthelme Joanon. — Les mariés Candy Beuse. — 22 août 1806. — 2e sect. Vs. 213

27. — *Nullité. — Réduction.*

La loi du 17 nivôse an 2 ne frappe

point d'une nullité absolue les donations faites sous son empire. La nullité est relative et éventuelle, et ne peut être opposée par les autres enfants du donateur, qu'à compter du jour où leurs droits sont ouverts dans la succession de ce dernier.

Le donateur étant décédé sous le Code civil, il ne peut y avoir lieu qu'à réduction, si la donation excède la quotité disponible fixée par ce Code.

La veuve Boisset. — Les frères Faure. — 5 février 1813. — 2e chamb.
Vs. 216

28. — *Transcription.*

L'art. 26 de la loi du 11 brumaire an 7 n'assujettit à la transcription que les ventes et non les donations.

Gaspard Bernard. — Louis et Pierre Mourier. — 25 mars 1807. — 1re sect.
Vs. 214

§ 3. — *Droit nouveau.*

Acceptation, 29, 30.
Caducité, 44, 46.
Consolidation, 46, 47, 49.
Donation déguisée, 53, 54, 55, 56, 57, 58.
Donation réciproque, 50.
Etat des dettes, 32.
Etat du mobilier, 31.
Exécution, 40, 41.
Femme, 55, 56, 57.
Inexécution, 42.
Irrévocabilité, 46, 52.
Nullité, 33, 39, 40, 41, 53.
Quotité disponible, 53, 58.
Ratification, 40, 41.

———

———

Art. 1er. — Formes des donations.

29. — *Acceptation.*

La donation indirecte faite à un tiers , dans un contrat de mariage et comme une charge de la donation principale , peut être acceptée par acte extrajudiciaire d'huissier. Cette sorte de donation n'est pas soumise, pour la validité de l'acceptation , aux formes exigées pour les donations directes.

Joseph Boulu. — Abel Godefray-Martin. — 29 décembre 1825. — 1re ch.

J. 3. 267

30. — L'acceptation , en termes exprès, d'une donation entre-vifs , n'étant exigée par la loi que pour valider l'engagement du donateur vis-à-vis du donataire, la réception par le donataire, de la somme donnée , constitue une véritable acceptation.

MM. Barge-Decerteau. — La dame Mollard et les créanciers de son mari. — 6 janvier 1831. — 1re ch. J. 5. 324

31. — *Etat du mobilier.*

L'état du mobilier doit être annexé non-seulement aux donations ordinaires , mais encore aux donations faites aux époux en contrat de mariage.

Mariés Francon. — Mariés Gonssolin. — 6 avril 1843. — 1re ch.... V'. 221

32. — *Etat des dettes.*

La donation des biens présents et à venir , à laquelle l'état des dettes et charges n'a point été annexé , se réduit à une simple expectative. Les créanciers du donataire ne peuvent faire aucune poursuite sur les biens présentement donnés.

Pierre Reynaud. — Les sieurs Meynot et Bonnefoi. — 13 août 1821. — 1re chambre.............. V'. 229

33. — *Témoin.*

Est. nulle une donation , même par contrat de mariage , si l'un des témoins instrumentaires n'est pas domicilié dans l'arrondissement où l'acte a été passé.

Pierre Genin. — Les mariés Lassara. — 21 décembre 1827. — 2e chambre.
J. 4. 3

34. — *Transcription.*

Le défaut de transcription d'une donation peut être opposé par un tiers-acquéreur, et il ne peut être suppléé ni regardé comme couvert , par la connaissance que ce tiers-acquéreur pourrait avoir eue de la donation, par d'autres voies que celle de la transcription.

La veuve Caman. — Le sieur Trouillon. — 14 juillet 1824. — 2ᵉ ch. (1).

J. 1. 341

(1) Attendu que la donation faite en faveur d'Antoine Camand, par la veuve Rullat sa tante, le 25 nivôse an 11, n'a pas été transcrite au bureau des hypothèques;

Attendu que si l'omission de cette formalité n'altère en rien les effets de la donation, dans le rapport du donataire au donateur, il n'en est point ainsi à l'égard des tiers qui auraient contracté avec le donateur et acquis quelques droits sur les immeubles compris dans la donation; que, pour ceux-ci, la donation est censée ne pas exister tant qu'elle ne leur est pas connue;

Attendu que la loi exige, pour la validité de la donation vis-à-vis de ces tiers, qu'ils en aient une connaissance légale, laquelle ne peut résulter que du seul mode de publicité établi par elle, c'est-à-dire de la transcription;

Attendu, en effet, que l'article 1071 du Code civil décide formellement que lorsque une donation, faite à charge de restitution, n'aura pas été transcrite, ce défaut de transcription ne pourra être considéré comme couvert par la connaissance que les tiers-acquéreurs des immeubles grevés de substitution, ou les créanciers ayant acquis des droits réels sur ces immeubles, pourraient avoir eue de la donation par d'autres voies que celle de la transcription;

Attendu que l'analogie est parfaite entre l'hypothèse de cet article et celle d'une donation faite simplement et sans aucune charge de restitution; d'où il suit qu'il est inutile d'examiner s'il résulte, des circonstances de la cause, la preuve que Trouillon ait connu la donation, lors de la vente qui lui a été faite par la veuve Rullat;

Attendu que la disposition de l'article 941 du Code civil, portant que le défaut de transcription pourra être opposé par toutes personnes ayant intérêt, s'applique bien évi-

35. — N'est pas nulle, aux termes de l'art. 444 du Code de commerce, la donation entre-vifs faite antérieurement à la faillite du donateur, mais transcrite seulement dans les dix jours qui précèdent cette faillite.

Le syndic de la faillite Pont. — Les mariés Dossat. — 17 juin 1822. — 1ʳᵉ chambre (2)............. J. 1. 471

36. — Le défaut de transcription d'une donation ne peut être opposé par les créanciers chirographaires.

Le syndic de la faillite Pont. — Les

demment à des tiers qui auraient acquis l'immeuble du donateur avant la transcription de la donation.

(2) Considérant qu'il est indifférent que la donation faite à la dame Dossat, par son père, n'ait été transcrite au bureau des hypothèques que dans les dix jours qui ont précédé la faillite du sieur Pont, dès que cette donation est antérieure de plus de deux années à la faillite; que la transcription n'est point une formalité substantielle de la donation, mais seulement une formalité extrinsèque à l'acte de donation, que la loi ne prescrit aucun délai pour la transcription; que le défaut de transcription n'entraîne aucune nullité, et qu'enfin la loi dispose que la donation entre-vifs acceptée est parfaite par le seul consentement des parties, et que la propriété des objets donnés est transférée au donataire, sans qu'il soit besoin d'autre tradition; qu'ainsi nulle application à faire, dans la cause, des articles 443 et 444 du Code de commerce, qui supposent des hypothèques, des droits réels créés par le failli dans les dix jours de la faillite, des aliénations, des donations faites par le failli dans le même délai, et qui n'ont absolument aucun rapport avec le cas où se trouve la dame Dossat.

mariés Dossat. — 17 juin 1822. — 1re
chambre (1). . . . . J. 1. 471

37. — Une donation non transcrite
ne peut être opposée aux tiers ; en conséquence, celui qui, postérieurement
à une donation non transcrite, afferme
du donateur les immeubles donnés, ne
peut recevoir aucun préjudice de cette
même donation, qui ne peut lui être
opposée.

Claude Vaganay. — La veuve Des-
champ et le sieur Salomon. — 11 juin
1832. — 1re chamb. . . . . . J. 6. 105

38. — Une donation non transcrite
ne peut être opposée au tiers-acquéreur

de l'immeuble donné ; par conséquent,
ce tiers-acquéreur peut faire prévaloir,
contre le donataire, le titre d'acquisition qui lui a été conféré par le donateur, postérieurement à la donation
et le donataire ne peut invoquer contre
le tiers-acquéreur la prescription de dix
ans.

M. de Comberousse. — Les mariés
Gautier. — 22 juillet 1831. — 4e ch.

J. 6. 145

Art. 2. — Nullités. — Révocation. — Renonciation.

39. — La donation qui n'est que la
conséquence d'une autre donation an-

---

(1) Considérant que, s'il est disposé par
l'article 939 du Code civil que lorsqu'il y
aura donation de biens susceptibles d'hypothèques, la transcription de la donation devra être faite aux bureaux des hypothèques
dans l'arrondissement desquels les biens sont
situés ; et, par l'article 941, que le défaut
de transcription pourra être opposé par toutes
personnes ayant intérêt, ces dispositions doivent être entendues en ce sens que tant que
la donation n'est pas transcrite, les biens
donnés peuvent être frappés d'hypothèques
ou d'autres droits réels au préjudice du donataire, et non pas que tout créancier, même
chirographaire, peut attaquer la donation,
peut agir sur les biens donnés, comme s'ils
étaient le gage de sa créance ;

Considérant que l'article 941 du Code civil
n'est en effet que le corollaire de l'article 939,
et que dès-lors que le législateur n'avait en
vue, par cet article 939, que les biens susceptibles d'hypothèques, il est évident qu'en
déclarant (art. 941) que le défaut de transcription pourrait être opposé par toutes personnes ayant intérêt, c'est avoir exprimé par
toutes personnes qui, postérieurement à la

donation, auraient obtenu ou fait stipuler
des hypothèques ou autres droits réels sur
les biens donnés ;

Considérant qu'admettre que la locution
ou les mots *par toutes personnes ayant intérêt*,
appellent les créanciers chirographaires tout
comme les hypothécaires, à opposer du défaut
de transcription de la donation, à exercer
une action réelle sur les immeubles donnés,
ce serait admettre l'introduction d'un droit
nouveau, d'un droit exorbitant, celui de
faire produire à de simples billets ou promesses, l'effet d'un contrat public renfermant
une stipulation d'hypothèque et suivi d'inscription ; ce serait assimiler le créancier
chirographaire, qui n'a voulu d'autre sûreté
que la simple promesse du débiteur, au
créancier par acte public, qui n'a voulu
prêter qu'avec stipulation d'hypothèque ; ce
serait enfin placer le créancier chirographaire
dans une position beaucoup plus avantageuse
que celle où il se serait trouvé s'il n'avait
point existé de donation ; si le débiteur ne
s'était pas dépouillé de la propriété de ses
biens, dès que dans ce cas l'action personnelle eût été la seule qu'il eût pu exercer.

térieure déclarée nulle, demeure sans effet et doit être annulée.

Pierre-Henri Vignon. — Les mariés Bellier et Revol. — 16 mars 1824. — 1re chamb.............. J. 1. 173

40. — Les nullités extrinsèques de forme d'une donation par contrat de mariage peuvent être couvertes par l'exécution volontaire ou la ratification du donateur, surtout si cette donation, comprenant des biens présents et à venir, sans annexe d'aucun état des dettes et charges, ne présente qu'une institution contractuelle que le législateur a exceptée des règles générales tracées au titre des donations.

Pierre Genin. — Les mariés Lassarra. —21 décembre 1827.—2e ch. J. 4. 3

41. — La nullité d'une donation est couverte par la ratification ou l'exécution volontaire des héritiers du donateur.

Pierre Genin. — Les mariés Lassarra. —21 décembre 1827.—2e ch. J. 4. 4

42. — Le défaut de paiement par le donataire, des sommes réservées par la donation, est une inexécution de cette donation, et donne ouverture à l'action en révocation.

Les frères Anthouard. — La dame Marchon, les sieurs Ferrier et Lesbros. — 29 mars 1827. — 1re ch.. J. 4. 12

43. — La donation à titre onéreux étant un contrat synallagmatique, le donataire ne peut y renoncer au préjudice d'un tiers intéressé au maintien des charges attachées à la donation, surtout

lorsque le donateur n'est pas en cause.

Jean-Baptiste Leclerc. — Louis Vial. —16 janvier 1832. —1re ch. J. 5. 572

Art. 3. — Donation aux époux et entre époux.

44. — Les libéralités faites en contrat de mariage, et dont l'effet est subordonné au cas de survie du donataire, deviennent caduques par son prédécès.

Les sieurs Mazet et Meyer. — La veuve Abonnel et son fils. — 26 juin 1824. — 2e chambre...... J. 1. 237

45. — Le donataire universel des biens présents et à venir peut, en tout état de cause, même après avoir volontairement procédé au partage de la succession du donateur, renoncer aux biens à venir, pour s'en tenir aux biens présents.

Les héritiers de Claude Poncet. — Les consorts Poncet. — 28 juin 1823. — 2e chamb............. J. 1. 357

46. — La disposition faite en contrat de mariage, par laquelle le donateur, après avoir donné la moitié de ses biens, se réserve l'autre moitié pour en disposer à sa volonté, néanmoins avec clause de consolidation, en cas de non-disposition, est une libéralité irrévocable, transmissible aux enfants du donataire, et non une libéralité susceptible de devenir caduque par le prédécès de ce donataire, comme le serait une dona-tion à cause de mort.

Louise Rognin. — Les enfants Mayous-se. — 24 décembre 1822. — 1re ch.

J. 2. 304

47. — Le donateur peut disposer, à titre onéreux, des biens réservés, quoique avec clause de consolidation; il peut les consommer et les faire servir au paiement des dettes qu'il contracte.

Les mariés Voisin. — M. d'Audiffret. — 2 juin 1818. — Ch. civ... J. 3. 41

48. — Le donataire de biens présents et à venir peut, même du vivant du donateur, renoncer tant aux biens à venir qu'aux biens présents, pour s'exonérer des dettes.

Les mariés Fontaine. — Les mariés Didier. — 15 mars 1820. — 1re chamb. J. 3. 477

49. — L'effet d'une donation universelle de biens présents et à venir ne peut être anéanti par une obligation consentie postérieurement par le donateur, lorsque cette obligation n'est en réalité qu'une libéralité indirecte; mais si le donateur s'était fait une réserve avec clause de consolidation en cas de non-disposition, l'obligation vaut disposition et doit être exécutée à concurrence de cette réserve.

Marguerite Jail et Guy Coutave-Glandet. — André Albertin. — 25 juillet 1827. — 2e chamb...... J. 3. 499

50. — La donation réciproque entre époux, faite par contrat de mariage, de la moitié des fruits *de tous leurs biens respectifs*, pour en jouir, par le survivant, après le décès de l'autre époux, est une donation de biens à venir, et non pas une donation de biens présents. Elle doit donc se calculer sur les biens existants lors du décès.

La dame Perier-Lagrange. — Barthelon, Ailloud et Compe. — 28 avril 1818. — 1re chamb........ Ve. 221

51. — L'époux survivant, donataire, par contrat de mariage, de l'usufruit de la moitié de tous les biens de son conjoint, et légataire, par testament postérieur, de l'usufruit d'une semblable quotité des mêmes biens, ne peut pas réclamer cumulativement le bénéfice de ces deux libéralités; la dernière n'est que la reproduction de la première.

Les consorts Bresson. — Les mariés Dechelles. — 28 juillet 1824. — 2e ch. J. 2. 21

52. — La séparation de corps, prononcée contre un époux, n'emporte pas, comme le divorce, révocation des avantages à lui faits par son conjoint.

Les donations en faveur du mariage qui, d'après l'art. 959 du Code civil, sont exceptées de la règle générale sur la révocation des donations pour cause d'ingratitude, doivent s'entendre aussi bien des donations entre époux que des donations faites par des tiers aux époux. Ainsi, les donations entre époux, faites par contrat de mariage, ne sont pas révocables pour cause d'ingratitude.

La femme Pécheur. — François Pécheur. — 29 mars 1833. — 2e ch. (1). J. 6. 392

---

(1) Attendu, en ce qui concerne la révocation de la donation faite au profit de Pécheur par Marie Monnet, que si bien l'article 299 du Code civil déclare que l'époux, contre lequel le divorce a été admis, perd tous les

Art. 4. — Donations déguisées.

53. — Les donations déguisées sous la forme de contrats onéreux, sont-elles nulles pour le tout, ou valables jusqu'à concurrence de la quotité disponible?

La cour avait d'abord décidé qu'elles étaient nulles pour le tout, par plusieurs arrêts en date des 24 mars 1809, 24 décembre 1810, et 24 août 1811; mais deux de ces arrêts ayant été cassés par arrêts des 5 janvier et 26 juillet 1814, la jurisprudence s'est fixée sur cette question, et tous les arrêts postérieurs ont décidé que les donations déguisées étaient valables jusqu'à concurrence de la quotité disponible; en sorte que ce point de droit n'est plus contesté depuis long-temps.

Les principaux arrêts, dans ce dernier sens, sont sous les dates des 28 juin 1811, 23 février 1818 et 3 mars 1819. . . . . V°. 223 et suiv.

54. — La preuve de la simulation d'une donation devient inutile, lorsqu'elle résulte des circonstances de la cause.

---

avantages que l'autre époux lui avait faits, soit par le contrat de mariage, soit depuis le mariage contracté; cet article est classé dans le chapitre intitulé : *Des effets du divorce ;*

Attendu que, en considérant les divers articles du même Code qui composent le chapitre relatif à la séparation de corps, on ne trouve aucune disposition semblable; qu'on ne peut inférer d'un cas à un autre et établir pour effet de la séparation de corps un des effets du divorce, les deux cas présentant des différences notables, puisque dans l'un le mariage était anéanti et les époux libres d'en contracter un nouveau, tandis que dans le cas de séparation de corps le lien n'est que relâché, la femme continue à porter le nom du mari et ne peut ester en justice sans son autorisation, et qu'enfin la réconciliation des époux, même après une séparation prononcée, redonne au contrat toute son efficacité ;

Attendu que, si le législateur eût voulu ajouter la peine de la révocation des donations à l'obtention de la séparation de corps pour cause déterminée, comme il l'a fait pour le divorce, il s'en serait expliqué, il aurait répété les dispositions de l'article 299, comme dans le cas d'adultère il a pris le soin de répéter, dans l'article 308, les termes mêmes de la disposition finale de l'article 298 ;

Attendu que les principes généraux, en matière de donation, sont l'irrévocabilité : que, si quelques exceptions sont tracées par la loi, article 953 du Code civil, et expliquées par les articles suivants; que si les sévices, délits ou injures graves sont classés dans le nombre des causes d'ingratitude qui donnent lieu à la révocation des donations, ces exceptions doivent être circonscrites dans les limites déterminées par la loi ;

Attendu que l'article 959 déclare que les donations en faveur de mariage ne sont pas révocables pour cause d'ingratitude ; que le législateur ne distingue pas entre les donations faites par des tiers ou des ascendants aux époux et celles que se font les époux eux-mêmes ; que les expressions dont il s'est servi dans l'article suivant, en faisant porter la révocation pour cause de survenance d'enfants sur toutes les donations entre-vifs, même sur celles faites en faveur du mariage, par autres que les ascendants aux conjoints, et par les conjoints entre eux, prouvent qu'il n'avait point voulu faire, hors ce cas, de distinction, et que là où le législateur ne distingue pas le magistrat ne doit pas distinguer

Pierre-Benoît Catin. — Les cohéritiers Catin. — 25 janvier 1821. — 2^e
chambre................. V^e. 227

55. — Les actes de reconnaissance
et tous autres, intervenus pendant le
mariage, qui contiennent des avantages
au profit de la femme, lorsque celle-ci
n'en prouve pas la sincérité, sont considérés comme des donations déguisées,
et ne peuvent être opposés aux créanciers du mari.

Les sieurs Desriaux et Riondet. —
Les consorts Barral. — 15 février 1823.
— 2e chamb............. J. 2. 248

56. — Les actes faits pendant le mariage, et renfermant des donations ou
libéralités indirectes de la part du mari
en faveur de la femme, doivent être
exécutés si le mari est prédécédé sans
enfants ni héritiers à réserve, et sans
avoir révoqué ces libéralités.

La veuve Deinsa. — François Flo-
rentin Briant. — 30 juin 1827. — 2^e
chamb.... .... J. 4. 82

57. — Le mari n'est pas recevable à
attaquer comme donation déguisée la
reconnaissance par lui faite à la femme
d'une somme d'argent qu'elle s'est
constituée en dot dans son contrat de
mariage ; mais ce droit étant ouvert en
faveur des enfants du premier lit, après
la mort de leur père, ceux-ci sont recevables et fondés à s'opposer, de son
vivant, à ce que la femme, par l'effet
de la séparation de biens, soit autorisée
à retirer le montant de la constitution
qui fait l'objet de la contestation.

Joseph Fayollat et les mariés Rancon-
Guillon. — Marie Magdeleine Fanier.
— 2 juillet 1830. — 2e ch. J. 5. 430

58. — La remise volontaire faite par
le père à l'un de ses enfants, de billets
souscrits au profit d'un tiers, et endos-
sés par ce tiers au profit de cet enfant,
peut être considérée comme une donation déguisée sous la forme d'un contrat onéreux, valable jusqu'à concurrence de la quotité disponible, et la
preuve testimoniale est admissible pour
établir que cette remise a été faite par
le père dans l'intention de donner.

Verdat. — La veuve Veyre. — 24
janvier 1834. — 4e chamb. J. 7. 124

V. COMPENSATION. — DOT. — FEMME.
— HYPOTHÈQUE LÉGALE. — LÉGITIME.
— PARTAGE. — PRESCRIPTION. — PREUVE
TESTIMONIALE. — PRIVILÉGE. — SUCCES-
SION.

DOT.

Estimation, 19.

Exécution, 54, 55, 56.

Fin de non-recevoir, 20, 44, 49, 51, 52.

Fruits et revenus, 36, 55, 57, 69.

Hypothèque, 64, 65.

Hypothèque légale, 59.

Intérêts, 29, 30, 37, 68.

Mari, 2, 3, 5, 6, 7, 16, 24, 28, 29, 31, 32, 33, 39, 40, 49, 50.

Nullité, 42, 43, 44, 45.

Obligations, 53, 55, 56, 57.

Possession, 6.

Réception de la dot, 7, 8, 9, 31, 64.

Régime dotal, 23, 26.

Remplacement militaire, 53.

Responsabilité, 4, 31.

Restitution, 62, 66.

Révocation des aliénations, 47, 48, 50.

Séparation de biens, 35, 36, 59 et suiv.

Stellionat, 41.

Tiers, 62, 63.

Tradition, 5.

Usufruit, 27.

§ 1er. — *Droit ancien.*

Art. 1er. — *Constitution de la dot, droits du mari sur les biens dotaux.*

Art. 2. — *Aliénation de la dot.*

§ 2. — *Droit nouveau.*

Art. 1er. — *Constitution de la dot.*

Art. 2. — *Administration de la dot.*

Art. 3. — *Inaliénabilité de la dot et révocation de l'aliénation.*

Art. 4. — *Obligations de la femme relativement à ses biens dotaux.*

Art. 5. — *Effet de la séparation de biens. — Restitution de la dot.*

§ 1er. — *Droit ancien.*

Art. 1er. — Constitution de la dot, droits du mari sur les biens dotaux.

1. — Sous l'ancien droit qui régissait le Dauphiné, les biens donnés par un père à sa fille, dans son contrat de mariage, étaient réputés dotaux quoique le contrat ne renfermât aucune clause de constitution de dot ni de procuration générale en faveur du mari, ni de réserve en paraphernaux. La déclaration faite par la femme, dans une obligation, d'user de ses biens, comme libres et non constitués, ne viciait point le principe.

La veuve Bailli et Alexis Grand, mariés. — Claude Bidreman. — 7 juillet 1810. — 2e chamb......... V°. 241

2. — La femme qui constituait son mari, son procureur général irrévocable, pour la recherche de ses droits, se faisait par là une constitution générale de dot.

Pierre Piat. — Les héritiers Bouvier. — 21 janvier. — 1re chamb.

Battin. — La femme Ollagnat. — Mars 1819. — 1re chamb.... V°. 245

3. — Dans l'ancien droit, la constitution de procureur, tant pour les biens constitués que pour ceux à venir, valait constitution de dot pour les uns et pour les autres.

Les mariés Bert. — La veuve Perriolat, les mariés Lionne et autres. — 7 février 1828. — 1re ch..... J. 4. 248

4. — En Dauphiné, la présence et le consentement du père au contrat de mariage de son fils non émancipé le rendaient subsidiairement responsable de la dot et même de l'augment; cette responsabilité continuait à subsister, quoique la puissance paternelle eût cessé par l'effet d'un évènement ou d'une loi postérieure au mariage.

Anne Thevenet, femme Balastron.— Les cohéritiers Balastron. — 23 thermidor an 12. — 2ᵉ section.. J. 3. 23

5. — L'immeuble constitué par la femme n'était proprement dotal, quant au caractère d'inaliénabilité, que lorsque le mari en avait pris possession. Le défaut de tradition donnait au mari l'exercice de l'action en revendication, dont il était le maître, et qu'il pouvait laisser prescrire ou aliéner.

François Vacher. — Antoine et Catherine Vacher. — 20 thermidor an 11. Giroud.—Rambaud.—16 juin 1810. — 2ᵉ chamb............... Vᵗ. 251
Héritiers Dussert. — 31 mars 1819. — 1ʳᵉ chamb.............. Vᵗ. 252

6. — Mais le traité fait par le mari sur l'action immobilière était nul si le mari avait la possession civile du fonds dotal.

Les mariés Sarrazin. — Le sieur Léger. — 10 juin 1809. — 2ᵉ chambre. Vᵗ. 252

7. — Le mari n'était pas présumé avoir reçu la dot, et il n'en devait pas compte d'après la maxime : *Tenetur maritus de dote neglecta, tanquam de recepta*, si , avant l'accomplissement de la prescription, la femme elle-même en était devenue débitrice.

Le sieur d'Audiffret. — La dame Voisin. — 2 juin 1818. — Ch. civile. Vᵗ. 256

8. — Le mari n'était pas tenu de donner quittance authentique des sommes dotales qu'il recevait, et les quittances privées, qui n'avaient aucun caractère de simulation , étaient valables. La preuve du paiement des sommes dotales pouvait également résulter , à défaut de quittances , de notes ou d'énonciations non suspectes sur des registres et papiers domestiques.

Anne Thevenet, femme Balastron. — Les cohéritiers Balastron. — 28 thermidor an 12. — 2ᵉ sect. J. 3. 23

9. — Sous l'ancien droit, les immeubles remis au mari par un tiers, en paiement d'une créance dotale, n'étaient pas dotaux.

Martinon. — Bes et autres. — 23 avril 1830 — 2ᵉ chamb.... J. 5. 88

Art. 2. — Aliénation de la dot.

10. — Sous l'ancien droit l'aliénation du fonds dotal était permise pour le paiement des dettes de la femme.

Les cohéritiers Allegret. — La veuve Vial et consorts. — 14 juin 1808. — 1ʳᵉ section................ Vᵗ. 246

11. — Suivant la jurisprudence du parlement de Grenoble, la vente du fonds dotal, pour payer les dettes de

la femme, faite sans formalités de justice, était valable, quoique le prix ne fût pas entièrement employé à l'acquittement des dettes, pourvu que la partie non employée ne fût pas excessive.

Les consorts Royat. — Les cohéritiers d'Herbeys. — 28 août 1817. — Chamb. civ.............. V°. 247

12. — Suivant la jurisprudence du même parlement, l'aliénation du fonds dotal, faite par le mari, pour payer les dettes de la femme, antérieures au mariage, était valable, quoique le prix n'eût pas été employé en entier, mais seulement lorsque la partie du prix non employée n'était pas excessive.

Jean-Pierre Brachet. — Antoine Sibourg, Mathieu Mège et Claude Jean. — 12 août 1828.......... J. 4. 274

13. — Suivant l'ancienne jurisprudence du Dauphiné, l'aliénation du fonds dotal était permise pour acquitter les dettes de la femme, pourvu qu'elle fût nécessaire et faite à juste prix.

Les consorts Blanc. — André Albertin et autres. — 28 août 1829. — 2° chamb................. J. 4. 499

14. — En Dauphiné, la femme pouvait valablement s'obliger et aliéner ses biens dotaux, pour tirer son mari de prison, lors même qu'il n'y était détenu que pour dette civile.

La femme Bez.—Reymond Finat.— 17 mai 1826. — 1ʳᵉ ch. (1).. J. 3. 93

_____

(1) Attendu qu'il était de jurisprudence reconnue dans le ressort du parlement du

15. — La prohibition de l'aliénation du fonds dotal, portée par le sénatusconsulte velléien, ne s'applique pas au cas où la vente a eu lieu pour acquitter des dettes de commerce, pour lesquelles le mari et la femme étaient obligés solidairement et par corps.

Veuve Guy. — David et Servan. — 2 juin 1810. — 2° chamb.... V°. 312

Arrêt conforme :

Veuve Bailly. — Charvet. — 24 mars 1809. — 2° chamb..... V°. 313

_____

Dauphiné que la femme pouvait s'obliger sur ses biens dotaux pour tirer son mari de prison ; que cette jurisprudence était établie sur la loi 73, *ff. de jure dotium*, et les lois 20 et 21, *ff. soluto matrimonio ;* que les arrêtistes qui ont recueilli les arrêts de cette cour en rapportent néanmoins qui ont refusé cette faculté ; mais il faut croire que des circonstances particulières avaient fait fléchir les dispositions du droit romain, qui était suivi dans cette province ; que d'ailleurs, d'après le sentiment des auteurs, c'était un point de jurisprudence constant dans le royaume ;

Que le Code civil a proclamé le même principe dans l'article 1558 ; que les appelants invoquent en vain le sénatus-consulte velléien pour anéantir l'obligation de la femme ; que, quoique le mariage des appelants soit antérieur au Code civil, et doive être régi par les lois en vigueur à l'époque où il a été contracté, néanmoins ils ne peuvent exciper des dispositions du sénatus-consulte velléien ; que ce sénatus-consulte et l'authentique *si qua mulier*, qui défendaient aux femmes de s'obliger pour autrui, ne frappaient que sur la capacité de la personne et étaient des statuts purement personnels, non inhérents aux conventions matrimoniales, et qui ont cessé leur effet dès l'instant de leur abolition par la publication du Code civil ; qu'ainsi l'obligation de la femme Bez est valable et doit être maintenue.

Arrêt contraire :

Veuve Bailly. — Bailly. — 31 mai 1819. — 1ʳᵉ chamb........ V⁶. 314

16. — La femme mineure, assistée de son curateur et de ses parents, pouvait, avant la publication du Code, vendre ses immeubles par contrat de mariage, surtout si elle était marchande ; en pareil cas, l'estimation des immeubles, faite avec l'intention de vendre, en transférait la propriété au mari.

La veuve Fillot. — La veuve Fabre, Jean-Baptiste Caire et consorts. — 24 décembre 1824. — 2ᵉ ch.. J. 1. 443

17. — Avant le Code, la femme pouvait, avec le consentement de son mari, donner, par contrat de mariage, ses biens dotaux à des étrangers ou à des collatéraux.

Jean-Pierre Mille. — Les mariés Giraud-Teisseire. — 25 juin 1822. — 1ʳᵉ chamb............... J. 2. 88

18. — La donation faite par la femme mariée, sous le droit ancien, de ses immeubles dotaux à un collatéral, du consentement de son mari, et avec réserve de l'usufruit à son profit, mais hors contrat de mariage, est nulle comme contenant aliénation de biens dotaux.

Mariés Arnaud. — Les héritiers Joubert. — 4 décembre 1834. — 2ᵉ chambre (1)................. J. 7. 393

19. — L'estimation de l'immeuble dotal, faite dans un contrat de mariage antérieur au Code, n'en opérait vente au profit du mari, que lorsque d'après les termes du contrat, l'estimation paraissait avoir été faite avec intention de vendre.

La veuve Fillot. — La veuve Fabre, Jean-Baptiste Caire et consorts. — 24 décembre 1824. — 2ᵉ ch.. J. 1. 443

20. — Sous l'ancien droit, l'enfant qui était en même temps héritier de la mère et du père qui avait vendu l'immeuble dotal ne pouvait quereller la vente d'après la maxime : *Quem de*

---

(1) Attendu que les motifs des lois romaines et de l'ancienne jurisprudence du parlement de Dauphiné pour rendre inaliénables les biens dotaux pendant la durée du mariage furent, d'un côté, la nécessité de conserver au mari la jouissance de ces biens pour le support des charges du mariage, et de l'autre la nécessité de subvenir à la faiblesse des femmes et de les garantir contre l'empire de leurs maris dans la conservation de leur dot ;

Attendu que, si dans l'espèce et dans la donation dont il s'agit, les droits du mari furent respectés quant à la réserve de la jouissance, la circonstance que cette donation a été faite en faveur de la nièce du mari fait penser que son influence sur sa femme a contribué à cette donation ;

Attendu que la cause rémunératoire exprimée dans cette donation fortifie encore cette présomption, dès-lors que la cause rémunératoire ne paraît avoir eu pour objet que de consolider cette donation en lui donnant un motif supposé, par la raison que le mari Ferlay étant riche, c'était à lui à subvenir à toutes les dépenses et à tous les besoins de sa femme, que c'était là son obligation comme mari, et qu'il ne pouvait reconnaître par sa présence à la donation que cette obligation avait été accomplie par d'autres que par lui.

evictione tenet actio , eumdem agentem repellit exceptio.

Les héritiers Orjollet. — Fontanel.
— 28 avril 1818. — Chambre civile.
V'. 249

21. — La femme ou ses héritiers avaient trente ans, à dater de la dissolution du mariage, pour attaquer la vente des biens dotaux.

François Antoine. — Les consorts Albert. — 20 janvier 1834. — 1re ch.
J. 7. 171

22. — L'aliénation de la dot de la femme mariée, avant le Code civil, est réglée par les lois existantes à l'époque de son mariage; appliquer à cette aliénation les dispositions du Code civil, serait donner à ce Code un effet rétroactif.

Jean - Pierre Mille. — Les mariés Teissère. — 25 juin 1822. — 1re chambre (1). . . . . J. 2. 88

____

(1) Considérant que la jurisprudence du parlement de Dauphiné validait la donation des biens dotaux , faite par la femme autorisée par son mari , en contrat de mariage , lors même qu'elle avait lieu en faveur d'étrangers ou collatéraux ;

Considérant que cette jurisprudence avait l'effet d'un statut réel ; . .

Considérant que , par une conséquence de cette réalité , la femme qui , avant le Code civil , pouvait donner ses biens dotaux en vue d'un mariage , a pu user de la même faculté après la promulgation de ce Code ;

Considérant qu'en effet les dispositions du Code civil n'ont porté aucune atteinte à l'efficacité du statut réel qui , à l'époque du mariage de la femme donatrice , régissait ses biens dotaux ;

§ 2. — *Droit nouveau.*

- Art. 1er. — Constitution de la dot.

23. — La femme n'est mariée sous le régime dotal que par une déclaration expresse, dans le contrat, qu'elle entend adopter ce régime; aucuns termes équipollents ne peuvent remplacer cette déclaration.

La veuve Martin. — Le sieur Giraud et consorts. — 12 mars 1819. — 2e chamb. . . . . V'. 261

24. — Il n'est pas nécessaire que la constitution de dot soit faite en termes formels lorsque les époux ont déclaré adopter le régime dotal; elle peut résulter de l'ensemble des clauses du contrat de mariage, et notamment de la procuration donnée au futur époux pour régir et administrer les biens de la future.

Les mariés Perrin. — Antoine Serve. — 17 février 1825. — 2e chambre.
J. 2. 57

25. — La mère qui a constitué et payé à sa fille une dot du chef paternel,

____

Considérant que ce principe a été consacré par la cour de cassation , notamment par son arrêt du 27 février 1817 (n° 2 du bulletin des arrêts de la cour de cassation) ;

Considérant que , porter une décision contraire , qu'appliquer les dispositions du Code aux dots antérieures à sa promulgation , ce serait faire rétroagir le Code civil , ce serait contrevenir à l'article 2 de ce Code , lequel est ainsi conçu : « La loi ne dispose que pour » l'avenir; elle n'a point d'effet rétroactif. »

ne peut obliger l'héritier du père à lui en faire le remboursement, sauf à elle à être subrogée, à ses périls et risques, à tous les droits de sa fille dans la succession paternelle.

François Sibert. — La veuve Sibert. — 6 juin 1822. — 2ᵉ ch... J. 2. 499

26. — Sous l'empire du Code civil, l'élection du mari pour procureur général et irrévocable de la femme, dans le contrat de mariage, ne suffit pas pour établir l'adoption du régime dotal par les époux.

Henriette Chastel femme Rostaing. — Les sieurs Eyme et Ronin et les cohéritiers Vincent. — 12 février 1830. — 4ᵉ chamb............. J. 5. 445

Art. 2. — Administration de la dot.

27. — L'échange d'un usufruit de bien dotal est valable, les fruits appartenant au mari.

Pierre Begon. — Les mariés Oddon. — 30 mars 1810. — 2ᵉ ch.... Vᵗ. 259

28. — Le mari ne peut pas détériorer la dot ni, par conséquent, consentir à un acte qui ferait novation aux droits de la femme, et priverait celle-ci du privilége de séparation des patrimoines.

Les mariés Mercier. — La veuve Barcemont. — 8 juin 1825. — 1ʳᵉ ch. J. 2. 174

29. — Il n'y a pas présomption légale que les intérêts de la dot dont la femme est devenue débitrice envers son mari

aient été payés au mari avant l'époque où elle est devenue débitrice.

Les mariés Voisin. — M. d'Audiffret. — 2 juin 1818. — Ch. civ.. J. 3. 41

30. — Lorsque la femme, débitrice de la dot, a des biens dont les revenus ont été consommés dans le ménage commun, la présomption est que les intérêts de la dot, par elle dus, ont été consommés en même temps que ces revenus.

Les mariés Voisin. — M. d'Audiffret. — 2 juin 1818. — Ch. civ... J. 3. 41

31. — Le mari n'est pas présumé avoir reçu la dot, même après trente ans de mariage, et il n'est pas responsable du défaut de poursuites, lorsque, avant ces trente ans et l'accomplissement de la prescription, la femme elle-même est devenue débitrice de cette dot.

Les mariés Voisin. — M. d'Audiffret. — 2 juin 1818. — Ch. civ.. J. 3. 41

32. — Le mari ne peut compromettre sur les biens de son épouse, et spécialement sur les biens dotaux.

Les consorts Marion. — Les frères Marchand. — 20 juin 1817. — Chamb. temporaire (1).......... J. 3. 377

---

(1) Considérant que François Marion n'a pas pu compromettre sur les biens de son épouse, soit que les biens sur lesquels portait le compromis fussent dotaux, soit que ces biens fussent paraphernaux, parce qu'au second cas le mari n'en avait pas même l'administration, et que, relativement au premier cas, le mari qui, étant constitutaire

33. — Le mari peut renoncer à une donation faite à sa femme, quoique les biens faisant partie de la donation soient devenus dotaux à celle-ci, si cette renonciation a pour but de l'affranchir des dettes dont le montant, à l'époque de la donation, absorbait la valeur des biens donnés.

Les mariés Fontaine. — Les mariés Didier. — 15 mars 1820. — 1re chamb.
J. 3. 477

Art. 3. — Inaliénabilité de la dot et révocation de l'aliénation.

34. — La femme mariée sous le régime dotal ne peut, par les engagements qu'elle contracte pendant le mariage, compromettre ou engager sa dot, même mobilière.

La femme Chautems. — Les héritiers Chenevas. — 25 mars 1817. — 1re ch.

Les mariés Descombes. — La dame Danthon et le sieur Peignard. — 16 mai 1818. — Chamb. civ.

La femme Borel. — Les sieurs Rival et Buissard. — 18 août 1818. — Ch. civ.

La veuve Bailly. — Le sieur Grand. — 31 mars 1819. — 1re chamb. (1).
V². 272

des droits dotaux, peut, dans quelques circonstances, en traiter, ne peut, dans aucun cas, les exposer par un compromis, et priver son épouse d'être jugée par les tribunaux ordinaires, qui seuls ont une autorité publique, tandis que la conservation des biens dotaux importe à l'Etat.

(1) V., pour les motifs, l'arrêt suivant.

35. — La femme, même séparée de biens, ne peut aliéner sa dot mobilière.

Les sieurs Guillambaud et consorts. — La femme Riquet. — 31 juillet 1820. — 1re chamb. (2) . . . . V². 272

(2) Attendu que, dans la ci-devant province de Dauphiné, pays de droit écrit, il était de principe constant que la femme, mariée sous le régime dotal, ne pouvait aliéner, pendant le mariage, sa dot mobilière, tout comme sa dot immobilière ; que ce principe ne recevait aucune altération, quoique la femme obtint la séparation de biens, par le désordre des affaires du mari ; que, dans ce cas, elle n'en pouvait retirer que les fruits, pour sa nourriture et celle de ses enfants, suivant la disposition de la loi 29, *Cod. de jure dotium ;* que, suivant la jurisprudence du ci-devant parlement de Grenoble, la femme, séparée de biens, était colloquée pour sa dot mobilière sur les immeubles de son mari, pour en percevoir les fruits seulement ; ou bien, lorsque le mari ne possédait pas des immeubles, ses deniers dotaux étaient placés dans des mains rescéantes et solvables, ou bien encore ses deniers dotaux restaient entre les mains des acquéreurs des biens du mari, si les biens de celui-ci avaient été vendus ; desquels deniers, en ce cas, la femme ne pouvait retirer que les intérêts ; jurisprudence qui avait pour but de garantir la femme de sa propre faiblesse, et principalement de conserver la dot entière ;

Attendu qu'il résulte du procès-verbal de la discussion du Code civil, que les auteurs de ce Code ont voulu maintenir le régime dotal tel qu'il existait dans les pays de droit écrit, principe reconnu, d'ailleurs, par la cour de cassation, dans son arrêt du 1er février 1819, cause Malinvaud et Devoyon ;

Attendu que, depuis la promulgation du Code civil, il a été jugé constamment par cette cour, non-seulement que la séparation de biens, sous l'empire de ce Code, n'avait

Arrêt conforme :

Les mariés Croizel. — Le sieur Ferlin et les syndics de la faillite Croizel. — 5 août 1828. — 1re chamb. J. 4. 208

36. — La femme séparée de biens peut aliéner les fruits de ses biens dotaux ; ce n'est là qu'un acte d'administration.

point l'effet d'effacer la dotalité des immeubles déclarés dotaux par le contrat de mariage, mais encore que, si l'article 1563 se référait aux articles 1443 et suivants, ce n'était uniquement qu'en ce qui était relatif à la procédure, pour obtenir la séparation de biens et non à ses effets ; qu'il suit de ces principes que les auteurs du Code civil, dans les articles 1449 et suivants, n'ont eu en vue que les effets de la séparation, pour les femmes mariées sous le régime de la communauté, et nullement ceux pour les femmes mariées sous le régime dotal, lesquels alors doivent être régis par les anciens principes ; que, quand ce point de droit pourrait être douteux, il faudrait encore le décider ainsi, suivant l'adage *interest rei publicæ, dotes mulierum salvas esse ;* que rien ne forme d'ailleurs obstacle à ce qu'en remplacement de la collocation, qui ne peut plus avoir lieu aujourd'hui, les tribunaux ne puissent ordonner d'autres sûretés pour la conservation de la dot mobilière, lorsque surtout le remboursement en est fait en argent ou en mobilier ;

Considérant que les principes anciens doivent recevoir plus particulièrement leur application dans la cause actuelle, puisque le contrat de mariage dont il s'agit a été passé antérieurement aux dispositions du Code civil ; qu'ainsi, sous tous les rapports, la femme Riquet, quoique séparée de biens, n'a pu aliéner sa dot mobilière, qui était destinée, par la loi, à nourrir elle et sa famille, et que c'est avec raison que le tribunal dont est appel a déclaré nulles les obligations qu'elle a souscrites.

La femme et les consorts Riquet. — — Le sieur Gonnet. — 24 février 1825. — 1re chamb............ J. 1. 546

37. — Les intérêts de la dot peuvent être saisis, à concurrence de ce qui a servi aux besoins de la famille ; le créancier peut poursuivre son paiement sur les intérêts échus, mais non sur ceux à échoir indéfiniment.

Les mariés Croizel. — Le sieur Ferlin et les syndics de la faillite Croizel. — 5 août 1828. — 1re chamb. J. 4. 208

38. — Lorsque la vente du fonds dotal échu sous l'empire du Code civil a lieu pour l'un des cas énoncés dans l'art. 1558, il doit être fait emploi du prix de vente ou de l'excédant du prix, quoique le mariage soit antérieur à sa publication, et que l'emploi ne fût point exigé dans le droit ancien.

Joseph Demaffé et autres. — Les sœurs Gautier et leurs maris. — 28 juillet 1809. — 2e chamb.... V¹. 263

39. — La vente du fonds dotal faite par le mari est nulle, quoique la faculté d'aliéner lui ait été accordée dans son contrat de mariage, s'il ne s'est pas entièrement conformé aux conditions prescrites par ce contrat pour l'emploi du prix.

Pierre Pize. — François Beau. — 3 décembre 1824. — 2e ch. (1). J. 1. 369

____

(1) Attendu que les immeubles dotaux sont inaliénables de leur nature, à moins que l'aliénation n'en ait été permise au mari dans le contrat de mariage ;

40 . — Le mari seul ne peut pas vendre les immeubles dotaux lorsque, par le contrat de mariage, la femme s'est réservé la faculté de les aliéner.

Les mariés Guillermet. — Louis Lépine. — 13 février 1824. — 2ᵉ chamb.

J. 1. 397

Arrêt conforme :

Les consorts Prat. — Les mariés Faure et Frezet. — 8 janvier 1823. — 2ᵉ chamb.............. J. 2. 208

41 . — La clause qui soumet la femme mariée sous le régime dotal aux peines du stellionat, en cas de fausse déclaration d'hypothèque, est radicalement nulle, d'abord comme portant sur des biens dotaux, et ensuite comme pouvant devenir un moyen détourné de l'aliénation de la dot.

La femme et les consorts Riquet. — — Le sieur Gonnet. — 24 février 1825. — 1ʳᵉ chamb............ J. 1. 546

42 . — La nullité de la vente du fonds dotal n'est ni absolue ni d'ordre public, elle n'est que relative ; en conséquence, elle ne peut être demandée que par la

femme , ses héritiers ou le mari. (Art. 1560 , Cod. civ.)

Ce principe doit être consacré , quand même l'acquéreur a ignoré ou qu'on lui a laissé ignorer la dotalité de l'immeuble vendu.

Les mariés Perroud. — Les sieurs Rousset et M. le général Donna. — 24 décemb. 1828. — 2ᵉ ch. (1). J. 4. 328

43 . — L'acquéreur du fonds dotal peut-il demander lui-même la nullité de la vente , si le mari a vendu seul et sans faire connaître la dotalité ? *Quid* en cas d'échange ?

Que , dans ce cas, si la permission n'a été accordée au mari que sous des conditions à lui imposées dans l'intérêt de la femme , il faut nécessairement que ces conditions soient remplies pour que le mari puisse vendre valablement les biens dotaux ;

Que , si elles n'ont pas été remplies, la vente passée par le mari est nulle, comme si l'aliénation n'avait pas été permise, et la femme peut revendiquer, contre l'acquéreur, les biens qui ne lui auraient été vendus qu'en violant la loi du contrat, sans laquelle la vente ne pouvait avoir lieu.

(1) Attendu que le Code civil , conforme aux anciens principes suivis en Dauphiné , a réglé d'une manière spéciale , au chapitre du régime dotal, tout ce qui est relatif à la vente du bien dotal , et qu'ainsi les principes généraux du droit , relatifs aux autres ventes , ne peuvent y être appliqués ;

Attendu que , par l'article 1560 du Code civil, le législateur a prévu le cas où l'acquéreur du fonds dotal serait averti de la dotalité dans le contrat, et celui où il ne le serait pas ;

Attendu que dans l'un et l'autre de ces cas il n'a donné qu'à la femme , au mari et aux enfants l'action en révocation de la vente , et que par là il a virtuellement refusé cette action à l'acquéreur , d'après la maxime *inclusio unius est exclusio alterius ;*

Attendu que la seule différence que le législateur a faite entre le cas où le mari a déclaré dans le contrat la dotalité , et celui où il ne l'a pas déclarée, consistant dans ce que, dans ce dernier cas, il est soumis à des dommages-intérêts ; il suit évidemment de là que , pas mieux dans ce cas que dans le premier , le législateur n'a donné à l'acquéreur du fonds dotal l'action en révocation de la vente.

18

44. — La demande formée par la femme devenue veuve, en paiement du prix de la vente de ses biens dotaux, n'emporte pas renonciation à demander la nullité de cette vente, lorsque cette demande est subordonnée au point de savoir s'il existait des dettes suffisantes pour que la vente eût été nécessaire, et que la femme ne pouvait connaitre ce fait que par le compte de l'acquéreur, chargé de payer les créanciers.

Les consorts Blanc. — André Albertin et autres. — 28 août 1829. — 2ᵉ chambre................ J. 4. 499

45. — La femme mariée avant le Code civil, qui aliène sous l'empire de ce Code ses immeubles dotaux pour tirer son mari de prison, doit suivre les formalités prescrites par l'art. 1558 du Code civil; la vente dans laquelle ces formalités n'ont pas été suivies doit être annulée.

Eymard. — Veuve Villaret et Pillon. — 25 mars 1830. — 1ʳᵉ ch.. J. 5. 150

46. — La femme mariée sous le régime dotal ne peut aliéner ses biens pour l'établissement de ses enfants, qu'autant que l'enfant qui en est l'objet se trouve dans une position qui assure aux autres enfants la conservation de la dot, laquelle ne doit étre pour lui qu'un avancement d'hoirie.

------

(1) L'auteur de cette dissertation y soutient l'affirmative, en invoquant les principes sur la vente de la chose d'autrui, et l'erreur sur la substance de la chose.

Jean-Baptiste Grand. — Marc Gauthier. — 4 août 1832. — 4ᵉ chambre. J. 6. 364

47. — La femme dont le mari a aliéné les immeubles dotaux ne peut faire révoquer cette aliénation qu'après la dissolution du mariage ou sa séparation de biens.

Les frères Vindret et le sieur Demars. — Les mariés Moly. — 21 mai 1824. — 2ᵉ chambre.......... J. 1. 346
Arrêt conforme :
Les consorts Marion. — Les frères Marchand. — 20 juin 1817. — Ch. temp.................. J. 3. 377

48. — La femme peut, pendant le mariage, faire révoquer l'aliénation des biens dotaux vendus par son mari seul, si, par une clause spéciale de son contrat, elle s'est réservé la faculté de les vendre.

Les mariés Guillermet. — Louis Lépine. — 13 février 1824. — 2ᵉ chamb. J. 1. 397

49. — Le mari qui a vendu les immeubles dotaux de sa femme sans en faire connaitre la qualité à l'acquéreur, est non recevable à attaquer cette vente, quoiqu'elle n'ait été faite que depuis le Code civil, si la dotalité résulte d'un contrat antérieur.

Les frères Vindret et le sieur Demars. — Les mariés Moly. — 21 mai 1824. — 2ᵉ chamb............ J. 1. 346

50. — Le mari est recevable, pendant le mariage, à faire révoquer l'aliénation par lui faite des immeubles

dotaux , en demeurant néanmoins sujet aux dommages-intérêts de l'acheteur , quoiqu'il ait déclaré dans le contrat que les biens étaient dotaux , s'il s'y est attribué la faculté d'aliéner qu'il n'avait pas.

Les mariés Guillermet. — Louis Lépine. — 13 février 1824. — 2ᵉ chamb. J. 1. 397

51. — La femme qui n'est pas légalement séparée de biens doit être déclarée non recevable , en l'état , à demander, contre les tiers , le délaissement de ses immeubles dotaux.

Joseph Durand. — Marie Bouvier , femme Gonon. — 1ᵉʳ juin 1822. — 2ᵉ chamb .... J. 2. 545

52. — La vente des immeubles dotaux passée par le mari, antérieurement au Code civil, ne peut pas être attaquée par les enfants, héritiers du vendeur , alors même que l'acquéreur a su que les biens vendus étaient dotaux ; les enfants sont non recevables à raison de leur qualité d'héritiers du vendeur.

Les consorts Bret. — Les consorts Lambert. — 6 mars 1833.. J. 6. 385

Art. 4. — Obligations de la femme relativement à ses biens dotaux.

53. — L'obligation contractée par la mère dont les biens sont dotaux , pour le remplacement de son fils à l'armée, n'est pas en faveur de celui-ci un établissement dans le sens déterminé par l'art. 1556 du Code civil. Ainsi, l'engagement de la mère , à cet égard, ne

peut grever ses biens dotaux quant au capital.

La femme et les consorts Riquet. — Le sieur Gonnet. — 24 février 1825. — 1ʳᵉ chambre.............. J. 1. 546
Arrêt contraire :

Les héritiers Filleul. — La veuve Tatin et le sieur Maumet. — 21 janvier 1835. — 1ʳᵉ chamb. (1)... J. 7. 493

54. — Les jugements rendus contre une femme mariée sous le régime dotal ne peuvent recevoir leur exécution sur les biens dotaux , lors même qu'ils auraient acquis l'autorité de la chose jugée, s'ils ne sont relatifs ni à ces biens dotaux ni aux dettes qui les affectent.

La veuve Brian. — Alexandre Baratier. — 11 juillet 1823. — 2ᵉ chamb. J. 2. 284

55. — Les obligations d'une femme séparée de biens et mariée sous le régime dotal sont valables , et peuvent être exécutées sur les fruits et revenus

____

(1) Attendu que le principe d'inaliénabilité du fonds dotal a des exceptions tracées dans la loi ; qu'au nombre de ces exceptions est l'établissement des enfants (art. 1556) ;

Attendu que cette expression *établissement* ne se rapporte pas seulement à un mariage , mais à tout ce qui peut procurer un état ;

Qu'en cherchant à soustraire son fils au service militaire , la veuve Tatin lui a fourni les moyens de se procurer un état plus en harmonie avec ses goûts, et pour une somme qui ne peut excéder la portion que son fils peut avoir à prétendre dans sa succession : qu'elle a donc contracté pour son établissement , et que cette convention peut frapper par conséquent les immeubles dotaux

de la dot, *encore existants;* mais les exécutions ne peuvent avoir lieu sur les biens dotaux, à concurrence des fruits et revenus échus depuis la séparation, et qui ont été consommés par la femme ou compensés avec des intérêts par elle dus.

Claude Potalier. — Jean - Antoine Bontoux. — 24 décembre 1823. — 1:e chamb.................. J. 2. 349

56. — Les engagements consentis pendant le mariage, par la femme mariée sous le régime dotal, ne peuvent être exécutés après la dissolution du mariage, sur ses immeubles dotaux. Mais il en est autrement si, après la dissolution, le créancier a obtenu contre la femme un jugement qui a acquis l'autorité de la chose jugée, ordonnant l'exécution de ces mêmes engagements.

Marie Chevalier, veuve Durif. — Le sieur Chenevas-Paule. — 19 novembre 1831. — 2ᵉ chamb........ J. 5. 485

57. — Sous le régime dotal, la femme séparée de biens peut, sans l'autorisation de son mari, non-seulement s'obliger, mais aliéner une partie de ses revenus, pour ses besoins et ceux de sa famille, pourvu que ce soit dans les limites d'une bonne administration.

La dame Blanc-Duclos. — Le sieur Rolland. — 13 décembre 1831. — 1ʳᵉ chambre............... J. 5. 505

58. — La clause d'un contrat de mariage par laquelle, après avoir adopté le régime dotal, la femme se constitue tous ses biens présents et à venir, dont elle se réserve l'administration et la jouissance en paraphernal, et la libre disposition pour aliéner ses immeubles, ne fait point disparaître le principe de dotalité, et la femme ne peut valablement hypothéquer ni subroger à son hypothèque légale.

Femme Pinel. — Gourju et Brizard. — 25 avril 1834. — 1ʳᵉ ch. J. 7. 279

Art. 5. — Effet de la séparation de biens. — Restitution de la dot.

59. — La séparation de biens ne fait point cesser l'inaliénabilité des biens dotaux. — En conséquence, la femme ne peut réclamer, par voie d'hypothèque légale, contre son mari, les deniers provenant de la vente de ses biens dotaux; elle n'a que l'action en revendication.

La femme Trolliet. — Les sieurs David et Genissieux. — 11 juillet 1816. — 1ʳᵉ chambre............ V⁎. 267

Arrêts conformes :

Les cohéritiers Trolliet. — Escoffier et Allier. — 3 juin 1818. — Ch. civ.
V⁎. 269

Joubert. — Crozat. — 2 mars 1819. — 1ʳᵉ chamb. (1).......... V⁎. 271

60. — La femme séparée de biens peut recevoir des capitaux mobiliers sans autorisation et sans caution.

Etienne Bernard. — La femme Castanel. — 29 mars 1816. — 2ᵉ chambre.
V⁎. 271

---

(1) V., sur la même question, les arrêts cités au mot *Hypothèque légale.*

61. — La femme mariée sous le régime dotal, séparée de biens judiciairement, ne peut retirer sa dot mobilière et son trousseau des mains du mari, qu'à charge d'emploi ou de placement chez une personne rescéante et solvable.

Les mariés Luneau. — 24 mars 1821. — 1ʳᵉ chambre............. Vᵉ. 274

62. — La femme séparée de biens n'est pas tenue, envers les tiers-possesseurs des immeubles de son mari, contre lesquels elle a exercé l'action hypothécaire, de fournir emploi pour la restitution de ses créances dotales; les tiers-possesseurs sont valablement libérés par le paiement fait à la femme.

Les sieurs Terpan, Ferrand et Moréon. — La femme Poncet. — 29 mars 1828. — 2ᵉ chambre.

Arrêt conforme :

Les mariés Barret. — Robert. — 22 juin 1827. — 2ᵉ chamb.... J. 4. 127

63. — La femme séparée de biens, sous le Code civil, n'est pas tenue de fournir emploi ou caution pour la restitution de ses créances dotales, lorsque le mari n'y a pas lui-même été soumis par le contrat de mariage; les tiers-possesseurs sont valablement libérés par le paiement fait à la femme.

Les héritiers Arnaud. — La veuve Vial. — 22 juillet 1830. — 1ʳᵉ chamb. J. 5. 340

64. — Quoique par le contrat de mariage le mari ait été soumis à fournir hypothèque pour pouvoir retirer le prix de vente des immeubles dotaux, la femme, après sa séparation de biens, reprenant la libre administration de ses biens, peut retirer ces mêmes prix de vente sans être soumise à la même condition.

François Macaire. — Les mariés Vassieux. — 28 février 1832. — 1ʳ chamb. (1)............... J. 6. 83

(1) Attendu que le contrat de mariage de la femme Vassieux donne à son mari, avec le pouvoir de vendre les immeubles, celui d'en retirer le prix, à la charge seulement de fournir hypothèque pour sûreté dudit prix :

Attendu qu'il s'ensuit que les aliénations faites par ledit mari, antérieurement à la séparation de biens du 21 juin 1830, sont valables, et que ne s'agissant plus que du prix de ces immeubles, le droit de le retirer constitue une créance mobilière au profit de la femme Vassieux ;

Attendu que, par suite de ladite séparation de biens, la femme Vassieux, ayant repris la libre administration de ses biens, ne peut être assujettie à la charge d'une hypothèque imposée dans son propre intérêt et seulement à son mari, hypothèque que ladite femme Vassieux ne pourrait d'ailleurs se fournir à elle-même pour sûreté de sa propre dot ;

Attendu, d'ailleurs, que cette hypothèque conventionnelle n'ayant été évidemment stipulée que parce qu'à l'époque du mariage, Vassieux (le mari) n'avait point d'immeubles libres, et pour suppléer ainsi à l'hypothèque légale qui aurait appartenu à la femme Vassieux, si son mari avait possédé des immeubles, la femme se trouve ainsi réellement dans le droit commun et sous l'empire de la jurisprudence qui, en cas de séparation de biens, lui en accorde la libre administration :

Attendu qu'il résulte des circonstances de la cause que la femme Vassieux a un pressant besoin de retirer le prix desdits immeubles vendus par son mari, pour soutenir et élever sa famille :

65. — Lorsqu'une femme mariée sous le régime dotal, avec faculté au mari d'aliéner les immeubles dotaux, mais à condition de fournir hypothèque pour sûreté du prix, a obtenu de la justice l'autorisation de retirer, après sa séparation de biens, les prix de vente sans fournir hypothèque, les acquéreurs sont sans intérêt à exiger de la femme l'emploi par hypothèque ; ils ne peuvent discuter la légalité de l'autorisation.

Les mariés Vassieux. — Le sieur Antoine Rochas et consorts. — 20 décembre 1832. — 2ᵉ chamb. J. 6. 367

66. — Si le mari d'une femme qui s'est constitué en dot une portion d'un immeuble qu'elle possède par indivis avec des communistes, achète la portion de ces communistes, la femme ne peut retraire l'immeuble ainsi acquis par le mari, que dans le cas où elle retrouve les choses dans leur entier, après la dissolution du mariage.

Les frères Allier. — Les créanciers du sieur Allier père. — 22 juillet 1825. — 2ᵉ chambre.......... J. 2. 330

67. — La femme ne peut, avant la séparation de biens, acquérir valablement de son mari des immeubles en remboursement de ses créances dotales non liquidées.

La femme Durand et le sieur Durhone. — Les héritiers Bardin. — 24 janvier 1826. — 1ʳᵉ chambre..... J. 2. 511

Attendu que le tiers-acquéreur Macaire sera valablement libéré en payant à qui par justice est ordonné, et qu'ainsi il n'a point intérêt à repousser la demande de la femme Vassieux.

68. — La femme ne peut réclamer les intérêts de ses reprises dotales, à dater du jour de sa demande en séparation de biens, lorsqu'il y a eu de sa part suspension de poursuites pendant un certain temps ; les intérêts courus pendant la durée de la suspension des poursuites ne pourraient lui être alloués qu'autant qu'elle justifierait avoir été séparée de fait et avoir fourni à sa nourriture et à son entretien pendant cet intervalle.

La femme Mignardet. — Les mariés Riondet. — 14 mai 1832. — 1ʳᵉ ch.

J. 6. 282

69. — La femme mariée sous le régime dotal peut-elle, après qu'elle a fait prononcer sa séparation de biens, aliéner la totalité de ses revenus dotaux ? Elle ne peut aliéner que l'excédant de ses revenus, distraction faite de ce qui est nécessaire à sa nourriture et à son entretien et à ceux de sa famille.

Femme Berger. — Mariés Chalmas et veuve Payet. — 12 mai 1834. — 1ʳᵉ chambre................ J. 7. 351

V. COMPENSATION. — HYPOTHÈQUE LÉGALE. —PRESCRIPTION.— SÉPARATION DE BIENS.

DOUBLE ACTION. — V. HYPOTHÈQUE LÉGALE, où les principaux arrêts sur la matière sont recueillis. — V. aussi DOT. —FEMME. — MINEUR.

DROITS LITIGIEUX.

1. — *Cession.* — *Prohibition.*

La prohibition d'acheter des droits litigieux ne s'étend pas aux fils des notaires, si l'on ne prouve réellement l'interposition de personne.

Ribaud-Goubernard. — Suat. — 9 mai 1848. — Chamb. civ.... V². 749

2. Cession. — Droits successifs. — Rescision.

La cession par des prétendant-droit à une succession, en faveur d'un autre prétendant, de tous leurs droits et prétentions à cette succession, moyennant le quart de la somme qui résultera de la liquidation, à charge par le cessionnaire de supporter tous les frais à faire pour retirer l'hoirie des mains des détenteurs est valable, soit comme cession de droits successifs à périls et risques, à cause du danger de supporter les frais de toute nature, en pure perte, soit comme cession de droits litigieux, à cause des contestations à vider relativement à la qualité d'héritier et à la consistance ou au délaissement des valeurs de l'hoirie.

Une pareille cession, faite sans fraude, n'est pas soumise à l'action en rescision établie par l'art. 888 du Code civil, soit parce qu'elle n'est point un acte ayant pour objet de faire cesser l'indivision, soit parce qu'elle rentre dans le cas exceptionnel prévu par l'art. 889.

En vain objecterait-on que la vente est nulle faute de prix; l'appréciation d'une vente à périls et risques doit être faite d'après les règles des contrats aléatoires dans lesquels les avantages peuvent être incertains pour toutes les parties.

Une pareille cession ne renferme pas la clause potestative irritante.

Richard et Mathonet. — Mᵉ Poya. — 31 décembre 1833. — 1ʳᵉ ch. J. 7. 158

3. — Cession. — Subrogation.

La cession de sommes fixes, données par actes entre-vifs, ne porte point sur un objet litigieux; ainsi, la demande en subrogation, autorisée par l'art. 1699 du Code civil, n'est pas fondée en ce cas.

Joseph Boulu. — Abel Godeffroy-Martin. — 29 décembre 1825. — 1ʳᵉ ch.................... J. 3. 267

4. — Créancier. — Subrogation.

Le créancier, possesseur à titre de gage, qui, pendant l'instance liée pour le contraindre à la restitution, achète les droits de quelques-uns des co-propriétaires du gage, n'est pas censé acheter des droits litigieux. En conséquence, il n'y a pas lieu à la subrogation.

Trouilloud. — Rosset. — 30 juin 1840. — 2ᵉ chambre........ V². 729

5. — Retrait. — Action immobilière.

Le retrait de droits litigieux, établi par l'art. 1699 du Code civil, ne s'applique qu'aux créances et droits incorporels, et non point aux immeubles et aux droits qui en dépendent.

Le sieur Dumas. — Les intéressés au canal de Corps. — 7 mars 1833. — 2ᵉ chambre .... J. 7. 52

6. — Subrogation. — Degré de juridiction.

La demande en subrogation sur cession de droits litigieux n'est pas

soumise aux degrés de juridiction ordinaires ; elle peut être formée *de plano*
devant la cour.

La commune de Champoléon. — Le
chevalier d'Hugues. — 19 mai 1828. —
1re chambre (1).......... J. 4. 353

EAUX.

1. — *Arrosage.*

Le droit d'arrosage , stipulé dans un
titre , pour chaque mardi, ou tel autre
jour de la semaine, peut être exercé
dans toutes les saisons de l'année : ce
droit ne peut même être restreint pendant la durée de l'hiver.

M. Louis - Prosper Dugros et consorts. — Jean - Jacques Machon. — 2
mars 1814. — 1re chambre. J. 3. 231

2. — *Canal d'arrosage. — Société. —
Moulins.*

Lorqu'un certain nombre de propriétaires intéressés à l'établissement

____

(1) Attendu que l'exercice de la subrogation , résultant des dispositions de l'article
1699 et suivants du Code civil , ne peut avoir
lieu nécessairement que pendant l'existence
du litige , et que peu importe l'époque de la
demande, puisque le cessionnaire est dédommagé en totalité à l'époque où l'exercice a
lieu ;

Que cette action ne peut être réputée elle-
même un litige , qui doit s'exercer comme les
actions ordinaires , en suivant les degrés de
juridiction , puisqu'elle est accordée pour
terminer un litige existant ; que , sous ce
rapport , la commune de Champoléon est
recevable dans la demande en subrogation à
laquelle elle a conclu principalement devant
la cour.

d'un canal d'arrosage ont concouru
ensemble à la confection de ce canal ,
et ont contracté une société pour cet
objet, cette circonstance n'est pas un
obstacle à ce que l'un de ces propriétaires , devenu plus tard acquéreur de
moulins, puisse demander , en cette
nouvelle qualité , la suppression du
canal et la jouissance exclusive des
eaux.

Dumas. — Les intéressés au canal de
Corps. — 7 mars 1833. — 2e ch.
J. 7. 52

3. — *Canal. — Usine.*

Quoiqu'en matière de cours d'eau , il
soit de principe que le canal qui sert à
conduire les eaux à une usine est une
dépendance de l'usine, ce principe n'est
qu'une présomption qui cède à la
preuve contraire , résultant des circonstances. Ainsi , l'étendue du canal ,
l'importance des dépenses faites pour
son établissement, et l'interprétation
de diverses clauses des actes , peuvent
conduire à décider que le propriétaire
de l'usine n'est pas le propriétaire du
canal, et qu'il a seulement un droit de
servitude sur le canal et sur les eaux.

Le sieur Sauteyra. — Le sieur Reynaud. — 23 août 1828. — 2e chambre.
J. 4. 239

4. — *Propriétaires riverains. —
Prescription.*

Le droit attribué par l'art. 644 du
Code civil au propriétaire riverain, de
se servir des eaux qui bordent son héritage , est imprescriptible , et il peut

toujours être exercé malgré le non-usage, sauf les droits acquis en faveur du propriétaire du fonds inférieur.

Veuve Chazel. — Lombard-Quincieux. — 17 juillet 1830. — 2ᵉ chamb.
J. 5. 109.

5. — *Puissance seigneuriale.* — *Propriété.*

Le seigneur haut-justicier, en vertu de la puissance seigneuriale, était anciennement le maître des eaux qui coulaient dans sa seigneurie.

Veuve Chazel. — Lombard-Quincieux. — 17 juillet 1830. — 2ᵉ chamb.
J. 5. 109.

6. — *Ruisseau.* — *Propriétaire riverain.*

Les eaux d'un ruisseau, comme le terrain qu'elles couvrent, sont la propriété des deux possesseurs riverains qui ne peuvent rien faire, l'un au préjudice de l'autre, de contraire à la communion ou indivision, qui veut que l'usage des eaux soit égal entre eux.

Les propriétaires riverains d'un ruisseau devant rendre l'eau, à la sortie de leurs fonds, à son cours ordinaire, ne peuvent la conduire dans des propriétés non riveraines.

Les mariés Maurel. — Les mariés Allec, les sieurs Eyraud, Meyer et autres. — 23 février 1833. — 2ᵉ chamb.
J. 6. 450

7. — *Source.* — *Prescription.* — *Travaux apparents.*

Le propriétaire du fonds sur lequel naît la source n'est pas le seul qui puisse se prévaloir du défaut de travaux apparents sur sa propriété; chacun de ceux sur la propriété desquels l'eau passe le peut également, quand on lui oppose la prescription.

Veuve Chazel. — Lombard-Quincieux. — 17 juillet 1830. — 2ᵉ chamb.
J. 5. 109

8. — Le propriétaire d'une source surgissant dans son fonds supérieur, conserve le droit de disposer des eaux de cette source, et d'en changer la direction, quelle que soit la durée du temps pendant lequel elle a coulé sur les fonds inférieurs, à moins que les propriétaires de ceux-ci n'aient acquis un droit contraire par titre ou par prescription de trente ans, à compter du jour où ils auraient fait, sur ledit fonds supérieur, des ouvrages apparents destinés à faciliter la chute et le cours de l'eau dans leurs propres fonds.

Le sieur Ruelle. — Joseph Turc. — 30 novembre 1831.—1ʳᵉ ch. J. 5. 514

V. Servitudes.

ÉCHANGE.

1. — *Dépossession.* — *Action.*

Dans le cas d'un échange, et lorsque l'un des copermutants était dépossédé de la chose à lui livrée, il n'avait point d'action contre les tiers sous l'ancien droit, et ne pouvait agir que contre son copermutant.

Martinon. — Bez et autres. — 23 avril 1830. — 2ᵉ chambre.. J. 5. 88

2. — *Eviction. — Tiers-détenteur.*

Sous l'empire du Code civil, le co-permutant qui est évincé de la chose qu'il a reçue en échange a le droit de répéter celle qu'il a remise en contre-échange, alors même qu'elle est passée entre les mains d'un tiers ; mais la revendication de l'échangiste évincé contre le tiers-détenteur ne peut être que de la quotité pour laquelle l'échange se trouve annulé.

Niel. — Blache. — 18 juillet 1834. — 2ᵉ chambre.......... J. 7. 321

V. Dot.

EFFETS DE COMMERCE.

1. — *Endossement en blanc. — Droit ancien.*

La disposition de l'édit du commerce de 1673, qui ne donnait pas aux simples endossements en blanc l'effet de transmettre au porteur la propriété des effets de commerce, était tombée en désuétude long-temps avant le Code de commerce.

Etienne Jeanmonnet. — Les créanciers de Joseph Achard. — 28 août 1818. — Chamb. civ...... J. 2. 367

2. — *Endossement tardif. — Protêt.*

Lorsqu'une lettre de change a été endossée après son échéance, le porteur n'est pas tenu de la faire protester dans un certain délai.

Johannis. — Besson. — 27 germinal an 9. — 1ʳᵉ sect........... V. 27

3. — *Protêt.*

L'ordonnance de 1673, sur la nécessité de faire protester, à l'échéance, les effets de commerce, ne s'applique qu'aux billets et lettres de change, et non aux billets souscrits entre non-commerçants, et qui n'ont pas été négociés.

En conséquence, le défaut de protêt et d'assignation ne peut être opposé au porteur par la caution, et l'attermoiement accordé au débiteur ne libère pas la caution.

Pascal. — Garde. — 3 mars 1820. — 2ᵉ chambre............. V. 27

4. — *Signature. — Aval.*

La simple signature au bas d'un effet négociable n'est considérée que comme un aval, et ne produit point une obligation principale.

La veuve Besson. — Le sieur Cuinat. — 3 février 1816. — 2ᵉ ch.. V. 142

V. Billet a ordre. — Lettre de change. — Transport de créances.

EFFETS MILITAIRES.

1. — *Achat. — Peine.*

L'achat d'effets militaires dépendant du petit équipement, tels que chemises, pantalons et souliers, constitue un délit passible non-seulement de l'amende, mais encore de l'emprisonnement portés par l'art. 5 de la loi du 28 mars 1793.

M. le procureur-général. — Marie Magnat, femme Gontard. — 22 novembre 1833. — Ch. correct... J. 7. 12

2. — *Mise en gage.*

La mise en gage, de la part d'un militaire, des effets de son équipement, équivaut à la vente de ces mêmes effets, et constitue, à l'égard de celui qui reçoit ces effets en gage, le délit prévu par l'art. 5 de la loi du 28 mars 1793.

M. le procureur-général. — Chanrion. — 21 novembre 1833. — Chamb. correct.................. J. 7. 10

EFFETS MOBILIERS. — V. Donation.

EFFET RÉTROACTIF.

1. — *Mineur. — Lésion. — Rescision. — Délai.*

L'art. 1676 du Code civil, qui réduit à deux ans l'action en rescision d'une vente pour cause de lésion, ne peut, sans rétroactivité, être appliqué à une vente antérieure à la promulgation du Code, des biens d'un mineur qui n'est devenu majeur que depuis cette promulgation ; ce mineur conserve, même sous le Code, le droit d'exercer cette action en rescision dans les dix ans de sa majorité.

Etienne Mathieu. — Victor Blanc et autres. — 25 mars 1825... J. 2. 552

V. Actions dotales. — Dot. — Femme.

ÉLECTIONS.

1. — *Capacité électorale. — Appréciation.*

L'appréciation de la capacité électorale, dont la loi du 2 juillet 1828 rend les cours royales juges en dernier ressort, n'est point restreinte à l'examen des seuls éléments qui ont servi de base à la décision du conseil de préfecture ; les droits des parties peuvent être établis par de nouveaux documents.

Le sieur Chapert. — M. le préfet du département de l'Isère. — 4 août 1829. — 1ʳᵉ chamb............ J. 4. 486

2. — *Cens électoral. — Omission d'imposition.*

L'omission d'imposition d'une portion d'immeuble ne prive pas le propriétaire du droit de s'en prévaloir pour composer son cens électoral, lorsque la quotité de cette imposition est évaluée par le directeur des contributions.

M. Roy. — M. le préfet de l'Isère. — 19 juin 1830. — 2ᵉ chamb. J. 5. 62

3. — *Contributions. — Délégation. — Veuve.*

La veuve qui n'a que des enfants ou petits-enfants, non revêtus de la capacité actuelle et nécessaire pour l'exercice du droit d'élection, peut déléguer ses contributions foncières à son gendre, pour former à celui-ci son cens électoral. (Loi du 29 juin 1820.)

Le sieur Champollion. — Le ministère public. — 16 décembre 1828. — 1ʳᵉ chambre............ J. 4. 335

4. — *Contributions. — Délégation.*

La grand'mère peut déléguer ses contributions en faveur du mari de sa petite-fille. (Art. 5, loi du 29 juin 1820.)

Le sieur Pey. — Le préfet de l'Isère. — 16 juin 1830. — 1re ch.. J. 5. 73

5. — Contributions. — Vérification des poids et mesures.

La contribution pour vérification des poids et mesures est une contribution directe, puisqu'elle frappe directement sur la personne.

M. Martin. — Le préfet de l'Isère. — 19 juin 1830. — 2e chambre. J. 5. 75

6. — Cour royale. — Nouvelles pièces.

Un électeur qui ne justifiait, devant le préfet, que d'un cens inférieur à 300 fr., peut augmenter ses justifications devant la cour, et se faire admettre sur la liste pour le cens dont il justifie par les pièces nouvellement produites.

M. Valentin. — Le préfet de la Drôme. — 19 juin 1830. — 2e chamb. J. 5. 59

7. — Donation. — Transcription.

Le défaut de transcription d'une donation n'est pas un obstacle à ce que le donataire soit considéré comme investi de l'objet donné.

Le sieur Morin. — Le préfet de la Drôme. — 29 juin 1830. — 1re chamb. J. 5. 65

8. — Fonctions amovibles. — Domicile.

L'électeur qui a rempli des fonctions amovibles reprend son domicile d'ori-

gine par la révocation de ses fonctions.

M. de Trouilloud. — M. le préfet de l'Isère. — 18 juin 1830. — 2e chamb. J. 5. 71

9. — Liste électorale. — Inscription. — Déchéance.

L'électeur qui, ayant des droits certains à l'inscription sur la liste, n'a pas réclamé son inscription lors de la formation des listes annuelles, n'a pas encouru la déchéance prononcée par l'art. 6 de la loi du 2 mai 1827 ; cet article a été abrogé par les art. 11 et 22 de la loi du 2 juillet 1828.

Le baron de Saint-Priest. — Le préfet de la Drôme. — 15 juin 1830. — 1re chambre............... J. 5. 51

10. — Listes électorales. — Inscription. — Mandat.

La forme du mandat en vertu duquel un tiers réclame l'admission d'un individu sur les listes électorales n'étant pas déterminée par la loi, ce mandat peut résulter suffisamment de lettres missives ou de la production, par le mandataire, des pièces du réclamant.

Le sieur Ducrest et autres. — M. le préfet de l'Isère. — 17 juin 1830. — 1re chambre............ J. 5. 55

11. — Listes électorales. — Inscription. — Retard.

Le défaut de production de pièces justificatives du cens dans le délai fixé n'est pas un obstacle à l'inscription sur la liste, lorsque le retard ne provient pas du fait de l'électeur qui réclame

M. Valentin. — Le préfet de la Drôme. — 19 juin 1830. — 2ᵉ ch.

J. 5. 59

12. — *Négociant.* — *Patente.*

Le changement fait spontanément par l'administration, dans la classe de la patente d'un négociant, sans que le genre de commerce de ce négociant ait changé, ne peut nuire aux droits électoraux de ce négociant : ainsi, le banquier qui n'avait été porté précédemment sur les rôles que pour une patente de négociant, et dont la patente se trouve élevée pour l'année courante, à raison de sa qualité de banquier, doit être porté sur les rôles à raison de la nouvelle patente.

MM. Dubeux, Février, Gaillard, Mounier, Michal et Doyon, appelants. — Le préfet de l'Isère. — 14 juin 1830. — 1ʳᵉ chambre...... J. 5. 54

13. — *Possession annale.* — *Possesseur à titre successif.*

Le possesseur à titre successif est dispensé de la possession annale.

Le sieur Bergeret. — M. le préfet de la Drôme. — 9 juin 1829. — 1ʳᵉ ch.

J. 5. 68

ÉMIGRÉS.

1. — *Indemnité.* — *Disposition à titre singulier.* — *Interprétation.* — *Transmission.*

Lorsqu'il s'agit d'interpréter des dispositions à titre singulier, pour savoir si elles contiennent la transmission de l'indemnité, les juges doivent avoir égard à ce que la législation de l'époque pouvait avoir de gênant pour le disposant dans l'expression de sa volonté ; et dès-lors ils peuvent trouver, dans des expressions puisées dans l'ordre des choses qui existait alors, l'intention de transmettre l'indemnité, ou, en d'autres termes, les droits éventuels et les espérances qui se rattachaient aux biens confisqués, et qui ont été réalisées par la loi du 27 avril 1825.

L'indemnité attribuée aux émigrés par cette loi a pu être transmise par des dispositions à titre singulier, aussi bien que par des dispositions universelles.

M. le marquis de Vaulserre. — Mᵐᵉ la baronne du Laurens.—27 août 1829. 1ʳᵉ chamb............. J. 4. 542

2. — *Prescription.*

L'émigration n'est pas une cause de suspension de prescription, les émigrés étant représentés par la nation qui pouvait faire valoir leurs droits.

Les mariés de Mortel. — La commune de Saint-Symphorien-d'Ozon. — 30 mars 1832. — 2ᵉ chamb. J. 6. 44

EMPLOI. — V. Dot. — Hypothèque légale.

EMPRISONNEMENT. — V. Contrainte par corps.

ENCLAVE. — V. Servitude.

ENDOSSEMENT.

1. — *Endossement en blanc.* — *Droit ancien.*

L'endossement en blanc sous l'empire de l'ordonnance de 1673 transférait la propriété de la lettre de change.

Le sieur Dijon. — Les mariés Gaudin. — 14 juillet 1824. — 1re chamb.
J. 1. 213

2. — *Endossement en blanc.* — *Droit nouveau.*

L'endossement qui ne vaut que comme mandat en faveur du porteur confère à celui-ci le droit de faire, dans l'intérêt du mandant, tous les actes conservatoires et utiles.

Etienne et Jean Monnet.—Les créanciers de Joseph Achard. — 28 août 1848. — Chamb. civ..... J. 2. 367

V. BILLET A ORDRE.

ENFANT ADULTÉRIN.

1. — *Libéralité.* — *Personne interposée.*

La mère de l'enfant adultérin ne peut être considérée comme personne interposée, dans le sens de l'art. 911 du Code civil, pour faire passer la libéralité à son enfant, dès que celui-ci n'est pas son successible.

Les consorts Rey. — La femme Bérard, veuve Sirand-Pugnet. — 15 juillet 1841. — 1re chamb. (1).. V·. 290

2. — *Paternité.* — *Recherche.*

La recherche de la paternité est interdite contre l'enfant adultérin, comme à son profit.

Les mariés Dubois.—Femme Robin. — 26 juin 1821........... V·. 292

3. — *Reconnaissance.* — *Effet.* — *Aliment.*

La reconnaissance d'un enfant adultérin, faite par le père de cet enfant, est obligatoire pour lui, en ce qui concerne les conséquences naturelles de la paternité, auxquelles il s'est soumis dans cette reconnaissance, telle que la promesse de contribuer à la nourriture et à l'entretien de l'enfant. Cette promesse ne peut être modifiée par aucune condition dérogatoire au droit naturel.

Pierre B.... — La veuve R.... — 20 janvier 1831.—Ch. réunies. J. 5. 363

4. — *Reconnaissance.* — *Validité.*

Avant le Code civil on pouvait reconnaître un enfant adultérin, et cette reconnaissance, quoique le père soit décédé depuis le Code, attribue à l'enfant cette qualité d'adultérin, avec les droits que lui réserve la loi.

Rey. — Femme Bérard. — 15 juillet 1841. — 1re chamb........ V·. 288

ENFANT NATUREL.

1. — *Aliments.*

L'obligation de fournir des aliments

---

(1) Cet arrêt a été cassé le 13 juillet 1843, et la cour de cassation a décidé que la mère de l'enfant adultérin venant à épouser le père

de son enfant ne peut être instituée par lui héritière, par argument des articles 908 et 911 du Code civil.

a l'enfant naturel est éteinte lorsqu'il cesse d'en avoir besoin.

Marie-Marthe Herlin. — Le sieur Villiot. — 12 juin 1811. — 1re chamb. V^s. 294

2. — *Légitimité.* — *Mariage.*

L'enfant né plus de trois cents jours après la dissolution du mariage est illégitime, de plein droit, par le seul fait de la contestation de son état de la part des ayant-droit.

Augustin Chapolet. — Catherine Berard. — 12 avril 1809. — Ch. réunies. V^s. 281

3. — *Quotité disponible.* — *Réserve.*

Le père ne peut, par une disposition testamentaire, priver entièrement son enfant naturel des droits que la loi lui attribue sur sa succession. Sa réserve, dans ce cas, est calculée à proportion de celle d'un enfant légitime.

La veuve Luyat. — La femme Collet. — 4 avril 1811. — Chamb. réunies (1). V^s. 288

***

(1) Considérant qu'il résulte des articles 756, 757, 761 et 908 du Code civil, combinés entre eux, que si l'enfant naturel ne peut exercer sur la succession de ses père ou mère, décédés, des prétentions exagérées, il ne peut pas non plus être privé, par une disposition de dernière volonté, de la totalité des droits que la loi lui assure;

Que le législateur ayant permis, par l'art. 761, à l'enfant naturel, de réclamer un supplément, dans le cas où ses père ou mère l'auraient réduit, de leur vivant, et par une disposition expresse, au-dessous de la moitié

4. — *Reconnaissance.* — *Formes.*

Le décret du 14 floréal an 11, qui fait rétroagir les dispositions du Code civil, par rapport à l'état et aux droits des enfants naturels, s'applique à la forme de la reconnaissance.

***

de ce que lui accorde l'article 757, il serait inconséquent de penser que les père et mère peuvent le priver de tout, par une disposition à cause de mort, et qui ne serait pas même expresse;

Que vainement on soutient que l'article 916 permet de disposer de tous ses biens, quand il n'existe ni ascendant ni descendant, et que l'enfant naturel n'a des droits que sur la succession *ab intestat*; parce qu'on répond victorieusement que ni l'article 916, ni ceux qui le précèdent ou le suivent, n'ont point réglé les droits de l'enfant naturel : ses droits sont déterminés au titre des successions par les articles 756 et suivants, et, au titre des donations, par l'article 908; et dès que l'enfant légitime a une réserve légale, elle existe de même, sous le nom de *droit* et de *créance*, pour l'enfant naturel, et dans la proportion déterminée par la loi;

Que c'est ainsi que l'ont qualifié les orateurs du conseil d'état et du tribunat, lors de la présentation du Code : *un droit, une participation* à la succession, sous le titre de *créance;* qu'alors il faut décider que les droits d'un créancier sont toujours réservés dans une succession;

Que, d'après ces principes, et suivant l'article 757 du Code, le droit de Jeanne Luyat, sur la succession de son père, serait des trois quarts de la succession; mais que celui-ci ayant fait une disposition testamentaire universelle en faveur de la dame Berard, l'enfant naturel devait recevoir proportionnellement à ce que recevrait l'enfant légitime en pareil cas; d'où il suit qu'il ne peut réclamer que les trois huitièmes de ladite succession

Les mariés Solder.—Victoire Maille-
faud. —24 décembre 1812. — Chamb.
réunies . . . . V°. 283

5. — *Reconnaissance.* — *Interprétation.* — *Effet.*

La qualification de *fille*, donnée à la
future ; dans son contrat de mariage,
par un individu qui s'en dit le père,
est une reconnaissance valable d'un
enfant naturel.

Cette reconnaissance, faite par un
homme marié, produit effet même
contre sa femme, instituée sa légataire
universelle, s'il n'a pas d'enfants de
son mariage.

La femme Bérard, veuve Luyat. —
La femme Collet. — 4 avril 1811. —
Chamb. réunies. . . . . V°. 284

6. — *Reconnaissance.* — *Nullité.* —
Aliments.

La reconnaissance d'un enfant naturel, quoique nulle, donne lieu à des
aliments.

Joseph Milliat.—Les héritiers d'Am-
broise Milliat. — 29 août 1818. —
Chamb. réunies. . . . . V°. 286
Arrêt conforme :
François Pérard. — Les consorts
Millet. — 5 mars 1810. — Chambres
réunies . . . . V°. 285
Arrêt contraire :
Jean Laurent.—La soi-disant Marie
Laurent. — 9 juillet 1812. — Chamb.
réunies . . . . V°. 287

7. — *Reconnaissance.* — *Validité.*

Un chanoine a pu reconnaître un en-

fant naturel, né avant la dissolution
de ses vœux.
Le sieur Boret. — Le sieur Brunet.
— 14 ventôse an 12. — 1ʳᵉ section.
V°. 287

8. — La reconnaissance de l'enfant
naturel, quoique faite par acte sous
seing privé, mais avant la publication
de la loi transitoire du 14 floréal an 11,
est valable. L'enfant naturel, ainsi reconnu, a droit à des aliments dans la
succession de son père.
La veuve Vincendon. — Les héritiers Pascal. — 17 août 1826. — Ch.
réunies. . . . . J. 2. 405

V. ADOPTION. — TUTELLE.

ENQUÊTE.

1. — *Contre-enquête.*

Il n'y a pas lieu d'accorder une nouvelle permission de faire une contre-
enquête, lorsque, d'une part, on a négligé d'y faire procéder dans le délai
fixé, et que, d'autre part, l'enquête
fournit aux magistrats des éléments
suffisants de conviction sur les faits
réels du procès.
Le sieur Ageron. — François Marchand. — 27 août 1829. — 1ʳᵉ chamb.
J. 5. 22

2. — *Contre-enquête.* — *Nullité.*

Lorsqu'un jugement a ordonné qu'une
contre-enquête serait faite, *sur le local
contentieux, et au doigt et à l'œil*, elle
est nulle si elle n'a pas été faite de la
manière prescrite par le jugement.

Joseph Margouiller. — Claude Pagnond. — 11 décembre 1821. — 1re ch.
J. 2. 297

3. — *Délai.*

Le délai accordé par jugement pour faire une enquête ne court pas utilement pendant les vacances, les significations nécessaires ne pouvant être faites pendant l'absence des avoués des parties.

Genoux. — Michel. — 20 novembre 1812. — 2e chamb........ V°. 504

4. — *Délai. — Arrêt. — Signification à avoué.*

La signification faite à l'avoué d'appel, d'un arrêt confirmatif d'un jugement qui ordonnait une enquête, ne fait pas courir le délai porté par ce jugement pour procéder à l'enquête, si cet arrêt n'est pas en même temps signifié à partie.

Les mariés Boissier. — Jean-Louis Brunet.—22 janv. 1831. — 4e chamb.
J. 5. 366

5. — *Délai. — Contre-enquête.*

Le délai pour faire la contre-enquête court du jour de la signification du jugement qui permet cette contre-enquête, et non du jour de la signification de l'enquête.

Joseph Margouiller. — Claude Pagnond. — 11 décembre 1821. — 1re ch.
J. 2. 297

6. — *Délai. — Forclusion.*

Les juges ne peuvent ordonner d'office une preuve, même reconnue nécessaire, que lorsqu'elle n'a pas été demandée par les parties; mais lorsque la partie à laquelle il avait été permis d'administrer une preuve, dans un délai fixé, n'a pas commencé son enquête dans ce délai, elle est définitivement forclose, et la preuve ne peut plus être ordonnée.

Jean Romieux. — Alexandre-Jean-Jacques Guichard. — 18 août 1828.— 1re chamb.............. J. 4. 204

7. — *Délai. — Interruption. — Compromis.*

Le compromis qui intervient entre les parties, le lendemain de la contre-enquête, est interruptif du délai accordé par l'art. 278 du Code de proc., pour la parachever. En cas d'inexécution du compromis, il peut être accordé un nouveau délai pour la continuer, et même faire entendre de nouveaux témoins.

Romain Ginet. — Les mariés Garagnol. —28 décembre 1848. — 1re ch.
V°. 502

8. — *Délai. — Ouverture.*

Lorsqu'un jugement qui ordonne une preuve testimoniale permet de rapporter cette preuve dans un délai qui excède le délai légal, le délai fixé par le jugement s'applique à l'époque de l'ouverture de l'enquête aussi bien qu'à sa clôture, et dès-lors l'enquête peut être commencée après la huitaine de la signification du jugement à avoué. (Art. 257 et 258 du Code de procédure civile.)

20

La commune de Saint-Bernard. — La commune de la Terrasse. — 20 août 1834. — 2ᵉ chamb........ J. 7. 328

9. — *Délai. — Prorogation.*

La demande en prorogation de délai pour faire enquête n'est pas admissible, lorsqu'aucun des témoins assignés n'a fait défaut, et que la partie demanderesse ne motive pas suffisamment sa demande.

M. Charles et consorts. — M. de Coston. — 25 août 1828. — 1ʳᵉ chamb. J. 4. 298

10. — *Délai. — Prorogation. — Nullité.*

Un juge de paix, en accordant une prorogation de délai, hors du terme fixé par un arrêt pour faire enquête, dépasse la ligne de ses attributions; mais cette concession ne peut vicier la partie de l'enquête faite dans le délai légal, surtout si elle est régulière : il n'y a que la partie faite hors du délai fixé qui est nulle, et doit être réputée non écrite.

Le sieur Ageron. — François Marchand. — 27 août 1829. — 1ʳᵉ chamb. J. 5. 22

11. — *Enquête sommaire. — Formes.*

Les enquêtes sommaires, faites par le tribunal, ne sont pas soumises aux formalités des enquêtes ordinaires (1).

Le préfet du département des Hautes-Alpes. — Barthélemy Arnaud. — 2 août 1826. — Chambres civiles réunies. J. 3. 183

12. — *Formes. — Droit ancien.*

Sous l'ordonnance de 1667, les dépositions des témoins devaient renfermer leurs âge, qualité et demeure, à peine de nullité. L'ordonnance ne prescrivait aucun délai dans lequel cette nullité devait être opposée, et on pouvait la proposer en cause d'appel.

Jean Reynier. — Les frères Guignier. V⁵. 499

13. — *Juge-commissaire. — Témoin.*

Lorsqu'un juge a été commis pour recevoir une enquête, et a procédé au fait de sa commission, sur la réquisition des deux parties, chacune d'elles est non recevable à demander qu'il soit remplacé, pour le faire déposer comme témoin sur des faits antérieurs à l'ouverture de l'enquête, et même à sa nomination de juge-commissaire.

M. Eymonot. — Mᵐᵉ Eymonot. — 20 août 1825. — 2ᵉ chamb. J. 2. 335

14. — *Nouveaux témoins.*

La faculté accordée par l'art. 292 du

---

(1) Attendu que les articles 407 et 409 du Code de procédure civile ne fixent point de délai pour commencer ces sortes d'enquêtes ; que l'article 413, qui énonce les formalités ordonnées pour les enquêtes ordinaires, qui sont applicables aux enquêtes sommaires, ne rappelle aucune des dispositions du titre 12, en ce qui touche les délais pour faire enquête : qu'en cette matière, les témoins étant entendus à l'audience, la fixation du délai pour faire l'enquête est entièrement abandonnée à l'arbitrage et à la volonté du juge.

Code de procédure civile de faire recommencer l'enquête, nulle par la faute du juge-commissaire, ne peut donner le droit de faire entendre d'autres témoins que ceux qui ont déjà été entendus.

Dumon. — Roux. — 10 mai 1817. — Chamb. civ. . . . . V². 503

15. — *Nullité.* — *Fin de non-recevoir.*

La nullité d'une enquête , fondée sur ce qu'elle aurait été faite conformément aux dispositions du Code, tandis qu'elle aurait dû l'être conformément à l'ordonnance de 1667 , est couverte par la présence des parties à l'enquête.

La demoiselle Frossard. — Gachet et Barry. — 13 avril 1809. — 2ᵉ ch. V². 501

16. — Les nullités d'enquête sont couvertes par la plaidoirie sur le fond de la cause ; on ne peut les proposer pour la première fois en appel.

Dussaud. — Jaquemin. — 19 déc. 1811. — 2ᵉ chamb. . . . . V⁸. 501

V. JUGE DE PAIX.

ENREGISTREMENT. — V. CONTRE-LETTRE.

ERREUR COMMUNE.

1. — *Étranger.* — *Capacité putative.*

L'erreur commune, sur la qualité d'un étranger qui passe publiquement pour Français , attribue à cet étranger une capacité putative suffisante pour couvrir la nullité d'une arrestation à laquelle il a coopéré comme recors.

Les sieurs Champin et Muguet. — Annette Moutet. — 9 novembre 1825. —2ᵉ chamb. . . . . J. 2. 341

ESCROQUERIE.

1. — *Manœuvres frauduleuses.* — *Secte religieuse.*

Est coupable d'escroquerie celui qui, sous le nom d'une secte religieuse, et par des manœuvres frauduleuses , se fait remettre des sommes d'argent ou d'autres effets.

Le ministère public. — Claude Dubin. — 2 mai 1829. — Ch. correct. J. 4. 453

2. — *Service militaire.* — *Exemption.*

Est coupable du délit d'escroquerie celui qui se fait remettre des sommes d'argent par des jeunes soldats pour de prétendues démarches et des cadeaux à faire , en leur promettant de les faire exempter du service militaire.

M. le procureur-général. — Duvillard. — 28 août 1834. — Chamb. cor. J. 7. 372

ESTIMATION. — V. COMPOSITION DE MASSE. — EXPERTISE. — PARTAGE.

ÉTAT CIVIL.

1. — *Compétence.*

Les tribunaux civils sont seuls compétents pour statuer sur les réclamations d'état.

Le procureur-général. — Le sieur Guy. — 9 décembre 1822. — Chambre d'accusation............ J. 1. 138

2. — *Possession d'état.* — *Enfant.* — *Présomption.*

L'enfant né après la célébration du mariage de sa mère, mais qui n'a été inscrit sur les registres de l'état civil que sous le nom de cette dernière, et qui n'a qu'une possession d'état conforme à son acte de naissance, peut être considéré comme n'étant pas légitime, quoique la dissolution du mariage ne soit pas prouvée, s'il y a de fortes présomptions qu'il n'est pas l'enfant du mari, et que celui-ci était déjà mort depuis long-temps à l'époque de la naissance.

Le préfet du département des Hautes-Alpes. — Barthélemy Arnaud. — 2 août 1826. — Ch. civ. réun. J. 3. 183

V. Faux.

ÉTRANGERS.

1. — *Naturalisation.*

La naturalisation est un droit personnel et non transmissible par succession ; ainsi, l'étranger, lors même qu'il aurait acquis la qualité de citoyen français, n'a pu la transmettre à son fils né à l'étranger, et par conséquent étranger lui-même ; les diverses fonctions remplies en France par ce dernier, depuis sa majorité, n'ont pu lui attribuer cette qualité, qui ne peut être acquise que par une naturalisation légale et régulière.

Par une conséquence naturelle de ce principe, ce fils ne peut en l'état jouir du droit d'élection.

Le sieur Fritz Perrégeaux. — Le ministère public. — 16 décembre 1828. 1re ch................. J. 4. 337

2. — *Résidence.* — *Naturalisation.*

L'étranger qui s'est fixé en France en 1792, s'est marié, et a continué de résider en France et d'y exercer une profession, est devenu citoyen français aux termes de la constitution de 1795, sans avoir besoin de lettres de naturalisation.

Léonard Basset. — Le préfet du département de la Drôme. — 15 juin 1830. — 1re chamb............. J. 5. 70

3. — *Résidence.* — *Recrutement.*

Les enfants nés en France de parents originaires de pays réunis à la France depuis 1791, et qui sont venus s'y établir postérieurement à la constitution du 22 frimaire an 8, sont-ils Français et comme tels aptes à concourir au recrutement de l'armée française? (Rés. nég.) (1).

____

(1) Attendu que, d'après les dispositions de la loi du 14 octobre 1814, les étrangers dont le pays a été momentanément réuni à la France et qui y ont fixé leur résidence ne pouvaient avoir et obtenir la qualité de Français qu'en accomplissant certaines conditions indépendantes de la réunion à la France ou de la résidence en France ;

Attendu que le père de Joseph Savoie n'a accompli aucune de ces conditions, que par suite il est resté étranger à la France, et que

Joseph Savoie fils. — M. le préfet du département de l'Isère. — 18 février 1831. — Ch. civ. réunies.. J. 6. 427

V. Action judiciaire. — Erreur commune. — Remplacement militaire.

ÉVASION.

1. — *Forçat. — Récidive. — Réhabilitation.*

L'évasion des forçats, quoique punie de peines afflictives, n'est qu'une simple infraction aux ordonnances et règlements de police maritime ; ainsi le forçat qui, après s'être évadé, a été repris et a subi une condamnation en prolongation de fers, pour trois ans, à cause de son évasion, peut obtenir sa réhabilitation ; il n'en serait pas de même s'il y avait eu récidive de crime.

Le nommé P. — Le procureur-général. — 14 février 1826. — Ch. d'ac.
J. 3. 251

ÉVICTION.

1. — *Acquéreur. — Garantie. — Fait du prince.*

Quand l'éviction a lieu par le fait du prince, l'acquéreur évincé a-t-il une garantie contre son vendeur ? Non.

Le sieur Vertu. — Le sieur Berthelot. — 10 janvier 1833. — 1re chamb.
J. 6. 370

---

son fils mineur suit la condition de son père et ne pourrait devenir Français qu'en faisant après sa majorité la déclaration exigée par l'article 9 du Code civil.

V. Echange. — Saisie immobilière.

ÉVOCATION.

1. — *Admission.*

Les cours ne peuvent admettre les demandes d'évocation qu'autant que le fond est en état de recevoir jugement.

M. Mathieu. — La commune de Rac. —24 février 1829.—1re ch. J. 4. 412

2. — *Jugement. — Nullité.*

Les juges d'appel, en prononçant la nullité d'un jugement pour vice de forme, peuvent évoquer et juger le fond de la contestation, surtout lorsque les premiers juges y ont statué, et que, en l'instance d'appel, les parties ont respectivement conclu au fond.·

La femme Durand et le sieur Durhône. — Les héritiers Bardin. — 24 janvier 1826.—1re ch..... J. 2. 511

EXCEPTION. — V. Action judiciaire.—Conciliation.—Degré de juridiction. — Ordre. — Prescription.

EXCUSE.

1. — *Mineur. — Peine. — Loi spéciale.*

L'art. 66 du Code pénal, qui dispose que le prévenu, âgé de moins de seize ans, qui a agi sans discernement, doit être acquitté, n'est applicable qu'aux matières réglées par le Code pénal, et non aux matières régies par des lois spéciales, telles que les contraventions aux lois sur la chasse.

M. le procureur-général. — Henri Burlet. — 12 janvier 1825. — Chamb. correctionnelle . . . . J. 2. 266

EXÉCUTION.

1. — *Sursis.* — *Jugement.* — *Chose jugée.* — *Quittance privée.*

L'exécution d'un jugement qui a acquis l'autorité de la chose jugée ne peut être suspendue par la production d'une quittance privée, qui n'a été ni produite ni alléguée avant le jugement, qui est déniée par le créancier, et qui n'a pas été vérifiée.

La veuve Roux. — Marie-Françoise Lambert. — 11 juin 1825. — 4ᵉ chamb.
J. 2. 275

2. — *Titre exécutoire.* — *Commandement.* — *Héritiers.* — *Nullité.* — *Défense au fond.*

L'exploit contenant la signification d'un titre exécutoire contre le défunt, avec commandement aux héritiers de payer dans la huitaine, n'est pas nul aux termes de l'art. 877 du Code civil; la nullité de l'acte d'exécution fait en contravention de cet article est couverte par la défense au fond.

Les consorts Gallet de Montdragon. — Les consorts Mercier. — 22 juin 1826. — 2ᵉ chamb . . . . J. 3. 11

V. ACQUIESCEMENT. — ACTE SOUS SEING PRIVÉ. — APPEL. — ARBITRAGE. — DONATION. — JUGEMENT PAR DÉFAUT. — PARTAGE. — SÉPARATION DE BIENS. — SOCIÉTÉ. — TESTAMENT.

EXÉCUTION PROVISOIRE.

1. — *Appel.*

Si l'exécution provisoire n'a pas été demandée aux premiers juges, elle ne peut l'être en cause d'appel.

La commune de Treschenu. — Manuel. — 9 février 1818. — 1ʳᵉ chamb.
V·. 101

2. — *Promesse reconnue.*

L'exécution provisoire doit être ordonnée conformément à l'art. 135 du Code de procédure, lorsque la promesse, reconnue quant à la signature, est néanmoins contestée quant à la dette.

Le sieur Brunel. — Les mariés Blanchet. — 18 juillet 1809. — 1ʳᵉ chamb.
V·. 365

3. — *Sursis.* — *Titre.* — *Clause résolutoire.*

Il y a lieu sur l'appel d'accorder sursis à l'exécution provisoire ordonnée par les premiers juges, lorsque le titre comprend une clause résolutoire.

Le sieur Bonnefoi. — Joachim Paleyer. — 24 août 1824. — 1ʳᵉ chambre.
J. 1. 499

4. — *Titre authentique.* — *Bordereau de collocation.*

Il y a titre authentique, et par conséquent l'exécution provisoire doit être ordonnée en faveur du créancier porteur d'un bordereau de collocation contre le tiers-détenteur des immeubles affectés à l'hypothèque de sa créance : peu importe que ce tiers-détenteur ne soit pas personnellement obligé à la dette.

Le sieur Michal. — Joseph Cuzel. — 22 août 1831. — 1re ch.... J. 6. 315

5. — *Tribunal de commerce.*

Un jugement rendu par un tribunal de commerce n'est pas, de plein droit, exécutoire par provision, nonobstant appel , si ce jugement n'énonce pas qu'il sera exécuté provisoirement.

Les sieurs Sibert père et fils. — Le sieur Descrambes. — 10 février 1825. — 1re chambre.......... J. 2. 170

6. — *Ultra petita.*

L'exécution provisoire du jugement, dans les cas permis par la loi, ne peut être ordonnée d'office.

Les mariés Trillat. — Joseph Gay. — 15 décembre 1820. — 2e chambre. V^t. 366

EXÉCUTOIRE. — V. Dépens.

EXPERT , EXPERTISE.

1. — *Estimations.*

Les estimations sur rapport d'experts ne doivent pas se faire en bloc ; il faut qu'elles soient basées sur les produits dont on doit expliquer avec détail la quotité.

Antoine-Michel Mottin , fils aîné. — Les frères et sœurs Mottin et le sieur Mottin père. — 19 janvier 1827. — 2e chambre............. J. 3. 309

2. — *Estimations. — Bases.*

Les estimations des experts, sans être assujetties à une règle uniforme , doivent cependant indiquer des bases qui puissent mettre le juge en situation d'en vérifier l'exactitude et la précision.

Les consorts Audier. — Les consorts Berge. — 23 novembre 1826. — 1re chambre............... J. 3. 304

3 — Les experts peuvent consulter , pour faire leurs estimations, les prix de ventes d'immeubles de même nature que ceux qu'ils ont à estimer ; et lorsque chacun des copartageants prend son lot en nature , ils n'ont pas intérêt à contester la base plus ou moins élevée de l'estimation.

M. de Brunel. — M. de Bovet. — 26 juillet 1830. — 1re chamb. J. 5. 144

4. — *Immeubles. — Estimations.*

On doit, pour l'expédition de légitimes , estimer les immeubles compris dans une donation de biens présents , eu égard à leur valeur à l'époque du décès du donateur, lors même qu'ils ont été vendus avant ce décès , par le donataire , pour payer les dettes dont les biens donnés étaient chargés. En d'autres termes , le rapport de l'immeuble aliéné par le donataire , avant l'ouverture de la succession , est dû à concurrence de la valeur de l'immeuble à cette dernière époque.

Les mariés Voisin. — M. d'Audiffret. — 2 juin 1818. — Chambre civ. J. 3. 41

5. — *Formation de lots. — Comptes*.

Les experts, lorsqu'ils en ont été expressément chargés , peuvent faire toutes les opérations que la loi confie aux notaires , telles que formation de lots , comptes et autres.

Les consorts Audier. — Les consorts Berge. — 23 novembre 1826. — 1re ch.
J. 3. 304

6. — Lorsque les experts ont reçu des magistrats , sous l'empire du Code civil , le pouvoir de procéder indistinctement à toutes les opérations du partage , les parties ne peuvent se plaindre de ce qu'ils ont procédé à la formation des lots et aux comptes entre les copartageants , suivant les dispositions de l'ordonnance de 1667, alors surtout qu'elles ne s'y sont pas opposées en comparaissant devant les experts.

M. de Brunel. — M. de Bovet. — 26 juillet 1830. — 1re ch. J. 5. 144

7. — *Irrégularités*.

Les irrégularités commises par les experts ne peuvent être couvertes par le silence des parties , lequel ne peut être considéré comme une approbation tacite des règles adoptées par les experts , dès qu'elles sont contraires à la loi ou à la jurisprudence.

Les consorts Audier. — Les consorts Berge. — 23 novembre 1826. — 1re chambre.............. J. 3. 304

8. — *Nullité*.

L'expertise à laquelle une des parties n'a été ni présente, ni légalement som-

mée d'assister , est nulle , et cette nullité entraîne la nullité du rapport ; mais il peut en être ordonné un nouveau.

Jean-François Bettigny. — Christophe Carcel. — 20 août 1825. — 4e ch.
J. 2. 211

9. — *Sommation. — Acte d'avoué à avoué*.

La sommation par acte d'avoué à avoué , exigée par l'art. 315 du Code de procédure civile , pour indiquer aux parties les jours et heures où les experts doivent opérer , peut être suppléée par une sommation à personne ou domicile.

Le sieur de Lattier. — Maurice Sisteron et autres. — 13 août 1829. — 2e chambre............... J. 6. 274

10. — *Vacations. — Consignation*.

La disposition de l'art. 319 du Code de procédure civile n'est pas exclusive de la consignation qui était exigée de l'héritier , en matière d'expédition de légitime.

Jean Rafin. — Marie Rafin. — 27 novembre 1810. — 1re ch... V°. 173

11. — Les experts étant libres d'accepter ou de refuser les fonctions qui leur sont déférées , et leurs vacations ne devant être taxées qu'après le dépôt du rapport , ils ne sont pas fondés à demander une consignation préalable pour le montant de leurs vacations.

Les sieurs Soubeyran et Grevin. — Les sieurs Bernadet et Capron. — 22 juillet 1830. — 4e chamb. J. 6. 299

12. — *Vacations.* — *Solidarité.*

Les experts n'ont pas une action solidaire contre les parties qui requièrent l'expertise (1).

Lambert-Rolland. — Les sieurs Gerard et Marchand. — 23 juin 1810. — 2ᵉ chambre. . . . . Vᵗ. 172

V. Composition de masse.

EXPLOIT.

1. — *Action réelle.* — *Désignation des immeubles.*

C'est satisfaire à l'art. 64 du Code de

procéd. que d'indiquer au défendeur, même dans la citation en conciliation à laquelle l'assignation se réfère, les actes de vente des immeubles sur lesquels le demandeur agit hypothécairement, et qui sont désignés et confinés dans ces actes.

Les frères Masson. — Hugues Viard. — 27 décembre 1808. — 1ʳᵉ chambre. Vᵗ. 113

2. — Une assignation donnée avant le Code de procédure civile n'est pas nulle, quoiqu'elle ne contienne pas la désignation des confins des immeubles revendiqués, lorsqu'il ne peut pas y avoir doute sur leur identité.

Barbier. — Gonon. — 20 février 1830. — 2ᵉ chamb. . . . . J. 5. 170

3. — *Assignations.* — *Formes.* — *Nullité.*

Est valable l'assignation qui ne contient pas toutes les énonciations voulues par la loi, si cette assignation se réfère à une citation précédente qui renferme ces énonciations.

Chorier. — Vachier et Meynier. — 23 juillet 1825. — 4ᵉ ch... J. 2. 383

4. — *Assignation à bref délai.* — *Notification.* — *Délai de la comparution.*

La signification à avoué d'une assignation à bref délai ne fait point courir le délai de comparution. Elle doit être faite à personne ou à domicile.

Nicolas Boulet. — La veuve Branche. — 9 sept. 1820. — Ch. des vacations. Vᵗ. 115

24

---

(1) Considérant que la solidarité ne se présume pas, qu'elle doit être expresse et convenue ou prévue par la loi, ou permise par le juge, ou bien dériver de la nature de la chose, que l'article 319 du Code de procédure dispose qu'il sera délivré, par le président, exécutoire des dépens taxés contre la partie qui aura requis l'expertise, mais qu'il n'y est point dit qu'au cas ou plusieurs parties auraient requis une expertise, l'action solidaire compètera aux experts pour le paiement de leurs vacations ;

Qu'en accordant, dans l'hypothèse, une action solidaire aux experts, et par conséquent le choix de leur débiteur à volonté, ce serait les autoriser à demander à celui des intéressés qui n'a éprouvé qu'un léger dommage, la portion des vacations qui concerne les propriétaires qui ont eu un intérêt plus majeur, et que ce système, réprouvé par la loi, n'est pas mieux proposable, lorsque, comme au cas présent, les experts s'adressent à l'un des propriétaires qui a le plus souffert ;

Que les experts avaient d'ailleurs plusieurs moyens de s'assurer un plus prompt paiement, soit en faisant consigner, soit en faisant obliger personnellement un ou plusieurs intéressés, et que n'ayant pris aucune de ces précautions, ils ont suivi, pour leur paiement, la loi des parties.

5. — *Copie. — Nullité.*

Lorsqu'un individu est assigné sous plusieurs qualités , comme représentant plusieurs personnes, il suffit de lui remettre une seule copie; il n'est pas nécessaire de lui en remettre autant qu'il a de qualités , ou qu'il représente de personnes différentes.

Jean-Baptiste Carrier. — Les représentants de Marguerite Carrier. — 19 juillet 1826. — 2ᵉ chamb.. J. 3. 156

6. — La copie d'un exploit tient lieu de l'original à la partie à qui elle a été laissée, de telle sorte que l'exploit, quoique régulier d'après l'original , n'en est pas moins nul, si la copie est irrégulière.

Pierre Henri Vignon. — Les mariés Bellier et l'huissier Morel. — 16 août 1826. — 1ʳᵉ chamb....... J. 3. 370

Arrêt conforme :

Joseph Berardel. — La veuve Ageron. — 5 juillet 1828. — 2ᵉ chambre. J. 4. 171

7. — *Copie. — Nullité. — Jugement par défaut.*

La copie tient lieu de l'original à la partie qui l'a reçue; ainsi la copie d'un jugement par défaut, rendu contre une partie ayant avoué en cause , qui n'est signée ni par l'avoué , ni par l'huissier, dans l'exploit de signification, est frappée de nullité. L'opposition, en ce cas, est recevable , même après l'expiration du terme ordinaire pour la former. aucun délai n'ayant pu courir utilement.

Le sieur Dieulafoy. — Le sieur Epervier. — 29 juillet 1814. — 2ᵉ chamb. J. 3. 365

8. — *Copie de pièces.*

L'énonciation contenue dans l'exploit d'une remise de copie de pièces fait foi en justice.

Paul Gondrand. — Barthelemy Bilon. — 13 décembre 1811. — 2ᵉ ch. Vᵗ. 301

9. — *Domicile. — Indication.*

Le domicile du demandeur est suffisamment indiqué par l'énonciation de sa profession , à tel endroit, lorsqu'il est obligé de résider dans le lieu de l'exercice de sa profession.

Le domicile est encore suffisamment indiqué par l'indication de la demeure.

Claude Ginet. — Michel Baule. — 3 janvier 1820. — 1ʳᵉ ch.... Vᵗ. 298

10. — *Élection de domicile. — Constitution d'avoué. — Nullité.*

L'élection de domicile, en la personne et étude d'un avoué, ne peut suppléer à l'omission de la constitution d'avoué , expressément exigée par l'art. 61 du Code de procédure civile.

Joseph Berardel. — La veuve Ageron. — 5 juillet 1828. — 2ᵉ chambre. J. 4. 171

11. — *Huissier. — Compétence. — Ressort. — Garantie.*

L'huissier d'une justice de paix ne peut, sous peine de nullité, notifier un acte d'appel, ni instrumenter hors de son ressort. Il est garant de cette nullité.

François Cotin. — Balefin et Bonjour. — 14 avril 1818..... J. 1. 74

12. — *Huissier. — Immatricule. — Nullité.*

L'exploit d'appel dans lequel l'huissier a énoncé ses qualités par abréviation n'est point nul, comme ne contenant pas mention régulière de son immatricule.

Desmarais père et fils. — 28 juillet 1817. — Chamb. civ....... V³. 296

13. — L'omission de l'immatricule de l'huissier emporte nullité de l'exploit et l'huissier est garant de cette nullité.

François Cotin. — Balefin et Bonjour. —14 avril 1818. — Ch. civ. J. 1. 74

Arrêt conforme :

Le sieur Angelier. — Tort et Gerard. — 16 janvier 1823. — 2ᵉ ch. J. 1. 402

14. — *Huissier. — Signature. — Nullité.*

L'omission de la signature de l'huissier, au bas d'une copie d'appel, rend l'appel nul, quand même l'original serait régulier.

Jean-Pierre Blanc. — Jacques Rey et Delaye. — 26 janvier 1818. — Ch. civ. .... J. 2. 484

15. — *Matière correctionnelle. — Formes.*

Les formalités observées pour les exploits en matière civile, ne sont pas, à peine de nullité, applicables en tout point en matière correctionnelle.

Antoine Humbert. — L'administration des forêts. — 8 mai 1824. — Ch. correctionnelle......... J. 1. 122

16. — Les formalités prescrites par l'art. 68 du Code de procéd. civ. sont applicables, à peine de nullité, en matière correctionnelle.

Le sieur Marrel. — Le ministère public. — 18 août 1824. — Chambre correctionnelle.......... J. 1. 536

17. —*Motifs de la demande. — Nullité.*

Une assignation donnée avant le Code de procédure peut n'être pas annulée, quoique non libellée, lorsque l'objet de la demande est d'ailleurs suffisamment connu.

Barbier. — Gonon. — 20 février 1830. — 2ᵉ chamb....... J. 5. 170

18. — *Moyens de nullité. — Défense au fond.*

Les moyens de nullité qui s'élèvent contre une assignation sont couverts par des conclusions au fond.

Barbier. — Gonon. — 20 février 1830. — 2ᵉ ch.......... J. 5. 170

19. — *Signification. — Domicile élu. — Nullité.*

La signification faite au domicile élu chez un avoué, en la personne de son successeur, n'est pas valable lorsqu'il ne résulte pas formellement de l'exploit qu'elle a été notifiée en l'habitation de l'avoué chez lequel l'élection de domicile avait été faite.

Le sieur Chevron. — M. Lombard-Quincieux. — 24 août 1830. — 1re ch. J. 5. 188

20. — *Signification. — Fermier.— Serviteur.*

Le fermier qui habite le même domicile que le maître est réputé son serviteur, en ce sens, que les significations faites au maître, en son domicile, et parlant à son fermier, sont valables.

Antoinette Mouillon, veuve Poulet. — Charles Françon. — 11 août 1824. — 2e chambre.......... J. 2. 365

21. — *Signification. — Indication de la personne.*

L'exploit dont copie a été remise au domicile du défendeur, *à une femme qui n'a voulu dire son nom, de ce enquise*, est nul, comme ne désignant pas suffisamment la personne à qui la remise a été faite.

Mollard.—Vincendon.—29 frimaire an 12. — 1re section........ V·. 299

22. — Un exploit dont la copie a été remise au domicile de la partie assignée, parlant à une fille à gages y trouvée, est valable.

La veuve Durand. — Les sieurs Blanchet, Vargoz et Guerras. — 22 janvier 1824. — 2e chamb. J. 1. 294

23. — Est valable l'exploit, ou acte d'appel, dans lequel l'huissier dit avoir parlé à la partie assignée, quoi-

qu'il n'ait pas fait mention de la personne à laquelle il a remis la copie.

Sibert fils. — La veuve Sibert. — 17 juin 1826. — 4e chamb.... J. 3. 96

24. — L'erreur sur le véritable prénom de la partie assignée n'annule pas l'exploit, lorsque cette partie est connue publiquement sous le prénom qui lui a été donné, et qu'il ne peut y avoir de doute sur l'identité de l'individu assigné.

Jean-Baptiste Carrier. — Les représentants de Marguerite Carrier. — 19 juillet 1826. — 2e chamb.. J. 3. 156

25. — *Signification. — Jour férié. — Nullité.*

L'exploit signifié un jour de fête n'est pas nul, la loi ne prononçant pas, en ce cas, de nullité ; mais l'huissier doit être passible d'une amende.

Baptiste Brochier. — Jean et Jacques Pestre. — 17 mai 1817. — 1re chamb. V·. 115

Arrêt conforme :

Sébastien Guillon. — Les mariés Tissot et Jean Michallon. — 16 août 1826. — 1re chamb....... J. 3. 112

26. *Signification. — Nullité. — Fin de non-recevoir.*

La nullité de la signification du jugement dont est appel est couverte par la défense aux nullités de l'acte d'appel.

Sébastien Guillon. — Les mariés Tissot et Jean Michallon. — 16 août 1826. — 1re chamb....... J. 3. 112

27. —*Signification. — Nullité.*

L'huissier qui n'ayant trouvé au domicile des parties, ni elles, ni aucun de leurs parents ou serviteurs, remet la copie au maire, doit, à peine de nullité, faire mention, dans son exploit, de l'absence de ces parties, et de celle de leurs parents ou serviteurs.

La veuve Lamonta. — Pomponne Busco. — 29 janvier 1822. — 1re ch.
J. 3. 548

28. — L'exploit dont le *parlant à* est garni au crayon, est nul; l'huissier est garant de cette nullité.

La compagnie Dupin de Valène. —Michel Faure et l'huissier Pognent. — 17 août 1822. — 2e ch.. J. 1. 344

29. — *Signification — Voisin.*

L'huissier qui s'adresse au voisin, en l'absence de la partie à laquelle il doit faire la signification, n'est pas obligé d'indiquer le nom de ce voisin, lorsque celui-ci refuse de recevoir la copie, qui, par suite de ce refus, est remise au maire.

Les sœurs Pitet. — Le sieur Menou. — 14 avril 1821. — 2e ch... Vᵉ. 304

30. — *Visa. — Adjoint.*

En l'absence du maire, l'adjoint a qualité pour recevoir la copie d'un exploit d'appel et viser l'original.

La commune d'Ambutrix. — Les habitants de Saint-Denis-de-Bettans. — 19 août 1830............ J. 5. 135

V. Appel. — Domicile. — Exécution.

FAILLITE.

1. — *Caractère.*

Les signes apparents d'une faillite sont la retraite du débiteur, la clôture de ses magasins, le refus d'acquitter ses engagements, la cessation de paiement ou la déclaration du failli.

Les sieurs Gaillard, Doyon et autres. — Les syndics de la faillite Poncet. — 28 janvier 1826. — 4e ch.. J. 3. 326

2. — C'est principalement à la cessation de paiements que doit se reconnaître le caractère de la faillite: ainsi, les constitutions d'hypothèques consenties par le débiteur, les délégations de paiement sur des débiteurs, quelque nombreuses qu'elles soient, ne peuvent être regardées comme des actes propres à fixer l'ouverture de la faillite, alors surtout que postérieurement à ces constitutions d'hypothèques et à ces délégations le débiteur a continué son commerce; on ne saurait non plus considérer comme une cessation de paiements de nature à déterminer l'ouverture de la faillite, le refus fait par un négociant d'exécuter un traité qu'il croit nul, comme étant le fruit de l'erreur.

Les sieurs Ollivier, Lacheysserie et consorts. — Les syndics de la faillite Thomas. — 1er juin 1831. — 2e ch.
J. 5. 385

3. — C'est l'époque de la cessation complète de tous paiements qui doit fixer l'ouverture de la faillite; ainsi,

le refus d'acquitter quelques engagements ne serait pas suffisant pour la déterminer, alors que postérieurement à ce refus le débiteur a reçu des sommes importantes et soldé des engagements de commerce.

Les syndics de la faillite Bilon. — Les sieurs Gaillard et Doyon. — 16 août 1832. — 1re chamb... J. 6. 196

4. — *Effets de commerce. — Transmission.*

La transmission de billets ou effets de commerce, faite au créancier par le débiteur, dans un temps voisin même de la faillite, mais non connue, en paiement de sommes échues, doit être maintenue, parce qu'elle est considérée comme faite de bonne foi.

Les sieurs Gaillard, Doyon et autres. — Les syndics de la faillite Poncet. — 28 janvier 1826. — 4e ch. J. 3. 326

5. — *Ouverture. — Contrats. — Nullité.*

Si les actes faits par le failli dans l'intervalle qui s'est écoulé entre le jour fixé pour l'ouverture de la faillite et celui où cette fixation est faite par le tribunal de commerce, peuvent être quelquefois entretenus, ce n'est qu'autant qu'il est établi que ceux qui ont contracté avec le failli étaient de bonne foi.

Le syndic de la faillite Revol. — Les frères Sestier. — 5 avril 1832. — 2e chamb .... J. 6. 42

6. — *Ouverture. — Fixation.*

Lorsqu'un tribunal de commerce, en déclarant un commerçant en état de faillite, s'est réservé de fixer l'époque de l'ouverture de la faillite par un autre jugement, les créanciers peuvent, postérieurement au procès-verbal de vérification des créances, demander la fixation de l'ouverture de la faillite à une époque antérieure au premier jugement.

Gabriel Cret. — Les sieurs Saint-Martin et Bonnafoud. — 10 août 1829. — 1re ch .... J. 4. 508

7. — *Tribunal civil.*

Un tribunal civil appelé à statuer sur un ordre ouvert entre les créanciers d'un commerçant peut, sans empiéter sur la juridiction commerciale, reconnaître que ce commerçant est en état de faillite et fixer l'époque de la faillite.

Pourret. — Ferréol. — 7 juin 1834. — 2e ch .... J. 7. 217

8. — *Vente. — Fraude. — Nullité.*

Les ventes passées par le débiteur failli à son créancier sont frappées de nullité lorsqu'elles interviennent dans les dix jours qui ont précédé l'ouverture de la faillite; celles passées même antérieurement sont également nulles, s'il résulte des circonstances et des faits que le créancier avait connaissance de la position de son débiteur.

Les sieurs Gaillard, Doyon et autres. — Les syndics de la faillite Poncet. — 28 janvier 1826. — 4e ch.. J. 3. 326

V. Hypothèque légale. — Transport de créances.

FAUX.

1. — *Actes de l'état civil. — Action
criminelle. — Sursis.*

Lorsqu'une plainte en faux contre
un acte de mariage tend à faire supprimer l'état d'enfant légitime de celui
qui en est revêtu, il doit être préalablement statué au civil sur la question
d'état et être sursis à l'action criminelle.
Le procureur-général. — Jean Guy.
— 9 décembre 1822. — Chambre d'accusation............... J. 1. 138

2. — *Acte de l'état civil. — Déclaration.*

Il y a faux en écriture authentique
lorsqu'un individu a déclaré d'abord,
devant l'officier de l'état civil, que sa
femme est accouchée d'un enfant, et
ensuite que cet enfant est décédé, alors
que les faits de la naissance et du décès de l'enfant sont entièrement sup-
posés, et alors surtout qu'aucun enfant
n'a été présenté à l'officier de l'état
civil.

Le procureur-général. — Dominique
Marcellin et Rose Manduech. — 19 fé-
vrier 1831. — Chamb. d'accusation.
J. 5. 185

3. — *Certificat.*

Le certificat délivré par des individus non fonctionnaires publics ne peut
donner lieu à une accusation de faux,
soit en écriture authentique, soit en
écriture privée.

Le ministère public. — Finat et Bellier. — 7 mars 1829. — 3ᵉ chambre.
J. 4. 463

4. — *Compromis. — Nullité.*

On ne peut compromettre sur une
question de faux incident civil, non
plus que sur toutes autres contestations
sujettes à communication au ministère
public.
Les frères Engilberge. — Les mariés
Domeyne. — 8 avril 1829. — 2ᵉ ch.
J. 4. 419

5. — *Décision criminelle. — Chose
jugée.*

L'ordonnance d'acquittement d'une
accusation de faux, prononcée sur la
déclaration de *non-culpabilité*, faite
par le jury, n'est point une preuve,
pour les juges civils, de la légalité de
l'acte.
Hyacinte Cassan. — Joseph Constantin. — 13 mars 1819. — 2ᵉ chamb.
Vᵉ. 308

6. — *Délai. — Forclusion.*

Le délai de huitaine, prescrit pour
déclarer si on entend se servir d'une
pièce arguée de faux, n'emporte pas
déchéance. Le juge peut, malgré
l'expiration de ce délai, rejeter la demande en inscription de faux.
Jean Jaladon. — Luc Michoud. —
28 août 1821. — 1ʳᵉ chambre (1).
Vᵉ. 305

---

(1) Considérant que le délai de huitaine,
prescrit par l'article 216 précité, n'est point

7. — *Faux incident.* — *Fin de non-recevoir.*

Le faux incident civil, supposant nécessairement l'existence de l'instance principale relative à la validité de l'acte que l'on veut arguer de faux, n'est pas admissible lorsque cette instance est définitivement vidée.

Antoine Vial. — François Odru. — 8 mai 1832. — 1re ch..... J. 6. 121

absolu ou fatal, et n'emporte point une forclusion tranchée, mais est un simple délai comminatoire, auquel nulle peine de déchéance n'est attachée ; d'où il suit que le rejet de la pièce arguée de faux n'est pas encouru de plein droit, à défaut, par celui qui en a fait la production, d'avoir déclaré, dans la huitaine de la sommation, qu'il voulait s'en servir ; et qu'il est, par conséquent, dans le domaine des juges d'apprécier les circonstances dans lesquelles les parties se sont trouvées, et de donner à la déclaration qui n'a été faite qu'après le délai de huitaine, la même efficacité que si elle avait été faite dans ce délai :

Considérant qu'il ne s'agit pas en effet d'une déclaration qui puisse être faite par l'avoué, sans le concours ou l'intervention de la partie, mais d'une déclaration qui doit être faite et signée par la partie elle-même, ou par un fondé de pouvoirs ; d'une déclaration qui ne peut être faite que lorsque la partie a été instruite par son avoué, de l'intention de la partie adverse de s'inscrire en faux contre la pièce produite, et de la sommation par laquelle elle a manifesté cette intention ; ce qui ne peut pas toujours s'effectuer dans un court intervalle de temps, mais exiger, au contraire, quelquefois plus de huit et de quinze jours, comme dans le cas où la partie réside à 20, 30 et 40 lieues de la ville où le procès est pendant, et encore dans le cas de maladie, absence, etc.

8. — *Inscription de faux.* — *Rejet.*

Les juges peuvent admettre ou rejeter, suivant les circonstances, la demande en inscription de faux incident, avant toute procédure.

Jean-Antoine Dou. — Jean-Etienne Magnan. — 22 janvier 1840. V^r. 303

9. — *Notaire.* — *Testament.* — *Témoins instrumentaires.*

Les témoins instrumentaires d'un testament, qui reconnaissent la sincérité de leur signature, ne peuvent pas seuls, par une déclaration contraire, donner naissance à une prévention de faux contre le notaire et les autres témoins instrumentaires.

Le notaire N. —Le ministère public. —26 avril 1823. —Chambre des mises en accusation............. J. 1. 56

10. — *Prescription.* — *Délai.*

La prescription contre l'inscription de faux incident civil ne court que du jour où le faux a été découvert ; peu importe que l'existence de l'acte attaqué ait été antérieurement reconnue par les demandeurs, s'ils n'ont eu connaissance que plus tard des vices de l'acte.

Les frères Josserand. — Les frères Guibert. — 5 décemb. 1827. — 1re ch.
J. 4. 534

V. PROCÈS-VERBAL.

FAUX TÉMOIGNAGE.

1. — La déposition d'un témoin, quoique fausse, ne constitue le crime de faux témoignage qu'autant qu'elle a été faite pour ou contre le prévenu.

Les mariés D. — M. le procureur-général. — 3 février 1823. — Chamb. d'accusation............ J. 1. 423

FEMME.

1. — *Acquisitions. — Unde habuit.*

Lorsque la femme est mariée sous une constitution générale, elle doit prouver d'où elle a reçu une somme qu'elle a employée en acquisitions. Si elle ne fait pas cette preuve, elle est censée avoir reçu cette somme du mari; et quoique l'acte porte que la femme a payé de ses deniers, cela ne peut nuire aux créanciers du mari, même postérieurs à l'acte.

Femme Bousson. — Les créanciers de son mari. — 22 juillet 1811 — 4ᵉ chamb.................. Vˢ. 208

2. — Les acquisitions faites durant le mariage, par la femme dont tous les biens sont dotaux, sont présumées avoir été payées avec les deniers dotaux, sauf la preuve contraire, et appartiennent au mari ou à ses héritiers.

Catherine Combet, femme Bousson. — Les créanciers de son mari. — 22 juillet 1811. — 4ᵉ ch. (1)... Vˢ. 315

____

(1) Considérant que la législation ancienne et nouvelle n'interdit point à la femme la faculté de faire des acquisitions *constante matrimonio*, lors même qu'elle est mariée avec constitution générale de dot; qu'au contraire, les lois 1 et 6, *Cod. si quis sibi vel alt.*, prouvent que la femme peut acquérir, quand même le mari fournirait les deniers, sauf à lui ou à ses ayant-droit, à réclamer la restitution :

3. — Il en est autrement si la constitution dotale de la femme n'est que partielle.

La femme Joubert. — Perrin Taillet. —1ᵉʳ février 1812 (2)....... Vˢ. 346

____

Mais considérant qu'à défaut par la femme Bousson d'établir d'où elle a tiré la somme de 6,000 fr., prix de la vente, elle est censée l'avoir reçue du mari; les œuvres de la femme appartenant au mari, suivant la loi *Quintus Mucius*, 51 *ff. de donat. int. vir. et ux.*, et que, quoique l'acte énonce que la femme a payé de ses deniers, cela ne peut nuire aux créanciers même postérieurs à l'acte.

(2) Considérant que dans les pays du droit écrit, la femme mariée n'était pas réduite à un état passif; qu'elle pouvait contracter ou acquérir, même dans le cas où elle s'était fait une constitution générale, suivant les lois 6, *Cod. si quis sibi vel alt. et* 21, *Cod. de prob.* ;

Considérant que si, dans ce dernier cas seulement, les lois 51, *ff. De donat. int. vir. et uxorem*, et 6, *In fine Cod. eod.*, veulent que l'on présume que les sommes employées par la femme proviennent du mari, ainsi que l'a jugé l'arrêt rapporté par Catellan, liv. 2, sect. 4, ch. 5, lorsqu'elle ne prouve point qu'elle les a puisées dans une autre source, cette présomption cesse lorsque la constitution est particulière. En effet, dans ce dernier cas, elle a pu acquérir de ses biens paraphernaux et adventifs, ou non compris dans la constitution dotale, dont elle a conservé la libre jouissance, suivant la loi 8, *Cod. de pactis convent.*, et la jurisprudence constamment observée ;

Considérant que la femme n'a dû et ne doit aucun compte à personne de ses biens paraphernaux; qu'elle pouvait, au contraire, en interdire toute espèce d'administration au mari, et qu'elle n'avait pas besoin de les faire constater par aucune reconnaissance de sa part; d'où il suit qu'elle a pu consacrer à ses acquisitions des sommes paraphernales.

4. — La femme mariée sans contrat, en pays de droit écrit, avant le Code civil, pouvait, pendant le mariage, faire des acquisitions d'immeubles, soit conjointement avec son mari, soit séparément, et lorsqu'il est stipulé dans les quittances passées en présence du mari, que les paiements ont été faits par celui-ci et par sa femme, on doit admettre que la portion de ces paiements, concernant la femme, a pu provenir, soit des biens paraphernaux de cette dernière, soit de sa part dans les bénéfices d'une société d'acquets, s'il existe des actes prouvant l'existence d'une société entre les époux.

La veuve Deinsa. — Briant. — 30 juin 1827. — 2ᵉ chamb..... J. 4. 82

5. — *Capacité. — Régime.*

Les droits de la femme, quant à sa capacité personnelle et à la disponibilité de ses biens, sont régis par la loi existante à l'époque du contrat de mariage.

Mariés Arnaud. — Héritiers Joubert. — 4 décembre 1834. — 2ᵉ chambre.
J. 7. 393

6. — *Capacité. — Statut personnel. — Lois anciennes.*

Les lois anciennes, et notamment le sénatus-consulte velléien, qui défendaient aux femmes de s'obliger pour autrui, ne frappant que sur la capacité des personnes et étant des statuts purement personnels, non inhérents aux conventions matrimoniales, ont cessé

d'avoir leur effet depuis la promulgation du Code civil.

La femme Boz. — Reymond Finat. —17 mai 1826. — 1ʳᵉ ch.... J. 3. 93

7. — *Capacité d'acquérir.*

La femme, quoique mariée avec constitution générale de dot, n'est pas incapable d'acquérir les biens de son mari poursuivi en expropriation.

Etienne Sauze. — Les mariés Margaron. — 29 juillet 1808. — 2ᵉ section (1)................. Vᵛ. 315

8. — *Double action. — Option. — Renonciation.*

La femme qui a produit dans l'ordre des créanciers de son mari pour y réclamer le prix de ses immeubles do-

---

(1) Considérant que, d'après le droit romain, la femme qui s'était constitué tous ses biens en dot peut acquérir pour elle et en son nom, suivant les dispositions de la loi 26, *ff. De jure dotium*, et de la loi 6, *Cod.*, *si quis alteri rel sibi*;

Que les lois nouvelles n'excluent point la femme du droit de se rendre adjudicataire des biens de son mari, débiteur saisi; que l'article 20 de la seconde loi du 11 brumaire an 7, et l'article 713 du Code de procédure civile, ne repoussent des enchères que le débiteur saisi et les personnes notoirement insolvables;

Que l'article 1595 du Code civil dispose que le mari peut valablement passer vente de ses biens à sa femme, même non séparée de biens, lorsque cette vente a une cause légitime, telle que le remploi des deniers à elle appartenant, en se conformant à la loi pour l'extinction des hypothèques affectées sur les mêmes biens.

taux aliénés, n'est pas censée avoir renoncé à l'action en revendication de ces immeubles.

Le sieur Devaulx-de-Pleyné. — Les sieurs Reynaud, Bonnefoi et consorts. — 28 juin 1827. — 2ᵉ ch.. J. 3. 481

9. — *Femme mineure.* — *Obligations commerciales.*

La femme mineure qui, avec le consentement de son mari, exerce la profession de marchande publique, et qui, en cette qualité, a contracté des obligations, est tenue personnellement de les acquitter.

Les mariés Jasset. — Jean Brochenin. — 17 février 1826. — 4ᵉ chamb. J. 2. 523

10. — *Frais de dernière maladie.* — *Frais funéraires.*

Les frais de la dernière maladie de la femme sont supportables par le mari personnellement, comme charges du mariage, et les frais funéraires sont à la charge de la succession de la femme.

Lavaras. — Tavel. — 19 février 1808. Vˢ. 318

11. — *Immeubles dotaux.* — *Vente.* — *Garantie.*

La garantie stipulée par la femme qui vend un immeuble dotal ne peut s'exercer que sur ses biens paraphernaux ; elle ne forme pas une fin de non-recevoir qui l'empêche de faire valoir la nullité de la vente.

La veuve Pion. — Le sieur Cret. — 16 janvier 1828. — 1ʳᵉ ch.. J. 4. 162

12. — *Obligation.* — *Autorisation du mari.*

La femme, même séparée de biens, ne peut s'obliger, sans le concours de son mari, dans l'acte, ou sans son consentement par écrit. Est nul le billet souscrit en pareil cas, alors surtout qu'il n'est pas justifié qu'il ait profité à la femme.

Les mariés Bertholon. — Madeleine Reynaud et autres. — 6 juin 1829. — 2ᵉ chamb.............. J. 4. 439

13. — *Procuration du mari.* — *Reddition de compte.*

La procuration donnée par un mari à sa femme, dont il est constitutaire général, est un acte de pure confiance qui ne la soumet à aucun compte.

Françoise Sarra. — La dame Paul, veuve Sarra. — 15 pluviôse an 11. — 1ʳᵉ section.............. Vˢ. 317

14. — *Reconnaissance du mari.* — *Unde habuit.*

La reconnaissance d'une somme d'argent, faite par le mari, au profit de sa seconde femme, ne dispense pas celle-ci de prouver d'où cette somme lui est provenue, *unde habuit*, quoique cette femme n'ait qu'une constitution particulière de dot, et jouisse d'un bien paraphernal.

Catherine Barbier, femme Guttin. — Les sieurs Ravet et Groubier. — 29 août 1826. — 1ʳᵉ ch. (1)... J. 3. 388

____

(1) Attendu qu'il n'est nullement justifié que Claude Guttin ait reçu les 2,400 francs

15. — La femme peut être déclarée propriétaire d'une créance créée à son profit pendant le mariage, quoiqu'elle ne fasse pas la preuve *unde habuerit*, lorsqu'il résulte d'un acte émané du mari, qu'il a reconnu l'existence de la créance et les droits de propriété de sa femme sur cette même créance.

Les consorts Patton. — Eugénie Patton. — 1er juillet 1830. — 1re ch.
J. 5. 343

16. — *Signature. — Effet de commerce.*

Les signatures données par une femme non marchande au dos d'une lettre de change ou d'un billet à ordre, ne constituent de sa part qu'un engagement civil.

Demoiselle Vuaillet. — Vessilier. — 14 décembre 1833. — 4e ch. J. 7. 87

---

dont il a fait reconnaissance à Catherine Barbier, le 9 janvier 1818; que ladite Barbier n'établit pas d'où lui provenait cette somme; que, quoique Catherine Barbier n'ait qu'une constitution particulière de dot, et jouisse d'un paraphernal, elle n'est pas moins tenue d'établir *unde habuerit*, parce que, s'agissant d'actes et reconnaissances tendant à priver les enfants du premier lit d'une portion de leur réserve légitime, la loi les présume toujours simulés jusqu'à la preuve du contraire; que ce point de jurisprudence est établi par tous les auteurs et les arrêts du parlement de Dauphiné, surtout lorsqu'il s'agit d'une seconde femme, toujours présumée vouloir diminuer la portion des enfants d'un premier lit, pour favoriser les siens; et cette preuve devient d'autant plus nécessaire dans l'espèce, Claude Guttin ayant révoqué cet acte et convenu de la simulation.

V. Absence. — Actions dotales. — Augment. — Autorisation maritale. — Convol. — Dot. — Hypothèque légale. — Paraphernaux (biens). — Partage. — Prescription. — Séparation de biens.

FÉODALITÉ.

1. — *Albergement. — Droits de lods et de prélation.*

La stipulation dans un albergement du droit de lods et de prélation n'a aucun caractère de féodalité, surtout lorsque l'albergateur n'était pas seigneur du lieu où étaient situés les terrains albergés.

La veuve Bergoin. — Le sieur Franchelin. — 4 mars 1829. — 2e chamb.
J. 4. 396

2. — *Moulins.*

Les lois abolitives de la féodalité, en exceptant les moulins de la suppression des droits féodaux, en ont aussi excepté les eaux nécessaires pour les faire jouer, et n'ont enlevé aux seigneurs que le droit de banalité et le droit de disposer de la portion qui excède celle nécessaire au jeu de l'usine; le surplus est entré dans le droit commun.

Veuve Chazel. — Lombard-Quincieux. — 17 juillet 1830. — 2e chamb.
J. 5. 109

3. — *Rente foncière.*

Les lois abolitives de la féodalité n'ont pas anéanti les rentes imposées aux possesseurs à titre précaire, lors même que ces rentes avaient des qualifications féodales.

Les sieurs Couturier, Vincendon et autres. — Les cohéritiers de Buffevent. — 17 février 1823. — 1re chamb. (1). J. 3. 193

4. — Le titre constitutif d'une rente, quoique infecté d'expressions féodales, n'est pas susceptible d'être aboli, s'il est prouvé que le constituant de la rente n'était pas seigneur direct de la terre sur laquelle cette rente a été établie ; elle est réputée, en ce cas, purement foncière.

____

(1) Considérant, relativement à la nature de ces redevances, que les lois abolitives de la féodalité n'ayant eu en vue que les vrais propriétaires, en exonérant leurs immeubles des rentes féodales dont ils étaient grevés, n'ont pu ni voulu anéantir des redevances imposées à de simples possesseurs, à un titre précaire quelconque, quand même il y aurait été mêlé des stipulations empruntées de la féodalité ; que ces sortes de stipulations doivent être retranchées comme contraires à la nature du contrat, qui seul pouvait intervenir entre les parties ; que de semblables redevances ne sont et ne peuvent être, vis-à-vis du possesseur, que la représentation des fruits annuels qu'il aura droit de percevoir tant que durera sa possession temporaire ; qu'ainsi, les sous-inféodataires, n'ayant été dès le principe que de simples engagistes, ne peuvent, en retenant les fonds, être exonérés du paiement du douzième des fruits, à quoi ils se soumirent, et qui ne peut être à leur égard qu'une prestation de la nature des fermages ; ce qui rend illusoires et sans effet les qualifications féodales ajoutées à la stipulation des redevances : les mots ne peuvent changer la nature des choses.

Les consorts Besson. — M. Clémaron. — 10 juillet 1829. — 2e chamb. J. 5. 6

V. Moulins. — Rentes.

FIDUCIE.

1. — *Donation à cause de mort.*

La donation à cause de mort, faite par le père au préjudice de ses enfants, peut, suivant les circonstances, n'être qu'une simple fiducie.

Pierre-Henri Vignon. — Les mariés Belier et Revol. — 16 mars 1824. — 1re chamb.............. J. 1. 173

FILOUTERIE.

1. — *Auberge. — Dépense.*

Celui qui, après avoir fait des repas et des dépenses chez des aubergistes et des cafetiers, se soustrait au paiement par la fuite, commet un délit de filouterie prévu par l'art. 401 du Code pénal.

M. le procureur-général. — Louis Manceau. — 28 novembre 1833. — Chambre correctionnelle.... J. 7. 8

FIN DE NON-RECEVOIR. — V. Acquiescement. — Appel. — Autorisation maritale. — Chambre d'accusation. — Conciliation. — Degré de juridiction. — Dernier ressort. — Donation. — Dot. — Enquête. — Jugement par défaut. — Jury. — Ordre. — Partage. — Requête civile. — Saisie immobilière. — Séparation de biens. — Séparation de corps. — Solidarité. — Testament.

FOLLE ENCHÈRE.

1. — *Adjudication. — Inexécution.*

L'art. 737 du Code de procédure civile s'applique au cas où l'adjudicataire ne paie pas les sommes portées aux bordereaux de collocation, tout comme à celui où il n'acquitte pas les conditions exigibles avant la délivrance du jugement ; ainsi, on peut poursuivre, par voie de folle enchère, l'adjudicataire qui n'a pas payé les créanciers utilement alloués dans l'ordre.

Les sieurs Aubenas. — M⁰ Cruvellié, avoué. — 30 janvier 1816. — 1ʳᵉ ch.
J. 2. 442

2. — *Adjudication. — Nullité.*

Dans une revente sur folle enchère, toute nullité antérieure à l'adjudication définitive doit être proposée avant cette adjudication.

Dreveton. — Veuve Pochon et Pierre Vignon. — 18 mars 1834. — 1ʳᵉ ch.
J. 7. 193

3. — *Appel. — Fin de non-recevoir.*

L'appel du jugement qui ordonne une revente sur folle enchère n'est pas recevable après le jugement d'adjudication sur la folle enchère.

Blanc. — Baudoin. — Roux. — 4 avril 1816. — 2ᵉ chamb.... V⁰. 583

4. — *Incident. — Jugement ou arrêt par défaut. — Opposition.*

L'opposition est non recevable envers les jugements et arrêts rendus par défaut, sur incidents en matière de revente à folle enchère, lors même qu'il s'agit de nullités antérieures à l'adjudication préparatoire. On ne peut attaquer ces jugements que par la voie de l'appel.

Le sieur Dubois. — La femme Buffat. — 26 avril 1827. — 2ᵉ ch.. J. 3. 473

5. — *Mineur. — Prix.*

L'adjudication sur folle enchère de biens de mineurs peut, sans autorisation spéciale de la justice, avoir lieu pour un prix inférieur à l'estimation qui a fixé la mise à prix lors de la première enchère.

Dreveton. — Veuve Pochon et Pierre Vignon. — 18 mars 1834. — 1ʳᵉ ch.
J. 7. 193

FONCTIONS PUBLIQUES.

1. — *Exercice.*

Un fonctionnaire public ne cesse pas d'être dans l'exercice de ses fonctions, par cela que l'acte auquel il a concouru peut être attaqué pour vice d'incompétence ou d'illégalité.

Joseph Piot. — Vial et Bertholet. — 9 mai 1834. — Ch. correct. J. 7. 255

2. — *Hiérarchie.*

Les fonctions publiques ne sont jamais vacantes en France, et en cas d'absence, d'abstention, de démission, mort ou maladie, les titulaires sont toujours remplacés par ceux qui, dans la hiérarchie, viennent après eux.

La commune d'Ambutrix. — Les

habitants de Saint-Denis-de-Bettans. —
19 août 1830............ J. 5. 135

FRUITS.

**1. — *Restitution. — Acquéreur. —
Mineur.***

Sous l'ancien droit, celui qui avait
acquis des biens qu'il savait appartenir
à un mineur ne pouvait exciper de
bonne foi, et devait la restitution des
fruits, non pas seulement depuis le
jour de la demande, mais depuis le jour
de la vente, dans le cas où ce mineur
obtenait la restitution en entier contre
cette vente.

Etienne Mathieu. — Victor Blanc et
autres. — 17 juillet 1826. — 1re ch.

J. 3. 164

**2. — *Restitution. — Cohéritiers. —
Action réelle.***

Les cohéritiers à qui une restitution
de fruits est due ne peuvent pas exiger
cette restitution en biens héréditaires,
au préjudice des créanciers de leurs
cohéritiers.

Les sieurs Belluard et Joseph Perrichon. — François Perrichon. — 21
juillet 1826. — 2e ch. (1).   J. 3. 115

---

(1) Attendu que ce n'est point d'après les
lois romaines et la jurisprudence des arrêts,
antérieure à la nouvelle législation, que doit
être décidée la première question, mais d'a-
près les dispositions du Code civil, qui régit
toute la France ;

Attendu qu'en effet le Code civil prévoit
toutes les réclamations que des cohéritiers,
procédant à partage d'une succession commune, peuvent avoir à former les uns contre
les autres, et par conséquent celle d'une
restitution de fruits compétente à l'un des
cohéritiers ;

Attendu qu'il n'est aucun article de ce Code
qui puisse autoriser la prétention de François
Perrichon, de se faire adjuger, en paiement
de la restitution de fruits qu'il prétend lui
être due par Joseph son frère, des immeubles
provenant de la portion cohéréditaire de ce
dernier dans l'hoirie du père commun ;

Attendu qu'une simple restitution de fruits,
résultant d'une jouissance consentie ou tolérée
par le cohéritier réclamant, ne pouvait point,
en effet, être le sujet d'une action réelle,
d'un prélèvement d'immeubles sur la portion
du cohéritier débiteur, mais seulement d'une
action personnelle, en réclamation de deniers;
que dès-lors le législateur ne pouvait qu'autoriser cette réclamation dans la procédure de
partage, ne pouvait prescrire à cet égard,
comme pour toute autre créance, que des
rapports, des comptes et des fournissements
entre les cohéritiers ;

Attendu que c'est en ce sens qu'il faut entendre l'article 829 du Code civil, portant
que chaque cohéritier fait rapport à la masse
des sommes dont il est débiteur, et l'article
828 exprimant qu'il est procédé, devant le
notaire convenu ou délégué, aux comptes que
les copartageants peuvent se devoir, à la composition des lots, et aux fournissements à

3. — *Restitution.* — *Liquidation.*

La liquidation des fruits restituables doit se faire année par année, et suivant le prix des mercuriales du lieu où la succession s'est ouverte.

Les consorts Audier. — Les consorts Berge. — 23 novembre 1826. — 1re chamb . . . . J. 3. 304

4. — *Tuteur.* — *Comptes.*

Le tuteur doit tenir compte des fruits

---

faire à chacun des copartageants, c'est-à-dire des sommes à payer ;

Attendu qu'il est si vrai qu'il ne s'agit que d'un paiement en deniers, quelle que soit la cause de la créance répétable, que c'est après avoir déclaré que chaque cohéritier peut demander sa part en nature des meubles et immeubles de la succession, que c'est après avoir prévu la vente ou licitation des immeubles, que l'article 828 précité ordonne, pour complément des opérations, des comptes et des fournissements entre les cohéritiers ;

Attendu que, si le législateur avait voulu attribuer au cohéritier, à qui il compète une restitution de fruits, un droit de propriété ou de revendication sur les immeubles à assigner au débiteur de cette restitution de fruits, il l'aurait clairement expliqué; sa volonté aurait été consignée dans une disposition formelle ; mais, bien loin de trouver une semblable disposition dans le Code civil, on y voit au contraire que, quelle que soit la nature des créances d'un cohéritier, il n'est jamais considéré à cet égard que comme un créancier ordinaire, à qui il compète des sommes en argent et non des immeubles, et que c'est sous ce rapport qu'un seul mode de libération est introduit, savoir : le paiement en deniers;

Attendu que ce serait évidemment ajouter à la loi, que de puiser dans le Code civil le prétendu principe sur lequel repose la prétention de François Perrichon.

civils, à proportion du temps qu'il en a joui, et jour par jour : dans ces fruits ne doivent pas être compris les baux à ferme stipulés même à prix d'argent, lesquels ne peuvent être réglés que comme fruits naturels.

Les mariés de Miribel. — Le sieur Gerbolet - du - Chatelard. — 31 août 1819. — 2e chambre . . . . J. 1. 14

V. Dot. — Paraphernaux (biens) — Partage. — Saisie immobilière. — Subhastation.

GAGE.

1. — *Retrait.* — *Créance.* — *Remboursement.*

Le débiteur dont les immeubles étaient tenus à titre de gage a toujours conservé le droit de rentrer en possession de ces immeubles, en remboursant les créances qui avaient donné lieu à l'engagement, et dès-lors la propriété de ces mêmes immeubles n'a pas cessé de résider sur la tête du débiteur, et ses héritiers ont, comme lui, le droit de reprendre lesdits immeubles en remboursant les créances.

Joseph Busse. — Les consorts Darve. — 10 mai 1832. — 1re ch.. J. 6. 127

V. Subhastation.

GARANTIE.

1. — *Compétence.*

Toute demande en garantie, lors même qu'elle n'est fondée que sur un fait de responsabilité et non sur un titre positif, peut être formée devant le tribunal où la demande originaire est pendante.

Les syndics de la faillite Croisel. — Les sieurs Revol, Buffeton et Pitrat. — 4 décembre 1824. — 4ᵉ ch. J. 2. 115

2. — *Vente. — Eviction. — Dommages-intérêts.*

Quoique la stipulation de non-garantie, en cas d'éviction, n'empêche pas que le vendeur ne soit passible de dommages-intérêts, en cas qu'il soit établi qu'il ne pouvait vendre, ce principe cesse d'avoir son effet lorsque l'acquéreur a connu les vices de la vente.

Etienne Mathieu. — Victor Blanc et autres. — 25 mars 1825.. J. 2. 352.

V. ACTIONS DOTALES. — APPEL. — DEGRÉ DE JURIDICTION. — DÉLIT FORESTIER. — EVICTION. — EXPLOIT. — FEMME. — HUISSIER. — LÉGITIME. — LEGS. — PÉREMPTION. — RENTES. — SERVITUDES. — VENTE.

GARDE FORESTIER.

1. — *Compétence.*

Les gardes forestiers et champêtres sont incompétents pour constater les contraventions de police autres que celles qui portent atteinte aux propriétés rurales et forestières.

Bonnet - Gamard et Poncet. — Le ministère public. — 21 avril 1825. — Chambre correct........ J. 2. 121

2. — *Poursuites. — Autorisation.*

Lorsqu'un garde forestier est poursuivi par l'administration forestière, en qualité d'agent de cette administration, et non d'officier de police judiciaire, il ne peut exciper du défaut d'autorisation de poursuites pour se soustraire à sa mise en jugement.

L'administration forestière. — Auguste Bron et autres. — 27 février 1835. — Chambre correct. J. 7. 536

3. — *Qualité.*

L'agent forestier qui a agi en cette qualité, soit à l'égard de l'administration, soit à l'égard des délinquants, ne peut opposer du défaut de commission et de prestation de serment pour se soustraire envers l'administration à la responsabilité de sa négligence.

L'administration forestière. — Auguste Bron et autres. — 27 février 1835. — Chambre correct. J. 7. 536

V. CHASSE. — DÉLIT FORESTIER. — PROCÈS-VERBAL.

GARDE NATIONALE.

1. — *Détachement. — Arrêté. — Publication.*

La publication au son du tambour, et l'affiche d'un arrêté de l'administration qui prescrit la réunion en armes d'un détachement de gardes nationaux, sont suffisants pour donner aux gardes nationaux une connaissance légale de l'ordre de réunion, conformément à l'art. 7 de la loi du 22 mars 1831.

Le procureur - général. — Rajon, Belly et autres. — 25 octobre 1834. — Chambre correct......... J. 7. 360

2. — *Dissolution.* — *Armes.* — *Restitution.*

Le refus des gardes nationaux de restituer, après une ordonnance de dissolution de la garde nationale, les armes qui leur ont été confiées, ne constitue ni délit ni contravention, lorsque ces gardes nationaux offrent de représenter ces armes et n'entendent point se les approprier.

Le procureur-général. — Les sieurs Dérocle, Girard, Sappey et Martin. — Lambert. — 3 mai 1832. — Chambre correct. (1).............. J. 6. 18

____

(1) Cet arrêt a été cassé le 27 juillet 1832 par les motifs suivants :

Attendu que l'article 91 de la loi du 24 mars dernier n'ayant disposé que pour un cas particulier, n'a pas abrogé les dispositions générales de l'article 408 du Code pénal ;

Attendu que la garde nationale reçoit à titre de dépôt les armes qui lui sont données, pour en faire l'emploi déterminé par l'autorité ;

Mais attendu qu'après le licenciement de la garde nationale, et lorsque s'opère le désarmement qui en est la conséquence, il y a obligation pour tout garde national de rendre les armes qui lui ont été confiées, et que faute par lui de faire cette restitution, il se rend passible du délit prévu par l'article 408 du Code pénal ;

Attendu que la cour royale de Grenoble, en décidant que la voie civile était seule ouverte à l'autorité pour faire rentrer les armes confiées aux gardes nationaux licenciés, a fait une fausse application des principes du droit civil, et violé l'article 408 du Code pénal.

3. — *Service.* — *Exemption.*

Le garde national qui a un motif particulier d'exemption pour le service de la garde nationale, et qui ne l'a pas invoqué lors de la formation du contrôle, ne peut refuser d'obéir aux ordres de service et se rendre juge lui-même de l'exception qu'il invoque.

Le procureur-général. — Rajon, Belly et autres. — 25 octobre 1834. — Chambre correct......... J. 7. 360

HÉRITIER.

1. — *Institution d'héritier.* — *Election.* — *Loi du 17 nivôse an 2.*

L'institution d'un héritier subordonnée à la faculté d'élire contenue dans un testament antérieur à la loi du 17 nivôse an 2, a dû avoir son effet à partir de la mort du testateur, par suite de l'abolition de la faculté d'élire prononcée par la loi précitée, et nonobstant la disposition de ladite loi qui annulait cette institution subordonnée. La rétroactivité résultant de la loi de nivôse ayant été purgée par les lois des 9 fructidor an 3 et 3 vendémiaire an 4, le droit d'élire est resté frappé de caducité, et l'institution subordonnée est devenue irrévocable, comme si l'élection avait défailli par le fait de l'électeur.

Les enfants de Michel Mottin. — Les héritiers de Michel-Antoine Mottin. — 6 février 1833. — 1re ch... J. 6. 400

V. Action judiciaire. — Composition de masse. — Donation. — Légi-

TIME. — LEGS. — RETRAIT SUCCESSORAL. — SUCCESSION. — TESTAMENT.

HÉRITIER BÉNÉFICIAIRE.

1. — *Droits successifs.* — *Cession.*

Lorsque des cohéritiers, après avoir fait au greffe une déclaration d'acceptation bénéficiaire, cèdent à l'un d'eux les droits successifs qui leur compètent, en leur qualité d'héritiers bénéficiaires, cette cession ne les rend pas héritiers purs et simples ; elle n'a d'autre effet que de transporter au cessionnaire la qualité et les droits que les cédants avaient avant la cession.

Les consorts Chaffois. — Antoine-Alexis Rochas. — 24 mars 1827. — 2ᵉ chambre................ J. 3. 557

2. — *Vente.* — *Créanciers.* — *Saisie immobilière.*

La demande formée par l'héritier bénéficiaire, afin d'obtenir permission de faire vendre les immeubles de la succession, en vue du paiement des créanciers, ne peut être un motif d'annuler la saisie à laquelle un des créanciers a fait procéder antérieurement à cette demande. Elle peut seulement donner lieu à la fixation d'un délai pendant lequel l'héritier bénéficiaire pourra faire procéder à la vente ; à défaut de quoi il doit être permis au créancier de continuer ses exécutions.

La veuve Bouvaret. — La veuve Feybié. — 12 août 1828. — 2ᵉ chamb. J. 4. 262

HOMICIDE.

1. — *Imprudence.* — *Dommages.*

Celui qui, par maladresse, imprudence ou négligence, étant à la chasse, donne la mort à son semblable, est punissable, non-seulement de peines correctionnelles, mais encore de dommages-intérêts envers la veuve ou les héritiers de l'homicidé.

M. le procureur-général et la veuve de Joseph Bouchet-Bert-Fayoudat. — François Rey. — 27 décembre 1826. — Chambre correct........ J. 3. 215

2. — *Imprudence.* — *Voitures publiques.*

Il y a lieu contre le directeur d'une messagerie, le conducteur et le postillon, à l'application de l'art. 319 du Code pénal, relatif à l'homicide involontaire, commis par maladresse, imprudence, inattention, négligence ou inobservation des règlements, lorsque la chute d'une voiture, survenue par suite d'une contravention aux règlements sur les voitures publiques, a occasionné la mort d'une personne.

M. le procureur-général. — Gaillard et autres. — 7 mars 1834. — Ch. corr. J. 7. 114

HOSPICES.

1. — *Autorisation.*

Les actions appartenant à un hospice peuvent être intentées sans autorisation préalable ; il suffit, pour la validité des poursuites, que l'hospice ait été autorisé avant qu'il ait été statué au fond sur sa demande.

Les hospices de Romans. — Gervais, Chabert et consorts. — 6 juin 1825. — 1re chamb............... J. 2. 162

HUISSIER.

1. — *Bourse commune. — Partage.*

Le décret du 14 juillet 1813, sur l'organisation, le service et la bourse commune des huissiers, a dû recevoir son exécution entière jusqu'à la publication de l'ordonnance royale du 26 juin 1822; ainsi, le partage de la bourse commune a dû être fait pendant toute cette période de temps, et chaque huissier a dû verser les sommes qui y étaient affectées.

La communauté des huissiers de Valence. — Joseph Durand. — 26 mars 1825. — 4e chamb..... J. 2. 5

2. — *Exploit nul. — Dépens. — Dommages-intérêts.*

L'huissier qui a signifié un exploit d'appel déclaré nul pour omission de sa signature sur la copie est passible, non-seulement de tous les frais de la cause d'appel, mais encore des dommages-intérêts que peut éprouver l'appelant.

Jean-Pierre Blanc. — Jacques Rey et Delaye. — 26 janvier 1818. — Ch. civ.................... J. 2. 484

3. — *Garantie. — Compétence.*

La garantie formée contre un huis-

sier, à raison de la nullité d'un exploit d'appel, est une demande principale soumise aux deux degrés de juridiction.

Pierre-Henri Vignon. — Les mariés Bellier et l'huissier Morel. — 16 août 1826. — 1re chamb....... J. 3. 371

Arrêt conforme :

La femme Berger. — André Berger et l'huissier V... — 6 février 1827. — 1re chamb............... J. 3. 373

4. — La condamnation de l'huissier par la faute duquel un exploit a été annulé, aux frais de l'exploit et de la procédure annulés, doit être prononcée par le tribunal qui statue sur la nullité de l'exploit.

Jacques Tourrette. — François Boulat père et l'huissier Ville. — 12 janvier 1829. — 1re ch....... J. 4. 394

5. — La demande en garantie formée contre l'huissier peut être portée *de plano* devant les juges d'appel qui statuent sur la nullité de l'exploit.

La femme Oriol. — Les sieurs Terrot et Eynard, l'huissier Morel et Me Chastellière, avoué. — 4 décembre 1832. — 2e chambre (1).......... J. 6. 289

---

(1) Attendu que, s'agissant dans la cause d'un acte dont l'appréciation est déférée à la cour, l'huissier a pu être amené *de plano* devant elle pour apprécier s'il y a lieu à dommages-intérêts, et quelle peut en être la quotité ;

Attendu que renvoyer sur cette question la demande en garantie et l'appréciation des dommages-intérêts devant les premiers juges, liés par une décision sur le fond du droit, serait une mesure purement illusoire ; puis-

6. — *Responsabilité.*

L'huissier qui a signé un exploit est seul responsable des nullités qu'il renferme ; il n'a aucun recours contre l'avoué rédacteur.

La femme Oriol. — Les sieurs Terrot et Eynard, l'huissier Morel et Mᶜ Chastellière, avoué. — 14 décembre 1832. — 2ᵉ ch................ J. 6. 289

V. Acquiescement. — Exploit. — Signification d'avoué a avoué.

HYPOTHÈQUE EN GÉNÉRAL.

1. — *Bátiments. — Incendie. — Assurance.*

L'hypothèque constituée sur des bâtiments ne peut pas, en cas d'incendie, être exercée sur l'indemnité due par la compagnie d'assurance, de manière à exclure les créanciers chirographaires.

Campana et Maury. — Dussert et Biava. — 27 février 1834. — 1ʳᵉ ch. (1). J. 7. 143

2. — *Bâtiments. — Matériaux. — Meubles.*

Les matériaux du bâtiment qu'un individu a fait construire sur un terrain dont il n'est que locataire, et qu'il s'est réservé d'enlever à sa sortie, sont simplement meubles ; un bâtiment de ce genre, alors que la démolition en a été formellement consentie d'avance par le propriétaire du sol, n'est pas susceptible d'être hypothéqué. — En d'autres termes, il n'y a de bâtiments susceptibles d'hypothèques, que ceux qui sont une dépendance du sol sur lequel ils sont construits, et en forment comme un accessoire nécessaire.

Le syndic de la faillite Coste. — Le sieur Feydel. — 2 janvier 1827. — 1ʳᵉ chamb................ J. 3. 363

3. — *Hypothèques générales. — Hypothèques spéciales. — Concours. — Acquéreur.*

L'acquéreur qui a payé son prix de vente au vendeur, en le compensant

---

que, liés par une première décision, ils ne pourraient apprécier qu'une nullité d'acte d'appel d'un jugement par eux rendu eût porté le moindre préjudice à l'appelant ; que dès-lors la cour doit se réserver la connaissance de cette appréciation.

(1) Attendu que, pour apprécier sainement la question de savoir si le créancier hypothécaire a un droit de suite sur le sinistre résultant de l'incendie de l'immeuble affecté à son hypothèque, il est nécessaire d'examiner la nature du contrat d'assurance et de l'indemnité due par les assureurs ;

Attendu qu'un contrat d'assurance n'est autre chose qu'un acte par lequel l'un des contractants se charge des cas fortuits auxquels une chose est exposée, et s'oblige envers l'autre contractant de l'indemniser de la perte que lui causeraient les cas fortuits s'ils arrivaient, moyennant une somme que l'autre contractant lui donne ou s'oblige de lui donner, pour le prix des risques dont il se charge ;

Attendu qu'il ne peut résulter d'un pareil contrat qu'une créance et des actions personnelles entièrement étrangères à l'immeuble, et qui n'apportent aucun changement à sa consistance ; que l'immeuble est, à la vérité, la cause du contrat, mais qu'il n'en est pas l'objet ; que cet objet, c'est le risque que courent les assureurs, moyennant certaines

avec une dette chirographaire, alors qu'il n'avait lui-même aucune hypothèque sur les immeubles par lui acquis, ne peut obliger les créanciers à hypothèques générales, antérieures à la vente, à se faire payer sur d'autres immeubles appartenant au vendeur, au préjudice des créanciers à hypothèques spéciales.

Le sieur Trouillet. — Les sieurs Dompnier et Repellin. — 27 juillet 1830. — 1re chamb........ J. 5. 355

conditions, de payer telle somme si le cas arrive ;

Attendu que, de ce qui précède, découle naturellement la conséquence que l'indemnité ne représente pas l'immeuble ; qu'en effet on ne lit dans aucun texte de la loi une subrogation de cette nature ; or, les fictions étant de droit étroit, elles ne peuvent être établies que par la loi ou par des conventions que la loi autorise, et ce principe doit s'appliquer aux subrogations ;

Attendu que l'on ne peut non plus raisonner d'une hypothèse à une autre ; que, dans toutes celles que l'on a citées, le prix à distribuer était la véritable représentation de l'immeuble, une valeur produite par cet immeuble, et qui pouvait en être considérée comme le prix ; mais que, dans la question à décider, ce n'est pas l'immeuble qui a produit l'indemnité, valeur que la seule qualification indique comme mobilière, c'est le contrat d'assurance fait entre l'assureur et l'assuré ;

Attendu dès-lors que cette indemnité ayant été produite par un contrat entièrement étranger aux créanciers hypothécaires, ceux-ci ne peuvent exercer sur cette indemnité un droit de suite ou de préférence ;

Attendu que de la solution contraire découleraient des conséquences qui engendreraient une foule de procès ; car, si l'indemnité représentait l'immeuble, et si par suite elle

4. — *Hypothèques générales. — Hypothèques spéciales. — Concours. — Subrogation.*

Le créancier ayant une hypothèque spéciale ne peut demander à être subrogé à l'hypothèque générale des créanciers qui absorbent le prix d'une partie des biens du débiteur, pour être alloué à concurrence de la partie de la créance de ces derniers, qui aurait été supportable par le surplus des biens du débiteur.

Delestra. — Créanciers Allard. — 22 juillet 1817. — 1re chamb.... V'. 339

5. — *Impositions. — Créance communale. — Percepteur.*

Le rôle d'impositions, dressé pour

devait être frappée de l'hypothèque des créanciers, il faudrait, par réciprocité, décider qu'ils pouvaient être recherchés pour l'exécution du contrat d'assurance à défaut de l'assuré ; que les assureurs ne pourraient valablement se libérer qu'après avoir rempli toutes les formalités pour la purgation des inscriptions, la dénonciation aux créanciers inscrits, etc., formalité que la loi n'a pas exigées en cette matière ;

Attendu que les articles du Code civil relatifs aux hypothèques viennent à l'appui de cette décision ; qu'en effet, d'après l'article 2118, les immeubles seuls sont susceptibles d'hypothèques, et, par une suite nécessaire, l'hypothèque s'évanouit lorsque l'immeuble vient à périr ; qu'on doit donc décider que les mariés Maury et par suite le sieur Campana, caution des mariés Dussert envers eux, ne peuvent prétendre à un droit de suite sur l'indemnité due par la compagnie d'assurance pour l'incendie de la maison Dussert affectée à leur hypothèque.

faire face à une dépense communale , n'établit point une créance hypothécaire au profit de la commune , et encore moins au profit du percepteur du rôle, qui , n'étant pas créancier direct des contribuables , n'a pas qualité pour prendre contre eux une inscription hypothécaire en son nom personnel.

Les frères Anthouard. — La dame Marchon, les sieurs Ferrier et Lesbros. — 29 mars 1827. — 1re ch. J. 4. 13

6. — *Légataire.*

Suivant la jurisprudence constante du parlement, le légataire n'acquérait autrefois hypothèque sur les biens propres de l'héritier , nonobstant toute adition d'hérédité , que du jour où l'héritier avait reconnu la dette par un acte notarié, ou qu'il avait subi un jugement de condamnation.

Billion du Rivoire. — Trenonay. — 18 juillet 1810. — 1re ch.... Vs. 337

7. — *Mari. — Femme. — Immeubles indivis.*

Lorsque deux articles d'immeubles ont été donnés aux époux par contrat de mariage , conjointement et sans division , le mari restant, jusqu'au partage, propriétaire de la moitié de chacun de ces immeubles , peut les grever d'hypothèques de son propre chef , et l'hypothèque conférée par le mari peut être exercée sur la moitié de l'immeuble hypothéqué.

Joseph Roche. — Les mariés Crozel. — 15 février 1832. — 2e ch. J. 6. 89

8. — *Prescription. — Droit ancien.*

L'exercice de l'action hypothécaire contre le tiers-détenteur ne conserve point l'action personnelle contre le débiteur, à moins que les deux actions ne concourent ensemble sur le même individu , et la prescription de celle-ci éteint l'action hypothécaire.

Les cohéritiers Guichard. — Me Bisson , notaire. — 21 février 1816. — 1re chamb................ Vs. 343

9. — *Prescription. — Tiers-acquéreur.*

Celui qui acquiert de bonne foi et par un juste titre un immeuble, en prescrit la propriété ainsi que les hypothèques qui peuvent le grever , par une possession de dix ans depuis la transcription ; cette prescription n'est interrompue ni par l'inscription prise dans cet intervalle par le créancier, ni par les notification et déclaration faites par l'acquéreur, conformément à l'art. 2194 du Code civil , aux personnes (et entre autres à ce créancier) que cet acquéreur présumait pouvoir avoir quelque hypothèque légale sur cet immeuble.

Pierre Pradier. — Les mariés Planel. — 10 mars 1827. — 2e ch. J. 3. 440

10. — *Prescription. — Transcription.*

La prescription de l'hypothèque n'est acquise au profit du tiers-détenteur, conformément à l'art. 2180 du Code civil, que du jour de la transcription de son titre de propriété dans les registres du conservateur.

Xavier Bonthoux. — Pierre Pradier. — 4 mars 1829. — 1re ch.. J. 4. 448

11. — *Renonciation tacite.*

Le créancier hypothécaire qui signe comme témoin l'acte de vente de l'immeuble sur lequel frappe son hypothèque, n'est pas présumé y avoir tacitement renoncé, à moins que cet immeuble n'ait été vendu franc et quitte de toute hypothèque.

Xavier Bonthoux. — Pierre Pradier. — 4 mars 1829. — 1re ch. J. 4. 448

12. — *Sommation hypothécaire.*

Le créancier hypothécaire peut faire sommation au tiers-détenteur de payer ou de délaisser, quoiqu'il n'ait pas pris inscription, pourvu que l'acquéreur n'ait pas encore fait transcrire son contrat d'acquisition, ou qu'il ne se soit pas écoulé quinzaine depuis la transcription.

La femme Vincendon. — Le sieur Joffray. — 11 janvier 1816. V°. 342

13. — *Subrogation. — Acte sous seing-privé. — Tiers.*

La subrogation d'hypothèque faite sous seing privé, à raison d'une cession de créance, est sans effet vis-à-vis des tiers, et ne peut transmettre les droits dérivant d'actes antérieurs.

Mme Bouchet et les consorts Format. — Les consorts Blain. — 13 mai 1824. — 2e chambre.......... J. 1. 203

V. Dot. — Purge d'hypothèque.

HYPOTHÈQUE CONVENTIONNELLE.

1. — *Réduction. — Rente viagère.*

Le créancier d'une rente viagère ne peut pas être obligé à réduire l'hypothèque conventionnelle stipulée pour la sûreté de cette rente.

Catherine Duc. — Les mariés de Mayo. — 3 janvier 1825. — 1re chamb. J. 2. 193

HYPOTHÈQUE JUDICIAIRE.

1. — *Cohéritiers. — Expillations. — Tiers-détenteur.*

Les condamnations obtenues par des cohéritiers contre un tiers-détenteur, à raison des expillations et détournements commis par ce tiers-détenteur sur les immeubles de la succession, ne constituent qu'une créance mobilière ; elles produisent une hypothèque judiciaire qui ne peut porter que sur les immeubles existants entre les mains du tiers-détenteur, à l'époque de ces condamnations.

Le sieur Pison-Lacourbassière. — Les consorts Chanrion. — 29 novembre 1827. — 2e chambre...... J. 4. 524

2. — *Fonds dotal. — Dépens.*

Le fonds dotal est soumis à l'hypothèque judiciaire prise pour sûreté des dépens occasionnés par l'exercice d'une action dotale immobilière.

Les mariés Rozier. — Jean Boulu et Claude Rozet. — 31 mai 1809. — 1re chamb.................. V°. 249

3. — *Inscription*. — *Ordre*. — *Bordereau de collocation*. — *Créancier chirographaire*.

Un créancier chirographaire qui obtient une allocation dans l'ordre ouvert sur la distribution du prix de la vente des biens de son débiteur, ne peut, en vertu du procès-verbal d'ordre et du bordereau qui lui est délivré, prendre une inscription hypothécaire contre l'acquéreur.

L'administration de l'enregistrement. — Jean Vernet. — 28 mai 1831. — 2ᵉ chamb. (1)............ J. 5. 316

4. — *Reconnaissance d'écriture*. — *Billet à ordre*.

Le porteur d'un billet à ordre peut faire prononcer la reconnaissance du billet, et obtenir hypothèque avant l'échéance, lorsque le débiteur a consenti à cette reconnaissance et à l'inscription de l'hypothèque qu'elle devait produire.

Etienne-Jean Monnet. — Les créanciers de Joseph Achard. — 28 août 1818. — Chamb. civ...... J. 2. 367

HYPOTHÈQUE LÉGALE.

Acquéreur, 2, 3, 7, 10, 12.
Adjudication, 27, 28, 30.
Aliénation, 4, 7, 8, 9, 10, 11, 12, 13, 14, 15.
Créances paraphernales, 25.
Date de l'hypothèque, 4, 17, 18, 19.
Double action, 7, 8, 19, 10, 11, 12, 13, 14, 15.
Emploi, 14.
Extinction, 31.
Faillite, 16.
Immeubles dotaux, 7—15.
Indemnité, 4, 17.
Inscription, 20, 21, 22, 23, 24, 25.
Lettres de ratification, 2, 3.
Meubles, 1.
Mineur, 32, 33, 34.
Paraphernaux, 25.

---

(1) Attendu qu'il est conforme aux règles établies, de ne considérer le bordereau de collocation que comme un extrait, une expédition *parte in qua* du procès-verbal d'ordre;

Attendu qu'un procès-verbal d'ordre est une véritable décision judiciaire, mais qu'on ne peut de ce principe faire découler, en faveur de celui au profit duquel le juge-commissaire a rendu cette décision, une hypothèque judiciaire;

Attendu que l'hypothèque judiciaire est celle qui a eu pour objet de suppléer, en faveur du créancier, l'obligation volontaire à laquelle le débiteur se serait refusé par un sentiment d'injustice;

Que, dans l'espèce, Jean Vernet, acqué-

reur des biens de François, son frère, dont l'administration des domaines est créancière, n'a jamais eu de discussion avec l'administration, et n'a pu devenir son débiteur que par suite de l'acquisition qu'il avait faite et par l'allocation éventuelle faite à son profit dans le procès-verbal d'ordre, et que sa position n'a pu être aggravée, comme l'a décidé le tribunal, ni par cette vente, qui ne devait laisser exister que les inscriptions qui existaient déjà sur les immeubles qui en faisaient l'objet, et le privilège du vendeur sur les mêmes immeubles, ni par le procès-verbal d'ordre, qui, ainsi que l'indique son titre, n'avait d'autre objet que de régler le rang des créanciers entre eux.

Purge, 26, 27, 28, 29, 30.
Radiation, 5.
Régime, 6.
Remploi, 4, 9, 11, 13, 15.
Revendication, 7—15.
Tutelle, 32, 33, 34.

———

———

§ 1er. — *Droit ancien et droit intermédiaire.*

1.—La femme mariée avant la loi du 11 brumaire an 7, ayant, d'après les anciennes lois, hypothèque et droit d'insistance sur les meubles de son mari, a pu s'opposer à la vente de ces meubles, même depuis cette loi.

Jean Rollet. — Les mariés Jay. — 11 août 1807. — 1re section.. Vs. 321

2. — Sous l'empire de l'édit de 1771, la femme n'était pas obligée, pour la conservation de son hypothèque légale sur les biens de son mari, de former opposition aux lettres de ratification obtenues par les acquéreurs de ses biens.

Les enfants Bourgeat. — Antoine

Buisson. — 1er juin 1824. — 1re ch.
J. 2. 356

3. — Les lettres de ratification, obtenues par l'acquéreur des biens du mari, sans opposition de la part de la femme, ne purgeaient pas l'hypothèque légale de la dot de cette dernière; mais celle-ci n'avait, contre cet acquéreur, qu'une action hypothécaire, et non une action personnelle en paiement de la dot.

Le sieur Maqueret. — La veuve Moulin-Comte. — 7 janvier 1820. — 2e chamb............... J. 2. 363

4. — Dans le Lyonnais et dans le ressort du parlement de Paris, la femme avait hypothèque sur les biens de son mari, à dater du jour de son contrat de mariage, soit pour ses biens aliénés sans remploi, soit pour l'indemnité à elle due à raison des dettes qu'elle avait contractées avec son mari, ou qu'elle avait payées pour son compte.

La dame Savoye. — Victor-Amédée Savoye et les autres créanciers de Jean-Claude Savoye. — 3 février 1831. — 2e chamb............... J. 5. 217

5. — Sous l'empire de la loi de brumaire an 7, et nonobstant une circulaire ministérielle qui autorisait les conservateurs des hypothèques à radier les inscriptions prises par les femmes dotales d'après leur simple consentement, la femme ne pouvait valablement consentir cette radiation, et dès-lors la radiation ainsi opérée n'affranchissait

pas les immeubles de l'hypothèque légale de la femme.

Les consorts Monier. — Bayle et Estran. — 8 mars 1834. — 4ᵉ chamb.
J. 7. 138

6. — L'hypothèque légale de la femme sur les biens de son mari, à raison des engagements qu'elle a contractés pour ce dernier, sous l'empire du Code civil, est régie par la loi sous l'empire de laquelle le contrat de mariage est intervenu.

La dame Savoye. — Victor-Amédée Savoye et les autres créanciers de Jean-Claude Savoye. — 3 février 1831. — 2ᵉ chamb.............. J. 5. 217

§ 2. — *Pour quels droits ou créances la femme a hypothèque légale.*

7. — La femme dont l'immeuble dotal a été aliéné ne peut, à raison de la créance résultant de cette aliénation, exercer pendant le mariage l'action hypothécaire contre les acquéreurs des biens personnels de son mari; elle doit être renvoyée à revendiquer ses immeubles dotaux aliénés.

Les sieurs Beret. — Les mariés Rochas. — 19 août 1820. — 2ᵉ chamb.
Vˢ. 265

Arrêts conformes :

La femme Trolliet. — Les sieurs David et Genissieux. — 11 juillet 1816. — 1ʳᵉ chamb.

Les cohéritiers Trolliet. — La dame Escoffier et le sieur Allier. — 3 juin 1818. — Chamb. civ.

La femme Estran. — Joubert et Crozat. — 2 mars 1819. — 1ʳᵉ chamb.
Vˢ. 267 et suivantes.

8. — Après la dissolution du mariage, la femme mariée antérieurement au Code civil, et dont l'immeuble dotal a été aliéné par le mari, a eu le choix de revendiquer ses immeubles dotaux ou de répéter les prix de vente sur les biens du mari.

Le sieur Vigne, les mariés Labareyre et M. Planel. — La veuve de Lonay. — 12 avril 1821. — 2ᵉ ch... Vˢ. 264

9. — La femme dont les immeubles dotaux, déclarés aliénables avec condition de remploi, ont été aliénés par son mari sans remploi, a, sur les biens de ce dernier, une hypothèque légale pour la sûreté de l'exécution de la clause de remploi; l'action en résolution des ventes ne compète à la femme qu'après la dissolution du mariage, contre les acquéreurs qui n'ont pas surveillé l'exécution de cette clause.

Les créanciers du sieur Deleytermoz. — La dame Deleytermoz. — 30 juin 1825. — 2ᵉ chamb. (1).... J. 2. 124

____

(1) Attendu que le contrat de mariage dont il s'agit, passé le 8 février 1813, renferme, en faveur du mari, l'autorisation expresse d'aliéner les immeubles dotaux et d'en recevoir le prix, à la charge toutefois par lui de faire remploi, en acquisition d'immeubles, des deniers en provenant;

Attendu que, de l'inexécution de cette condition de remploi, insérée dans les conventions matrimoniales de la femme Deleytermoz, et pour sûreté de sa dot, il résulte, en sa faveur, et conformément à l'article

10. — La femme dont le bien dotal a été vendu par le mari, contrairement à la prohibition de la loi, ne peut réclamer, par voie d'hypothèque légale, sur les biens personnels de son mari, les deniers provenant de la vente de ses biens dotaux. Elle n'a que l'action en revendication contre les tiers-détenteurs.

M. Pigeron. — La veuve Thivolle. — 28 décembre 1825. — 1re ch. (1).

J. 2. 426

2135 du Code civil, une hypothèque légale sur les biens de son mari, chargé spécialement par son contrat de mariage, et encore par ses conventions particulières avec les acquéreurs desdits immeubles, de procurer ledit remploi pour les sommes à lui payées par lesdits acquéreurs ;

Attendu qu'il résulte de ladite clause, renfermant autorisation d'aliéner à charge de remploi, que tant que dure le mariage, et que la condition de remploi par le mari peut encore être accomplie, les ventes des immeubles dotaux ne sauraient être arguées de nullité ; qu'ainsi ce ne serait qu'autant que le remploi n'aurait point été fait par le mari, ou qu'elle n'y serait pas parvenue par l'action hypothécaire sur ses biens, que la femme aurait, mais seulement à la dissolution du mariage, une action en résolution de la vente contre les acquéreurs, qui auraient à s'imputer d'avoir négligé de surveiller l'exécution de ladite clause.

(1) Attendu, en ce qui concerne la somme de 250 francs pour le prix d'un immeuble dotal, vendu par Matthieu Thivolle, le 10 vendémiaire an 11, qu'elle doit également être rejetée de l'ordre, la vente du fonds dotal étant nulle, et la femme ayant l'action révocatoire desdits biens envers l'acquéreur.

On a prétendu que la femme, dans ce cas, a l'action en revendication de l'immeuble

Arrêt conforme :

La femme Durand et le sieur Durhône. — Les héritiers Bardin. — 24 janvier 1826. — 1re chamb. J. 2. 511

11. — Lorsque la femme, dans son contrat de mariage, a donné à son mari le pouvoir de vendre les immeubles dotaux, à la charge de faire emploi du prix en acquisition d'autres immeubles, la vente faite par le mari, sans emploi du prix, est nulle, et la femme n'a

dotal vendu, et l'action hypothécaire sur les biens de son mari.

Il est certain, d'après les anciens et les nouveaux principes, que la vente d'un bien dotal est nulle, et que la femme, après la dissolution du mariage, peut le reprendre entre les mains de celui à qui il a été vendu ; mais peut-elle exercer une hypothèque sur les biens de son mari, à partir du jour de son contrat de mariage ?

Cette question de la double action a été l'objet d'une grande controverse parmi les auteurs ; elle est née de la disposition de la loi 30, au Code *De jure dotium ;* mais cette loi, bien entendue, n'accorde à la femme la double action que sur les propres immeubles dotaux illégalement vendus ; s'il en était autrement, c'est-à-dire si la loi 30, au Code *De jure dotium,* accordait à la femme mariée sous le régime dotal, dont les biens dotaux ont été aliénés, la faculté de réclamer le prix sur les biens de son mari, si surtout cette loi accordait une hypothèque sur les biens du mari, à raison du prix de la vente, cette loi serait en contradiction avec les lois qui défendent l'aliénation du fonds dotal, et surtout avec la loi unique au Code *De rei uxoriæ actione,* qui défend cette aliénation par des raisons d'intérêt public. Il y aurait donc une loi qui déclarerait la vente illégale nulle, et une autre loi qui la déclarerait implicitement

point d'hypothèque légale sur les biens de ce dernier pour le remplacement des sommes qu'il reçut en aliénant le fonds dotal.

Jean Simon. — Fournier, Bouveyron et autres. — 8 mars 1827. — 1ᵉ chamb. . . . . J. 3. 395

12. — Les droits de la femme, à raison de ses immeubles dotaux vendus par son mari, contrairement à la prohibition de la loi, doivent être poursuivis sur ces immeubles contre tous acquéreurs ou détenteurs, et non hypothécairement sur les biens du mari.

Le sieur Devaulx-de-Pleyné. — Les sieurs Reynaud, Bonnefoi et consorts. — 28 juin 1827. — 1ʳᵉ ch. J. 3. 481

Arrêts conformes :

La dame Rivoire. — Le sieur Proby

valable, en faisant résulter de cette vente une hypothèque sur les biens du mari, au profit de la femme, pour le recouvrement du prix.

Cette interprétation de la loi 30, au Code *De jure dotium,* deviendrait une source d'abus et de fraudes. Un mari ayant une fortune immobilière, dans le temps que la femme en aurait également une immobilière, qui aurait été constituée en dot, pourrait grever ses biens d'hypothèques ; vendant ensuite les biens dotaux de sa femme, celle-ci, en optant pour le remboursement par son mari, primerait tous les créanciers de son mari ; aussi, les arrêts de cette cour ont toujours jugé que la femme ne peut réclamer, par voie d'hypothèque légale, contre les biens de son mari, les deniers provenant de la vente de ses biens dotaux ; qu'elle n'a que l'action en revendication contre les détenteurs desdits biens.

et autres. — 31 août 1827. — 2ᵉ ch. J. 4. 39

François Guillermy. — Les héritiers Volland. — 3 juillet 1828. — 2ᵉ ch. J. 4. 256

13. — La femme doit être admise à faire valoir son hypothèque sur les biens de son mari, à raison de son immeuble dotal aliéné par ce dernier, lorsque le contrat de mariage donnait au mari la faculté d'aliéner, à la charge de remploi ou d'hypothèque valable, et que le mari, ayant vendu l'immeuble de sa femme avant les siens propres, a donné hypothèque sur ses biens pour sûreté du prix. Ce n'est pas alors le cas de renvoyer la femme à revendiquer l'immeuble dotal vendu par le mari.

Les héritiers Barge de Certeau. — La femme Janon, le sieur Rivoire de Labatie et Alexandre Janon. — 20 janvier 1832. — 2ᵉ chamb.... J. 5. 554

14. — La femme mariée sous le régime dotal et dont le contrat de mariage attribuait au mari le pouvoir de vendre les immeubles dotaux, à la charge de l'emploi du prix en acquisition d'immeubles ou en paiement de dettes hypothécaires, a une hypothèque légale sur les biens de son mari pour le prix de ses immeubles dotaux aliénés sans emploi ; le défaut d'emploi ne vicie pas la vente et n'empêche pas que la femme ne soit devenue créancière de son mari du montant du prix par le seul effet de l'aliénation faite par ce dernier.

Les mariés Rousset. — Burgos, Rey-Giraud et autres. — 16 août 1832. — 2ᵉ chamb. (1) . . . . J. 6. 317

15. — La femme mariée sous le régime dotal, et dont le contrat de mariage attribuait au mari le pouvoir d'aliéner les immeuble dotaux, à la charge de remploi en immeubles, n'a point d'hypothèque légale sur les biens de son mari pour le prix de ses immeubles dotaux aliénés sans remploi;

____

(1) Attendu que les conventions matrimoniales de Marie Brun avec André Rousset, quoique passées sous le régime dotal universel, contenaient pouvoir au mari de vendre en présence et du consentement de sa femme les immeubles de cette dernière; que, d'après ce pouvoir, la vente passée par les mariés Rousset à Antoine Chabert et Philibert Brun, le 19 juillet 1818, est régulièrement intervenue et se trouve valable, en sorte que Marie Brun ne pourrait plus revendiquer la propriété de ses immeubles; qu'il n'importe pas que le même pouvoir porte la charge au mari d'employer le prix de l'aliénation en acquisition d'immeubles, ou au paiement de dettes hypothécaires ou privilégiées, parce que le défaut d'exécution de cette obligation, s'il pouvait vicier la libération des acquéreurs qui en auraient négligé l'observation, ce vice ne pourrait s'étendre à la vente qui est régulièrement intervenue; que le défaut d'emploi du prix de l'aliénation n'empêche pas que Marie Brun ne soit devenue créancière de son mari de ce même prix, et ce, par le seul effet de la vente qui le mettait au pouvoir de ce dernier; que ce défaut d'emploi pourrait seulement lui donner une action rescisoire contre les acquéreurs, pour les obliger à repayer, si elle ne trouvait dans les biens de son mari de quoi se remplir de sa créance contre lui.

elle n'a que l'action révocatoire contre l'acquéreur.

Guillaume Perrin. — Les mariés Passié et autres. — 12 janvier 1835. — 1ʳᵉ chamb. (2) . . . . J. 7. 490

V. § 4 *ci-après, pour les créances paraphernales.*

§ 3. — *Sur quels biens frappe l'hypothèque légale de la femme et à quelle époque elle remonte.*

16. — Ce n'est pas seulement en cas de faillite déclarée, que l'hypothèque légale de la femme d'un commerçant ne doit porter que sur les immeubles qui appartenaient à son mari à l'époque du mariage; il suffit, pour que cette règle doive recevoir son application, que les biens du mari soient insuffisants pour payer ses dettes.

Les sieurs Lendemman et Buchy. — La femme Dejoux. — 20 janvier 1832. — 2ᵉ chamb. . . . . J. 5. 522

Arrêt conforme :

Femme Tardy. — Le sieur Noyer. — 27 décemb. 1833. — 2ᵉ ch. J. 7. 69

17. — La femme dont l'immeuble

____

(2) Nota. — Cet arrêt n'est pas contraire au précédent. La différence dans les faits a seule amené une solution différente. D'après les principes admis par la cour, la femme n'a point d'hypothèque lorsque le prix de la vente ne devait pas être converti en deniers, lorsqu'il devait être fait remploi en immeubles, qui resteraient dotaux; elle a hypothèque légale, au contraire, lorsque le prix de la vente devait seulement être employé ou hypothéqué.

dotal a été aliéné à vil prix par le mari, et qui, à raison de ce, a droit à une indemnité en sus du prix de vente, n'a d'hypothèque légale, pour cette indemnité, que du jour du jugement de séparation qui la détermine et l'adjuge, et non du jour de la vente.

Les sieurs Tézier. — Les mariés Vial. — 21 mai 1824. — 2ᵉ chambre.

J. 1. 289

18. — Lorsque la femme mariée sous l'empire de la loi du 11 brumaire an 7 n'a pris aucune inscription sous cette loi, son hypothèque légale prend date à l'époque de la promulgation du Code civil.

La dame Savoye. — Victor-Amédée Savoye et autres créanciers de Jean-Claude Savoye. — 3 février 1831. — 2ᵉ chamb. . . . . J. 5. 217

19. — Lorsque la vente du fonds dotal a été autorisée par le contrat de mariage, l'hypothèque légale de la femme sur les biens de son mari, à raison du prix de la vente de ses biens dotaux, remonte au jour du mariage.

MM. Barge-Decerteau. — La dame Mollard et les créanciers de son mari. — 6 janvier 1831. — 1ʳᵉ ch. J. 5 324

§ 4. — *Inscription de l'hypothèque légale.*

20. — L'inscription hypothécaire, prise sous la loi du 11 brumaire an 7, par la femme sur les biens de son mari, pour sûreté de sa dot, a dû être renouvelée sous le Code civil, à peine de

déchéance, si la femme est décédée avant la promulgation.

Le fils, héritier de la femme, entrant à son décès sous la tutelle du père, ne peut opposer aux créanciers de celui-ci la négligence de son tuteur pour renouveler l'inscription et réclamer à raison de sa créance, du chef de sa mère, l'hypothèque légale du jour de leur contrat de mariage ; elle ne lui est acquise que du jour de son entrée en tutelle, ou du jour de la promulgation du Code civil.

Pierre Payot. — Antoine Roybet. — 28 janvier 1828. — 1ʳᵉ ch. . . . Vˢ. 329

21. — La possession publique d'une femme colloquée sur les biens de son mari, avant la loi du 11 brumaire, la dispense de prendre inscription pour sûreté de ses créances.

Etienne Blache. — La dame de Ruffaux. — 16 juin 1808. — 2ᵉ section.

Vˢ. 322

22. — La dissolution du mariage, avant le Code civil, empêche que la femme ne puisse profiter de l'hypothèque légale, indépendamment de l'inscription.

Antoine Vincent. — Joseph Jacquemin. — 29 août 1815. — 1ʳᵉ chamb.

Vˢ. 335

23. — Le Code civil n'a rétabli dans le droit d'hypothèque légale dispensée d'inscription que les femmes dont le mariage subsistait encore à l'époque de sa promulgation, et non leurs héritiers.

Les mariés Bournat. — La veuve

Girobin et autres. — 12 avril 1826. —
1re chamb.............. J. 3. 188

24. — La femme dispensée d'inscription pour son hypothèque légale conserve ses droits sur le prix de l'adjudication faite par suite d'expropriation
forcée, quoiqu'elle ne soit pas inscrite
avant cette adjudication ; à plus forte
raison lorsqu'elle a pris une inscription régulière.

Me Salamand. —La veuve Charmeil
et Me Charmeil. — 19 mars 1829. —
1re chamb.............. J. 4. 425

25. — *Créances paraphernales.*

La femme a hypothèque légale sur
les immeubles de son mari, pour ses
créances paraphernales ; mais cette hypothèque est soumise à la règle générale de l'inscription.

Etienne Givodan. — Les mariés Ga-
vet. — 24 août 1814. — 2e chamb.
V^e. 323

Arrêts conformes :

Femme Ribes. — Bouchet. — 18
juillet 1814. — 1re chamb.

Mariés Billerey. — Créanciers Nar-
tus. — 9 juillet 1819. — 2e chambre.
V^e. 324

NOTA. — Ce dernier arrêt a été cassé le 11
juin 1822. Mais, nonobstant cet arrêt et la
jurisprudence de la cour de cassation établie
par plusieurs autres arrêts, la cour royale
de Grenoble a long-temps persisté dans sa
jurisprudence. Voici l'indication des principaux arrêts qu'elle a rendus sur cette question
dans le sens de la nécessité de l'inscription :

La veuve Mermier. — Nicolet et
Cuchet. — 8 décembre 1823. — 1re

chamb................ J. 1. 142

La femme Cassan. — Constantin et
autres. — 19 mai 1824. — 2e chamb.
J. 1. 153

La femme Beurriand. — Les créanciers Beurriand. — 22 juin 1825. —
1re chamb.............. J. 2. 226

M. Pigeron. — La veuve Thivolle.
— 28 décembre 1825. — 1re chambre.
J. 2. 426

Les consorts Champeau. — Jean
Champeau. — 22 janvier 1827. — 1re
chamb................ J. 3. 289

La veuve Guillermin. — Monin et
autres. — 21 avril 1828. — 1re ch.
J. 4. 97

La femme Beurriand. — Louis Para-
dis. — 28 juillet 1828. — 1re chamb.
J. 4. 300

La femme Ravier. — Les syndics
Belluard. — 25 août 1830. — 1re ch.
J. 5. 384

Cependant, par un dernier arrêt du 30
mai 1834, rendu par la 4e chambre, dans la
cause de la femme Lovat contre les sieurs
Doyon, la cour a décidé, conformément à la
jurisprudence de la cour de cassation, que
l'hypothèque légale de la femme existait,
indépendamment de l'inscription, pour sûreté
des créances paraphernales...... J. 7. 240

§ 5. — *Extinction de l'hypothèque légale par la purge.*

26. — En matière de vente volontaire, la femme qui a négligé de s'inscrire pour raison de sa dot et conventions matrimoniales dans les deux mois

qui ont suivi les formalités prescrites à l'acquéreur par l'art. 2194 du Code civil, perd son hypothèque légale.

La dame Didier. — Le sieur Busco et autres. — Arrêt du 8 juillet 1822. — 1re chamb. . . . . J. 1. 91

27. — Les créanciers ayant des hypothèques légales dispensées d'inscription conservent tous leurs droits sur le prix de l'adjudication par expropriation forcée, quoiqu'ils ne soient pas inscrits avant cette adjudication.

Busco. — Les mariés Fleury. — 4 février 1824. — 1re ch. (1). J. 1. 96

-----

(1) Attendu que le jugement d'adjudication sur expropriation forcée purge l'immeuble de toutes les hypothèques dont il était grevé, soit des hypothèques légales, soit des hypothèques inscrites, à la charge par l'adjudicataire d'en payer le prix aux créanciers en ordre de recevoir ; tel est le résultat des dispositions des articles 749, 750 et 774 du Code de procédure civile, que cette purgation n'a pas l'effet d'éteindre entièrement les droits des créanciers sur les immeubles hypothéqués ; elle ne fait que transporter sur le prix stipulé le droit qui était précédemment inhérent à l'immeuble, et c'est sur ce prix seul, qui est immobilisé par une fiction de la loi, que les créanciers peuvent exercer leur demande en préférence. En effet, les actions hypothécaires ne peuvent jamais s'exercer sur les immeubles, mais seulement sur le prix de ces mêmes immeubles; le créancier ne peut pas demander une partie de l'immeuble même pour se payer, il est obligé de faire vendre et de se faire allouer sur le prix; ainsi donc, le prix de l'adjudication demeure affecté à tous les priviléges et hypothèques qui existaient réellement au moment de cette adjudication, comme les immeubles s'y trouvaient affectés auparavant.

28. — L'adjudication d'un immeuble, faite ensuite d'une expropriation forcée, purge l'hypothèque légale non inscrite, encore que cette hypothèque soit du nombre de celles que la loi dispense de l'inscription. Ainsi, la femme qui a laissé distribuer le prix de l'adjudication sans réclamation de sa part, ne peut plus agir hypothécairement contre les tiers-détenteurs des immeubles de son mari.

Berenger. — La femme Chevillon. — 23 avril 1823. — 2e ch. J. 1. 319

29. — Lorsque l'acquéreur volontaire a rempli les formalités prescrites par la loi pour la purgation des hypothèques légales, sans qu'il ait été pris inscription dans le délai de deux mois, ces formalités ont purgé l'immeuble, lors même que cet acquéreur serait dépossédé par suite d'une surenchère, dont l'effet n'est ni de faire revivre ces hypothèques, ni d'anéantir les formalités accomplies avant la surenchère.

Les sieurs Desriaux et Riondet. — Les consorts Barral. — 15 février 1823. — 2e chamb. . . . . J. 2. 247

30. — L'adjudication sur expropriation forcée purge les hypothèques légales dispensées d'inscription ; mais les créanciers qui ont ces hypothèques conservent tous leurs droits sur le prix de l'adjudication, quoiqu'ils n'aient pris inscription que postérieurement à cette adjudication.

Joseph Balastron, tuteur du mineur Bouvier, et les héritiers de Jean-Louis Bouvier. — André Baron. — 2 avril

1827. — 1re chamb. (1).... J. 4. 34

Arrêts conformes :

La dame Rivoire. — Les sieurs Proby, de Montal et autres. — 31 août 1827. — 2e chamb........ J. 4. 38

Me Long, notaire. — Les mariés Hostachy et consorts. — 18 décembre 1828. — 1re chamb....... J. 4. 339

La dame Savoye. — Les créanciers Savoye. — 3 février 1831. — 2e ch. J. 5. 217

La femme Perier. — Les créanciers de son mari. — 15 mars 1832. — 4e chamb................ J. 6. 188

31. — L'hypothèque légale existant au profit de la femme mariée et de ses héritiers sur les biens du mari, est éteinte par le rapport même fictif que fait le mari des sommes dotales à la succession de sa femme prédécédée. Ainsi cette hypothèque cesse à l'égard des sommes qu'il retient entre ses mains

comme donataire de l'usufruit avec dispense de fournir caution.

Me Beroard. — La veuve Ducoin. — 28 décembre 1833. — 2e ch. J. 7. 92

§ 6. — *Hypothèque légale des mineurs.*

32. — La femme qui devient veuve avant sa majorité retombe sous l'administration ou tutelle légale de son père, et acquiert sur ses biens l'hypothèque légale attribuée aux mineurs.

La dame Duvernay. — Le sieur Ranc et la dame Dusserre. — 21 février 1821 (2)................ V°. 327

33. — L'hypothèque légale accordée au mineur sur les biens de son tuteur, à raison de la gestion tutélaire, ne s'applique pas aux faits d'administration postérieurs à la majorité.

Pierre Mollard. — Philippe Joly. — 16 janvier 1832. — 1re ch.. J. 5. 550

34. — L'enfant mineur d'un commerçant a une hypothèque sur tous les biens de son père, devenu son tuteur après la mort de sa mère, pour la dot de cette dernière, sans distinction entre les immeubles que le mari possédait au moment du mariage et ceux qu'il a acquis postérieurement.

Pourret. — Ferréol. — 7 juin 1834. — 2e chamb........... J. 7. 217

V. APPEL. — DOT. — PURGE D'HYPO-THÈQUE. — TRANSCRIPTION.

---

(1) La cour de cassation, qui avait d'abord cassé cet arrêt le 11 août 1829, en décidant que l'expropriation purgeait l'hypothèque légale non-seulement à l'égard de l'adjudicataire, mais encore à l'égard des autres créanciers, a rendu dans cette même cause, sur un nouveau pourvoi dirigé contre un arrêt de la cour de Lyon, un arrêt du 22 juin 1833, chambres réunies, par lequel, réformant sa précédente jurisprudence, elle a décidé que l'expropriation forcée ne purgeait aucunement l'hypothèque légale non inscrite, et que l'adjudicataire, comme l'acquéreur par aliénation volontaire, était tenu de remplir les formalités prescrites par les articles 2193 et suivants du Code civil. (V. cet arrêt J. 6. 537.)

(2) Cet arrêt a été cassé le 21 février 1821.

IMMEUBLES DOTAUX. — V. Dot. — Saisie immobilière.

INCENDIE.

1. — Dommages. — Responsabilité.

Le propriétaire d'une maison n'est pas responsable des faits de son locataire, ni par conséquent des dommages occasionnés par un incendie qui a commencé chez ce locataire et s'est communiqué à la maison voisine.

Louis Bagriot. — Marie Brun. — 17 janvier 1823. — 1ʳᵉ chamb. J. 1. 303

2. — Le propriétaire d'une maison brûlée par suite de l'incendie qui a éclaté dans une maison voisine, ne peut obtenir des dommages-intérêts contre son voisin, qu'en prouvant que l'incendie a eu lieu par la faute, la négligence ou l'imprudence de ce dernier.

La veuve Durand. — Les sieurs Blanchet, Vargos et Guerras. — 22 janvier 1824. — 2ᵉ chamb. J. 1. 294

INCIDENT. — V. Saisie immobilière.

INCOMPÉTENCE.

1. — Déclinatoire.

L'incompétence *ratione materiæ* est d'ordre public; elle doit être prononcée quand même le défendeur n'a pas proposé le déclinatoire.

Les consorts Allicy. — Pierre Gérard. — 26 juin 1822. — 1ʳᵉ ch. J. 2. 201

V. Compétence. — Dernier ressort.

INDEMNITÉ. — V. Émigrés.

INDIVISIBILITÉ. — V. Appel. — Aveu. — Commencement de preuve par écrit. — Ordre. — Péremption.

INHUMATION.

1. — Autorisation. — Peine. — Ministre du culte.

L'article 358 du Code pénal qui punit de l'emprisonnement et d'une amende ceux qui ont fait inhumer un individu décédé, sans l'autorisation de l'officier public, ne s'applique pas au ministre du culte qui accompagne le convoi funéraire.

Jean Moussier. — Le procureur-général. — 8 décembre 1831. — Ch. correct................ J. 5. 481

2. — Opération chirurgicale. — Contravention.

Une opération chirurgicale pratiquée sur un cadavre avant l'expiration des vingt-quatre heures qui doivent s'écouler entre le décès et l'inhumation, peut-elle être assimilée à une inhumation faite avant le délai prescrit, et être punie aux termes de l'art. 358 du Code pénal? Rés. nég.

M. le procureur-général. — Girard et la femme Piraud. — 17 janvier 1834. — Chamb. correct........ J. 7. 118

INJURES.

1. — *Diffamation. — Preuve testimoniale.*

La preuve par témoins, pour établir la réalité de faits injurieux ou diffamatoires, est inadmissible. (Art. 18 de la loi du 25 mars 1822.)

Le ministère public. — Pierre Arribert. — 24 juin 1829. — Ch. correct.

J. 4. 326

2. — *Fonctionnaire public.*

C'est l'art. 224 du Code pénal, et non l'art. 16 de la loi du 17 mai 1819, qui est applicable au délit d'injures contre un huissier dans l'exercice ou à l'occasion de l'exercice de ses fonctions, lorsque ces injures ne sont pas publiques.

M. le procureur-général. — Jean R.... — 4 janvier 1827. — Ch. corr.

J. 3. 449

3. — *Mémoires. — Tiers. — Intervention. — Fin de non-recevoir.*

Les tiers qui sont injuriés dans des mémoires relatifs à la défense des parties sont-ils recevables à intervenir dans l'instance à l'occasion de laquelle les mémoires ont été produits, pour en demander la suppression ? Rés. aff.

Le sieur Bonard et Mᵉ Massonnet. — Les sieurs Lechet et Levrat. — 5 avril 1827. — 4ᵉ chamb....... J. 5. 541

Arrêts contraires :

Les frères Sestier. — Mᵉ Guiller. — 9 août 1828. — 4ᵉ chamb. J. 5. 544
Les sieurs Bois, Apprin et Crozet. —

Le sieur Eyme. — 28 janvier 1832. — 4ᵉ chambre (1)........... J. 5. 545

4. — *Provocation. — Fonctionnaire public.*

Les injures verbales contre un agent de l'autorité dans l'exercice de ses fonctions ne rendent passible d'aucune peine celui qui les a proférées, si elles ont été provoquées par des injures que cet agent lui aurait dites le premier.

Joseph Charmeil. — Le ministère public. — 21 avril 1825. — Ch. corr.

J. 2. 119

V. Tribunal.

---

(1) Attendu, relativement à l'intervention des experts, que, en principe général, on ne peut être reçu intervenant dans une instance qu'autant qu'on aurait dû y être appelé, et qu'on aurait le droit de former tierce-opposition au jugement qui doit être rendu ;

Attendu que, d'après les dispositions de l'article 23 de la loi du 17 mai 1819, sainement entendu, les experts ne peuvent être compris que dans la seconde partie de cet article, qui réserve aux tiers l'action civile, lorsque, dans le cours d'une instance à laquelle ils sont étrangers, ils auraient pu être injuriés ou diffamés ; que, si on pouvait entendre cet article autrement, les experts auraient le droit d'intervenir dans une instance pour y faire seulement des réserves et protestations à raison de l'action civile qui leur compète, ce qui serait une monstruosité en matière d'intervention ; qu'enfin de ces considérations il résulte que l'intervention des experts doit être déclarée non recevable ;

Mais considérant néanmoins que, d'après les dispositions de l'article 1036 du Code de procédure civile, la cour peut, d'office, prononcer des injonctions, supprimer des écrits produits aux procès et les déclarer calomnieux.

INJURES GRAVES. — V. Séparation
DE CORPS.

INSCRIPTION DE FAUX. — V. Faux.
— Requête civile.

INSCRIPTION HYPOTHÉCAIRE.

1. — *Désignation des biens.*

Le défaut d'indication de la situation
et de l'espèce des immeubles grevés
d'hypothèques n'entraîne pas la nullité
de l'inscription prise sous la loi du 11
brumaire an 7, et même sous le Code
civil, lorsque l'hypothèque embrasse
la généralité des immeubles que le débiteur possède dans une même commune, et que l'inscription annonce
qu'elle est prise sur cette généralité
d'immeubles.

Paul Got et M⁰⁰ Tavan et Léon, notaires. — La femme Cordeil. — 10
mai 1820. — 2ᵉ chamb..... V⁰. 345

Arrêt contraire :

Mᵉ Labeaume. — Augustin Allard et
autres. — 22 juillet 1817. — Ch. civ.
V⁰. 349

2. — Une inscription hypothécaire
est valable quoiqu'elle ne désigne pas
l'espèce des biens, et qu'elle n'en indique la situation que par ces mots :
Tous les biens situés dans l'arrondissement du bureau des hypothèques de..

Les mariés Charlot. — Terrot et
consorts. — 10 juillet 1823. — 1ʳᵉ ch.
J. 1. 426

3. — En matière d'hypothèque conventionnelle, les biens affectés sont

suffisamment désignés dans l'inscription par l'indication de tous les biens
possédés par le débiteur dans telle
commune.

La femme Jeoffroy. — M. Douillet.
— 27 juillet 1829. — 1ʳᵉ chambre.
J. 4. 565

4. — *Élection de domicile. — Nullité.*

Le défaut d'élection de domicile
n'entraîne pas la nullité d'une inscription hypothécaire, surtout si le créancier y a désigné son domicile réel situé dans l'arrondissement du bureau
des hypothèques.

Le sieur Vigne. — Mᵉ Planel. — Les
mariés Labareyre et la dame Delonay.
— 12 avril 1821. — 1ʳᵉ ch. J. 1. 433

5. — Une inscription hypothécaire
n'est pas nulle, quoique le créancier
n'y ait élu domicile que dans le lieu de
sa résidence, situé hors de l'arrondissement du bureau des hypothèques où
se trouvent les biens hypothéqués.

Les mariés Charlot. — Terrot et
consorts. — 10 juillet 1823. — 1ʳᵉ ch.
J. 1. 426

6. — *Erreur de nom. — Nullité.*

Lorsque des hypothèques ont été
consenties par le même individu, sous
deux noms différents, il n'y a de valables que celles où se trouve la véritable indication des noms du débiteur.

Les mariés Jeune. — Liotard, Gui-
rimand et Peymeau. — 13 janvier 1825.
— 2ᵉ chamb.............. J. 2. 8

7. — *Erreur sur la date du titre.* — *Nullité.*

L'erreur sur la date du titre du créancier ne peut vicier l'inscription, si d'ailleurs cette erreur n'a porté préjudice à personne.

Etienne Jeanmonnet. — Les créanciers de Joseph Achard. — 28 août 1818. — Chamb. civ..... J. 2. 367

8. — *Exigibilité.* — *Intérêts.*

L'inscription prise sans énonciation de l'exigibilité de la créance, et pour intérêts échus, est valable pour les intérêts, quoiqu'elle soit nulle quant au capital.

Prieur Bardin. — Renard. — 7 juin 1817. — 1ʳᵉ chamb........ V·. 351

9. — *Exigibilité.* — *Nullité.*

L'erreur dans l'indication de l'exigibilité de la créance ne vicie point l'inscription.

Paul Got et Mᵉˢ Tavan et Léon. —La femme Cordeil. — 10 mai 1820. — 2ᵉ chamb.................. V·. 345

10. — *Extinction.* — *Possession conditionnelle.*

L'inscription prise sur un fonds possédé conditionnellement se résout par la perte de la propriété.

Hyacinte Bouvard. — La veuve Platin et la veuve Richard. — 21 juillet 1814. — 2ᵉ chamb........ V·. 355

11. — *Nécessité de l'inscription.*

L'hypothèque dépourvue d'inscription est inefficace contre les tiers, lors même qu'ils en auraient eu connaissance.

Antoine Albert. — Les héritiers Bastian. — 1ᵉʳ février 1810. —Chamb. réunies .... V·. 351

12. — *Nouveau possesseur.* — *Désignation.*

Il n'est pas besoin d'énoncer, dans l'inscription, le nom du nouveau détenteur de l'immeuble, non obligé personnellement au paiement de la créance.

Claude Joubert. —La femme Moker. — 29 août 1812. — 2ᵉ ch... V·. 351

13. — *Nullité.* — *Débiteur.*

La nullité d'une inscription hypothécaire ne peut être proposée par le débiteur qui n'en est pas moins tenu au paiement de la créance sur tous ses biens présents et à venir.

Veyne.—Montdragon.—9 juin 1809. 2ᵉ chamb................. V·. 345

14. — *Péremption.* —*Adjudication.* — *Effet légal.*

Les inscriptions hypothécaires ne peuvent tomber en péremption après l'adjudication définitive des immeubles hypothéqués ; elles ont produit leur effet légal au moment de cette adjudication.

Les consorts Bouvat. — Le sieur

Macors. — 8 avril 1829. — 2ᵉ ch. (1).
J. 4. 401

15. — *Radiation.* — *Responsabilité.*

Le créancier hypothécaire qui, après avoir cédé sa créance et le bénéfice de son inscription, consent ensuite la radiation de cette inscription, devient responsable du préjudice que cette radiation a pu causer au cessionnaire.

Le sieur Devaulx-Depleyné. — Les

----

(1) Considérant qu'il est constant en jurisprudence que le renouvellement de l'inscription devient inutile dès l'instant qu'elle a atteint son effet légal ;

Considérant que la vente sur expropriation étant l'unique but de l'hypothèque, l'inscription, qui n'est que le moyen de la conserver, a atteint cet effet légal aussitôt que les biens sur lesquels elle repose ont été adjugés définitivement, puisque l'action dérivant de l'hypothèque se convertit en action sur le prix, et que l'ordre pour la distribution de ce même prix, à quelque époque qu'il ait lieu, n'est qu'une suite et une exécution de l'adjudication, lors de laquelle tous les droits sont irrévocablement fixés : d'où il suit que c'est seulement jusque là que l'exercice de l'hypothèque doit être continué de la part des créanciers ; qu'en effet, il serait illusoire de s'inscrire sur un débiteur qui a cessé d'être propriétaire de l'immeuble hypothéqué, lequel a passé sur la tête de l'adjudicataire, qui n'est tenu que du prix de son adjudication ;

Considérant que l'adjudication passée à Drogue étant du 18 décembre 1826, et l'inscription dudit Drogue du 14 mars 1817, cette inscription était en vigueur, avait produit son effet et n'avait plus besoin d'être conservée par le renouvellement de l'inscription.

sieurs Reynaud, Bonnefoi et consorts. — 28 juin 1827. — 1ʳᵉ ch.. J. 3. 481

16. — *Renouvellement.* — *Acquéreur.* — *Compensation.*

Le créancier, acquéreur d'un immeuble sur lequel il a une hypothèque inscrite, qui a compensé sa créance avec le prix de vente, n'est pas tenu, tant qu'il jouit de l'immeuble, de renouveler son inscription dans les dix ans ; et si d'autres créanciers exercent l'action hypothécaire contre cet acquéreur, l'hypothèque de ce dernier revit et reprend son rang à la date de l'inscription.

François Clavel. — Le sieur Blanc. — 18 décembre 1821. — 1ʳᵉ ch. (2).
J. 2. 534

----

(2) Considérant que, pour contester à Clavel l'allocation de sa créance, allocation demandée par exception à l'attaque des créanciers, ceux-ci ne se sont fondés que sur ce que l'inscription par lui prise n'avait pas été renouvelée dans les dix ans ;

Considérant que la disposition de l'article 2154 du Code civil, qui prescrit le renouvellement des inscriptions après ce terme, ne s'applique qu'au cas où la position du créancier n'a point changé, et où il n'est survenu aucun évènement qui l'ait dispensé de renouveler ; qu'en l'espèce, Clavel, avant l'expiration des dix années, à partir de son inscription, prise en 1801, avait acheté, par acte du 10 mars (transcrit à la forme de la loi), divers immeubles, dont il avait compensé le prix avec sa créance ;

Considérant que l'article 2177, décidant que, en cas d'éviction, les servitudes et droits réels qu'avait l'acquéreur, avant sa possession, renaissent, il s'ensuit évidemment .

17. — Le créancier hypothécaire qui acquiert l'immeuble hypothéqué n'est pas dispensé de renouveler son inscription, alors même qu'il est dit dans l'acte que le prix de vente sera compensé à concurrence avec sa créance.

1° que ce même article renferme le principe que le créancier, devenu acquéreur, n'a pas besoin de renouveler son inscription, tant qu'il jouit de l'immeuble qui a servi au paiement de sa créance, tant qu'il est assis sur son gage, la pensée du législateur ayant été que tout renouvellement d'inscription, toutes poursuites auraient été inutiles, puisqu'ils ne pouvaient avoir pour objet que des créances éteintes par compensation; 2° que, par une conséquence de l'action exercée par les autres créanciers contre cet acquéreur, ce dernier se trouve replacé au même état où il était à l'époque de son acquisition, c'est-à-dire que son hypothèque renaît, que son inscription reprend toute son efficacité, et que le temps intermédiaire ne peut lui être opposé, quel que soit l'intervalle qui s'est écoulé depuis l'inscription;

Considérant, d'ailleurs, que ce défaut de renouvellement de l'inscription de Clavel n'a pu nuire ni porter préjudice aux autres créanciers, puisque leur position n'a pas cessé d'être ce qu'elle était; qu'il est indifférent, par rapport à la question, de décider que, lors des notifications et déclarations faites par Clavel, conformément aux articles 2183 et 2184 du Code civil, il n'ait pas rappelé l'inscription prise en 1801; que, d'ailleurs, le procès-verbal de notification exprime que son prix de vente avait été compensé avec sa créance, et qu'il se réservait de demander, en tout état de cause, la séparation des patrimoines; ce qui s'entendait de faire valoir sa créance avec tous les avantages et priviléges qui s'y rattachaient, et dans quelque position qu'il se trouvât placé, en sa qualité de tiers-détenteur; et qu'enfin, ayant

Joseph Morard. — La veuve d'Antoine Michallon. — 10 mars 1832. — 2° chamb. (1) . . . . J. 6. 60

---

en même temps donné copie de son contrat d'acquisition, Clavel administrait incontestablement la preuve légale de la compensation qu'il alléguait; d'où résulte la conséquence que les créanciers de Ruelle ne pouvaient pas être induits à penser qu'une surenchère leur était inutile.

(1) Attendu que par la vente qui a été consentie à un créancier, il s'est sans doute opéré une compensation à concurrence du prix de la vente et de la créance; cette compensation s'est même opérée de plein droit, et par la force de la loi, entre le vendeur débiteur et l'acquéreur créancier; mais elle n'a pu s'opérer au préjudice des droits acquis à des tiers; ces droits sont ceux de leurs hypothèques, qui suivent l'immeuble dans quelque main qu'il se trouve, ceux de profiter de la péremption ou caducité d'inscription qui les priment, et qui peuvent se prescrire par l'incurie, la négligence, souvent le peu d'intérêt qu'y attache un créancier antérieur;

Attendu qu'on pourrait même soutenir que, dans ce cas, la compensation ne s'est pas opérée et n'a pu s'opérer de suite; la propriété ne réside qu'éventuellement sur la tête de l'acquéreur, les autres créanciers inscrits peuvent surenchérir; jusqu'au moment où sera expiré ce délai de la surenchère, la propriété n'est pas irrévocablement fixée, l'hypothèque n'a pu dès-lors produire son effet; l'acquéreur n'a pu, sans s'exposer à payer deux fois, se libérer entre les mains de son vendeur : le prix de l'immeuble appartenait aux créanciers inscrits, l'acquéreur n'était pas encore définitivement débiteur du prix dont la compensation ne pouvait s'opérer *ipso facto*, par la force de la loi, et même à l'insu du débiteur;

Attendu que, voulût-on admettre que cette compensation a eu lieu, on ne pouvait dire qu'au moment où elle s'est opérée, la créance

18. — L'adjudicataire d'immeubles vendus ensuite de saisie immobilière, qui se trouve créancier inscrit au moment de l'adjudication, n'est pas tenu au renouvellement de son inscription postérieurement à l'adjudication.

Donis. — Charras. — 28 février 1831. — 1re chamb. (1).... J. 6. 95

---

de l'acquéreur se trouvant inscrite en rang utile, la compensation ne nuisait pas aux droits acquis des tiers, et aux créances postérieurement inscrites qui ne pouvaient jamais primer l'acquéreur, et que celui-ci n'avait pas besoin dès-lors de renouveler son inscription. Par la compensation, l'hypothèque a bien produit son effet dans les rapports du créancier au débiteur, mais l'effet de l'inscription n'a pu être consommé relativement aux autres créanciers hypothécaires inscrits que par un acte commun avec eux, et non par des actes auxquels ils sont étrangers, et qui ne sont pour eux que *res inter alios acta*; ce n'est que par la notification qui leur est faite de la vente et du tableau des créances inscrites que l'acte leur devient commun; or, Morard n'ayant fait transcrire et notifier son contrat que long-temps après le délai voulu pour le renouvellement de son inscription, sans que ce renouvellement ait été fait, son inscription est devenue caduque, elle n'a pu produire aucun effet, et il n'a pu, dans son concours avec des créanciers hypothécaires inscrits, être considéré que comme simple créancier chirographaire.

(1) Attendu que la vente sur expropriation étant l'unique but de l'hypothèque, l'inscription qui est le moyen de la conserver a atteint l'effet légal qu'elle doit produire aussitôt que les biens sur lesquels elle repose ont été définitivement adjugés;

Attendu que dès l'instant de l'expropriation l'action dérivant de l'hypothèque se convertit en action sur le prix, et que l'ordre

19. — *Renouvellement. — Acquéreur. — Subrogation.*

L'acquéreur qui a payé un créancier hypothécaire inscrit sur l'immeuble vendu, et qui se trouve ainsi légalement subrogé aux droits de ce créancier, conserve le rang de l'hypothèque, sans être obligé d'en renouveler l'inscription dans les dix ans, conformément à l'art. 2154 du Code civil.

Le sieur Alex. — La dame Serpinet. — 25 mai 1822. — 2e ch.. J. 2. 538

20. — *Renouvellement. — Aliénation volontaire. — Surenchère.*

Lorsqu'après une aliénation volon-

---

pour la distribution de ce même prix, à quelque époque qu'il ait eu lieu, n'est qu'une suite et une exécution de l'adjudication, lors de laquelle tous les droits sont irrévocablement fixés;

Attendu qu'il serait illusoire de s'inscrire sur un débiteur qui a cessé d'être propriétaire de l'immeuble hypothéqué, lequel a passé sur la tête de l'adjudicataire, qui n'est tenu que du prix de son adjudication;

Attendu que le jugement d'ordre qui doit précéder la distribution du prix peut être rendu dans un délai plus ou moins long, soit à raison du retard que peut apporter le juge-commissaire à faire son rapport, soit à raison des contestations qui peuvent s'élever sur le rang des hypothèques, et que le créancier dont l'inscription est en vigueur à l'époque de l'adjudication qui a dessaisi le débiteur, ne doit pas souffrir de ces retards qu'il n'a pu ni empêcher, ni prévoir;

Attendu dès-lors que Donis est recevable à compenser le montant de ses créances avec le prix de son adjudication.

26 .

taire d'immeubles un créancier, ayant hypothèque inscrite sur ces immeubles, a surenchéri et obtenu un jugement qui admet la caution et déclare la surenchère valable, l'inscription de ce créancier n'a pas produit son effet légal, et s'il néglige de la renouveler, le défaut de renouvellement entraîne la déchéance de la surenchère.

Pierre Quinon. — Just Goy. — 12 mai 1824. — 1re chamb... J. 1. 325

21. — *Renouvellement. — Formes.*

La loi n'exige pas, pour le renouvellement d'une inscription, la répétition de toutes les énonciations requises pour la validité de l'inscription primitive.

La veuve Bouvard et autres. — Me Blanchet. — 9 janvier 1827. — 1re chamb . . . . J. 3. 466

22. — *Renouvellement. — Loi du 11 brumaire an 7. — Biens dotaux.*

L'inscription prise sous la loi hypothécaire du 11 brumaire an 7, et les autres lois postérieures qui ont prorogé le délai pour les biens dotaux de la femme, n'a pas été soumise au renouvellement depuis la publication du Code civil; cette inscription a été maintenue en pleine vigueur par l'art. 2135 dudit Code, ou du moins elle est devenue inutile.

La séparation de biens ne peut apporter aucune modification à ce principe, parce que, d'une part, la loi ne fait aucune distinction entre les femmes séparées de biens et celles qui ne

le sont pas, et que, d'autre part, les biens, malgré la séparation, ne cessent pas d'être dotaux.

Marie Porchier, veuve Guillermin. — Les sieurs Monin, Voilin-Gonin et autres. — 21 avril 1828. — 1re chamb. J. 4. 97

23. — *Succession. — Répudiation. — Renouvellement.*

L'art. 2146 du Cod. civ., qui dispense d'inscrire sur une succession acceptée bénéficiairement, ne s'applique point à la succession répudiée.

Dans tous les cas, cette disposition n'est point applicable au renouvellement de l'inscription.

Pierre Peyot. — Antoine Roybet. — 28 janvier 1818. — Ch. civ.. V^r. 353

V. Hypothèque. — Hypothèque légale. — Intérêts. — Privilége. — Séparation de patrimoines.

INSINUATION. — V. Donation.

INSTITUTION CONTRACTUELLE. — V. Donation.

INTÉRÊTS.

1. — *Créancier. — Taux du commerce.*

Un créancier dont les titres lui allouent les intérêts au taux du commerce, ne peut réclamer ce taux pour les intérêts courus postérieurement à la vente dont le prix est mis en distribution.

François Sestier. — M. de Murinais et autres. — 11 décembre 1832. — 1re chamb................. J. 6. 559

2. — *Inscription hypothécaire. — Dispense.*

Les intérêts des créances auxquelles la dispense d'inscription est attribuée par les lois jouissent du même avantage et doivent obtenir, sans inscription, le même rang que le capital.

La dame Dusserre. — Les sieurs Chosson et Piatet. — 12 août 1831. — 2e chamb.............. J. 5. 436

3. — *Intérêts d'intérêts. — Commandement. — Demande judiciaire.*

Un commandement fait en vertu d'un titre exécutoire n'est pas une demande judiciaire qui fasse courir les intérêts des intérêts.

Les cohéritiers Dumas. — Anselme Vignon. — 9 mars 1825. — 2e chamb. J. 2. 92

4. — *Intérêts moratoires. — Droit ancien.*

Les intérêts moratoires ne peuvent excéder le montant du capital.

Les cohéritiers Lacroix. — La dame de Saint-Germain et le comte de Montalivet. — 20 décembre 1820. — 1re chamb.................. V^s. 361

5. — *Retenue.*

L'omission des retenues légales sur des intérêts échus, lors d'un arrêté de compte, ne peut être un sujet d'imputation du montant de ces retenues dans un compte ultérieur.

Buisson. — Simon et Montmeyan. — 8 juillet 1812. — 1re ch... V^s. 360

6. — *Retenue. — Effet rétroactif.*

Les intérêts des capitaux exigibles depuis la loi du 3 septembre 1807 ne sont pas soumis à la retenue, quoique le titre de créance soit antérieur.

Les frères et sœurs Bailly. — François Bonnevaux. — 19 décembre 1821. — 1re chamb............. V^s. 361

7. — *Stipulation. — Caution.*

Lorsque dans un billet payable à terme il n'a pas été stipulé d'intérêts, le créancier peut exiger, même contre la caution, les intérêts depuis l'échéance, en invoquant l'usage et les circonstances de la cause qui peuvent faire présumer que ces intérêts avaient été promis.

MM. Barthellon et Ce. — Me Bajat et M. D. L... — 10 juin 1825. — 2e ch. J. 2. 152

8. — *Vente de bois. — Offre réelle.*

La vente d'une coupe de bois taillis n'est pas une vente d'immeubles et ne produit pas intérêt de plein droit.

L'acte d'offre du prix faite au vendeur, et par lui non acceptée, ne donne pas mieux cours aux intérêts.

Charel. — De Cressieux. — 21 juin 1819. — 1re chamb........ V^s. 360

V. AUGMENT. — DERNIER RESSORT. — DOT. — INSCRIPTION HYPOTHÉCAIRE. — MANDAT. — PRESCRIPTION. — PRIVILÉGE.

INTERROGATOIRE.

1. — *Prévenu.* — *Chambre du conseil.*

Le prévenu doit être interrogé ou mis en demeure de comparaître, avant qu'aucun rapport du juge d'instruction puisse être fait, ni aucune décision prise par la chambre du conseil.

Le ministère public. — Le sieur Morel. — 9 janvier 1823. — Chambre d'accusation............ J. 1. 136

2. — *Prévenu.* — *Comparution.* — *Avocat.* — *Avoué.*

En matière correctionnelle, le prévenu doit être nécessairement interrogé ; s'il refuse de comparaître, personne n'est en droit de le représenter. L'avocat ou l'avoué ne peuvent représenter le prévenu qu'autant que celui-ci a déjà été interrogé.

Antoine Jouclard fils. — M. le procureur-général. — 13 novembre 1823. — Chamb. correct....... J. 1. 129

INTERROGATOIRE SUR FAITS ET ARTICLES.

1. — *Jugement par défaut.* — *Opposition.*

La loi ne défend pas de former opposition à un jugement de défaut qui permet de faire interroger sur faits et articles ; en conséquence, l'opposition est admissible.

Magnon. — Royannès. — 27 février 1812. — 2ᵉ chamb........ Vᵗ. 372

2. — Le demandeur en interrogatoire ne peut former opposition à l'ordonnance ou au jugement qui rejette sa demande ; ce droit n'appartient qu'à la partie non ouïe ou défaillante.

Pierre Ageron. — Jean-Pierre Trafouret. — 3 janvier 1826. — 1ʳᵉ chamb.

J. 2. 532

3. — Le jugement qui autorise l'interrogatoire sur faits et articles n'est pas susceptible d'opposition.

Javit. — Jacquier Ferrandière. — 26 février 1831. — 2ᵉ ch. (1). J. 5. 258

(1) Attendu que si bien, en règle générale, l'opposition est admissible contre toute décision dans laquelle on n'a été ni appelé ni entendu, il n'en peut être de même dans la matière des interrogatoires sur faits et articles, matière tout-à-fait spéciale et réglée par un titre particulier du Code de procédure ;

Attendu, en effet, que le législateur n'a pas voulu que la pertinence des faits sur lesquels on demande à faire interroger pût être l'objet d'une discussion ; que cette intention résulte et des dispositions de l'article 325 du Code de procédure civile, et de l'article 79 du tarif, d'après lesquels la partie ne doit être ni appelée ni entendue lors du jugement qui statue sur la demande en interrogatoire, jugement rendu sur une requête contenant les faits dont l'appréciation et la pertinence sont laissées à la sagesse des magistrats qui y participent ;

Attendu que, d'après les dispositions de l'article 324 du susdit Code, les parties peuvent, en tout état de cause, faire interroger leurs adverses parties sur faits et articles pertinents ; que l'article 329 n'exige la signification de la requête et du jugement qui autorise l'interrogatoire, jugement qui n'est autre chose qu'une ordonnance sur délibéré, prononcée en audience publique, que 24 heures

4. — *Jugement préparatoire*.

Le jugement ou ordonnance qui rejette une demande en interrogatoire ne peut être considéré comme préparatoire, lorsqu'il est basé sur un moyen touchant le fond du procès.

Pierre Ageron. —Jean-P. Trafouret. — 3 janvier 1826. —1re ch. J. 2. 532

___

avant cet interrogatoire, qui ne peut jamais retarder le jugement de la cause ;

Attendu qu'admettre l'opposition à une décision qui permet l'interrogatoire sur faits et articles, ce serait admettre une discussion qui serait contraire aux dispositions de la loi, puisqu'elle pourrait retarder le jugement de la cause par les incidents et plaidoiries, ainsi que par les jugements auxquels pourrait donner lieu cette opposition ;

Attendu que si la loi eût voulu admettre une discussion sur la pertinence des faits, elle s'en serait expliquée, elle aurait fait communiquer la requête en interrogatoire, elle aurait enfin inséré, dans les articles compris dans le titre 15, livre 2 du Code de procédure, quelques dispositions qui auraient énoncé d'une manière formelle qu'on pourrait former opposition au jugement qui autorise l'interrogatoire, jugement qui, délibéré sur le rapport d'un juge-commissaire, annonce suffisamment qu'on a examiné si les faits étaient ou non pertinents ; enfin, elle ne se serait point contentée de dire, dans l'article 331, que lorsque la partie fait défaut sur l'assignation, et qu'elle se présente avant le jugement, elle serait interrogée, en payant les frais du premier procès-verbal et de la signification sans répétition ;

Attendu que la partie qu'on veut faire interroger est sans intérêt à contester la pertinence des faits, puisque son silence ou son refus de répondre sur des faits qui ne seraient pas pertinents ne pourrait jamais lui causer le moindre préjudice.

V. APPEL.

INTERVENTION.

1. — *Créancier*. — *Appel*.

Le créancier hypothécaire peut intervenir en instance d'appel, dans un procès où il s'agit de la propriété des biens hypothéqués.

Le défaut de communication des pièces justificatives de l'intervention n'emporte pas une nullité absolue et définitive.

Aribert. — Blanchet. — 24 avril 1818. — 1re ch. . . . . V°. 98

Arrêt conforme sur la première question :

Tord. — Didier et Bonnet. — 22 décembre 1815. — 2° ch . . . . . V°. 99

2. — Le créancier qui est intervenu en première instance dans l'unique objet de surveiller ses droits dans un procès soutenu par son débiteur, peut encore intervenir, à ses frais, dans l'instance d'appel, quoique le jugement dont est appel lui ait été signifié et qu'il n'en ait pas appelé dans le délai de la loi.

La veuve Guerin. — Le sieur Michoud. — 19 avril 1828. — 2° chamb.
J 4. 251

3. — *Créancier*. — *Collusion*.

Un créancier a le droit d'intervenir dans l'instance pendante entre son débiteur et un tiers, toutes les fois qu'il a juste raison de craindre une collusion de la part de son débiteur.

Le syndic de la faillite Belluard. — Les cohéritiers Perrier et le sieur Thomasset. — 7 janvier 1831. — 2ᵉ ch. (1).

J. 5. 288

4. — *Partage.* — *Droit éventuel.*

Celui qui a un droit éventuel, quoique contesté à une succession dont on

____

(1) Attendu que l'article 1166 du Code civil donne à tout créancier le droit d'exercer tous les droits et actions de son débiteur, à l'exception de ceux qui sont attachés à la personne;

Attendu que l'article 1167 du même Code lui donne aussi le droit d'attaquer, en son nom personnel, les actes faits par son débiteur en fraude de ses droits;

Attendu que si bien, aux termes de l'article 466 du Code de procédure civile, aucune intervention ne peut être reçue que de la part de ceux qui auraient droit de former tierce-opposition, et qu'aux termes de l'art. 474, une partie ne puisse former tierce-opposition à un jugement qui préjudicie à ses droits, qu'autant que, lors de ce jugement, ni elle ni ceux qu'elle représente n'ont pas été appelés; si bien le créancier n'a vis-à-vis des tiers d'autres droits que ceux de son débiteur, on ne peut entendre le sens de ces articles d'une manière si étroite, que l'on puisse priver un créancier, alors que son débiteur est en cause, du droit de suivre les intérêts de ce débiteur lui-même; que le seul sens dans lequel on a entendu refuser ou restreindre le droit d'intervention d'un créancier, c'est afin de ne pas augmenter la masse des frais, ou pour éviter des frais frustratoires ou présentant un double emploi; mais que toutes les fois qu'un créancier peut avoir juste raison de craindre une collusion entre son débiteur et un tiers, son intérêt, et l'intérêt est la mesure des actions, lui commande de surveiller ses droits, et qu'on ne pourrait, dans ce cas, le déclarer non recevable dans son intervention.

poursuit le partage, a qualité suffisante non-seulement pour intervenir dans l'instance en partage, mais encore pour discuter et critiquer les opérations des experts.

Antoine-Michel Mottin, fils ainé. — Les frères et sœurs Mottin et le sieur Mottin père. — 19 janvier 1827. — 2ᵉ chamb. . . . . J. 3. 309

V. Injures. — Ordre.

JEU.

1. — *Dettes de jeu.* — *Billet à ordre.* — *Paiement.*

Les billets à ordre souscrits pour dettes de jeu sont nuls; ils ne sont point un paiement, mais une promesse de payer.

Romieux et Roux. — Pierre Jean, dit Landre. — 6 décembre 1823. — 2ᵉ chamb. . . . . J. 1. 79

V. Preuve testimoniale.

JOURNAL.

1. — *Compte rendu.* — *Compétence.* — *Cour d'assises.*

La loi du 8 octobre 1830, rendue conformément à la charte par les trois pouvoirs constitutifs de l'état, ne peut être attaquée devant les tribunaux pour cause d'inconstitutionnalité.

Un article de journal contenant la critique des actes faits à l'audience par les magistrats peut être considéré comme un compte rendu de l'audience, lorsqu'il est placé immédiatement après un autre article contenant le narré de ces actes, et que les observations faites dans le second article sont une conséquence immédiate des faits rapportés dans le premier.

Il n'est pas nécessaire, pour qu'il y ait lieu à l'application de l'art. 7 de la loi du 25 mars 1822, qu'il y ait eu débats et arrêt prononcé à l'audience. Cette loi s'applique à tous les cas où il y a compte rendu, infidèle, de mauvaise foi ou injurieux, quels que soient les actes faits par la cour, ou par le président seul, en audience publique.

M. le procureur-général. — Le sieur Crépu, gérant du journal le Dauphinois. — 13 mai 1834. — Cour d'assises de l'Isère............... J. 7. 204

2. — *Compte rendu. — Infidélité. — Citation.*

Les faits qui caractérisent l'infidélité, la mauvaise foi ou l'injure dans un compte rendu d'audience, sont suffisamment articulés, dans le sens de l'art. 183 du Code d'instruction criminelle et de l'art. 6 de la loi du 26 mai 1819, lorsque les articles incriminés sont désignés par les mots qui commencent ces articles et par ceux qui les terminent.

M. le procureur-général. — Le sieur Crépu, gérant du journal le Dauphinois. — 30 juin 1834. — Cour d'assises de l'Isère............... J. 7. 270

3. — *Compte rendu. — Ministère public. — Citation. — Autorisation.*

Le ministère public peut poursuivre d'office, et sans autorisation préalable du tribunal, l'infidélité et la mauvaise foi commises dans le compte rendu des audiences de ce tribunal.

M. le procureur-général. — Le sieur Crépu, gérant du journal le Dauphinois. — 30 juin 1834. — Cour d'assises de l'Isère............... J. 7. 270

JUGE.

1. — *Responsabilité.*

La responsabilité d'un juge n'est admise que lorsque la loi l'y a formellement soumis, et pour les cas déterminés, tel qu'un déni de justice; encore pour établir le déni, faut-il que le juge ait été légalement requis.

Benoît Perret. — La veuve Chosson. — Pierre Rival et M. Labbe. — 15 février 1828. — 1re chamb. J. 4. 131

V. Adjudicataire. — Récusation.

JUGE DE PAIX.

1. — *Audience. — Publicité.*

Un juge de paix peut donner audience dans son domicile; il suffit, pour la publicité, que les portes soient ouvertes.

Jacques Tissot. — François Plaussu. — 17 janvier 1822......... J. 1. 62

2. — *Enquête. — Déchéance. — Dommages-intérêts.*

On n'est pas recevable à intenter une action en dommages-intérêts contre un juge de paix, sur le fondement que c'est par son fait qu'on a encouru la déchéance pour faire enquête, lorsqu'on ne justifie pas s'être pourvu légalement auprès de lui, pour obtenir l'ordonnance d'ouverture de l'enquête.

Benoît Perret. — La veuve Chosson, Pierre Rival et M. Labbe. — 15 février 1828. — 1re chamb....... J. 4. 131

3. — Instruction d'office.

L'instruction faite d'office par un juge de paix, c'est-à-dire sans commission ou délégation du juge d'instruction, ne peut être considérée que comme simple renseignement.

Le ministère public. — Jean-Baptiste N.... — 14 octobre 1824. J. 4. 188

JUGE D'INSTRUCTION.

1. — Compétence.

Les juges d'instruction et les procureurs du roi ne peuvent exercer leurs fonctions contre les auteurs de crimes ou délits, que lorsque ces crimes ou délits ont été commis dans l'étendue de leur juridiction, ou lorsque les délinquants y ont leur domicile, ou, enfin, lorsque ceux-ci ont été arrêtés dans cette étendue.

Le ministère public. — Pierre et François Charbas. — 3 janvier 1829.
J. 4. 310

2. — Le juge d'instruction, saisi par un réquisitoire du procureur du roi, ne peut, en aucun cas et de sa propre autorité, se dessaisir, soit en prononçant sur le mérite de la plainte, soit en statuant sur la qualification du fait ou

sur sa propre compétence, sans faire auparavant rapport à la chambre du conseil.

Le procureur-général. — Divers habitants de Jailleu et Saint-Savin. — 22 décemb. 1832. — Ch. d'acc. J. 6. 293

3. — Décision. — Appel. — Opposition.

Les juges d'instruction ne statuent en dernier ressort que dans les cas où ils y sont expressément autorisés par la loi ; hors ces cas, leurs décisions peuvent être attaquées soit par la voie de l'opposition, soit par la voie d'un appel porté devant la chambre des mises en accusation de la cour royale.

Le procureur-général. — Divers habitants de Jailleu et Saint-Savin. — 22 décemb. 1832. — Ch. d'acc. J. 6. 293

4. — Excès de pouvoir.

Le juge d'instruction excède son pouvoir lorsqu'il décide que le fait imputé à un prévenu ne peut donner lieu à aucune poursuite. Ce droit n'appartient qu'à la chambre du conseil.

Le ministère public. — Jean-Baptiste N.... — 14 octobre 1824. J. 4. 188

5. — Ministère public. — Réquisitions.

Le juge d'instruction ne peut refuser de déférer aux réquisitions du ministère public, lorsqu'elles ont pour objet de compléter l'instruction d'un crime ou délit.

Le ministère public. — Jean-Baptiste N.... — 14 octobre 1824. J. 4. 188

JUGEMENT.

1. — *Conclusions.* — *Plaidoirie.*

Lorsque les conclusions ont été contradictoirement prises à l'audience, le jugement qui intervient sur ces conclusions est contradictoire, quoique les plaidoiries n'aient pas lieu par le refus de l'une des parties de plaider; il n'est pas nécessaire, à peine de nullité, que la copie des conclusions signée par les avoués ait été préalablement remise au greffier.

M. Leharivel. — La dame Clémentine-Hélène Mayol de Lupé, son épouse. — 24 août 1833. — 1re ch. J. 6. 549

2. — *Enonciations.* — *Preuve contraire.*

Les énonciations renfermées dans un jugement ne peuvent être atténuées par aucune présomption ni par aucune preuve. La querelle de simulation ne peut être admise que par la voie de l'inscription de faux.

La dame Savoye. — Victor-Amédée Savoye et les autres créanciers de Jean-Claude Savoye. — 3 février 1831. — 2e ch................. J. 5. 217

3. — *Juge.* — *Empéchement.* — *Nullité.*

Sous l'empire des lois antérieures à celle du 22 ventôse an 12 et au décret du 30 mars 1808, aucune nullité n'était attachée au défaut de mention dans les jugements des motifs qui avaient empêché les juges ou juges-suppléants de siéger dans le procès où avait été appelé un homme de loi, avocat ou avoué.

La commune d'Abriès. — La commune d'Aiguilles. — 6 février 1832. — 1re chamb............... J. 6. 87

4. — *Juges-suppléants.*

Le tribunal, en cas d'insuffisance de juges, ne peut être complété par un nombre de suppléants supérieur à celui des juges en titre. (Arg. de la loi du 30 germinal an 5.)

Le maire de Montélimar. — L'administration des droits réunis. — 3 juillet 1807. — 1re sect........... Ve. 363

5. — Les juges-suppléants peuvent être indifféremment appelés à composer le tribunal dont ils font partie, sans qu'il soit besoin de constater, comme à l'égard des avocats ou des avoués, qu'ils l'ont été dans l'ordre du tableau.

La dame veuve Brun, née Astier. — Le sieur Marchand. — 6 juin 1829. — 2e ch................... J. 4. 474

6. — *Nullité.* — *Tribunal.* — *Juges.*

Un jugement rendu par trois juges d'un tribunal composé d'un plus grand nombre de juges, formant une seule chambre, est régulier et valable, alors même que les juges qui y ont concouru ne sont pas les plus anciens selon l'ordre du tableau, et que ce jugement ne constate pas la cause de l'absence ou de l'abstention des juges plus anciens.

MM. Durand. — Etienne - Adrien Doublier. — 4 février 1825. — 4e ch.
J. 2. 141

7. — *Nullité substantielle.* — *Tribunal.* — *Avocat.* — *Avoué.*

Tout jugement doit contenir en lui-même la preuve que le tribunal duquel il émane a été légalement constitué ; par conséquent, si un avocat (ou un avoué) a concouru à ce jugement, il doit y être fait mention, à peine de nullité, que cet avocat (ou cet avoué) n'a été appelé à composer le tribunal qu'à défaut des personnes que la loi désigne comme devant être appelées avant lui.

Antoine Clairefond. — Les mariés Hugon. — 27 juin 1825. — 1re chamb. J. 2. 133

8. — *Partage d'opinions.*

En cas de partage, les juges divisés ne sont point respectivement liés par l'avis qu'ils ont émis.

Si l'un d'eux est décédé dans l'intervalle, sa voix n'est plus comptée lors du jugement qui vide le partage, et l'on peut, dans ce cas, appeler des juges en nombre *pair*, pour vider le partage.

Le sieur Desisnard. — La veuve André. — 2 août 1808. — 1re sect. V°. 363

9. — *Publicité.*

Le jugement doit énoncer qu'il a été rendu en audience publique, sous peine de nullité.

Nicolas Charrel. — Guicherd-Lary. —21 décembre 1820.—1re ch. V°. 368
Arrêt conforme :
Muet. — David et consorts. — 27 juin 1821. — 2e chamb...... V°. 368

10. — L'énonciation portant qu'un jugement a été rendu à l'audience indique suffisamment la publicité.

Dominique Grimaud. — Jean-Augustin Bonthoux. — 29 novembre 1826. — 1re chamb.............. J. 3. 224

11. — *Requête civile.* — *Audition du ministère public.*

Le défaut d'énonciation de l'audition du ministère public, sur la minute de l'arrêt, n'emporte pas nullité lorsque cette audition est mentionnée sur le plumitif de l'audience.

Le président a pu réparer cette omission sur la minute de l'arrêt, avant qu'il en fût délivré expédition sans donner ouverture à la requête civile.

Michel Arnaud. — Me Legentil, avocat. — 1er mars 1821. — 2e chamb. V°. 376

12. — *Validité.* — *Signature.* — *Preuve.*

La validité d'un jugement est indépendante de la signature du président qui n'est exigée que pour en constater l'existence ; la preuve de cette existence peut être faite par l'exécution que les parties ont donnée au jugement.

Commune d'Aiguilles. — Commune d'Abriès. — 29 mai 1834. — 1re ch. J. 7. 225

V. Acquiescement. — Appel. — Exécution. — Exécution provisoire. — Ordre. — Saisie immobilière. — Tierce-opposition. — Tribunal.

JUGEMENT ARBITRAL. — V. Arbitrage.

JUGEMENT INTERLOCUTOIRE. —
V. Acquiescement. — Appel. — Péremption.

JUGEMENT PAR DÉFAUT.

1. — *Défaut de constituer. — Opposition. — Exécution.*

L'opposition étant recevable jusqu'à
l'exécution, une première opposition,
arguée de nullité, ne peut en arrêter
une seconde, tant que le jugement n'a
pas été exécuté.

Joseph et Antoine Noble. — 17 avril
1817. — Chamb. civ....... V°. 374

2. — L'opposition à un jugement par
défaut est recevable tant que les actes
d'exécution, faits également en défaut
et à l'insu du défaillant, ne sont pas
connus de lui.

Les mariés Augunier. — Michel Tezier et C°. — 22 juin 1819. — 1ʳᵉ ch.
J. 3. 226

3. — Lorsque, en exécution d'un
arrêt rendu par défaut de constituer
avoué qui permet de continuer des
poursuites en expropriation forcée, il
y a eu apposition de placards et notification de ces placards, cet arrêt doit
être réputé exécuté aux termes des
art. 159 et 162 du Code de procédure ;
l'opposition formée postérieurement
n'est plus recevable.

Les mariés Ginot. — Les mariés Gi-

zon. — 17 décembre 1827. — 1ʳᵉ ch.
J. 4. 95

4. — L'opposition envers un jugement par défaut de constituer avoué
n'est plus recevable lorsque le jugement a été exécuté et que l'exécution a
été légalement connue de la partie défaillante ; il ne lui reste, en ce cas, que
la voie de l'appel.

Les mariés Jullien. — Les mariés
Seguin. — 4 janvier 1828. — 2ᵉ ch.
J. 4. 119

5. — *Défaut joint. — Opposition.*

Le jugement par défaut de plaider,
rendu contre la partie qui avait comparu lors d'un premier jugement rendu
par défaut de constituer contre une
autre partie, est susceptible d'opposition de la part de celui qui n'a subi
qu'un premier défaut.

Blanc. — 8 décembre 1818. — 1ʳᵉ
chamb.................. V°. 372

6. — La disposition de l'article 153
du Code de procédure civile, portant
que le jugement qui statue sur le profit
d'un défaut joint n'est pas susceptible
d'opposition, s'applique non-seulement
à la partie contre laquelle le défaut a
été pris, mais encore à celle qui, ayant
requis le défaut joint, n'a pas comparu
lors du deuxième jugement ; mais elle
ne s'applique pas au cas où il se trouve
en cause des parties ayant un intérêt
entièrement distinct et séparé.

Broise. — Mermet et Chatrousse. —
5 juin 1830. — 2ᵉ chamb.. J. 5. 129

7. — *Délai.* — *Assignation.* — *Nullité.*

Est nul le jugement par défaut, sur demande en distraction, rendu avant l'expiration du délai fixé dans l'assignation.

La femme Durand et le sieur Durhone. — Les héritiers Bardin. — 24 janvier 1826. — 1re chamb. J. 2. 511

8. — *Matière correctionnelle.* — *Opposition.*

L'opposition à un jugement par défaut envers un jugement du tribunal correctionnel est recevable comme en matière civile ; le jugement ne peut être réputé contradictoire qu'autant que toutes les parties ont plaidé et pris des conclusions après l'instruction.

Benoît Carré et consorts. — Le sieur Ligonet et consorts. — 9 janvier 1824. — 4e chamb.............. J. 1. 46

9. — *Opposition (droit ancien).*

La voie de l'opposition à un jugement en défaut était en usage sous l'ordonnance de 1667, quoique cette ordonnance n'en parlât pas.

Joseph Perier. — Charles Blain. — 29 mars 1817. — Ch. civ.... V^e. 370

10. — *Opposition (question transitoire).*

L'opposition à un arrêt par défaut, rendu depuis le Code de procédure, mais sur un appel émis antérieurement, ne peut être formée que d'après la

forme usitée sous l'ordonnance de 1667. Par suite, l'arrêt par défaut de constituer avoué n'a pas eu besoin d'être signifié par un huissier commis.

Victor Poujollat. — Les mariés Vinçent. — 29 juillet 1808. — 2e section. V^e. 371

11. — Mais, lorsque sur l'appel d'un jugement interlocutoire, il est rendu arrêt par défaut qui adjuge des conclusions sur le fond, ces conclusions étant nouvelles, l'opposition est régie par l'art. 158 du Code de procédure.

Antoine Poncin. — Les consorts Châtagner. — 14 août 1817.. V^e. 371

12. — *Opposition.* — *Motifs.*

Lorsqu'un arrêt par défaut a rejeté un appel comme nul, l'opposition doit contenir des moyens tendant à relever la nullité de l'acte d'appel ; elle est nulle si elle ne contient que des moyens sur le fond.

Jean Natal. — François Brunet. — 25 janvier 1819. — 1re ch... V^e. 373

13. — *Opposition.* — *Nullité.* — *Ratification.*

Une sommation pour s'entendre débouter de l'opposition à un jugement par défaut rend celui qui l'a faite non recevable à attaquer l'opposition de nullité.

André Jayet. — Michel Villoz. — 22 avril 1815. — 2e chamb.. V^e. 374

14. — *Opposition.* — *Second jugement par défaut.*

L'opposition envers un second jugement par défaut n'est pas recevable, lors même que l'opposant dont l'avoué est décédé n'a été assigné en constitution de nouvel avoué que par un exploit irrégulier.

Joseph Médallin. — Les mariés Thibaud. — 24 août 1824. — 2ᵉ chamb.

J. 1. 352

15. — *Péremption.* — *Acquiescement.*

L'acquiescement donné à un jugement par défaut de paraître, et enregistré après l'expiration des six mois de l'obtention, ne peut relever ce jugement de la nullité prononcée par l'article 156 du Code de procédure, du moins à l'effet de conserver aucun droit hypothécaire au créancier préférablement à d'autres créanciers hypothécaires inscrits à une date postérieure à l'enregistrement de cet acquiescement.

Consorts Martin. — La veuve Bellon et autres. — 22 janvier 1834. — 4ᵉ ch.

J. 7. 104

16. — *Péremption.* — *Défaut joint.*

Le jugement de défaut, rendu après un premier défaut de jonction, n'est pas susceptible de la péremption prononcée par l'art. 156 du Code de proc. à défaut d'exécution dans les six mois.

La veuve Deister.—Le sieur Carillan. 29 mars 1821. — 1ʳᵉ chamb. V·. 473

17. — *Péremption.* — *Exécution.*

L'inscription hypothécaire qui n'a pas été notifiée au débiteur, n'emporte pas exécution du jugement par défaut de constituer avoué et n'empêche pas la péremption.

Le sieur Besson. — Le sieur Blanc et consorts. — 12 juillet 1816. — 1ʳᵉ chamb................... V·. 354

18. — *Péremption.* — *Mandat.* — *Acquiescement.*

Le mandat d'acquiescer à un jugement de défaut, donné par une lettre missive, ayant acquis date certaine, ne relève pas de la péremption le jugement dont l'acquiescement, quoique fait en vertu de ce mandat, n'a pas été enregistré dans les six mois. Le mandat d'acquiescer ne vaut pas acquiescement à l'égard des tiers.

Mᵉ Duport-Lavillette, avocat. — La dame Demary. — 9 juillet 1819. — 2ᵉ chamb................... V·. 470

19. — *Péremption.* — *Reconnaissance d'écriture.* — *Exécution.*

Tous jugements par défaut, même ceux de simple reconnaissance d'écriture, sont susceptibles de péremption, faute d'exécution dans les six mois, de la manière voulue par l'art. 159 du Code de procéd.

La veuve Besson et la veuve Blanc. — Les consorts Salomon. — 12 juillet 1816. — Ch. civ.......... V·. 469

20. — *Signification.* — *Nullité.* — *Huissier commis.*

Il n'est pas nécessaire que la signification d'un second jugement par défaut, qui comme tel devient définitif, soit faite par un huissier commis ; la loi n'attache la peine de nullité, pour l'omission de cette formalité, qu'à la signification du premier jugement de défaut.

Antoine Monavon.—Le sieur Foullu. — 29 août 1822. — 2ᵉ ch. J. 2. 455

V. Acquiescement. — Appel. — Folle enchère. — Séparation de biens.

JUGEMENT PRÉPARATOIRE. — V. Appel.

JURY.

1. — *Déclaration.* — *Nullité.*

La déclaration du jury n'est acquise à l'accusé qu'après qu'elle a été lue, en sa présence, par le greffier ; la déclaration du jury qui répond à une question d'excuse légale, qui n'a pas été proposée par l'accusé, et qui n'est pas comprise dans celle posée par le président, peut être annulée par la cour.

Le procureur-général. — Le sieur N.... — 29 avril 1826. — Cour d'assises .... J. 3. 199

LÉGITIME.

1. — *Action.* — *Expédition.* — *Tiers-détenteurs.*

Quoique les immeubles dépendant de la succession aient été aliénés, les légitimaires sont néanmoins fondés à former leur titre contre l'héritier, en demandant l'expédition de leurs droits en corps héréditaire, sauf à eux à se pourvoir ensuite en revendication contre les tiers-détenteurs, ou en dommages-intérêts contre l'héritier.

Les consorts Pailler. — Les consorts Algoud et le sieur Liotard. — 20 juillet 1829. — 2ᵉ chamb........ J. 4. 490

2. — *Appel.* — *Demande en partage.* — *Supplément de légitime.*

On peut, en instance d'appel, convertir une demande en partage en demande en supplément de légitime.

Vernay. — Maunier.—28 août 1810. — 1ʳᵉ chamb.............. V. 382

3. — *Charges publiques.* — *Distraction.*

L'impôt dit des vingtièmes doit être distrait, ainsi que les autres charges, sur la valeur des immeubles affectés à la légitime.

Berger-Saint-Didier. — Bizet et Dupinet. — 15 janvier 1819. — 2ᵉ chamb. V. 384

4. — *Composition de masse.*

Pour la fixation des légitimes, on doit préalablement distraire, sur la masse des biens, le montant du passif ; la légitime ne se forme et ne s'expédie que sur les biens restés libres ; pour le paiement du passif, les prélèvements doivent se faire d'abord sur le mobilier et successivement sur les immeubles, eu égard à leur valeur à l'époque de l'ouverture de la succession.

La nomination d'un notaire, faite conformément au Code civil, pour procéder aux comptes, rapports, fournissements et autres opérations, ne change rien au mode d'expédition de la légitime, qui est indépendant des opérations de ce fonctionnaire.

Antoine-Michel Mottin fils aîné. — Les frères et sœurs Mottin et le sieur Mottin père. — 19 janvier 1827. — 2ᵉ chamb . . . . J. 3. 309

5. — *Composition de masse. — Biens tenus à titre de gage.*

Les biens dont le défunt jouissait à titre de gage, et que l'héritier a acquis ensuite après une subhastation, ne doivent point figurer dans une composition de masse. On ne doit y comprendre que la créance qui a fait le sujet du gage.

Le sieur Berger-Saint-Didier. — Les dames Bizet et Dupinet. — 15 janvier 1819. — 2ᵉ chamb . . . . V¹. 385

6. — *Créanciers. — Action.*

Le légitimaire n'est point passible de l'action des créanciers ; l'héritier seul est tenu des dettes de la succession.

Les mariés Martin et Sirand. — Les frères Rivoire et Paul Odoux. — 5 mai 1817. — Ch. civ . . . . V¹. 383

7. — *Dettes.*

Le légitimaire est tenu de sa part

proportionnelle d'une dette qui n'a pas été distraite de l'actif de la succession, lors de l'expédition de la légitime.

M. de Chaponay. — M. de Lapoype. — 1ᵉʳ mai 1823. — 2ᵉ ch . . . J. 2. 80

8. — *Dettes. — Prélèvements. — Héritier.*

Lorsqu'il s'agit d'expédier des droits légitimaires conformément aux lois anciennes, on doit, en composant la masse, distraire, en faveur de l'héritier, des biens à concurrence de la valeur des dettes, et les experts doivent faire toutes les opérations et les comptes entre les parties.

Les consorts Pailler. — Les consorts Algoud et le sieur Liotard. — 30 juillet 1829. — 2ᵉ ch . . . . J. 4. 490

9. — *Donataire. — Charges. — Privilége.*

Lorsque le donataire a été chargé de payer des sommes destinées à tenir lieu de légitime, ces sommes participent de la nature et de tous les priviléges des légitimes ; en conséquence, les légitimaires peuvent demander des immeubles héréditaires en paiement de ces destinations, et si ces légitimaires laissent vendre les biens, ils ne sont pas dépouillés de leur droit de co-propriété, mais ils sont censés avoir consenti à ce que ce droit passât de la chose au prix.

Les frères Anthouard. — La dame Marchon, les sieurs Ferrier et Lesbros. — 29 mars 1827. — 1ʳᵉ ch. J. 4. 12

10. — *Donation.* — *Réserve légale.*

Une donation étant faite à titre de préciput par un père à son fils, sous l'empire du droit romain, les droits des autres enfants sur la succession du père doivent être réglés d'après la loi romaine, bien que le père soit décédé depuis le Code civil.

En conséquence, le fils donataire, venant au partage de la succession paternelle, n'est point soumis de rapporter la donation pour composer la réserve légale des frères et sœurs qui ne peuvent prétendre qu'à la légitime qu'ils auraient obtenue à l'époque de la donation.

Le sieur Thevenin. — Les mariés Bottu, les enfants Perrin. — 29 janvier 1820. — 2ᵉ chamb......... Vᵉ. 393

11. — *Donation.* — *Réserve.* — *Consolidation.*

Les biens réservés, avec la clause de consolidation, qui sont rentrés dans la succession *ab intestat* par l'effet de la répudiation des biens à venir ou des lois survenues postérieurement à la donation, ont dû servir à faire face aux légitimes et à diminuer d'autant le retranchement sur les biens présents, sans que les légitimaires puissent réclamer tout à la fois les réserves et leurs légitimes par voie de retranchement sur ces biens présents.

Les mariés Voisin. — M. d'Audiffret. — 2 juin 1818. — Ch. civ.. J. 3. 44

12. — *Donation.* — *Retranchement.* — *Héritier bénéficiaire.*

L'action en expédition de la légitime, par voie de retranchement sur les biens donnés, compète à l'héritier bénéficiaire, tout comme à celui qui a répudié la succession *ab intestat*; l'héritier bénéficiaire est d'ailleurs toujours admis à répudier.

Les mariés Voisin. — M. d'Audiffret. — 2 juin 1818. — Chamb. civ.

J. 3. 44

13. — *Donation.* — *Retranchement.*

La légitime adjugée par voie de retranchement, sur les biens compris dans une donation de biens présents, doit être formée et composée de toute espèce ou nature de biens, soit mobiliers, soit immobiliers.

Les mariés Voisin. — M. d'Audiffret. — 2 juin 1818. — Chamb. civ.

J. 3. 44

14. — *Héritier.* — *Pertes.*

La légitime devant être fixée à l'époque du décès du père, tous les profits et toutes les pertes doivent saisir l'héritier seul, et, par conséquent, l'héritier ne peut opposer aux légitimaires les pertes que la succession peut avoir éprouvées par des remboursements faits en assignats.

Bosq. — Agnel. — 26 ventôse an 12. — 2ᵉ sect................ Vᵉ. 385

15. — *Legs.* — *Option.* — *Supplément.*

Le légitimaire peut toujours opter

entre le legs qui lui a été assigné par testament et sa légitime en corps héréditaire ; mais il ne peut plus demander qu'un supplément lorsqu'il a reçu une partie, quelque faible qu'elle soit, de son legs ou de sa légitime.

Pierre Payot. — Le sieur Roybet. — 19 mai 1819. — 1re chamb.. Vᵉ. 381

16. — *Prescription.*

La prescription de la légitime est interrompue par la demeure du légitimaire dans la maison paternelle avec l'héritier.

Puget. — Germain. — 18 février 1815. — 2ᵉ chamb........ Vᵉ. 388

17. — Ce n'est que du jour de la sortie de la maison paternelle que la prescription commence à courir contre le légitimaire, pour l'action en paiement du legs, ou en expédition de sa légitime en corps héréditaire.

Etienne Perrin. — Benoît Perrin et Jacquin Cotton. — 28 août 1817. — Chamb. civ.............. Vᵉ. 381

18. — *Quittance. — Supplément. — Renonciation.*

Le légitimaire qui a donné quittance de sa légitime, d'après la fixation arrêtée par procédure faite entre ses autres frères et sœurs et héritiers, ne renonce point au droit de réclamer le supplément.

François Sorel. — Jean Sorel et les mariés Chevrier. — 28 juin 1810. — 2ᵉ chamb................ Vᵉ. 391

19. — *Supplément. — Estimations.*

Lorsqu'un légitimaire a été payé d'un legs ou d'une constitution de dot, il n'a plus droit qu'à un supplément ; et pour estimer ce supplément, il faut évaluer les immeubles, eu égard à leur valeur au temps du décès, pour savoir si le supplément est dû, et eu égard à leur valeur au temps du bail en paiement pour le paiement qui doit en être fait en corps héréditaire, suivant la loi du 18 pluviôse an 5.

Bosq. — Agnel. — 26 ventôse an 12. — 2ᵉ sect.

Flacheur. — Seiglat. — 20 janvier 1813. — 1re chamb........ Vᵉ. 387

20. — *Supplément. — Fixation.*

Pour déterminer la quotité du supplément de légitime, les experts doivent se conformer aux règles établies sur cette matière par la jurisprudence du parlement de Dauphiné.

Ainsi il doit être expédié à l'héritier des immeubles de valeur équivalente pour faire face au passif de la succession. La masse des biens doit être estimée valeur au temps du décès, d'après le produit à la même époque ; mais le supplément de légitime doit être expédié en immeubles, valeur au moment de la demande, toutes charges préalablement déduites.

Les consorts Audier. — Les consorts Berge. — 23 novembre 1826. — 1re chamb................ J. 3. 304

21. — *Supplément. — Prescription.*

Le paiement du legs ou assignat de

légitime n'interrompt pas la prescription de l'action en supplément.

Dubois-Chabert. — Dubois. — 5 février 1813. — 2ᵉ chamb..... Vˢ. 389

22. — La résidence du légitimaire dans la maison paternelle n'interrompt pas la prescription de l'action en supplément.

Lombard. — Gueytat. — 29 mai 1810. — 1ʳᵉ chamb........ Vˢ. 389

23. — La prescription, en pareil cas, court du jour du décès, quoique le légitimaire n'ait reçu son legs ou assignat que long-temps après.

Clopet. — Sibut. — 17 février 1819. — 2ᵉ chamb............. Vˢ. 389

24. — En Dauphiné, l'action en pétition d'hérédité, de légitime, ou de supplément de légitime, se prescrivait par le laps de trente ans.

Les consorts Jullin. — André Merle et la veuve Allègre. — 4 mars 1826. — 2ᵉ chamb............ J. 2. 528

25. — *Supplément. — Prescription. — Mari. — Garantie.*

Le mari, constitutaire général, pouvait abandonner ou laisser prescrire l'action en supplément de légitime, compétant à son épouse, sans être tenu d'aucune garantie ou indemnité envers cette dernière ou ses héritiers.

Les consorts Jullin. — André Merle et la veuve Allègre. — 4 mars 1826. — 2ᵉ chamb............ J. 2. 528

26. — *Supplément. — Renonciation.*

La réception pure et simple d'un legs fait par le père ou la mère, à condition que le légataire ne pourra demander un supplément, n'emporte pas renonciation à demander ce supplément.

Pierre Billion-Durivoire. — Louise Trenonay. — 26 juillet 1810. — 1ʳᵉ chamb................... Vˢ. 390

27. — *Supplément. — Tiers-acquéreur. — Action réelle. — Action hypothécaire.*

L'action en supplément de légitime n'est devenue une action réelle que depuis la loi du 18 pluviôse an 5 ; en conséquence, le légitimaire qui réclame un supplément en biens héréditaires ne peut exercer l'action en revendication que contre les tiers qui ont acquis de l'héritier postérieurement à cette loi ; à l'égard des acquéreurs antérieurs, il n'a contre eux que l'action hypothécaire.

Les héritiers Gonon et Louis Monin. — Les représentants de Claudine et Françoise Chapuis. — 17 août 1824.— 1ʳᵉ chamb.............. J. 1. 438

V. COMPOSITION DE MASSE. — DONATION. — NOVATION. — PRESCRIPTION. —

LEGS.

1. — *Argent comptant.*

Le legs de l'argent comptant qui se trouvera au pouvoir du testateur à son décès, et qui existera dans son domicile, comprend non-seulement l'argent qui se trouve dans la maison qu'habitait le testateur, mais encore l'argent existant dans son domicile.

Mᵉ Gayet. — Les héritiers Jourdan-Ponat. — 18 mai 1831. — 1ʳᵉ chamb.

2. — *Conditions impossibles ou illicites*.

Les juges ont le droit d'apprécier quelles sont les conditions insérées dans les dispositions entre-vifs ou testamentaires, qui doivent être considérées comme impossibles, contraires aux lois ou aux mœurs ; et spécialement la condition imposée au légataire d'entrer dans les ordres sacrés, n'est ni contraire aux bonnes mœurs ou aux lois, ni attentatoire à la liberté civile ou religieuse du légataire, dont le legs devient caduc, s'il n'exécute pas la condition.

Les héritiers de Joseph Gelin. — Joseph Candy. — 22 décembre 1825. — 1ʳᵉ chamb.

3. — *Cumul — Testament. — Révocation*.

Lorsqu'une personne, après avoir fait un testament, en fait un autre qui ne révoque pas le premier, les dispositions non contraires ni incompatibles de chacun de ces testaments doivent recevoir simultanément leur exécution ; ainsi, un légataire peut réclamer cumulativement les legs qui lui ont été faits dans l'un et l'autre testament.

La veuve Joubert et Rosalie Joubert. — La veuve Roux-Lamazelière. — 22 juin 1827. — 2ᵉ ch.

4. — *Enfants. — Descendants*.

Le legs fait aux enfants d'un individu s'applique non-seulement aux descendants du premier degré, mais encore à ceux des degrés postérieurs.

Mariés Borel. — Consorts Gras. — 15 mai 1834. — 1ʳᵉ chamb.

5. — *Héritier. — Garantie. — Eviction*.

L'héritier n'est tenu de garantir le légataire de l'éviction de la chose léguée, que quand le testateur, en faisant le legs de la chose qu'il croyait lui appartenir, est présumé avoir voulu donner au légataire une chose de même valeur, dans le cas où il aurait connu que la chose ne lui appartenait pas.

Genissieu. — Couchou. — 31 janvier 1815. — 1ʳᵉ ch.

6. — *Légataire. — Désignation*.

L'omission, dans un testament, du nom du légataire, n'opère ni la nullité ni la caducité du legs, si le testament renferme d'ailleurs une désignation qui puisse faire reconnaître la personne du légataire. En semblable cas, la preuve testimoniale tendant à établir cette désignation est admissible.

Les sieurs Reynier père et fils. — Jean-Joseph Meyssonier. — 1ᵉʳ décemb. 1830. — 2ᵉ chamb.

7. — *Légataire.* — *Hypothèque légale.*

D'après l'art. 1017 du Code civil le légataire a une hypothèque légale pour le legs à lui fait sur tous les biens du testateur. Il peut prendre inscription pour le legs, même quand le testament a été fait dans la forme mystique, et sans qu'il soit nécessaire d'obtenir un jugement de vérification de l'écriture du testament. Le légataire a encore le droit de réclamer une hypothèque sur tous les biens personnels de l'héritier, sauf à celui-ci à demander la réduction de l'inscription, conformément aux art. 2162 et suivants du Code civil.

Moulezin. — Jeanne Peyrot. — 14 février 1817. — Chamb. civ. V'. 337

8. — *Legs annuel.* — *Durée.*

S'il est vrai qu'en règle générale le legs annuel finisse au décès du légataire, ce principe reçoit exception quand la durée du legs a été déterminée.

Vincent. — Arnoux. — 5 juin 1809. — 1'° ch.................. V'. 701

9. — *Legs conditionnel.* — *Fidéicommis.*

Un legs conditionnel n'est pas un fidéicommis ; il n'est donc pas défendu par le Code civil. — Le legs d'usufruit de tous biens fait en faveur d'une personne, et le legs d'une partie de ces biens à une autre personne, pour avoir effet au décès de l'usufruitier, ne forment pas non plus un fidéicommis.

Chabrière de Laroche. — Payen-La-

garde. — 14 mars 1808. — 1'° chamb. V'. 697

10. — *Legs rémunératoire.* — *Cautionnement.* — *Révocation.*

L'obligation que s'est imposée le père, au bas du testament de son fils, d'acquitter le legs à titre rémunératoire fait par ce dernier, au profit d'un tiers, doit être exécutée.

Le père, sous le prétexte que son engagement n'a été que l'effet d'une contrainte morale, ne peut le révoquer par un acte postérieur, si le fils n'a aussi révoqué lui-même la disposition testamentaire.

Dans l'espèce, cet engagement n'est point un contrat sur succession future ; c'est un engagement personnel et licite qui doit recevoir son exécution.

Les mariés Roche. — Les mariés Riveron. — 12 février 1829. — 2' ch. J. 4. 313

11. — *Réduction.* — *Corps certain.*

En cas de l'insuffisance de l'actif d'une succession pour acquitter intégralement tous les legs, le légataire d'un corps certain doit-il subir une réduction proportionnelle comme les légataires de quantité ? Résol. nég.

Charignon et Mayusse. — Mariés Chamon et autres. — 13 décembre 1834. — 2' ch.... ...... J. 7. 404

12. — *Renonciation.* — *Révocation.*

Dans le cas de renonciation à un legs, le renonçant ne peut revenir sur sa renonciation, qu'autant que d'autres n'ont pas accepté; il en est de même que pour le cas de renonciation à une succession.

La veuve Picot-Lamure. — Le sieur Picot-Lamure. — 22 mars 1830. — 1re chamb................ J. 5. 163

13. — *Réversion.* — *Substitution.* — *Abolition.*

La réversion d'un legs stipulée dans un testament, au profit des héritiers du testateur, réversion dont l'effet ne doit avoir lieu qu'au décès du légataire qui a reçu et joui du legs pendant sa vie, et que sous la condition expresse qu'il ne laissera point d'enfants légitimes, constitue une véritable substitution qui a été abolie par les lois des 25 octobre et 14 novembre 1792.

Le comte Demenon. — M. Delaunai. — 20 juin 1829. — 2e ch. J. 4. 433

14. — *Révocation.* — *Acte postérieur.*

Le legs de la quotité disponible n'est pas révoqué par un partage fait par le testateur de ses immeubles, postérieurement au testament, et contenant réserve de son mobilier, pour être partagé entre ses enfants, après son décès.

Jacques Giraud. — Les consorts Giraud. — 3 février 1832. — 2e chamb. J. 6. 32

V. Hypothèque. — Hypothèque légale. — Légitime. — Testament.

LÉSION. — V. Partage. — Mineur. — Transport de créance.

LETTRE DE CHANGE.

1. — *Compétence.* — *Garantie.*

Une lettre de change non acceptée ne donne pas le droit au tireur d'assigner le tiré en garantie devant un autre tribunal que celui du domicile de ce dernier.

Robequin. — Roche. — 22 juillet 1806. — 1re ch............. V^e. 28

2. — *Protêt.* — *Cession.*

La cession d'une lettre de change protestée n'est qu'un transport purement civil qui a fixé la créance dans la main de celui au nom de qui le protêt a été fait.

Le sieur Dijon. — Les mariés Gaudin. — 14 juillet 1824. — 1re chamb.
J. 1. 213

V. Effets de commerce. — Endossement.

LIBERTÉ PROVISOIRE.

1. — *Compétence.*

La demande en liberté provisoire formée par le prévenu, après l'arrêt de renvoi, doit être portée devant le tribunal saisi par cet arrêt et non pardevant la chambre du conseil.

Le sieur Louis Vasseur. — Le procureur-général. — 21 avril 1832. — Chamb. des appels...... J. 6. 150

2. — *Délit.* — *Prévenu.*

Les magistrats peuvent, suivant l'existence des cas, accorder ou refuser la mise en liberté provisoire moyennant caution, réclamée par les prévenus d'un délit passible de peines correctionnelles. Cette faculté résulte de la disposition de l'art. 114 du Code d'instruction criminelle.

Le procureur-général. — François Pellafol et autres. — 29 novemb. 1831.
J. 5. 537

LIEU PUBLIC.

1. — *Propos séditieux.* — *Écoles.*

Des propos séditieux tenus dans une classe à des écoliers doivent-ils être considérés comme tenus dans un lieu public? Rés. nég.

M. le procureur-général. — Jacques-Achille-Jules Joubert. — 15 septembre 1832 (1)................ J. 6. 199

MANDAT.

1. — *Femme.* — *Mari commerçant.*

La femme qui gère ordinairement les affaires de son mari commerçant doit être considérée comme son mandataire tacite dans les engagements qu'elle contracte.

Archinard. — Recoin. — 1er mars 1833. — 4e chamb........ J. 7. 425

2. — *Intérêts.* — *Mandataire.*

Le mandataire ne doit les intérêts

____

(1) Cet arrêt a été cassé sur le pourvoi de M. le procureur-général, par arrêt du 9 novembre 1832, qui a décidé qu'une classe est, par sa nature, un lieu public.

des sommes qu'il a reçues qu'autant qu'il a été mis en demeure, à moins qu'il ne soit prouvé qu'il les a employées à son usage particulier.

Ancenay. — Gragniet. — 26 juillet 1811. — 2e chamb......... V'. 527

3. — *Interprétation.* — *Etendue des pouvoirs.*

Le pouvoir d'exiger, quittancer, céder, rétrocéder, *obliger les biens du mandant*, ne comprend pas celui d'emprunter; il faut un mandat spécial.

Jean-Baptiste Besson. — La femme Daloz. — 30 juin 1807. — 1re section.
V'. 526

4. — *Reddition de compte.* — *Décharge.* — *Libération.*

Le mandataire qui, en vertu de la procuration à lui passée, a reçu des sommes pour son mandant, peut-il être contraint à rendre compte de sa gestion dans les formes déterminées par le Code de procédure civile, 1re partie, livre 5, titre 4, s'il ne représente pas la décharge de la procuration, lorsqu'il justifie d'ailleurs qu'il a fait parvenir au mandant toutes les sommes par lui touchées? Non.

Est-il vrai que toutes les difficultés qui se rattachent à la libération du mandataire ne puissent être examinées et décidées que dans le cours d'une procédure de compte? Non.

Piat-Longchamp-Dupré. — Jean-Baptiste Fay. — 30 juillet 1834. — 1re chamb................ J. 7. 314

5. — *Responsabilité.* — *Mandataire.*

Lorsque des effets commerciaux sont adressés à un correspondant pour en faire l'encaissement, si ce correspondant néglige de faire protester les effets, ou s'il reçoit en paiement d'autres effets ou valeurs, il devient responsable vis-à-vis de ses commettants tout comme si les espèces avaient été versées entre ses mains, alors surtout qu'il exige un droit de commission sur les effets par lui renvoyés à son commettant.

Le sieur Gerin. — La demoiselle Amet. — 29 mars 1832. — 2e chamb. J. 6. 37

V. Action en rescision.

MANDAT D'AMENER.

1. — *Notification.* — *Nullité.*

Tout mandat d'amener doit être notifié par copie au prévenu à personne ou domicile, et, en cas d'absence, la copie doit être remise, en conformité de l'art. 68 du Code de procédure, comme en matière civile.

L'instruction faite postérieurement à un mandat notifié irrégulièrement est nulle.

Le ministère public. — Jean-Baptiste Ferras. — 26 mai 1823. — Chambre d'accusation........ J. 1. 133

2. — Le mandat d'amener ou d'arrêt doit être notifié au domicile ou à la personne du prévenu.

En conséquence, est nulle toute décision de la chambre du conseil qui statue en contumace sur la prévention, alors que nul mandat d'arrêt n'a été décerné ni notifié au prévenu.

Antoine F...... — 7 juillet 1823. — Chambre d'accusation..... J. 2. 27

3. — Un mandat d'amener non notifié ne peut être suivi, hors le cas de flagrant délit, ni de mandat d'arrêt, ni d'ordonnance de prise de corps.

Le ministère public.—De La Chaux. — 1er juillet 1829. — 3e chambre.
J. 4. 472

4. — Tout mandat d'amener doit être notifié par copie au prévenu, à personne ou domicile, et, en cas d'absence, le mandat doit être exhibé au maire, ou à l'adjoint, ou au commissaire de police de la commune de la résidence du prévenu.

Les poursuites faites ensuite d'un mandat irrégulièrement notifié sont nulles.

Le procureur-général. — Noël Vancenat. — 5 avril 1831..... J. 5. 268

MARI. — V. Actions dotales. — Compensation. — Convol. — Dot. — Hypothèque — Légitime. — Paraphernaux. — Partage.

MARIAGE.

1. — *Acte de mariage.* — *Nullité.*

Un acte de mariage n'est pas nul par cela seul qu'il n'est pas revêtu de la signature de l'officier de l'état civil qui l'a reçu. La prononciation de l'union des époux suffit pour la validité du mariage.

Les cohéritiers de Pierre Juge. — La veuve de Pierre Juge. — 5 avril 1824. — Chamb. civ. réun.   J. 1. 1

2. — *Célébration. — Maison commune.*

Le mariage peut être prononcé partout ailleurs que dans la maison commune; la loi n'attache aucune peine de nullité au mariage célébré de cette manière, lorsque surtout l'un des époux étant malade ne pouvait se rendre à la maison commune.

Les mariés Guilhe. — La veuve David. — 23 février 1815. — Audience solennelle.............. J. 1. 109

3. — *Consentement du père. — Fils majeur. — Validité.*

Le mariage du fils majeur de vingt-cinq ans est valable, même sans le consentement du père.

Les cohéritiers de Pierre Juge. — La veuve de Pierre Juge. — 5 avril 1824. — Chambres civiles réunies.
J. 1. 1

4. — *Domicile. — Compétence. — Officier de l'état civil.*

Le domicile, quant au mariage, s'acquiert par six mois d'habitation continue dans la même commune; l'officier de l'état civil de ce domicile est compétent dans ce cas pour procéder à la célébration du mariage.

Les mariés Guille. — La veuve Da-

vid. — 23 février 1815. — Audience solennelle.............. J. 1. 109

5. — *Nullité. — Fin de non-recevoir.*

La nullité d'un premier mariage contracté par un mineur peut être couverte, 1° par sa non-réclamation pendant l'année qui a suivi sa majorité; 2° par le consentement du conseil de famille intervenu sur sa demande cinq mois après le mariage dont on propose la nullité.

Le ministère public. — N... — 23 novembre 1825. — Chambre d'accusation.................. J. 2. 400

6. — *Nullité. — Formes.*

Le défaut de publicité dans un mariage, l'incompétence de l'officier de l'état civil, et la présence de deux témoins seulement au lieu de quatre, ne sont pas des moyens péremptoires de nullité; l'inobservation de ces formalités cède à l'intention des époux et aux circonstances de fait.

La veuve Archinard et les mariés Pontet. — Henriette Bounet, veuve Blache................. V°. 402

7. — *Nullité. — Ministère public. — Qualité.*

Le ministère public a qualité pour agir par voie d'action lorsqu'il s'agit de garantir les mariages valablement contractés des atteintes qu'on voudrait y porter, tout comme quand il s'agit de faire prononcer la nullité de mariages contractés en contravention aux dispositions du Code civil.

Le procureur-général. — Le sieur Combalot, Philippine Chalinet et Marguerite Margnolle. — 28 juillet 1818. — Chambres réunies (1).... V°. 405

8. — *Publication. — Nullité.*

Les irrégularités dans les publications de mariage, et l'inobservation des délais prescrits n'entraînent pas la nullité du mariage, mais une amende contre l'officier de l'état civil et les parties contractantes.

Les mariés Guille. — La veuve David. — 23 février 1815. — Audience solennelle............ J. 1. 109

MATIÈRES SOMMAIRES. — V. Dé- pens.

MATRICES DES ROLES.

1. — *Acquéreur. — Mutation.*

Aucune loi n'oblige l'acquéreur de se faire charger sur la matrice des rôles de l'immeuble par lui acquis; l'oubli ou l'omission, même volontaire de la mutation, ne peut le soumettre, en aucun cas, à l'action en dommages-intérêts des créanciers de son vendeur; ceux-ci, en cas de saisie des biens de ce dernier, doivent, avant tout, prendre une connaissance exacte de l'avoir réel de leur débiteur.

Les mariés Masson. — Les consorts

---

(1) Cet arrêt a été cassé le 1er août 1820, sur le motif que le ministère public n'a le droit d'agir d'office que lorsque ce droit lui est spécialement conféré par la loi.

Lasalle. — 4 février 1829. — 2e chamb.

MÉDECINE. — MÉDECIN.

1. — *Exercice illégal.*

Une seule opération chirurgicale constitue-t-elle l'exercice illégal de la médecine? Rés. aff.

M. le procureur-général. — Girard et Piraud.............. J. 7. 118

2. — *Officiers de santé. — Domicile obligé.*

Les officiers de santé ne peuvent s'établir que dans le département où ils ont été examinés par le jury, après s'être fait enregistrer soit au greffe du tribunal de première instance, soit au bureau de la sous-préfecture de l'arrondissement dans lequel ils veulent s'établir.

M. le procureur-général — Joseph Guillet. — 26 décembre 1828. — Ch. correctionnelle.......... J. 4. 318

3. — *Secret. — Révélation.*

L'obligation du secret à laquelle est soumis le médecin pour des faits dont il n'a connaissance qu'à l'occasion de sa profession, ne cesse pas lorsque la personne à laquelle les soins ont été donnés en demande elle-même la révélation.

Le docteur Fournier. — La dame Remusat. — 23 août 1828. — 2e ch.

J. 4. 213

V. Prescription. — Testament

MÉDICAMENTS.

1. — *Officier de santé. — Débit de remèdes.*

Les officiers de santé ne peuvent pas mieux que toutes autres personnes se livrer au débit ou distribution de drogues, préparations médicamenteuses, sur des théâtres ou étalages dans les places publiques.

Les contrevenants à ces diverses dispositions législatives doivent être poursuivis par mesure de police correctionnelle, et punis des amendes fixées par la loi, et même, en cas de récidive, d'une détention plus ou moins longue.

M. le procureur-général. — Joseph Guillet. — 26 décembre 1828. — Ch. correctionnelle......... J. 4. 318

2. — Les officiers de santé autres que ceux établis dans les bourgs, villages ou communes où il n'y aurait pas de pharmaciens ayant officine ouverte, ne peuvent fournir des médicaments simples ou composés aux personnes près desquelles ils sont appelés.

M. le procureur-général. — Joseph Guillet. — 26 décembre 1828. — Ch. correctionnelle......... J. 4. 318

MEUBLES.

1. — *Immeuble par destination. — Pressoir. — Vente.*

Un pressoir cesse d'être immeuble

par destination et devient meuble lorsqu'il est vendu séparément de l'édifice auquel il tient.

François Mourier. — Carrichon, Barret et autres. — 19 décembre 1815. — 1re chamb........... J. 2. 481

2. — *Vente. — Mari. — Femme.*

La valeur du mobilier vendu par le mari à la femme séparée de biens, peut être appréciée par la cour, comme arbitre de droit, à un prix plus élevé que celui exprimé dans la vente, si à cette époque le mobilier n'a pas été porté à sa véritable valeur.

Les frères Genton. — La femme de Laurent Genton. — 4 août 1828. — 1re chamb................ J. 4. 360

MILITAIRE. — V. PRESCRIPTION.

MINES.

1. — *Recherches. — Concession.*

Un propriétaire ne peut faire, sur son propre terrain, des recherches pour découvrir des mines ou extraire du minerai, même dans un rayon de moins de cent mètres de ses bâtiments, lorsque ce terrain est compris dans le périmètre d'une concession faite par le gouvernement. (Loi du 21 avril 1810, art. 10, 11 et 12.)

M. le procureur-général et le sieur Giroud, partie civile. — Maurice et Joseph Laye. — 19 août 1831. — Ch. correctionnelle......... J. 5. 176

MINEUR.

1. — *Acte. — Nullité. — Exécution volontaire.*

Le majeur qui exécute volontairement un acte qu'il a souscrit pendant
qu'il était encore mineur est non-rece-
vable à l'attaquer ensuite , sous le prétexte que sa minorité le rendait incapable de consentir valablement à un pareil
acte.

Jean-Louis James. — Benoît Giraud.
— 29 janvier 1825. — 4ᵉ ch. **J. 2. 216**

**2. — *Administration. — Compte
tutélaire.***

En Dauphiné, il était de principe
que celui qui s'immisçait dans l'administration des biens d'un mineur était
obligé de rendre compte en la forme
tutélaire.

Claude Riveyrand et les mariés Na-
daud. — Les cohéritiers Masson. — 26
mars 1831. — 2ᵉ ch..... **J. 5. 248**

**3. — *Commerçant. — Achat de cré-
ance. — Nullité.***

Le mineur commerçant peut-il élever
la querelle de nullité fondée sur sa minorité, contre un acte par lequel il
aurait acheté une créance, en vue de
faire des bénéfices qui ne se seraient
pas réalisés?

Jean-Louis James. — Benoît Giraud.
— 29 janvier 1825. — 4ᵉ ch. **J. 2. 216**

4. — *Délit. — Réparations civiles.*

Le mineur peut, pour le fait de son
délit, être condamné à des réparations
civiles sans l'assistance de l'administrateur de sa personne et de ses biens.

M. le procureur-général et la veuve
Baudrand. — Jules Bergeron. — 4 mars
1835. — Ch. corr........ **J. 7. 552**

**5. — *Disposition testamentaire. —
Subrogé tuteur. — Incapacité.***

Le subrogé tuteur qui administre
réellement et de fait les biens d'un mineur est frappé, tout comme le tuteur,
des incapacités résultant des art. 907 et
911 du Code civil.

Lucie Prompsal, femme Chapuis. —
M. Prompsal. — 26 juillet 1828. — 2ᵉ
ch..................... **J. 4. 179**

6. — *Emancipation. — Capacité.*

Le mineur pubère qui avait, sous le
droit romain, la libre administration de
ses biens, n'a pu faire acte de commerce sous le Code civil, sans être
émancipé.

En conséquence, l'obligation par lui
souscrite pour valeur reçue en marchandises est susceptible de rescision,
s'il n'est prouvé qu'elle a tourné à son
profit.

Juveneton. — Champon. — 23 avril
1846. — 1ʳᵉ ch........... **V¹ 415**

**7. — *Partage. — Validité. — Sub-
rogé tuteur.***

Le mineur n'est pas valablement représenté par son tuteur dans une instance en partage où les intérêts du
tuteur étaient opposés à ceux du mineur; il y a, dans ce cas, nécessité

d'appeler dans l'instance un subrogé tuteur, et il ne suffit pas, pour la validité du partage, que le subrogé tuteur ait pris qualité dans l'instance s'il n'a pas assisté à tous les actes et jugements qui constituent le partage.

François Bériaud. — Les consorts Bériaud. — 10 janvier 1833. — 2ᵉ ch.

J. 6. 300

8. — *Prescription.* — *Action en nullité.* — *Tuteur.*

La prescription de dix ans établie par l'art. 1304 du Code civil, pour l'action en nullité ou rescision des actes faits par les mineurs, s'applique bien aux actes faits par les tuteurs agissant légalement, mais non pas à ceux où les tuteurs n'ont pas observé les formalités prescrites par la loi. Dans ce cas, l'action en nullité doit durer trente ans, comme si l'acte avait été consenti par un étranger.

Les héritiers d'Etienne Achard. — La veuve Arnoux et autres. — 21 mars 1833. — 2ᵉ ch........... J. 6. 411

9. — *Remplacement.* — *Garantie.*

L'obligation de remplacement contractée par la mère au profit de son fils mineur est pour elle un engagement personnel; le fils ne peut en être ni en devenir garant.

La femme et les consorts Riquet. — Le sieur Gonnet. — 24 février 1825. — 1ʳᵉ ch............... J. 1. 546

10. — *Restitution.*

D'après l'ordonnance de 1510, les mineurs n'avaient que dix ans, à compter de leur majorité, pour se faire restituer contre les actes passés en minorité.

D'ailleurs, lorsque le mineur était magistrat à l'époque où il s'est obligé, il n'était pas fondé à demander à être restitué contre ses engagements.

De Seyve. — Dubouchage et de Barral. — 22 mars 1817. — Ch. civ.

Vᵗ. 414

11. — *Restitution.* — *Adition d'hérédité.*

Le majeur ne peut être restitué contre l'adition d'une succession faite pendant sa minorité, qu'autant qu'il n'a fait aucun acte d'héritier depuis sa majorité, qui ne soit une conséquence de ceux précédemment faits pendant qu'il était mineur.

Le sieur Delattier. — Les mariés Surville. — 25 thermidor an 13. — 1ʳᵉ sect................... Vᵗ. 413

12. — *Restitution.* — *Délai.* — *Indivisibilité.*

Le mineur ne peut relever son cohéritier majeur, que dans les actions qui ont pour but une action indivisible; la déchéance est encourue pour les actions qui ne concernent qu'une revendication d'immeubles susceptibles de division par leur nature, quoiqu'ils ne fussent pas divisés à l'époque de la vente.

Les cohéritiers Payen. — Thérèse Bougard. — Jean-Pʳᵉ Appey et Etienne

Bougard. — 27 décembre 1820. — 2ᵉ ch. . . . . V°. 416

13. — *Restitution. — Lésion. — Nullité.*

La femme mineure qui est marchande publique ne peut être restituée contre les actes passés pendant sa minorité, qu'autant qu'elle aurait été lésée, ou que ces actes seraient le fruit du dol.

Les mariés Jasset. — Jean Brochenin. — 17 février 1826. — 4ᵉ ch.

J. 2. 523

14. — *Restitution. — Lettres royaux.*

Il ne suffisait pas, pour donner quelque effet aux lettres royaux impétrés contre un acte, de les avoir impétrés dans le délai de dix ans fixé par les ordonnances ; il fallait encore les avoir fait signifier à la partie, et en avoir demandé l'entérinement à la justice, pendant le cours de ce délai.

Vellaud. — Chaffrey-Vasserot. — 9 prairial an 12. — 1ʳᵉ sect. . . V°. 414

15. — *Restitution. — Prescription.*

Sous l'empire de l'ordonnance de 1539, le mineur devenu majeur n'avait que dix ans, à compter de sa majorité, pour se faire restituer contre les actes passés par son tuteur, soit qu'il attaquât ces actes par une action en rescision ou par une action en nullité, ces deux espèces d'actions étant également prescriptibles par dix ans.

Mᵉ François Long et les consorts Manuel. — Les consorts Ruelle et Gonssolin. — 25 juillet 1827. — 1ʳᵉ ch.

J. 3. 516

16. — *Transaction. — Rescision.*

La transaction intervenue entre le tuteur et les cohéritiers d'un mineur, sur des difficultés qui n'existaient pas réellement à l'occasion de ses biens héréditaires, n'a pu lier le mineur, malgré que cette transaction ait été précédée de l'avis du conseil de famille et de celui de trois jurisconsultes. Cet acte, n'ayant été accompagné ni d'estimation préalable ni de reddition de compte, ne peut être considéré que comme premier acte entre cohéritiers, lequel devient susceptible de rescision, aux termes de l'art. 888 du Code civil.

Lucie Prompsal, femme Chapuis. — Prompsal. — 26 juillet 1828. — 2ᵉ ch. . . . . J. 4. 179

17. — *Vente. — Biens nationaux. — Lésion. — Rescision.*

Les ventes et reventes de biens dits nationaux appartenant à des mineurs, passées sous l'empire des lois intermédiaires et avant le Code civil, pouvaient être rescindées pour cause de lésion ; la loi du 2 prairial an 7 n'avait soustrait à l'action en rescision que les ventes volontaires passées entre majeurs.

Etienne Mathieu. — Victor Blanc et autres. — 25 mars 1825. . . J. 2. 552

18. — *Vente. — Nullité.*

La nullité d'un partage fait avec un mineur n'entraîne pas celle de la vente du lot de ce dernier, lors surtout qu'il est démontré qu'il y avait nécessité de vendre ; seulement les biens vendus doivent faire état au mineur dans le nouveau partage.

Etienne Mathieu. — Victor Blanc et autres. — 25 mars 1825... J. 2. 552

19. — *Vente. — Nullité. — Double action.*

Le mineur dont le père a vendu les biens sans observer les formalités requises, même avant le Code civil, n'a pas l'option d'agir en restitution du prix des mêmes biens ; il ne peut exercer que l'action révocatoire contre les tiers possesseurs.

Les enfants Billiard. — M⁰ Brissaud. 12 décembre 1826. — 1ʳᵉ chamb.
J. 3. 208

20. — Néanmoins, suivant l'ancien droit, le mineur, au cas de vente, avait une double action, celle en revendication contre les tiers-détenteurs de ses biens, et celle en dommages-intérêts contre son tuteur ; mais celle-ci n'est qu'éventuelle et ne peut être exercée qu'autant que le mineur aura été lésé dans l'effet même de la revendication.

Les enfants Billiard. — M⁰ Brissaud. 12 décembre 1826. — 1ʳᵉ chamb.
J. 3. 208

21. — *Vente judiciaire. — Lésion. Rescision.*

Avant le Code civil, la vente judiciaire des biens d'un mineur pouvait être rescindée pour cause de lésion.

Etienne Mathieu. — Victor Blanc et autres. — 25 mars 1825... J. 2. 552

22. — En Dauphiné, avant le Code civil, la vente des biens d'un mineur, faite par autorité de justice, pouvait être rescindée pour cause de lésion ; cette rescision avait le même effet que la restitution en entier, et annulait cette vente qui était censée n'avoir jamais existé, de telle sorte que l'acquéreur ne pouvait pas même la valider en offrant le supplément du juste prix.

Etienne Mathieu. — Victor Blanc et autres. — 17 juillet 1826. — 1ʳᵉ ch.
J. 3. 164

V. Action en rescision. — Ajudication. — Effet rétroactif. — Hypothèque légale. — Ministère public. — Partage. — Prescription. — Testament. — Tierce-opposition. — Tutelle.

MINISTÈRE PUBLIC.

1. — *Audition. — Conclusions postérieures.*

Après l'audition du ministère public, les parties ne peuvent prendre aucune conclusion ; elles ne peuvent remettre que de simples notes

Antoine Bugnon. — Louis et Joseph Bugnon. — 20 juin 1832. — 1ʳᵉ chamb.
J. 6. 192

2. — *Mineur. — Nullité relative*

La nullité résultant de l'absence du

ministère public dans les causes qui intéressent les mineurs ne peut être invoquée que par eux.

Le sieur Robert de la Revol. — Le sieur Abel Dantour. — 4 janvier 1821. — 1re ch.................. V^s. 366

Arrêt conforme :

Me Devie. — Le sieur Pelapra. — 11 janvier 1821. — 2e chamb..., V^s. 367

V. ACTION PUBLIQUE. — CASSATION. — MARIAGE.

MINISTRE DU CULTE.

1. — Délits. — Poursuites. — Autorisation.

Il n'y a pas lieu de soumettre au conseil d'état, préalablement à toutes poursuites, les procédures instruites par le ministère public contre des ecclésiastiques, à raison des délits ou des crimes par eux commis dans l'exercice de leurs fonctions.

Le procureur-général. — Jean Moussier. — 3 mai 1831. — Ch. d'acc.
J. 5. 273

2. — Les ministres d'un culte ne peuvent être considérés comme fonctionnaires publics ; ils peuvent par conséquent être mis en jugement à raison des délits par eux commis dans l'exercice de leurs fonctions, sans autorisation préalable du conseil d'état.

Jean Moussier. — Le procureur-général. — 8 décembre 1831. — Ch. correct................ J. 5. 481

MITOYENNETÉ. — V. SERVITUDE.

MOULINS.

1. — Féodalité. — Lois abolitives.

Les lois abolitives de la féodalité, en exceptant les moulins de la suppression des droits féodaux, ont conservé le droit des moulins aux eaux qui leur étaient nécessaires, mais elles ont rendu le superflu des eaux au droit commun, et le propriétaire de moulins qui étaient anciennement banaux ne peut réclamer que la quantité d'eau nécessaire à ses usines.

Le sieur Dumas. — Les intéressés au canal de Corps. — 7 mars 1833. — 2e ch..................... J. 7. 52

2. — Intérêt public.

Le mouvement des moulins est un objet d'intérêt public, et tous les documents de la jurisprudence tendent à leur conservation.

Veuve Chazel. — Lombard Quincieux. — 17 juillet 1830. — 2e chamb.
J. 5. 109

V. EAUX. — FÉODALITÉ.

MUR MITOYEN. — V. SERVITUDE.

NATURALISATION. — V. ÉTRANGER.

NOTAIRE.

1. — Honoraires. — Exaction. Réduction.

L'exaction d'honoraires exorbitants ne constitue pas un délit, mais peut donner lieu à une demande en réduction de taxe contre le notaire.

M. le procureur-général. — Les sieurs C... et R... — 1er septembre 1826. — Chamb. correct. J. 3. 353

2. — *Prét. — Interposition de personnes*.

Le notaire qui, sous des noms empruntés, fait des prêts dont il retient acte en ses minutes, commet un acte répréhensible en lui-même et prohibé par la loi, mais qui n'est cependant pas un délit.

M. le procureur-général. — Les sieurs C... et R... — 1er septembre 1826. — Chamb. des app. J. 3. 353

3. — *Responsabilité. — Acte. — Nullité*.

L'acte nul, par la faute du notaire, ne le soumet pas à des dommages envers les intéressés, à moins qu'il ne soit coupable de dol ou d'ignorance crasse.

Amblard. — Me Tournillon. — 16 août 1810. — 2e chamb. (1)... Va. 11

____

(1) Considérant qu'aucune loi ne prononce de peine qui soit encourue de plein droit, par un notaire, pour le fait seul de l'omission ou de l'inobservation des formes prescrites dans les actes auxquels son ministère donne l'authenticité; que, d'ailleurs, ce ministère repose essentiellement sur la confiance qu'inspire au public la probité réunie aux lumières;

Considérant que, dans l'esprit de la loi, un notaire ne peut être passible de dommages-intérêts que lorsque, par son dol, l'intention de nuire à un tiers, ou de servir quelqu'un,

4. — *Responsabilité. — Testament. — Nullité*.

Les notaires sont responsables des nullités de leurs actes lorsque ces nullités résultent d'une extrême impéritie, ou d'une négligence inexcusable, par

____

une impéritie grossière, une négligence habituelle dans les devoirs de son état, ou par une faute grave, de nature à être assimilée à un dol, il a fait un acte nul en n'observant pas les formes commandées par la loi; que, toutefois, l'appréciation de ces faits appartient à la conscience du magistrat, qui doit saisir le point où finit l'erreur, et où commence alors la culpabilité;

Considérant que l'omission de l'une des solennités nécessaires pour la validité d'un testament, lorsqu'elle n'est accompagnée d'aucune des circonstances qui viennent d'être rappelées, ne doit plus être regardée que comme un oubli involontaire, une faute échappée à l'attention, et dont le notaire le plus instruit et le mieux intentionné ne saurait quelquefois se garantir; — Que condamner, dans ce cas, un notaire à des dommages-intérêts, ce serait consacrer une disposition pénale que le législateur n'a pas voulu établir, et décider qu'un notaire doit être infaillible dans tous les actes dépendant de son état;

Considérant que l'omission faite par le notaire Tournillon d'exprimer, dans le testament dont il s'agit, qu'Amblard, testateur, lui avait déclaré lui-même la cause de son impuissance de signer, ne constitue pas une faute tellement grave que ce notaire doive être responsable envers la partie lésée de la nullité qu'il a commise; que Tournillon ayant donné connaissance de cette cause, sans ajouter, à la vérité, que le testateur la lui avait déclarée, cette omission peut être le résultat d'une inadvertance occasionnée par quelqu'une des circonstances qui ont été alléguées à l'audience, et qui auraient fait diversion à l'attention du notaire.

exemple, si la nullité résulte du défaut de mention de la lecture d'un testament, faite au testateur en présence des témoins.

Le sieur Berard. — Les mariés Servonnet et Antoine Gabourd fils. — 13 juillet 1831. — 1re chamb.. J. 5. 395

V. ACTE NOTARIÉ. — CAUTIONNEMENT DE FONCTIONNAIRES PUBLICS. — FAUX.— PRIVILÉGES. — SOCIÉTÉ ANONYME.

NOTIFICATION. — V. ACTE RESPECTUEUX. — ADJUDICATION DÉFINITIVE.— ADJUDICATION PRÉPARATOIRE. — MANDAT D'AMENER. — ORDRE. — SAISIE IMMOBILIÈRE. — SÉPARATION DE BIENS. — SURENCHÈRE. — VENTE.

NOVATION.

1. — *Héritier.* — *Légitimaire.* — *Constitution de rente.*

La constitution d'une rente perpétuelle, faite par l'héritier au profit du légitimaire, en paiement de sa légitime, n'opère pas novation si ce légitimaire s'est expressément réservé tous ses droits, priviléges et hypothèques.

M. Dechaponay. — M. de Lapoype. — 1er mai 1823. — 2e ch... J. 2. 80

2. — *Héritier.* — *Légitimaire.* — *Règlement de créance.*

L'acte par lequel le légitimaire règle avec l'héritier le supplément de légitime par lui réclamé et le montant d'un legs qui lui a été fait, n'emporte pas novation alors même que l'héritier s'oblige au paiement de la somme fixée par le règlement, pourvu que cet acte ne renferme pas une renonciation de la part du légitimaire à ses droits originaires, ou une acceptation de l'héritier pour débiteur personnel.

Joseph Rey. — La veuve Bos et les cohéritiers Dalban. — 9 août 1826. — 2e chamb.............. J. 4. 538

3. — *Légitime.* — *Cession.*

Le traité par lequel le légitimaire cède sa légitime à l'héritier, moyennant une somme d'argent, peut n'être considéré que comme renfermant une fixation des droits légitimaires, sans novation, lorsque surtout ce traité a eu pour objet d'éviter les frais d'une procédure de composition de masse.

Michel Button. — Les consorts Magdelen et les dames d'Allegret. — 28 juillet 1825. — 2e chamb.. J. 2. 178

4. — *Ordre.* — *Bordereau de collocation.* — *Poursuites.*

Le créancier colloqué dans un ordre qui, en vertu du bordereau de collocation qui lui a été délivré contre l'acquéreur, poursuit cet acquéreur pour obtenir son paiement, et le fait exproprier sans appeler les créanciers postérieurs à la vente par expropriation forcée, ne fait pas novation à ses droits; il est seulement passible de dommages-intérêts envers ces créanciers postérieurs si le prix de la nouvelle vente n'égale pas celui de la première.

MM. Charles Durand et Ce. — Les créanciers du sieur Salomon. — 29 janvier 1825. — 2ᵉ chamb.. J. 2. 83

5. — *Rente viagère. — Mari.*

Il y a novation lorsqu'un mari convertit une dette de sa femme en une rente viagère dont il se reconnait débiteur personnel.

La veuve Brian. — Alexandre Baratier. — 11 juillet 1823. — 2ᵉ chamb.
J. 2. 281

V. Séparation de patrimoine.

NULLITÉ.

1. — *Acte d'appel. — Constitution d'avoué.*

La constitution d'avoué ne peut couvrir les nullités de l'exploit d'appel ; c'est un acte nécessaire dans la procédure et qui ne peut empêcher qu'on ne propose tous les moyens préjudiciels de la cause.

Pierre-Henri Vignon. — Les mariés Bellier et l'huissier Morel. — 16 août 1826. — 1ʳᵉ chamb....... J. 3. 370

2. — *Exception. — Délai. — Prescription.*

L'exception de nullité opposable au vice du titre ne saurait être perpétuelle qu'autant que ce titre n'aurait pas été exécuté, et que le vice dont il est entaché n'eût été connu, par la personne intéressée à l'attaquer, qu'au moment de sa production en justice ou autrement.

Les mariés Popon. — La veuve et les enfants Bergeron. — 6 février 1828. — 1ʳᵉ chamb............ J. 4. 110

3. — *Sommation. — Protestation. — Défense au fond.*

La sommation n'est pas un acte susceptible de couvrir la nullité d'un exploit, si d'ailleurs elle renferme la protestation de proposer tous les moyens de nullité, et ne contient aucune défense au fond.

Pierre-Henri Vignon. — Les mariés Bellier et l'huissier Morel. — 16 août 1826. — 1ʳᵉ chamb....... J. 3. 370

V. Acte. — Appel. — Arbitrage. — Assignation. — Autorisation de communes. — Autorisation maritale. — Compromis. — Conciliation. — Contrats. — Convention. — Délit forestier. — Donation. — Dot. — — Enquête. — Expertise. — Exploit. — Faillite. — Folle enchère. — Inscription hypothécaire. — Jugement. — Jugement par défaut. — Mandat d'amener. — Mariage. — Mineur. — Ordre. — Paraphernaux. — Partage. — Péremption. — Procès-verbal. — Rente viagère. — Saisie immobilière. — Séparation de biens. — Signification. — Société. — Subhastation. — Substitution. — Testament. — Transport de créances. — Vente.

OFFRES. — V. Acquiescement. — Dernier ressort. — Réméré.

OPPOSITION.

1: — Arrêt par défaut. — Matière correctionnelle. — Citation.

L'opposition à un arrêt rendu par défaut, sur l'appel d'un jugement du tribunal de police correctionnelle, emporte de plein droit citation à la première audience, sans qu'il y ait lieu d'augmenter le délai de comparution à raison de la distance.

Le ministère public et le sieur Levrat. — Les sieurs L... et B.... — 14 juin 1826. — Chamb. cor.. J. 3. 158

2. — Ordonnance de la chambre du conseil. — Appel.

L'opposition à une ordonnance de mise en liberté, rendue par le tribunal en chambre du conseil, est un véritable acte d'appel qui doit être fait au greffe du tribunal ou par un acte signifié.

Le ministère public. — Pierre-François S.... — 20 juin 1826. — Chamb. d'accusation............. J. 3. 103

V. Appel. — Arbitrage. — Chambre du conseil. — Compétence. — Dépens. — Folle enchère. — Interrogatoire sur faits et articles. — Juge d'instruction. — Jugement par défaut. — Ordre. — Saisie immobilière.

ORDONNANCE. — V. Appel. — Chambre du conseil.

ORDONNANCE D'EXÉCUTION. — V. Arbitrage.

ORDRE.

———

§ 1er. — *Ouverture de l'ordre, production.*
§ 2. — *Contredits.*
§ 3. — *Jugement d'ordre, opposition, appel.*

———

§ 1er. — *Ouverture de l'ordre, production.*

1. — La vente autorisée en justice, faite aux enchères et précédée d'affiches, ne cesse pas d'être considérée comme vente volontaire, et ne peut être assimilée à une vente sur saisie immobilière après laquelle il doit être procédé à l'ordre dans le mois, aux termes des art. 749 et 750 du Code de procédure. En conséquence, l'ordre ne peut être provoqué à la suite d'une vente semblable qu'après une sommation hypothécaire, et en suivant les formalités prescrites par les art. 2185 et 2194 du Code civil.

Mourrat. — Mᵉ Marguery. — 31 juillet 1816. — Ch. civ...... Vᵗ. 426

2. — Un créancier chirographaire n'a pas qualité pour faire ouvrir un ordre pour la distribution du prix de vente; il doit agir par une autre voie, celle de la saisie-arrêt.

Charpenay. — Glandut. — 12 juillet 1833. — 2ᵉ ch.......... J. 6. 555

3. — L'acquéreur a droit et qualité pour former opposition à l'ouverture et à la confection d'un ordre.

Charpenay. — Glandut. — 12 juillet 1833. — 2ᵉ ch.......... J. 6. 555

4. — Il n'est pas nécessaire de dénoncer l'ordre provisoire à la partie saisie, même au cas où elle n'aurait pas d'avoué, pour faire courir le délai de la forclusion contre le créancier qui n'a pas produit.

Les consorts Filleul. — Jean Rolland. — 4 mai 1824. — 1ʳᵉ ch.
J. 1. 155

5. — Les créanciers qui n'ont pas produit dans l'ordre, dans les délais

fixés par les art. 753 et suivants du Code de procédure civile, peuvent intervenir dans l'instance d'ordre, alors surtout qu'ils ne sont pas créanciers de l'exproprié, mais de l'un des créanciers produisants, et qu'ils demandent seulement une allocation en sous-ordre.

La dame Savoye. — Victor-Amédée Savoye et les autres créanciers de Jean-Claude Savoye. — 3 février 1831. — 2ᵉ ch................ J. 5. 217

§ 2. — *Contredits.*

6. — Les créanciers sont admis à contredire l'état provisoire de collocation jusqu'à la clôture de l'ordre ; l'art. 756 du Code de procédure ne prononce point de forclusion, à défaut d'avoir contredit dans le mois de la sommation.

Jourdan. — Joly. — 22 juillet 1810. — 2ᵉ ch................ Vᵗ. 428

7. — La forclusion prononcée par l'art. 756 du Code de procédure ne s'applique qu'aux créanciers produisants qui ont négligé de prendre communication, et non à ceux qui, ayant pris communication, n'auraient pas présenté tous leurs contredits dans le délai prescrit.

Françoise Barnier. — Catherine Arnaud. — La veuve Repellin. — 27 mars 1811. — 1ʳᵉ ch............ Vᵗ. 428

8. — La forclusion portée par l'art. 756 du Code de procédure civile ne s'applique pas au débiteur mais seulement aux créanciers. En conséquence, le débiteur est recevable, après le

délai d'un mois, à contester les alloca-
tions.

12 février 1818. — 1re ch.. V°. 432

9. — On peut proposer pour la première fois, en cause d'appel, la fin de
non-recevoir résultant du défaut d'opposition à l'état d'ordre, dans le délai
prescrit.

Lozerand. — James Peyremorte.
— 3 mars 1821. — 2e ch.... V°. 430

10. — La forclusion prononcée par
l'art. 756 du Code de procédure civile
contre le créancier qui n'a pas contredit
dans le délai légal est d'ordre public et
peut être proposée pour la première
fois sur l'appel. La comparution d'un
créancier dans l'ordre, en réponse aux
contredits d'un autre créancier, n'élève
pas une fin de non-recevoir contre la
demande en forclusion.

Les consorts Filleul. — Jean Rolland.
— 4 mai 1824. — 1re ch.. J. 1. 155

11. — La forclusion prononcée par
l'art. 756 du Code de procédure est
une exception péremptoire du fond et
non une nullité de forme; en conséquence elle peut, comme la prescription, être proposée en tout état de
cause, même en appel.

La veuve Bouvard et autres. — M°
Blanchet. — 9 janvier 1827. — 2e ch.
J. 3. 466

12. — Le délai pour contredire l'ordre provisoire court contre la femme
mariée, lors même qu'elle n'est autorisée ni par son mari ni par la justice.

Les sieurs Magnan, Duclaux et Colomb. — Antoine Pont et la dame Duvillart. — 18 août 1824. — 2e chamb.
J. 1. 453

13. — Le créancier qui ne contredit
pas l'ordre provisoire dans le délai d'un
mois depuis la dénonciation de la clôture de cet ordre à son avoué, est définitivement forclos; la dénonciation à
la partie saisie qui n'a pas avoué en
cause, faite à personne ou domicile, est
surabondante et n'est pas nécessaire
pour faire courir ce délai.

Les sieurs Magnan, Duclaux et Co-
lomb. — La dame Duvillart et Antoine
Pont. — 18 août 1824. — 2e chamb.
J. 1. 453

14. — Le délai pour contredire l'ordre provisoire n'est pas augmenté à
raison des distances; cette augmentation n'a lieu que pour les exploits qui
doivent être notifiés à personne ou domicile.

Les sieurs Magnan, Duclaux et Co-
lomb. — Antoine Pont et la dame
Duvillart. — 18 août 1824. — 2e ch.
J. 1. 453

15. — Le créancier qui n'a pas contredit l'ordre provisoire dans le délai
légal peut, en tout état de cause, former une demande en allocation en
sous-ordre; mais il est non recevable
à demander la réformation de l'ordre.

Claude Potalier. — Jean-Antoine
Bontoux. — 24 décembre 1823. —
1re ch................. J. 2. 349

16. — En procédant à la clôture définitive de l'ordre, le juge-commissaire peut arrêter l'ordre, même en allouant des créances postérieures à celles contestées, lorsque le rang de celles-ci est reconnu et que la quotité seule est contestée, pourvu qu'il laisse intacte, dans les mains de l'adjudicataire, une somme suffisante pour faire face au paiement de ces créances contestées.

François Sestier. — De Murinais et autres. — 11 décembre 1832. — 1re ch.

J. 6. 559

§ 3. — *Jugement d'ordre, opposition, appel.*

17. — Un jugement rendu sur rapport en matière d'ordre, suivant l'art. 762 du Code de procédure, n'est pas susceptible d'opposition, quoique rendu par défaut.

Jacques Tivollier. — Les créanciers Barnier. — 2 mai 1818. — Ch. civ.

V^s. 372

18. — Un jugement d'ordre n'est pas nul quoiqu'il n'y soit pas fait mention qu'il a été rendu sur le rapport du juge-commissaire, si ce juge est du nombre de ceux qui ont rendu le jugement.

Les frères et sœurs Blanchet. — La veuve Gantillon. — 28 juillet 1823. — 1re ch.................. J. 1. 355

19. — La disposition de l'art. 135 du Code de procédure civile n'est pas applicable en matière d'ordre; la législation sur ce point est toute spéciale.

(Art. 749 et suivants du Code de procédure civile.)

L'exécution provisoire ne peut donc être autorisée que sur contestation ordinaire; ainsi, sur l'appel d'un jugement d'ordre, il y a lieu de surseoir à l'exécution provisoire permise par les premiers juges.

Jean-Laurent Vinay. — Les consorts Alléobert. — 23 février 1828. — 2e ch.

J. 4. 125

20. — La signification de l'appel d'un jugement d'ordre peut être faite au domicile de l'avoué de l'intimé.

Fayol et Champion. — Dumas et Vallet. — 29 juin 1811. — 2e chamb.

V^s. 91

21. — L'appel d'un jugement d'ordre peut être notifié au domicile élu chez l'avoué de l'intimé, dans son inscription hypothécaire.

La femme Lapierre. — Le sieur Rey-Joly. — 4 mai 1820. — 2e ch. V^s. 434

22. — En matière d'ordre, l'acte d'appel peut être signifié au domicile élu dans l'inscription.

La femme Cassan. — Les sieurs Constantin et autres. — 19 mai 1824. — 2e chamb............. J. 1. 153

Arrêt conforme :

La veuve Michallon. — La veuve Vincendon et autres. — 17 août 1831. — 2e ch............... J. 5. 406

23. — L'ordre fait sous la loi du 11 brumaire an 7, et clos par un jugement

rendu depuis le Code de procédure civile, doit être exécuté conformément à ce Code. En conséquence, le délai d'appel est réglé par l'art. 763.

Antoine Achard. — M⁰ˢ Bouchet et Long. — 28 juillet 1809. — 2ᵉ chamb.
V⁵. 433

24. — En matière d'ordre, le délai de l'appel fixé à dix jours doit être augmenté, comme en matière ordinaire, d'un jour par trois myriamètres de distance.

La dame Dutrait. — Le sieur Laplagne. — 16 juin 1824. — 2ᵉ chamb.
J. 1. 198

25. — La signification d'avoué à avoué d'un jugement d'ordre faite par l'avoué de plusieurs parties, mais au nom de l'une d'elles seulement, ne fait pas courir le délai d'appel contre les autres; et l'appel interjeté par ces dernières est recevable s'il a été formé dans le délai de la loi, depuis la signification qui leur a été faite à personne ou domicile, et si, d'ailleurs, il ne leur a été fait aucune signification en la personne de leur avoué.

Magnan, Duclaux et Colomb. — Antoine Pont et la dame Duvillard. — 18 août 1824. — 2ᵉ ch..... J. 1. 453

26. — La signification à avoué, du jugement qui a statué sur les contestations relatives à l'ordre, fait courir le délai d'appel à l'égard de toutes les parties, en sorte qu'après l'expiration de ce délai, le jugement est devenu irrévocable à l'égard de toutes les parties qui n'ont pas été intimées dans ce même délai, et par suite, le jugement d'ordre étant, par sa nature, indivisible, l'appel interjeté contre une seule des parties ayant intérêt au maintien de l'ordre est irrégulier et non recevable.

Les consorts Gonnet. — Jean Bourguignon. — 4 février 1832. — 2ᵉ ch.
J. 6. 66

27. — En matière d'ordre, le délai de l'appel fixé à dix jours doit être augmenté d'un jour par trois myriamètres de distance entre le lieu où siége le tribunal devant lequel l'ordre se poursuit et le domicile de l'appelant, et, en outre, d'un jour par trois myriamètres de distance entre le domicile des deux parties.

Chulliat. — Jourdan. — 18 juin 1832. — 1ʳᵉ ch.......... J. 6. 186

28. — L'art. 763 du Code de procédure civile d'après lequel l'appel du jugement d'ordre doit être interjeté dans les dix jours de sa signification à avoué, ne s'applique pas au jugement qui statue sur un ordre amiable; cet appel est soumis aux règles générales de l'art. 443 du même Code.

Le sieur Larguier. — Les mariés Dourille. — 30 août 1832. — 1ʳᵉ ch.
J. 6. 208

29. — Quoique chacun des créanciers postérieurs à la collocation contestée ait conservé un avoué particulier, cependant l'appel peut être signifié pour tous à l'avoué du créancier dernier colloqué.

Torrent. — L'hospice de Grenoble.
— 19 janvier 1815. — 2ᵉ ch. V*. 100

30. — L'appel d'un jugement d'ordre
doit, à peine de nullité, être signifié à
personne ou domicile.

Cohéritiers Bonnet. — Veuve Caillat.
— 4 mars 1825. — 2ᵉ ch. (1) J. 2. 54

31. — Le créancier qui n'a point
contredit l'état de collocation provisoire
peut néanmoins former tierce - opposition à un jugement rendu sur contestation, ensuite de contredits, s'il devait
être mis en cause comme créancier
dernier colloqué.

Antoine Toulon. — Jacques Guerin.
— 16 août 1816. — Ch. civ. V*. 431

32. — En matière d'ordre, ce n'est
pas la somme en litige mais la somme
à distribuer qui fixe la compétence;
ainsi, l'appel interjeté envers le jugement d'ordre, par le créancier d'une
somme inférieure à 1,000 fr., est recevable lorsque la somme à distribuer
excède 1,000 fr.

Dutrieux. — Payrard. — 1ᵉʳ mai
1830. — 2ᵉ ch. . . . . J. 5. 94

V. Dépens.

ORDRE PUBLIC. — V. Degré de
Juridiction.

PACTE COMMISSOIRE. — V. Vente.

---

(1) Attendu que l'acte d'appel doit être
signifié à personne ou domicile, à peine de
nullité (art. 456 du Code de procéd. civ.);

Attendu que, lorsqu'il a été fait des exceptions à cette règle générale, elles ont été formellement exprimées; qu'ainsi, dans le cas
de saisie-exécution, par exemple, le débiteur
peut faire, au domicile élu par le saisissant,
toutes significations, même d'offres réelles et
d'appel (art. 584 du Code de procéd. civ.);

Attendu que, bien que l'article 669 dispose
qu'après saisie mobilière l'acte d'appel sera
signifié au domicile de l'avoué, et qu'il y
sera statué comme en matière sommaire,
l'article 763, au titre de l'ordre, ne contient
aucune disposition semblable en ce qui concerne la faculté de signifier l'acte d'appel au
domicile de l'avoué; d'où il suit que, dans
ce dernier cas, tout rentre dans le droit commun, et que la signification de l'acte d'appel
doit être faite, à peine de nullité, à personne
ou domicile;

Qu'on doit d'autant mieux l'entendre ainsi
que ce même article 763 accorde, pour inter-

jeter appel du jugement d'ordre, outre le
délai de dix jours depuis la signification du
jugement à avoué, un jour par trois myriamètres de distance du domicile réel de chaque
partie, et que ce délai ne peut avoir eu d'autre objet que de donner à l'appelant le temps
suffisant pour se conformer aux dispositions
de l'article 456, en notifiant son acte d'appel
à chacune des parties intéressées;

Attendu dès-lors que si les articles 669 et
763 contiennent deux dispositions semblables
concernant l'abréviation du délai, ils diffè-
rent néanmoins, par la deuxième disposition,
en ce que l'article 669 autorise la signification de l'acte d'appel à avoué, tandis que
l'article 763, ne contenant pas de dispositions
sur ce point, ne dispense pas l'appelant de se
conformer à la règle générale posée dans
l'article 456;

Attendu qu'il s'agit, dans la cause, de l'appel d'un jugement d'ordre pour la distribution du prix d'objets immobiliers, et que par
conséquent l'article 763, et par suite l'article
456, sont seuls applicables à l'espèce.

PACTE DE PRÉFÉRENCE.

1. — Un pacte de préférence stipulé par une simple convention, en faveur de celui qui n'a jamais été propriétaire de l'immeuble qui en est l'objet, n'a pas l'effet de déposséder le tiers-acquéreur de bonne foi à qui cet immeuble a été vendu en contravention au droit de préférence stipulé ; l'action de celui à qui ce droit a été promis se résout en dommages-intérêts contre la partie qui a enfreint son engagement.

Antoine Eynard. — François Allard. — 11 mai 1827. — 2ᵉ ch.. J. 3. 416

PAIEMENT.

1. — *Imputation.*

Entre deux dettes également échues, l'imputation des paiements doit se faire sur celle pour laquelle il y a deux débiteurs, le débiteur principal ayant plus d'intérêt à acquitter la dette cautionnée que celle qui ne l'est pas.

MM. Durand et Compᵉ. — M. Repiton-Préneuf. — 29 juillet 1832. — 2ᵉ chamb................. J. 6. 134

2. — *Quittance. — Remise. — Don manuel.*

La remise d'une quittance, par le débiteur à son créancier, ne peut avoir l'effet de faire revivre l'obligation précédemment éteinte par le paiement, et de constituer un don manuel de la somme quittancée, de telle sorte qu'on puisse exiger de nouveau le paiement de l'obligation primitive.

Le sieur et la dame Coâme. — Le sieur Poncet-Chambard. — 20 janvier 1826. — 2ᵉ ch. (1)...... J. 2. 447

3. — *Quittance finale. — Libération.*

La quittance finale fait preuve d'une libération complète, et le créancier ne peut obliger le débiteur à représenter les quittances antérieures.

Roussille. — Gresse. — 21 mai 1809. — 1ʳᵉ sect................. Vˢ. 8

V. BAIL. — DOT. — SUBROGATION.

---

(1) Attendu qu'à supposer que Félix Coâme eût volontairement remis à Poncet-Chambard la quittance de 4,000 francs dont il s'agit, ledit Chambard ne pourrait tirer aucun avantage de cette remise, dès qu'elle n'aurait pas été celle d'un titre de créance, dont le créancier aurait voulu se dessaisir, en vue de l'extinction de la dette ;

Attendu que si les lois anciennes et le Code civil ont considéré la remise volontaire du titre original d'une créance, par le créancier au débiteur, comme une preuve du paiement ou de la remise de la dette, c'est parce que, dans tous les temps, le législateur a voulu favoriser la libération des débiteurs, lors même qu'elle était gratuite, sans prescrire, pour ce genre de libéralité, aucune espèce de formalité ;

Attendu qu'on ne peut point inférer de cette législation que la remise d'une quittance, par le débiteur à son créancier, fasse nécessairement preuve que le débiteur a voulu faire donation au créancier de la somme payée, et faire ainsi revivre son obligation, lors surtout qu'il existe, comme dans la cause actuelle, d'autres preuves du paiement de la dette originaire ;

Attendu que, dans l'espèce, il ne s'agit point de la remise volontaire du titre original

31

PAPIER-MONNAIE.

1. — *Assignats. — Réduction. — Attermoiement. — Tiers.*

Le traité fait entre le débiteur et le créancier, contenant attermoiement d'une dette réductible suivant l'échelle de dépréciation du papier-monnaie, et qui n'a pas été réduite lors de cet acte, ne peut être opposé à un tiers de bonne foi, qui est recevable à demander cette réduction.

Joseph Eymery. — La veuve Moralis. — 29 décembre 1824. — 2ᵉ chamb.
J. 2. 319

PARAPHERNAUX (BIENS).

1. — *Créances paraphernales. — Imputation.*

La femme séparée de biens peut im-

---

d'une créance; que ce n'est point une question de libération qui est agitée;

Attendu qu'il n'existe aucune loi qui attribue à la remise d'une quittance l'effet de recréer une obligation éteinte, ou de constituer une nouvelle donation gratuite, avec dispense de toute formalité; qu'il est d'ailleurs certain que si une créance payée l'était de nouveau par le débiteur, celui-ci serait autorisé à répéter le montant du second paiement; d'où il suit que, dans la supposition d'une remise volontaire de la quittance passée par Poncet-Chambard à Coâme, son beau-père, du montant de la donation ou constitution faite par celui-ci à la femme dudit Chambard, il n'en devrait pas moins rester pour constant que cette constitution, éteinte par le paiement, n'aurait pu revivre, et soumettre Coâme à la payer une seconde fois, tout comme cette même remise n'aurait pu être le fondement d'une nouvelle donation gratuite.

puter le prix du mobilier à elle vendu par son mari sur ses créances paraphernales, et spécialement dans le cas où sa dot et ses reprises matrimoniales ne sont point exigibles.

Les frères Genton. — La femme de Laurent Genton. — 4 août 1828. — 1ʳᵉ ch. . . . . J. 4. 360

2. — *Fruits. — Créanciers du mari.*

Le mari qui a cultivé les biens paraphernaux de sa femme ne peut réclamer aucune indemnité à raison de ses travaux; en conséquence, les récoltes provenant des immeubles de la femme ne peuvent être saisies par les créanciers du mari, faisant valoir les droits de ce dernier. . . . . J. 5. 291

Les mariés Tignel. — Antoine Duc-Repatel. — 12 janvier 1831. — 1ʳᵉ ch.
J. 5. 291

3. — *Fruits. — Restitution.*

Le mari qui a joui des biens paraphernaux de son épouse, sans opposition de la part de celle-ci, n'est tenu envers elle qu'à la représentation des fruits existant au jour de la demande : il n'est pas comptable de ceux consommés jusqu'alors.

Les frères Genton. — La femme de Laurent Genton. — 4 août 1828. — 1ʳᵉ ch. . . . . J. 4. 360

4. — *Mari. — Jouissance. — Revenus.*

La jouissance que la femme tolère, de la part de son mari, des biens paraphernaux, ne la prive pas du droit de s'opposer à la saisie de ces revenus, à la requête d'un créancier du mari. Jusqu'à la vente, les revenus n'étant pas censés consommés, l'opposition de la femme doit être admise.

Marianne Caillat, femme d'Antoine Trapet. — Joseph Robert-Brunard, Antoine Trapet et Joseph Berger. — 21 février 1832. — 1re ch..... J. 6. 34

5. — *Mari.* — *Traité.* — *Nullité.*

Le traité fait par un mari, sans mandat, sur des biens paraphernaux de sa femme, est nul à l'égard de celle-ci et de ses héritiers.

Les consorts Rigaudin. — Les consorts Gachet. — 20 juin 1827. — 2e ch.................... J. 3. 541

V. Dot. — Hypothèque légale.

PARI.

1. — *Mariage.*

La gageure de se marier dans un tel délai est illicite.

François Chagnat. — Joseph Revol. — 20 février 1807. — 2e sect. V^s. 408

PARTAGE.

1. — *Composition de masse.* — *Estimations.* — *Bases.*

Dans un partage entre cohéritiers, les experts ne peuvent être autorisés par les juges à porter dans la masse immobilière les prix d'aliénation des immeubles vendus par les parties, au lieu de la valeur estimative de ces immeubles.

Les consorts Pommier. — Les mariés Carteron. — 8 février 1832. — 2e ch.
                          J. 6. 71

2. — *Créanciers.* — *Fraude.*

Les créanciers sont recevables à demander la nullité d'un partage fait par leur débiteur, en fraude de leurs droits, lors même qu'ils n'y ont pas formé opposition.

Jean-Alexandre Lagier, notaire, et les mariés Eyraud. — Les mariés Dusserre-Telmon et les mariés Lombard. — 15 mai 1824. — 2e ch. (1)... J. 1. 273

____

(1) Considérant que d'après les lois romaines et la jurisprudence suivie avant le Code civil, les créanciers avaient le droit de faire révoquer tous les actes à titre onéreux, sans aucune distinction, qui étaient consentis par leur débiteur en fraude de leurs droits, lorsque les tiers avec lesquels ces actes étaient intervenus avaient eux-mêmes participé à la fraude;

Considérant que le Code civil n'a pas introduit un droit nouveau, même à l'égard de partages qui seraient faits en fraude des droits des créanciers de l'un ou plusieurs des copartageants; que si les articles 865 et 882 du Code donnent aux créanciers des copartageants la faculté d'intervenir aux partages, pour empêcher qu'ils ne soient faits en fraude de leurs droits, ces articles ne disent pas qu'à défaut par les créanciers d'intervenir, ils seront non recevables à attaquer les partages, alors même que ces partages seraient le résultat d'un concert frauduleux; qu'il résulte, au contraire, du discours prononcé par M. Treilhard, lorsqu'il présenta au corps législatif la loi sur les successions, que les partages non susceptibles d'être attaqués par les créanciers des copartageants sont les partages faits sans fraude;

Considérant que si la loi nouvelle présentait quelques doutes dans sa rédaction, il faudrait en interpréter les dispositions par la loi ancienne et par le discours de M. Treilhard; d'où il suit que Me Lagier et la femme Eyraud sont recevables à attaquer en leurs noms le partage du 2 juin 1820.

3. — *Créanciers.* — *Nullité.* — *Attribution de lots.*

Aucune loi n'imposant aux copartageants l'obligation de faire le partage par attribution de lots, les créanciers de l'un d'eux ne peuvent attaquer le partage fait par la voie du sort, alors surtout qu'ils ne sont pas intervenus au partage, ainsi qu'ils y étaient autorisés par l'art. 882 du Code civil.

Henriette Chastel, femme Rostaing. — Les sieurs Eyme et Ronin, et les cohéritiers Vincent.—12 février 1830. — 4ᵉ ch.................. J. 5. 445

4. — *Donation.* — *Renonciation.* — *Question transitoire.*

Le donataire qui a pris part au partage égal d'une succession, sous la loi du 17 nivôse an 2, en conservant néanmoins, de fait, la possession de plusieurs immeubles restés indivis, n'est point présumé avoir renoncé au bénéfice de sa donation, et a pu postérieurement l'opposer aux cohéritiers, demandeurs en partage de la portion restée indivise.

Le sieur David. — Antoine Chavrer et autres. — 29 août 1820. — 1ʳᵉ ch.
V⁸. 446

5. — *Exécution.* — *Nullité.*

Le partage opéré par des arbitres nommés dans un compromis susceptible de nullité ne peut être invoqué par les parties, lorsque laissant d'abord ce premier partage de côté, elles en ont fait un second qu'elles ont exécuté par une prise de possession.

Le défaut d'enregistrement n'est pas un motif de nullité dans un acte de partage.

Gabriel Souillet. — Les mariés Challot. — 17 mars 1820. — 2ᵉ ch. V⁸. 444

6. — *Fruits.* — *Héritiers.* — *Cohabitation.*

Lorsque des cohéritiers ont vécu en commun ménage, chacun est censé avoir consommé sa portion des revenus des biens indivis, et l'un ne peut demander à l'autre une restitution de fruits, pour le temps qu'a duré la communion.

Carthenas. — Villiot. — 28 juin 1811. — 2ᵉ ch........... V⁸. 444

7. — *Mineur.* — *Lésion.* — *Rescision.* — *Droit ancien.*

Sous l'ancien droit, le partage de biens indivis entre un mineur et un majeur, provoqué par ce dernier, était valable, quoique fait sans formalités de justice; mais il n'était que provisionnel à l'égard du mineur, qui pouvait le faire rescinder dans les dix ans de sa majorité, lorsqu'il renfermait une lésion à son préjudice : la loi du 17 nivôse an 2 n'était point un obstacle à cette rescision, ses dispositions n'étant relatives qu'aux partages faits entre cohéritiers.

Etienne Mathieu. — Victor Blanc et autres. — 25 mars 1825.... J. 2. 552

8. — *Partage d'ascendant. — Lésion. — Rescision.*

Un ascendant peut, en faisant par testament le partage de ses biens entre ses enfants, donner à l'un tous ses meubles et immeubles, et aux autres une somme d'argent.

Giraud-Vinai. —Les mariés Chabert et consorts. — 14 août 1820. — 1re chamb (1)............... J. 1. 407

9. — Un ascendant peut faire, par testament, le partage de ses biens entre ses enfants, comme il le juge convenable; donner des immeubles aux uns, et seulement de l'argent et des

meubles aux autres, et l'héritier avantagé peut, en cas de lésion, empêcher un nouveau partage, en fournissant à l'héritier lésé le supplément de sa portion héréditaire, soit en nature, soit en numéraire.

Pierre Satre. — Les mariés Guelle et les enfants Frappas. — 25 novembre 1824. — 2e ch.......... J. 1. 413

10. — *Partage d'ascendants. — Validité. — Succession future.*

Les ascendants peuvent faire, par acte entre-vifs, le partage de leurs biens entre leurs enfants, comme ils le jugent convenable; donner tous les

---

(1) Considérant qu'en droit il est certain que le chapitre 7 du livre 3 du Code civil renferme, dans les six articles qui le composent, toute la volonté du législateur concernant les partages d'ascendants; que le législateur n'y ayant point prescrit de règle, il faut admettre qu'il s'est entièrement confié à eux sur la manière de faire la distribution de leurs biens; qu'il les a rendus seuls arbitres sur le point de décider si leurs immeubles ne peuvent pas se partager commodément, et, si le morcellement peut être nuisible, de compenser alors l'inégalité des lots par des retours en argent, et même de pouvoir faire, lorsque les cas l'exigent, une licitation de telle manière qu'un des copartageants ait dans son lot tous les immeubles, et que les autres ne reçoivent que de l'argent; qu'ils les a rendus maitres, enfin, de distribuer leurs biens ainsi qu'ils le jugeront convenable pour l'avantage de chacun des enfants, et suivant leur position; qu'il n'a mis d'autres bornes à la confiance qu'il a placée, à juste titre, en eux, que celle, 1° où les ascendants oublieraient, dans leur partage, un de leurs enfants; 2° où ils au-

raient fait des lots tellement inégaux, qu'il en résulterait, pour quelques-uns des copartagés, une lésion de plus du quart; ou bien encore, s'il résultait de leur partage et des dispositions faites à titre de préciput, que l'un des enfants a des avantages plus grands que la loi ne le permet; d'où il faut conclure que, hors de ces deux cas, de quelque manière que les ascendants aient fait la distribution de leurs biens, elle est à l'abri de toute attaque; qu'il suit de là que les consorts Chabert ne peuvent faire rescinder les partages faits par Louise Monteil et Etienne Giraud - Vinay, leurs père et mère, qu'en établissant qu'il résulte de ces partages et des dispositions, à titre de préciput, qui y sont faites, que Claude Giraud-Vinay a des avantages plus grands que ceux permis par la loi; qu'ainsi il est juste de les charger, avant dire droit, de faire cette preuve.

Nota. Cet arrêt a été cassé par arrêt du 16 août 1826 (Sirey, 27, 1, 86), et nonobstant l'arrêt de la cour de cassation, la cour royale de Grenoble a persisté dans sa jurisprudence.

immeubles à l'un , et seulement de l'argent et des meubles aux autres.

Ainsi , le règlement intervenu à la suite de ce partage , dans le même acte , entre les enfants , et par lequel l'un d'eux se soumet de payer une somme d'argent pour la part revenant aux autres dans les biens de leurs père et mère , n'est point un traité sur succession future , lorsqu'il ne porte que sur les biens présents.

François Marce. — Les mariés Baret et les mariés Grangeon. — 19 février 1829. — 1re ch.......... J. 4. 370

11. — *Puissance maritale.* — *Consentement de la femme.*

La clause stipulée dans un contrat de mariage , portant que le mari , quoique constitutaire général des droits de sa femme , ne pourra néanmoins , sans son consentement , procéder au partage des successions qui pourront lui échoir , ne doit s'appliquer qu'à un partage volontaire. — Le mari peut , en vertu du droit accordé à la puissance maritale , faire , sans le consentement de sa femme , tous les actes de poursuites nécessaires pour parvenir à un partage judiciaire.

Me Arnaud-Duplan. — Louis-Rémi Mécou. — 3 juillet 1820. — 1re ch.

V'. 441

12. — *Rescision.* — *Exécution.* — *Fin de non-recevoir.*

Le cohéritier qui , postérieurement au partage , a aliéné son lot en tout ou en partie , n'est plus recevable à intenter l'action en rescision pour lésion.

Henri Curtil. — La veuve Curtil. — 3 juillet 1822. — 2e ch.... J. 1. 385

Arrêt conforme :

Les cohéritiers Brizard. — Les mariés Detroyat. — 17 juin 1831. — 2e ch.

J. 5. 331

13. — *Rescision.* — *Lésion.* — *Traité.*

Le principe que tout premier acte entre cohéritiers est réputé partage , et comme tel rescindable pour lésion de plus du quart , ne s'applique pas au cas où l'on a traité sur le seul point de savoir si tel immeuble appartient à la succession , ou en particulier à l'un des successibles : l'acte qui intervient dans cette circonstance entre les héritiers est une véritable transaction , qui ne peut être attaquée que pour dol.

Les sieurs et dame de Reynaud. — La veuve de Vourey. — 15 avril 1807. 1re sect.................... V'. 442

14. — *Rescision.* — *Lésion.* — *Transaction.*

L'action en rescision , pour cause de lésion , n'est pas admise contre un traité intervenu , après un premier partage , sur une question litigieuse , lors même que ce premier partage n'était que verbal.

Jean-Pierre Vassy. — Les mariés Seyve. — 16 juillet 1823. — 1re ch.

J. 3. 385

15. — *Vente de droits successifs.* — *Rescision.*

L'acte par lequel , ensuite d'une demande en partage, un cohéritier vendait à son cohéritier la portion cohéréditaire lui revenant, après avoir réglé avec lui la consistance de cette portion, n'était considéré, sous l'ancien droit, que comme un premier acte de partage entre cohéritiers, susceptible de rescision pour cause de lésion.

Les cohéritiers de Pierre Nougier. — Les cohéritiers de Jean Nougier. — 30 juillet 1829. — 2ᵉ ch...... J. 4. 558

V. Acte sous seing privé. — Expertise. — Mineur.

PARTIE CIVILE.

1. — *Défaut d'intérêt.*

Celui qui n'est pas lésé par un crime ou délit est non recevable, par défaut d'intérêt, à se constituer partie civile.

Les sieurs Lajon et Roche. — L'administration des contributions indirectes. — 9 août 1825..... J. 2. 204

PASSAGE. — V. Servitudes.

PÊCHE FLUVIALE.

1. — *Filets. — Mailles. — Dimension.*

L'arrêté du préfet de l'Isère, homologué par ordonnance royale du 19 octobre 1832, qui a autorisé l'emploi du carré et carrelet pour la pêche des poissons de petite espèce, sans s'expliquer sur la dimension des mailles, n'a pas dérogé à l'ordonnance royale du 15 novembre 1830 qui a fixé à quinze millimètres (7 lignes) la dimension des mailles de ces sortes de filets; peu importe que l'usage ancien du département de l'Isère fût de ne donner que douze millimètres (5 lignes) de dimension aux mailles de ces mêmes filets.

L'administration forestière. — Pierre Quoet. — 27 décembre 1833. — Ch. correct................. J. 7. 77

PEINE.

1. — *Crime. — Délit.*

La disposition de l'art. 365 du Code d'instruction criminelle, qui porte qu'en cas de conviction de plusieurs crimes ou délits, la peine la plus forte sera seule prononcée, n'est applicable que dans le cas où plusieurs crimes ou délits, imputés au même individu, sont soumis à un seul et même débat, et jugés en même temps.

Jean-François G...... — Le procureur-général. — 20 septembre 1826. — Ch. correct............. J. 3. 133

V. Délit.

PÉREMPTION EN GÉNÉRAL. —
V. Acquiescement. — Inscription hypothécaire. — Jugement par défaut. — Séparation de biens.

PÉREMPTION D'INSTANCE.

1. — *Assignation. — Nullité.*

La demande en péremption formée sous le Code de procédure civile, par assignation à comparaître dans le délai et à la forme de l'ordonnance de 1667, est nulle.

Madelaine Gay. — Benoit Jail. — 22 février 1821. — 2ᵉ chamb. Vᵗ. 464

2. — La péremption doit être demandée par acte d'avoué à avoué, et non par une assignation à personne ou domicile, lorsque l'adversaire a constitué avoué, quoique celui du demandeur en péremption soit démissionnaire.

Les consorts Chareyre. — Georges Paturel. — 30 décembre 1816. — Ch. civ. . . . . Vᵗ. 463

3. — *Constitution de nouvel avoué. — Décès. — Indivisibilité.*

La constitution de nouvel avoué, de la partie qui a intérêt à demander la péremption, ne donne point lieu à l'augmentation du délai, lorsque cette constitution a été signifiée dans l'objet de demander la péremption.

Une note écrite par l'avoué du défendeur à la demande en péremption, sur l'un des cahiers du procès, pour énoncer que la cause a été appelée à l'audience et renvoyée à la huitaine, ne peut être invoquée comme interruptive de péremption.

Le décès de l'une des parties contre lesquelles la péremption est demandée n'augmente point le délai de six mois, s'il n'a été dénoncé au demandeur.

Lorsque plusieurs parties sont en cause sur un même appel, l'interruption de péremption à l'égard des unes n'exclut pas les autres du droit de la demander, à moins qu'elles n'aient un intérêt commun.

Les sieurs Guillambaud, Gigard et Bresse. — Les consorts Pourret. — 3 mars 1817. — Chamb. civ... Vᵗ. 458

4. — *Contrat en jugement.*

L'adhésion d'une partie à la péremption demandée par la partie adverse forme un contrat en jugement qui éteint l'instance et rend admissible la réitération de l'instance principale, si elle est encore en vigueur.

Le sieur de Lattier. — Joseph Pouzet et la veuve Girard. — 6 mars 1823. — 2ᵉ chamb. . . . . J. 2. 373

5. — *Délai.*

Quoiqu'une demande en péremption d'instance ait été formée avant l'expiration du délai légal, la péremption n'en est pas moins acquise si, avant la fin de ce délai, aucun acte valable n'est intervenu à l'effet de couvrir la péremption d'instance.

Le sieur Raffin. — Les héritiers Dutrait-Morges. — 12 août 1823. — 1ʳᵉ chamb. . . . . J. 2. 287

6. — *Délai. — Interruption. — Vacances.*

Le temps nécessaire pour acquérir la péremption n'a point été suspendu pendant le temps des vacances, occasionnées par l'installation de la cour impériale.

Les héritiers Amat. — Le sieur Paulin de Barral. — 21 juin 1811. — 2ᵉ ch. Vᵗ. 454

7. — *Délai. — Procès anciens.*

La péremption est acquise par une discontinuation de poursuites pendant trois ans , depuis la promulgation du Code de procédure civile , même dans les procès où elle avait commencé à courir antérieurement.

Richard. —Baron.—30 juillet 1816. — 1ʳᵉ chamb.

Arrêts conformes :

Melquiond. — Abeil. — 2 février 1818. — Ch. civ.

Veuve Rif. — Charvin-Bouchon. — 3 mars 1817. — Chamb. civ. Vˢ. 452

8. — *Délai additionnel.*

Il n'est pas nécessaire que l'évènement qui donne lieu à reprise d'instance ou à constitution de nouvel avoué, ait eu lieu dans les trois ans des dernières poursuites, pour jouir du délai additionnel et repousser la demande en péremption. Ainsi , quel que soit l'intervalle écoulé depuis les dernières poursuites, la péremption ne peut être demandée que six mois après la démission ou le décès de l'avoué.

Joseph Falon. — Michel Comte et Billandaz. — 12 mai 1817. — Ch. civ. Vˢ. 456

9. — *Demande. — Erreur de prénom.*

L'erreur de prénom n'est pas une cause suffisante du rejet de la demande en péremption, lorsque surtout cette erreur a été constante et que les défendeurs en sont eux-mêmes les auteurs.

M. Dutrait-Désayes. — Les consorts Gouillet. — 22 décembre 1824. — 2ᵉ chamb................. J. 1. 542

10. — *Demande. — Requête d'avoué à avoué.*

Une demande en péremption d'instance doit être formée par requête d'avoué à avoué , et non par exploit contre le défendeur, si l'avoué de celui-ci n'est ni décédé, ni interdit, ni suspendu.

M. de Murat. — Les héritiers Plazanet. — 31 juillet 1824. — 4ᵉ chamb. J. 1. 403

11. — *Divisibilité.*

Lorsqu'il y a plusieurs parties en cause, la péremption doit être demandée contre toutes.

Cohéritiers Bourdelon. — Consorts Jouve. — 26 février 1819.... Vˢ. 71

12. — *Garantie. — Indivisibilité.*

Lorsque l'adversaire a amené en cause un garant, et que celui-ci résiste à la garantie, il suffit que la péremption soit demandée seulement contre la partie principale.

Les héritiers Monnet. — Pierre Branchu. — 6 juillet 1818. — Ch. civ. Vˢ. 462

13. — Mais il en est autrement quand la demande en garantie a été jointe à l'instance principale, quoique l'assigné résiste à la garantie.

Les cohéritiers Bourdelon. — Les consorts Jouve et Pascal. — 26 février 1819. — 2ᵉ chamb.... Vˢ. 463

14. — *Indivisibilité*.

Lorsqu'une péremption est acquise, et régulièrement demandée au nom de plusieurs parties, il ne peut pas dépendre de l'une d'elles de priver les autres d'un droit acquis, par un désistement postérieur à la demande en péremption, le principe de l'indivisibilité de l'instance n'est applicable qu'aux actes ou faits antérieurs à cette demande.

Les consorts Blache et le sieur Reynaud. — Le sieur Faure. — 14 février 1822. — 2ᵉ chamb... J. 1. 306

15. — *Indivisibilité*. — *Décision interlocutoire*. — *Décision définitive*.

Une instance dans laquelle il intervient des décisions définitives en même temps que les décisions interlocutoires, ne peut tomber en péremption : elle est entretenue dans toutes ses parties par les décisions définitives.

Jean-Baptiste Payan et autres. — Les consorts Giraud. — 7 mars 1828. — 2ᵉ chamb.................. J. 4. 153

16. — *Indivisibilité*. — *Garant*.

La péremption demandée par le défendeur principal seul contre le demandeur principal est dans l'intérêt du garant et profite à ce dernier.

Le sieur de Lattier. — Joseph Pouzet et la veuve Girard. — 6 mars 1823. — 2ᵉ chamb............. J. 2. 373

17. — *Interruption*. — *Appel de cause*.

L'appel de la cause à l'audience est interruptif de péremption.

Les consort Desplagnes. — Les mariés Vincendon. — 24 janvier 1822. — Ch. civ. réunies......... J. 3. 192

18. — *Interruption*. — *Cession*.

La cession d'une créance qui fait l'objet d'un procès n'empêche point le cédant de suivre l'instance et d'en demander, s'il y a lieu, la péremption ; il faut qu'il y ait novation, c'est-à-dire cession de l'action même.

Les mariés Dusserre. — Mᵉ Savoie, notaire. — 27 août 1817. — Ch. civ. Vᵗ. 465

19. — *Interruption*. — *Compromis*.

Le compromis est interruptif de péremption, et le délai ne commence à courir qu'à l'expiration du compromis.

Le sieur de Barbier aîné. — La veuve du sieur de Barbier cadet. — 6 mai 1817. — Ch. civ................. Vᵗ. 463

20. — *Interruption*. — *Décès*. — *Dénonciation*.

La dénonciation, par acte d'avoué à avoué, du décès de l'une des parties, n'est pas un acte valable susceptible d'interrompre le cours de la péremption ; elle n'a d'autre effet que de proroger le délai ordinaire de six mois de plus, conformément à l'art. 397 du Code de procédure.

Les cohéritiers Jolland. — Laurent Carrier. — 14 mars 1822. — 2ᵉ ch. J. 2. 497

21. — *Interruption*. — *Demande prématurée*.

Une demande en péremption d'instance qui est prématurée ne peut produire l'effet d'interrompre le cours de la péremption.

Aubert. — Offand. — 30 août 1817. — Ch. civ................ Vⁱ. 465

22. — *Interruption. — Lettres missives.*

Des lettres missives ne peuvent interrompre le cours de la péremption, à moins qu'elles ne renferment une renonciation formelle au droit de demander la péremption.

Les consorts de Nolly. — Le sieur Gerbulet. — 6 juin 1822. — 2ᵉ chamb. J. 1. 308

23. — *Interruption. — Mise au rôle.*

La péremption d'instance ne peut s'acquérir lorsque la cause a été inscrite sur le rôle des audiences.

Caneau. — Josserand et Alvier. — 27 décembre 1811. — 2ᵉ chamb.

Arrêt conforme :

Rumilly. — Roussillon. — 24 mars 1812. — 1ʳᵉ chamb........ Vⁱ. 456

24. — *Jugement. — Instance d'appel. — Prescription.*

Lorsqu'une péremption d'instance d'appel est prononcée, les actes de l'instance sont anéantis. Mais nonobstant ce principe, et quoiqu'il se soit écoulé trente ans depuis la notification de la sentence ou jugement dont est appel, jusqu'au jour de la péremption, cette sentence n'est pas éteinte par la

prescription. La prescription ne court point contre un jugement pendant l'instance d'appel.

Claire Isnard, veuve Roque. — Christophe Isnard. — 27 août 1817. — Ch. civ..................... Vⁱ. 467

25. — *Jugement interlocutoire. — Interruption.*

Les jugements interlocutoires rendus pendant l'instance sont susceptibles de la péremption.

Claude Velin. — Etienne Arthaud. — 13 janvier 1817. — Chamb. civ. Vⁱ. 467

26. — *Jugement par défaut.*

La péremption d'un jugement de défaut n'entraîne pas celle de l'instance liée sur l'assignation, s'il ne s'est écoulé trois ans depuis la cessation des poursuites.

Mᵉ Gariel. — Le sieur Ravier. — 2 février 1843. — 1ʳᵉ chamb... Vⁱ. 475

27. — *Matière correctionnelle.*

La péremption d'instance établie par le Code de procédure civile n'a pas lieu en matière correctionnelle.

M. le procureur-général et André Archier. — Antoine Giroud, Campin et autres. — 23 juin 1830. — Chamb. correctionnelle......... J. 5. 472

28. — *Militaire.*

La loi du 6 brumaire an 5, qui suspendait le cours de la péremption en faveur des militaires en activité de service, a cessé d'avoir son effet à partir d'un mois après la publication de la paix générale ; peu importe que la paix ait été troublée depuis, pendant de courts intervalles.

29. — *Nullité. — Indivisibilité.*

Lorsque plusieurs parties, ayant le même intérêt, forment une demande en péremption par un même acte, si cet acte renferme une nullité à l'égard de l'un des demandeurs, elle peut être opposée à tous les autres.

30. — *Procès-verbal de non-conciliation.*

La péremption de l'instance n'entraîne pas la péremption du procès-verbal de non-conciliation.

PLACARDS. — V. Saisie immobilière.

PLAIDOIRIE. — V. Avoués. — Jugement.

PORT D'ARMES. — V. Chasse.

POSSESSION.

1. —*Biens communaux. — Prescription.*

La possession de bois et pâturages communaux, invoquée par un communiste, est abusive et ne peut opérer la prescription.

2. — *Expulsion. — Réintégrande. — Action civile.*

Le débiteur exproprié, qui se réintègre, même par violence, dans la possession de l'immeuble dont il a été expulsé, ne commet ni crime ni délit.

L'adjudicataire, dans ce cas, ne peut exercer que l'action civile (1).

V. Bois et forêts. — Bornage. — Communes. — Prescription. — Servitudes.

POURSUITES. — V. Agent du gouvernement. — Ministre du culte.

PRÉCIPUT. — V. Donation. — Succession.

PRÉFET.

1. — *Procureur du roi. — Qualité.*

Le procureur du roi a qualité pour représenter le préfet dans une instance pendante devant un tribunal civil.

---

(1) *Nota.* Cet arrêt a été cassé par arrêt du 5 février 1829, qui a décidé que, dans ce cas, les moyens employés pour la reprise de possession doivent être punis, lorsque, par eux-mêmes, ils sont caractéristiques d'un crime ou d'un délit. (Sirey, 29, 1, 96.)

Le préfet du département des Hautes-Alpes. — Barthélemi Arnaud. — 2 août 1826. — Chamb. civiles réunies.

J. 3. 183

V. Arrêté administratif. — Assignation.

PRESCRIPTION.

Action, 3, 5, 14, 39, 44, 45.
Acquéreur, 5, 6, 8, 50.
Adjudication, 42, 49.
Appel, 10, 11.
Arrérages de prix de ferme, 37, 40, 41.
Assignation, 11, 12, 13, 24.
Avoués, 51.
Bonne foi, 4, 6.
Cohéritier, 7.
Compromis, 20, 21, 24.
Créanciers, 2, 8, 22, 23, 36, 50.
Délit, 54, 55.
Dommages, 39.
Donation, 2.
Dot, 3.
Eglise, 38.
Femme, 9, 27, 28, 29, 30.
Fournisseur, 52.
Immeubles dotaux, 6, 27, 28, 29.
Intérêts, 46, 47, 48, 49, 50.
Interruption, 11, 24.
Jugement, 11, 54.
Légitime, 14, 16.
Médecin, 53.
Militaire, 32, 33, 34, 35.
Mineur, 26, 31.
Paiement, 5, 17, 18, 19, 42, 44, 49.
Possession, 1, 43.
Renonciation, 10.

Rentes, 17, 18, 19, 37.
Résolution, 44.
Séparation de biens, 28, 29.
Sommation, 23.
Succession, 7, 9, 13, 15.
Tiers-acquéreurs, 3, 4, 9, 35, 43.
Titre, 2, 6.
Traité, 21.
Transcription, 8.

———

§ 1er. — *Conditions de la prescription. — Titre, possession, bonne foi. — Personnes qui peuvent ou ne peuvent pas prescrire.*
§ 2. — *Interruption de la prescription.*
§ 3. — *Suspension de la prescription.*
§ 4. — *Temps requis pour prescrire.*
§ 5. — *Prescription en matière criminelle.*

———

§ 1er. *Conditions de la prescription. — Titre, possession, bonne foi. — Personnes qui peuvent ou ne peuvent pas prescrire.*

1. — Toute possession sans titre, de bois communaux, est abusive et ne peut opérer la prescription.

La commune de Tullins. — Les communes de Beaucroissant et de Renage. — 11 août 1821. — 2e ch.. V. 487

2. — Lorsqu'une donation a été faite en fraude des droits des créanciers, par un débiteur à son petit-fils, mineur, et acceptée au nom de celui-ci par son père, tuteur, la mauvaise foi de ce dernier nuit au mineur, en ce sens que le donataire ne peut opposer, aux créanciers hypothécaires du donateur, la prescription de dix ans, avec titre transcrit et bonne foi.

Pierre Albrand. — Jean-Marie Perrin.—5 mars 1825.—2ᵉ ch. J. 2. 146

3. — Le délai d'un an après la dissolution du mariage, pendant lequel la restitution de la dot ne peut être exigée, suivant l'art. 1565 du Code civ., est uniquement relatif à l'action de la femme contre les héritiers du mari, et nullement à l'action hypothécaire de la femme, dérivant des mêmes droits contre les tiers, possesseurs des biens du mari; cette dernière action pouvant être exercée de suite après la dissolution du mariage, la prescription commence à courir en faveur de ces tiers depuis la même époque.

Pierre Pradier. — Les mariés Planel. --10 mars 1827.—2ᵉ ch. (1). J. 3. 440

---

(1) Attendu qu'il est indifférent, par rapport au tiers-détenteur, que la Bonfils eût une hypothèque légale sur les biens d'Aubanel, son mari, et qu'aux termes de l'article 1565 du Code civil, elle n'ait pu répéter ses reprises dotales contre les héritiers de son mari qu'une année après la dissolution du mariage, c'est-à-dire à partir du 27 septembre 1816, et que depuis ledit jour 27 septembre, il ne se fût pas écoulé dix années à l'époque de l'inscription de la femme Planel;

Attendu qu'en effet la surséance d'une année, introduite par l'article 1565 du Code civil, est uniquement relative à l'action de la femme contre les héritiers du mari, pour la répétition de ses reprises dotales, et nullement à l'action hypothécaire de la femme, dérivant des mêmes droits contre les tiers-possesseurs des biens du mari, laquelle ne peut pas, il est vrai, prescrire pendant le mariage (article 2256 du Code civil), mais à l'égard de laquelle la prescription commence à courir du jour de la dissolution du mariage;

4. — Le tiers-acquéreur de bonne foi d'un immeuble échangé contre un immeuble, dont l'aliénation est annulée comme vente de la chose d'autrui, peut, nonobstant cette nullité, invoquer la prescription décennale pour se faire maintenir en la propriété de l'immeuble qu'il a acquis à juste titre.

La commune de Frontonas. — Les sieurs Dumoulin, Jocteur et autres. — 26 février 1831. — 2ᵉ ch.. J. 6. 230

5. — La prescription de dix ans ne peut être invoquée par l'acquéreur pour repousser l'action exercée contre lui en paiement du prix de l'immeuble par lui acquis, à défaut par lui d'avoir payé valablement.

Les sieurs Sibut, Armanet et Chag-

Attendu que ces deux actions, indépendantes l'une de l'autre, se régissent par des principes différents; que l'hypothèque sur les biens aliénés par le débiteur peut s'éteindre par la prescription, sans que néanmoins la créance soit prescrite, et qu'ainsi le tiers-détenteur peut prescrire à l'égard du créancier hypothécaire, alors que l'action de celui-ci, contre le débiteur personnel, est toujours en vigueur; que c'est là un principe qui a été admis dans tous les temps;

Attendu que la suspension de la prescription, introduite par l'article 2257 du Code civil, quant aux créances non échues, est uniquement relative à l'action du créancier contre le débiteur, et n'a non plus aucun rapport à l'action hypothécaire contre les tiers détenteurs; qu'il est si vrai que la législation a établi une différence notable entre les deux actions, que la première ne prescrit que par le laps de trente ans, sans poursuites (article 2262 du Code civil), tandis que l'autre prescrit par le laps de dix ans (article 2180);

niard. — La veuve Berthier et le sieur Bordière. — 11 décembre 1832. — 1re chamb................ J. 6. 457

6. — La prescription de dix ans, introduite par le Code civil en faveur de l'acquéreur de bonne foi et par juste titre, ne peut être invoquée par celui qui a acquis des immeubles dotaux antérieurement au Code civil.

François Antoine.—Consorts Albert. — 20 janvier 1834. — 1re chamb.
J. 7. 171

7. — Le cohéritier qui s'est pourvu en délivrance d'une succession dans les trente ans de l'ouverture peut re-

---

Attendu que la femme qui, relativement au délai accordé aux héritiers du mari, ou à tout autre obstacle auquel ceux-ci peuvent donner naissance par d'injustes résistances, aurait à redouter la prescription à l'égard du tiers-détenteur, pourrait, pendant l'existence de tous ces obstacles, à l'instar de tout autre créancier, actionner le tiers-détenteur en déclaration d'hypothèque, et se mettre ainsi à l'abri de l'empire de la prescription ; que c'est encore là un mode de procéder qui a été admis dans tous les temps ;

Attendu que, s'il en était autrement, ce serait rendre illusoire l'article 2180 du Code civil, qui, en vue de l'extinction des priviléges et hypothèques, a introduit un nouveau mode de prescription, en statuant qu'un silence de dix années, à l'égard du tiers-détenteur, de la part de tout créancier hypothécaire, met ce tiers à l'abri de toute recherche, par voie de prescription, le même article disposant même que les inscriptions prises par le créancier n'interrompent pas le cours de la prescription établie par la loi en faveur du débiteur ou du tiers-détenteur.

pousser par la prescription la demande d'un autre cohéritier, postérieure à l'expiration de ce délai. Le premier a joui civilement à l'exclusion de l'autre.

Richard et Mathonet. — Me Poya. — 31 décembre 1833. — 1re chamb.
J. 7. 158

8. — L'individu qui a acquis un immeuble hypothéqué, antérieurement à la promulgation du titre du Code civil des priviléges et hypothèques, et qui a fait transcrire son contrat d'acquisition sous l'empire de ce Code, peut-il opposer au créancier hypothécaire la disposition de l'art. 2180 , § 3, du même code, et repousser son action sous le motif qu'il se serait écoulé plus de dix ans depuis la transcription? — Non.

Rolland-Garagnol. — Jourdan. — 22 août 1834. — 2e chamb. J. 7. 295

9. — La prescription de dix ans court en faveur du tiers-détenteur contre la femme mariée sous le droit ancien qui réclame sa part indivise dans un immeuble dépendant de la succession paternelle.

Puget. — Consorts Primard. — 12 juillet 1834. — 4e ch..... J. 7. 336

10. — Quoiqu'on puisse opposer la prescription en tout état de cause, on est cependant présumé avoir renoncé à s'en prévaloir en appel, si on ne l'a invoquée dans aucun des actes de la procédure antérieure.

Antoine Charal. — Les frères Terrasse. — 18 juillet 1812. — 2e chamb.
V^r. 493

§ 2. — *Interruption de la prescription.*

11. — La prescription du jugement
de première instance n'était pas interrompue, dans l'ancien droit, par une
assignation sur appel non suivie de présentation.

La veuve Mallet.—Les frères Meyer,
— 30 mai 1812. — 2ᵉ ch.... V•. 112

Arrêt conforme :

Pierre Latour. — Faure Rosier. —
23 juin 1818. — 1ʳᵉ chamb.. V•. 113

12. — La prescription trentenaire a
été interrompue par une assignation
donnée en 1792, après tentative de conciliation, quoique cette assignation
n'eût pas été suivie de présentation, et
que les demandeurs aient introduit
une nouvelle instance en 1814, après
la nouvelle tentative de conciliation,
sans énoncer les poursuites de 1792.

De Barral. — Dubouchage et de
Seyve. — 22 mars 1817. — 1ʳᵉ chamb.
V•. 492

13. — Une assignation de la part de
l'héritier au légataire, pour paraître à
l'inventaire de la succession et déclarer
ses droits, est une reconnaissance de
la dette interruptive de la prescription.

Les consorts Dusserre. — La veuve
Dumas et la veuve Mayen. — 14 juin
1816. — 2ᵉ section........ V•. 485

14. — La demande des droits pater-
nels, par voie de légitime ou supplément, n'interrompt pas la prescription
de l'action en nullité du testament.

Puget. — Germain et autres. — 18
février 1815. — 2ᵉ chamb... V•. 382

15. — Il en est autrement de la demande en pétition d'hérédité.

Don. — Magnan. — 22 février 1810.
— 1ʳᵉ chamb............. V•. 382

16. — La cohabitation interrompue,
dans la maison paternelle, n'arrête pas
le cours de la prescription. Chaque
fois que le légitimaire retourne dans la
maison paternelle, il interrompt la
prescription.

Les mariés Mangournet. — Les consorts Mellet. — 28 juin 1821. — 1ʳᵉ
chamb.................. V•. 486

17. — La prescription d'une rente
est interrompue à l'égard de la caution,
par chaque paiement qu'en a fait le débiteur principal.

La dame Sybille, veuve Lavauden.
— Les héritiers Lavauden. — 11 mars
1818.—Chamb. civ........ V•. 492

18.—Les livres de recettes du créancier d'une rente, ouverte à une époque
où la prescription n'était pas encore
acquise, font preuve du paiement et
interrompent la prescription.

Louis Veyne. — Les héritiers de
Montdragon. — 9 juin 1809. — 2ᵉ ch.
V•. 491

19. — Les annotations de paiement
d'une rente, faites dans le livre de raison du créancier, empêchent la prescription, lorsqu'il conste de la dette,
que le créancier était homme de probité, et qu'on ne se sert de son livre

de raison qu'après sa mort arrivée avant la prescription prétendue acquise.

MM. Plan, de Sieyes. — Les frères Jullien. — 20 juillet 1821. — 2ᵉ ch.

J. 3. 137

20. — Quoiqu'un compromis n'ait eu aucune exécution, il n'en est pas moins interruptif de prescription.

Mariés Pillon. — Veuve Vallernod. — 8 août 1812. — 2ᵉ chamb.

Arrêt conforme :

Charrus. — Veuve Sommier. — 6 février 1816. — 1ʳᵉ ch..... Vⁱ. 492

21. — Un compromis et un traité contenant reconnaissance d'un droit de la part du débiteur sont des actes interruptifs de prescription, lors même qu'ils sont nuls à raison de ce qu'ils sont intervenus avec quelqu'un qui n'avait ni qualité ni pouvoir pour compromettre ou traiter au nom du créancier.

Les consorts Rigodin. — Les consorts Gachet. — 20 juin 1827. — 2ᵉ chamb.

J. 3. 541

22. — L'acte intervenu entre le créancier et la caution solidaire à laquelle il accorde un terme, interrompt la prescription à l'égard du débiteur principal, et la prescription n'a pu commencer à courir de nouveau que depuis l'expiration du terme accordé.

Daniel Guieu. — André Arnoux. — 5 août 1825. — 1ʳᵉ chamb. J. 2. 376

23. — La sommation faite par un créancier à l'adjudicataire de faire

procéder à l'ordre, interrompt la prescription à l'égard de ce créancier.

Joseph Pellat. — Les sieurs Sibert, Robert et Mignot. — 2 juin 1831. — 2ᵉ chamb.............. J. 5. 378

24. — La citation en conciliation, suivie de compromis, n'interrompt la prescription qu'autant que le compromis n'est pas tombé lui-même en péremption.

Joseph-Gabriel Chorier. — Antoine Chorier. — 1ᵉʳ août 1833. — 4ᵉ chamb

J. 6. 501

§ 3. — *Suspension de la prescription.*

25. — Dans l'ancien droit, la prescription de trente ans ne courait pas contre le fils de famille, pendant tout le temps que durait la puissance paternelle.

Les mariés Meizin et Roux. — Les mariés Gilibert. — 30 juin 1812. — 1ʳᵉ ch..................... Vⁱ. 481

26. — La prescription ne pouvait courir contre l'héritier de la nue-propriété, pendant la durée de l'usufruit.

La pupillarité suspendait le cours de la prescription.

Le mineur pouvait se faire restituer dans les dix ans de sa majorité.

Marie Chaloin. — Laurent Salard. — 29 novembre 1820. — 1ʳᵉ ch. Vⁱ. 482

27. — Dans l'ancien droit, la prescription ne pouvait courir contre la femme pendant le mariage ; et alors même qu'elle avait commencé à courir avant le mariage, elle était interrompue par la vente du fonds dotal, quoique nulle.

33

La veuve Buissonnet. — Bonnardon.
— 26 juin 1810. — 1re ch... V'. 253

28. — La prescription, relativement
à la vente du bien dotal, ne court point,
durant le mariage, contre la femme
séparée de biens.
François Faure. — Etienne Eymard.
— 31 août 1818. — Ch. civ. V'. 254

29. — Aucune prescription ne court
contre la femme, même séparée de
biens, pour l'aliénation de ses biens
dotaux, passée par le mari; c'est l'application du principe que la prescription ne court pas contre la femme pour
les actions qui pourraient refluer contre
son mari.
Les mariés Fayard. — Les sieurs
Cloppet père et fils. — 28 mai 1819. —
1re ch.................... V'. 483

30. — Aucune prescription ne peut
courir contre la femme qui est en possession de l'hoirie de son mari, à l'égard
des créances qu'elle a à répéter.
La femme Barnier. — Les sieurs
Keisser et Martin. — 30 mars 1818. —
Ch. civ................... V'. 484

31. — Le mineur a pu se faire restituer contre une vente passée sans formalité de justice, sans être tenu de justifier de la lésion, quoiqu'il ait reçu
une partie du prix. La prescription a
été suspendue par son service militaire.
La veuve Deister. — Le sieur Carillan. — 29 mars 1821. — 1re ch. V'. 490

32. — Aucune prescription, péremption et forclusion ne peuvent être op-

posées au militaire en activité de
service.
Le sieur Chassy. — Le sieur Viriville.
— 6 juin 1821. — 1re ch.... V'. 489

33. — Aucune prescription n'a pu
courir utilement contre le défenseur de
la patrie, et pendant son service militaire en Europe, jusqu'à l'expiration de
trois mois après la publication de la
paix générale. (Loi du 6 brumaire
an 5.)
Lucie Prompsal, femme Chapuis. —
M. Prompsal. — 26 juillet 1828. — 2e
chamb................. J. 4. 179

34. — La loi du 6 brumaire an 5 n'a
pas interrompu ni suspendu la prescription en faveur des militaires; elle
leur a seulement donné le droit de se
faire relever des prescriptions acquises
pendant leur absence, en formant leur
réclamation dans un délai déterminé.
Le baron Polosson. — Les consorts
Escoffier. — 16 juin 1831. — 1re ch.
J. 5. 368

35. — La prescription de dix ans
court en faveur du tiers-détenteur
contre le militaire en activité de service,
dont le domicile est dans le ressort de
la cour royale où l'immeuble est situé.
Puget. — Consorts Primard. — 12
juillet 1834. — 4e ch..... J. 7. 336

36. — Lorsqu'une créance n'est pas
solidaire, mais divisible, la suspension
de prescription qui a eu lieu en faveur
de l'un des créanciers ne profite pas à
l'autre.

Les mariés de Martel. — La commune
de Saint-Symphorien-d'Ozon. — 30
mars 1832. — 2ᵉ ch...... J. 6. 44

37. — La loi du 20 août 1792, qui a
suspendu la prescription pour les droits
corporels et incorporels appartenant à
des particuliers depuis le 2 novembre
1789 jusqu'au 2 novembre 1794, ne
s'applique qu'aux rentes et non point
aux arrérages de prix de ferme.

M. de Murat. — Les frères Figuet.
— 15 mai 1832. — 1ʳᵉ ch.. J. 6. 183

§ 4. — *Temps requis pour prescrire.*

38. — Il était de principe, dans l'ancien droit, que l'on ne prescrivait contre l'église que par quarante ans.

Les hospices de Romans. — Les consorts Chabert. — 3 juin 1830. — 2ᵉ ch.
J. 5. 123

39. — Après une condamnation criminelle, la partie constituée en perte a
une action de trente ans pour réclamer
ses dommages; on ne peut lui opposer
la prescription de cinq ans.

Catherine Dupuis, veuve André. —
Martigni et Decœur. — 3 juillet 1821.
— 1ʳᵉ ch................ Vᵉ. 495

40. — Avant le Code civil, les arrérages de prix de ferme ne se prescrivaient en Dauphiné que par trente ans.

M. de Murat. — Les héritiers Plazanet. — 31 juillet 1824. — 4ᵉ chambre.
J. 1. 403

41. — Antérieurement au Code civil,
les arrérages de prix de loyer n'étaient
prescriptibles que par trente années;
mais depuis le Code ils se prescrivent
par cinq ans.

Le sieur Jubié. — La commune de
Saint-Antoine. — 2 août 1832. — 2ᵉ ch.
J. 6. 256

42. — La prescription décennale ne
peut s'appliquer à l'obligation contractée par l'adjudicataire, de payer son
prix d'adjudication : cette obligation
n'est prescriptible que par trente ans.

Mᵉ Salamand. — La veuve Charmeil
et Mᵉ Charmeil. — 19 mars 1829. — 1ʳᵉ
ch..................... J. 4. 425

43. — Lorsqu'un tiers, prétendant
avoir prescrit, par trente ans de possession, la propriété d'un immeuble,
est obligé, pour compléter ses trente
ans de possession, de se prévaloir de la
jouissance qu'il a eue de cet immeuble
sous l'empire de la loi du 22 novembre
1790, et pendant que la propriété
appartenait à l'état, le temps de cette
jouissance doit être compté proportionnellement à celui qu'exigeait la loi de
1790, pour prescrire contre l'état; il
doit donc être réduit d'un quart, cette
loi exigeant (art. 36) quarante ans de
possession au lieu de trente ans, qui
suffisent sous le Code civil.

La commune de Vercieu. — La demoiselle d'Harancourt. — 9 août 1832.
— 2ᵉ ch................ J. 6. 212

44. — L'action en résolution de la
vente par défaut de paiement du prix
se prescrit par dix ans, de même que
la propriété, en faveur du tiers-acqué-

reur de bonne foi et par juste titre.

Le sieur Rivoire de Labatie. — Les consorts Bouvard. — 4 août 1831. — 2e chamb............... J. 5. 399

45. — La prescription établie par l'art. 189 du Code de commerce n'a trait qu'aux lettres de change et billets à ordre ; elle ne peut s'étendre aux actions résultant d'achats et ventes.

Les frères André. — Alexis Ogier. — 4 février 1826. — 4e ch.... J. 3. 258

46. — Les intérêts du prix d'une vente d'immeubles passée avant la publication du Code civil deviennent, depuis cette époque, prescriptibles par cinq ans.

M. de Laporte. — Le sieur Verger. — 8 juin 1822. — 2e ch... J. 1. 524

47. — Les intérêts du prix de vente d'un immeuble se prescrivent par cinq ans.

Les mariés Bertholon. — Magdeleine Reynaud et autres. — 6 juin 1829. — 2e ch. (1)............... J. 4. 439

48. — Les intérêts d'un prix de vente ne sont pas prescriptibles par cinq ans, lorsque, par l'effet de la notification de la vente aux créanciers inscrits, le prix ne doit être payé qu'ensuite d'un ordre.

Les héritiers Barge de Certeau. — La femme Janon, le sieur Rivoire de Labatie et Alexandre Janon. — 20 janvier 1832. — 2e ch....... J. 5. 554

49. — L'adjudicataire n'est pas recevable à opposer de la prescription quinquennale prononcée par l'art. 2277 du Code civil, pour les intérêts du prix d'adjudication. Ces sortes d'intérêts ne peuvent être considérés comme payables par année ou à des termes périodiques.

D'ailleurs, et dans cette hypothèse, il ne peut exister de présomption de paiement, puisque l'adjudicataire ne peut réellement payer des intérêts aux créanciers avant la clôture de l'ordre.

Me Salamand. — La veuve Charmeil, et Me Charmeil. — 19 mars 1829. — 1re ch. (2)............... J. 4. 425

---

(1) Attendu sur la deuxième question, que l'article 2277, qui déclare prescriptible par cinq ans les intérêts des sommes prêtées, et généralement tout ce qui est payable par année, embrasse tous les cas ; que l'article 1652 du Code civil ne contient aucune disposition spéciale d'où l'on puisse induire qu'en cas de vente, l'acquéreur ne puisse pas se prévaloir de la prescription de cinq ans, puisque cet article, en obligeant d'une manière générale l'acheteur à payer l'intérêt du prix de la vente jusqu'au paiement du capital, n'a pas fixé d'une manière précise la durée de cette obligation, qui a été limitée par l'article

2277 précité : d'où il suit que la prescription de cinq ans s'applique à la somme de 1,500 francs portée en l'acte du 30 octobre 1808, de même qu'aux sommes dérivant des actes des 16 frimaire an 9 et 2 complémentaire an 11.

(2) Attendu que l'adjudicataire, qui est tenu de payer son prix d'adjudication entre les mains des créanciers, et ce avec intérêts du jour fixé par le cahier des charges, ne peut, dans aucun cas, exciper d'un retard plus ou moins long, à l'effet de parvenir à la distribution du prix, pour retenir les intérêts qu'a produits le prix d'adjudication, en se

50. — L'acquéreur sur aliénation volontaire d'un immeuble ne peut opposer aux créanciers inscrits la prescription de cinq ans des intérêts du prix, lors même que la réquisition d'ouverture d'ordre serait postérieure de bien plus de cinq ans à la notification du contrat aux créanciers inscrits. L'article 2277 n'est pas applicable à ces intérêts, qui ne peuvent être considérés comme payables par année ou à des termes périodiques.

Long et consorts. — Antoine Maurel. — 30 août 1833. — 4ᵉ ch. J. 6. 497

51. — L'art. 2273 du Code civil, qui limite à deux ans l'exercice de l'action des avoués pour le paiement de leurs frais et émoluments dans les procès terminés, ne s'applique qu'au cas où l'action est exercée directement par l'avoué contre son client, et non pas au cas où l'avoué a obtenu distraction à son profit des dépens adjugés à son client, et agit en vertu de cette distraction contre la partie adverse condamnée aux dépens. Alors l'avoué tient la place

---

fondant sur la prescription de cinq ans, prononcée par l'article 2277 ; car, d'un côté, ces intérêts ne sont nullement payables par année, ou à des termes périodiques, condition nécessaire exigée pour la prescription de cinq ans ; et d'un autre côté, non-seulement il n'existe aucune présomption de paiement, qui est le fondement de toute prescription, mais encore il y a preuve et aveu que l'adjudicataire n'a payé ni pu payer des intérêts aux créanciers avant la fin de l'ordre qui n'est pas encore terminé.

de son client, et il a l'action *judicati*, qui dure trente ans.

Mᵉ Garriel, avoué. — Le sieur Perret. — 22 juillet 1814. — 2ᵉ ch.
V·. 494

52. — Le fournisseur n'étant ni hôtelier ni traiteur, on ne peut lui opposer de la prescription portée par l'art. 2271 du Code civil.

Les frères André. — Alexis Ogier. — 4 février 1826. — 4ᵉ ch. J. 3. 258

53. — La prescription portée contre les médecins, par l'art. 2272 du Code civil, ne part que du jour de la dernière visite.

Le sieur Civate. — Curnier-Lavallette. — 24 juin 1818. — Chamb. civ.
V·. 4₉₅

§ 5. — *Prescription en matière criminelle.*

54. — Est nul le jugement rendu sur un exploit également nul ; ni l'un ni l'autre n'ont l'effet d'interrompre la prescription d'un délit.

Le sieur Marcel. — Le ministère public. — 18 août 1824. — Ch. correct.
J. 1. 536

55. — La prescription de l'action publique et de l'action civile, établie par les art. 637 et 638 du Code d'instruction criminelle, s'applique non-seulement aux faits à raison desquels il y a eu des actes de poursuite ou d'instruction non suivis de jugement, mais encore aux faits pour lesquels un jugement a été rendu, lorsqu'il y a eu

appel de ce jugement et qu'un intervalle suffisant s'est écoulé depuis cet appel.

M. le procureur-général et André Archier. — Antoine Giroud-Campin, Jean-Jacques Bonnard et Joseph Berton. — 23 juin 1830. — Ch. correct.
J. 5. 472

V. Action dotale. — Action publique.— Augment.—Billet a ordre. — Cohéritier. — Dépens. — Dot. — Eaux. — Émigrés. — Faux. — Hypothèque. — Légitime. — Mineur. — Péremption. — Rentes. — Séparation de patrimoines. — Servitudes. — Succession. — Testament. — Usage. — Usure.

PREUVE LITTÉRALE.

1.—Exploit.—Contrôle.—Relation.

L'extrait des registres du contrôle qui relate un exploit ne dispense pas de sa représentation.

Veuve Albert. — Bernard. — 11 juillet 1810, ... V°. 9

V. Paiement.

PREUVE TESTIMONIALE.

1. — Acte. — Contrat de mariage.

Ce serait permettre la preuve testimoniale contre et outre le contenu aux actes que de permettre à un mari de prouver que sa femme s'est emparée, après son divorce, des effets qu'elle s'était constitués, pour trousseau, dans son contrat de mariage.

Coche. — Bied. — 1er juin 1810. — 2e chamb................. V°. 13

2. — Acte. — Donation déguisée. — Tiers.

La preuve par témoins qu'un acte contient une donation déguisée peut être faite par les tiers.

Saugnier. — Morel. — 26 décembre 1811. — 1re ch............. V°. 17

3. — Acte. — Soustraction.

On ne peut admettre la preuve par témoins de la soustraction d'un acte sous seing privé, contenant vente d'un objet au-dessus de la valeur de 150 fr.

Lardaud. — Belle. — 5 août 1808. — 2e sect................... V°. 14

4. — Acte. — Tiers.

La prohibition de prouver contre et outre le contenu aux actes ne s'applique pas aux tiers.

Morestin et Peyronnet — De Leytermoz. — 18 décembre 1811. — 1re ch.
V°. 17

5. — Bail verbal.

La preuve testimoniale sur la durée ou les conditions d'un bail verbal est inadmissible, lors même que ce bail aurait reçu un commencement d'exécution.

Antoine Mesly. — Etienne Tabalet. — 14 mai 1825. — 4e ch. (1). J. 2. 252

---

(1) Attendu que, dans le sens de l'article 1715 précité, s'il y a contestation sur l'existence ou les conditions d'un bail verbal, une

6. — *Commencement de preuve par écrit. — Billet. — Femme.*

La preuve testimoniale du profit que le mari aurait pu retirer d'un billet souscrit par sa femme, non autorisée, n'est pas admissible sans un commencement de preuve par écrit.

Albert. — Thomé. — 20 juillet 1824. — 1ʳᵉ chamb. (1) . . . . J. 1. 189

---

semblable contestation ne peut jamais être l'objet d'une preuve testimoniale, quelque modique que soit le prix du bail allégué, c'est-à-dire quand même il serait au-dessous de 150 francs, sauf à déférer le serment à celui qui nie;

Attendu qu'il est si vrai que l'article 1715 du Code civil est prohibitif de la preuve par témoins, dans le cas même où le preneur serait entré en jouissance de la chose louée, et où, par conséquent, le bail verbal aurait reçu un commencement d'exécution, que l'article 1716, prévoyant le cas d'une contestation sur le prix, après une jouissance de plus d'une année, dispose que, s'il n'existe point de quittance, le propriétaire en sera cru sur son serment, si mieux n'aime le locataire demander l'estimation par experts;

Attendu qu'il ne pouvait entrer dans la pensée du législateur d'admettre la preuve testimoniale pour justifier l'assertion de l'une des parties, qu'un bail verbal, qui aurait reçu exécution, aurait été passé, non pour trois ou six ans, comme le soutiendrait l'autre partie, mais pour dix, quinze ou vingt ans, alors même que le prix s'élèverait à 10, 15 ou 20,000 francs, et faire ainsi dépendre d'une semblable preuve la durée d'un bail important, la décision d'une contestation à laquelle se rattacheraient d'aussi grands intérêts.

(1) Attendu que la femme en puissance de mari, et mariée sous le régime dotal, ne peut pas s'obliger; qu'en le faisant, elle ne peut

7. — *Don manuel.*

La preuve testimoniale d'un fait tendant à constater, soit la remise volontaire d'un titre, soit celle d'un don manuel, lorsqu'il s'agit d'une somme excédant 150 fr., et qu'il n'y a point de commencement de preuve par écrit, est inadmissible.

Le sieur et la dame Coâme. — Le sieur Poncet-Chambard. — 20 janvier 1826. — 2ᵉ ch . . . . J. 2. 447

8. — *Jeu. — Dette.*

La preuve testimoniale est admissible

---

obliger son mari ni diminuer la dot pendant le mariage; que la femme ne peut réclamer des aliments que dans le domicile marital, et ne peut obliger le mari pour ceux qu'elle prend hors de ce domicile;

Attendu que l'article 1341 du Code civil exige qu'il soit passé acte de toutes choses excédant 150 francs; qu'il n'est présenté aucune obligation d'Albert; qu'on ne peut exciper des dispositions de l'art. 1347 du même Code, en prétendant qu'il résulte de l'obligation de la femme Albert un commencement de preuve par écrit contre son mari, le billet de la femme étant émané d'une personne qui représente le mari; que la femme ne peut représenter le mari, ou autrement elle pourrait obliger le mari, ce qui est contre les principes du droit;

Qu'on ne peut non plus exciper dans la cause des dispositions de l'article 1312 du Code civil, et par le même motif; que d'ailleurs l'obligation de la femme Albert a été annulée par l'arrêt de la cour du 25 mars 1820; que cette nullité ne provient pas de la contexture du billet, mais de la nature de l'obligation; qu'ainsi Thomé a à s'imputer de s'être obligé pour une femme qui ne pouvait s'obliger envers lui ni obliger son mari contre et outre le contenu aux actes , lorsqu'il s'agit de dette de jeu , et même de jeu de billard, qui n'est point compris dans l'exception de l'art. 1966 du Code civil.

Romieux et Roux. — Pierre Jean, dit Landre. — 6 décembre 1823. — 2ᵉ chamb................. J. 1. 79

9. — *Meubles*. — *Tradition*.

La tradition d'un meuble en fait présumer la vente verbale , nonobstant la vente faite postérieurement à un tiers , par acte authentique , sans tradition.

Ainsi, dans le concours d'une vente verbale et d'une vente authentique du même objet, on doit admettre la preuve testimoniale de la tradition qui aurait été faite par suite de la première vente, lors même que la valeur de l'objet excède 150 fr.

François Mourier. — Carrichon , Barret et autres. — 19 décembre 1815. — 1ʳᵉ ch................. J. 2. 481

10. — *Serment décisoire*.

La prestation du serment décisoire ne s'oppose à l'admission de la preuve testimoniale , qu'autant qu'il a été prêté tel qu'il a été retenu.

Meunier Carus. — Caille. — 24 août 1810. — 2ᵉ chamb......... Vᵉ. 19

11. — *Signature*.

Une signature étant reconnue , celui auquel on l'oppose peut demander à prouver qu'elle lui a été surprise.

Veuve Roux. — Roux. — 25 janvier 1815. — 1ʳᵉ ch............. Vᵉ. 20

12. — *Vente*.

Est admissible la preuve testimoniale qui a pour objet de constater des achats et ventes , en matière commerciale.

Les frères André. — Alexis Ogier. — 4 février 1826. — 4ᵉ ch.... J. 3. 258

V. BAIL. — CHASSE. — COMMENCEMENT DE PREUVE PAR ÉCRIT. — DOL. — DONATION DÉGUISÉE. — GARDE FORESTIER. — INJURES. — PROCÈS-VERBAL. — SÉPARATION DE CORPS. — SOCIÉTÉ. — TESTAMENT.

PRÉVENU. — V. ACTION PUBLIQUE. — COPIE DE PIÈCES. — INTERROGATOIRE. — LIBERTÉ PROVISOIRE. — MANDAT D'AMENER.

PRISE A PARTIE.

1. — *Ordre illégal*.

La prise à partie peut , selon les circonstances , être exercée contre l'auteur d'un ordre illégal.

Le sieur Boisson. — La fille Genton et le ministère public. — 4 décembre 1823. — 4ᵉ chamb........ J. 1. 54

PRIVILÉGE.

1. — *Bail à ferme*.

Les objets qui garnissent la ferme sont affectés au privilége du bailleur, alors même qu'ils appartiennent à la femme du fermier, si cette dernière n'a pas donné connaissance au propriétaire des droits qu'elle avait à la propriété de ces objets.

Les consorts Massonnet. — Les mariés Duvert. — 4 août 1832. — 2ᵉ ch.
J. 6. 217

2. — *Donation.* — *Réserve.* — *Prélèvement.*

Lorsqu'une donation de tous les biens immeubles et de quelques effets mobiliers est faite sous la réserve de diverses sommes d'argent, on a, pour le paiement de ces sommes réservées, un véritable droit de prélèvement, à titre de privilége, sur les biens compris dans la donation.

Les frères Anthouard. — La dame Marchon, les sieurs Ferrier et Lesbros. — 29 mars 1827. — 1ʳᵉ ch.. J. 4. 12

3. — *Frais d'acte.* — *Notaire.* — *Honoraires.*

Le privilége du vendeur s'étend au recouvrement des déboursés qu'il a faits ou qu'il est obligé de faire pour le droit d'enregistrement de l'acte de vente. Ce privilége ne s'étend pas aux honoraires du notaire.

La dame de Belmont. — Les créanciers Guilloud. — 17 janvier 1821. — 2ᵉ ch.................... Vᵗ. 521

4. — *Intérêts.* — *Inscription.*

L'inscription prise pour la conservation d'une créance privilégiée ne conserve rang que pour deux ans d'intérêts à venir, outre l'année courante, comme celle d'une créance hypothécaire.

La femme Pradelle. — Les mariés de la Bruyère. — 24 janvier 1814. — 1ʳᵉ ch........ .... Vᵗ. 520

5. — *Maison.* — *Possession.* — *Reconstruction.* — *Vente.*

Le possesseur d'une maison qui y a fait des reconstructions et améliorations ne peut en demander le remboursement à l'adjudicataire qui l'a achetée telle qu'elle était au moment de l'adjudication. — Son action n'existe que contre le propriétaire.

Philibert Cordou. — François Morel. — 1ᵉʳ fructidor an 8. — 1ʳᵉ sect.
Vᵗ. 524

6. — *Ouvriers.* — *Effets mobiliers.* — *Nantissement.*

Les ouvriers n'ont privilége sur les marchandises ouvrées, qu'autant qu'ils les détiennent encore ; celles qu'ils reçoivent à ouvrer ensuite ne peuvent être affectées au paiement de ce qui était dû aux ouvriers pour le travail fait aux marchandises vendues, s'il n'y a eu convention formelle à ce sujet.

Les syndics de la faillite Ferlay. — Des créanciers de la faillite. — 14 janvier 1815. — 2ᵉ ch........ Vᵗ. 508

7. — *Vendeur.* — *Effets mobiliers.* — *Immeubles par destination.*

Le privilége attribué par l'art. 2102 du Code civil au vendeur d'effets mobiliers non payés sur le prix de ces effets, ne peut s'exercer lorsque ces mêmes effets sont devenus immeubles par destination.

La veuve Mazade. — Les sieurs Leydier, Colombier et autres. — 18 janvier 1833. — 2ᵉ ch........... J. 6. 323

8. — *Vente*. — *Transcription*.

L'art. 37 de la loi du 11 brumaire an 7, qui ordonne l'inscription des priviléges et hypothèques dans un certain délai, à peine de perdre leur rang, ne doit pas être appliqué au vendeur qui a aliéné sous l'édit de 1771 ; le privilége subsiste tant que l'acquéreur n'a pas fait transcrire.

Les frères et sœurs Roche. — Les créanciers du sieur Josserand. — 11 août 1808. — 2ᵉ sect....... Vᵗ. 512

Arrêt contraire :

Louis Buttard. — François Menon. — 29 janvier 1819. — 2ᵉ ch. (1).
Vᵗ. 513

9. — Le vendeur peut en tout temps exercer son privilége, pourvu que préalablement il fasse transcrire son acte de vente : il le peut, encore que depuis la vente non transcrite l'acquéreur ait été exproprié, et que l'adjudicataire ait fait transcrire l'acte d'adjudication.

Bernard. — Barcy. — 8 février 1810. — 2ᵉ ch.................. Vᵗ. 514

V. Dépens. — Séparation de patrimoine. — Société.

PRIX. — V. Bail. — Vente.

PROCÈS-VERBAL.

1. — *Affirmation*. — *Copie*.

Le procès-verbal est un acte entièrement distinct et séparé de celui de l'affirmation ; il n'y a pas nécessité de donner au prévenu copie de l'affirmation ; une semblable omission ne peut entraîner aucune peine de nullité, alors que le procès-verbal a été réellement recensé sur l'original.

L'administration forestière. — Magdeleine Colomb-Plant, et Vierge, veuve Collomb. — 22 avril 1819. — Chamb. correct.'................ J. 3. 350

---

(1) Attendu que le but principal, et pour ainsi dire unique, du système hypothécaire établi par les lois de messidor an 3 et du 11 brumaire an 7, fut de donner aux hypothèques et aux priviléges une publicité telle que les tiers ne pussent être trompés lorsqu'on leur affecterait un immeuble pour gage du remboursement de leurs créances ;

Que ce but, bien loin d'être atteint, aurait été absolument manqué si les vendeurs antérieurs à la loi eussent pu se dispenser de se conformer aux dispositions des articles 2, 37, 38 et 39 de la loi, et être assimilés aux vendeurs dont il est question dans les articles 14, 44 et 49, qui n'avaient pas besoin de faire inscrire ; qu'il est sensible que la raison de la différence était que la transcription des actes passés par les vendeurs antérieurs à la loi, ne pouvant pas être à la charge des acquéreurs, puisque cette formalité n'était pas nécessaire à l'époque du contrat pour opérer la transmission de la propriété, il devenait d'une nécessité absolue d'obliger ces vendeurs à prendre inscription, pour donner à leurs créances la publicité qu'on voulait atteindre ; tandis qu'à l'égard des vendeurs postérieurs, cette formalité devenait inutile, puisque la transmission ne s'opérant que par la transcription, l'inscription d'office, prise par le conservateur pour la partie du prix non payée, conservait les droits du vendeur postérieur, et leur donnait toute la publicité voulue par la loi.

2. — *Affirmation*. — *Effet*.

L'acte d'affirmation n'a d'autre objet que d'établir aux yeux de la justice la foi due au procès-verbal.

L'administration forestière. — Magdeleine Collomb - Plant , et Vierge , veuve Collomb. — 22 avril 1819. — Ch. correct.......... ... J. 3. 350

3. — *Affirmation*. — *Garde général*.

Les procès-verbaux des gardes généraux forestiers ne sont pas soumis à l'affirmation , et les gardes forestiers particuliers ne sont obligés d'affirmer en justice que les procès-verbaux dressés par eux , et non ceux dressés par les agents supérieurs de l'administration , qu'ils assistent comme auxiliaires.

L'administration forestière.—Claude G.... et autres. — 15 février 1827. — Chamb. correct.......... J. 3. 391

4. — *Affirmation*. — *Nullité*.

La mention du lieu où l'affirmation du procès-verbal a été faite n'est pas exigée à peine de nullité.

L'administration forestière.—Pélard et consorts.—15 juin 1826.—Chamb. correct................ J. 3. 100

5. — *Douanes*. — *Inscription de faux*. — *Preuve testimoniale*.

Le procès-verbal des préposés aux douanes ne renfermant que des énonciations qui ne reposent que sur de simples conjectures , et non point sur un fait positif, peut être attaqué par la preuve testimoniale ; il n'est pas besoin de s'inscrire en faux.

L'administration des douanes. — Joseph Pernard.—24 septembre 1823. — Chamb. correct....... J. 1. 130

6. — *Ecriture*. — *Mention*. — *Nullité*.

Est nul le procès-verbal d'un garde forestier qui n'a pas été écrit par ce garde, et qui ne fait pas mention de la personne par laquelle il a été écrit.

Jacques C.... — L'administration forestière. — 1er février 1827. — Ch. correct................ J. 3. 514

7. — Est nul le procès-verbal d'un garde forestier qui n'est écrit ni par ce garde, ni par les personnes désignées par la loi, pour le cas où le garde n'a pas pu écrire lui-même.

Claude R.... et autres. — L'administration forestière. —1er février 1827. —Chamb. correct....... J. 3. 515

8. — *Garde forestier*. — *Preuve testimoniale*.

Les juges doivent admettre la preuve qui est offerte contre le procès-verbal dressé par un seul garde forestier , lorsque le délit emporte une condamnation au-dessus de 100 fr. ; c'est la nature du délit et non la conclusion ou la condamnation qui doit servir de base , pour distinguer les procès-verbaux qui font foi par eux-mêmes , de ceux qui ont besoin d'une preuve supplétive.

Charmet. — Albertin et Malossane. — 10 novembre 1824. — Ch. correct. J. 1. 468

9. — *Surcharge. — Nullité.*

Un procès-verbal qui contient une surcharge non approuvée , sur un mot important, est nul.

L'administration forestière. — Le sieur B.... — 2 janvier 1827. — Ch. correct................ J. 3. 393

10. — *Violation de domicile. — Nullité.*

Un procès-verbal dressé par un garde forestier qui s'est introduit dans le domicile du prévenu sans l'assistance de l'autorité compétente ne peut être annulé par ce motif, si le garde n'est entré chez le prévenu que du consentement de ce dernier.

L'administration forestière. — Le sieur B.... — 2 janvier 1827. — Ch. correct................ J. 3. 393

V. Délit forestier.

PROCURATION. — V. Mandat.

PROCUREUR DU ROI. — V. Action publique. — Chambre du conseil. — Délit forestier. — Garde forestier. — Préfet.

PROMESSE DE VENTE.

1. — *Droit de prélation. — Inexécution.*

La clause portant promesse en faveur de quelqu'un de lui vendre, par préférence , une propriété moyennant un prix convenu, dans le cas où l'on se déciderait à aliéner cette propriété , ne

peut être considérée que comme un droit de prélation , et non comme une promesse de vente; l'inexécution de cette clause se résout en dommages-intérêts.

Le sieur Commandeur. — Balthazard Pélisson et le sieur Carriol. — 23 mai 1829. — 4ᵉ ch. (1)..... J. 5. 44

PROPRIÉTÉ. — V. Communes.

PROTÊT. — V. Aval. — Effets de commerce.

PUISSANCE PATERNELLE.

1. —Avant le Code, le père pouvait, en Dauphiné, en vertu de sa puissance

---

(1) Attendu que la clause insérée dans l'acte du 21 novembre 1827, par laquelle Pelisson promet de passer vente par préférence à Commandeur de la propriété qui donne lieu à la contestation , moyennant un prix convenu , dans le cas où il se déciderait à aliéner ledit immeuble , ne peut être considérée que comme un droit de prélation , stipulé au profit de Commandeur, et non comme une promesse de vente , ayant , aux termes de l'article 1589, tous les effets d'une vente ; que si on voulait lui donner ce caractère , il serait impossible de ne pas reconnaître qu'elle serait alors subordonnée à une condition potestative , puisque promettre de vendre, si l'on se décide à vendre, c'est faire dépendre l'exécution de son obligation d'un fait dépendant de sa volonté, c'est en effet ne rien promettre ;

Attendu que , suivant une jurisprudence constante , fondée sur les dispositions de l'article 1142 du Code civil , l'inexécution d'une clause de préférence se résout en dommages-intérêts.

paternelle , non-seulement partager , mais encore aliéner et hypothéquer, pour de justes causes et sans décret de juge , les biens de ses enfants dont il avait l'usufruit.

Mᵉ François Long et les consorts Manuel.—Les consorts Ruelle et Gonssolin. — 25 juillet 1827. — 1ʳᵉ chamb.

J. 3. 516

PURGE D'HYPOTHÈQUE.

1. — *Certificat irrégulier. — Inscription omise. — Action hypothécaire. — Possesseur. — Garantie.*

Le certificat du conservateur, délivré avant la transcription de la vente, n'a pas l'effet de purger l'immeuble des inscriptions hypothécaires omises dans ce certificat ; pour qu'il puisse avoir toute son efficacité, il faut qu'il soit délivré après la transcription ; ainsi, le créancier dont l'inscription a été omise peut exercer l'action hypothécaire contre le possesseur , lors même que ce dernier a payé son prix de vente aux créanciers indiqués dans le certificat ; en ce cas, la garantie exercée par le possesseur contre le conservateur ne peut être admise qu'en cas d'insuffisance du prix ou des autres biens du débiteur.

Antoine Chauvin. — Joseph Girard et M. Pérard.—Arrêt du 21 août 1822. — 1ʳᵉ chamb............ J. 1. 488

2. — *Frais. — Hypothèque légale.*

Les frais faits par l'acquéreur pour purger les hypothèques légales ne sont point à la charge du vendeur, ni alloués par la loi aux acquéreurs ; ils sont considérés comme accessoires des frais d'acquisition et le complément du titre.

De Vertrieu. — Veuve Faure et autres. — 15 juin 1812. — 2ᵉ chamb.

Vˢ. 334

3. — Les frais de purgation de l'hypothèque légale sont à la charge de l'acquéreur.

Berger Perrière. — Boissonnet et Savey. — 24 mars 1824. — 2ᵉ chamb.

J. 1. 187

V. Hypothèque légale.

QUITTANCE. — V. Paiement.

QUOTITÉ DISPONIBLE. — V. Donation. — Donation déguisée. — Succession. — Testament.

RAPPORTS.—V. Donation. — Succession.

RATIFICATION. — V. Acquiescement. — Acte sous seing privé. — Contrat. — Donation. — Simulation.

RÉCIDIVE.

1. — *Condamnation.*

Il n'y a récidive, dans le sens de l'art. 57 du Code pénal , qu'autant que la condamnation précédente est devenue définitive et n'est plus susceptible de réformation à l'époque où le second délit a été commis.

Jean-François G...... — Le procu-

reur-général. — 20 septembre 1826.
— Chamb. correctionnelle. J. 3. 133

2. — *Peine.* — *Loi du 25 juin 1824.*

Les dispositions modificatives de la loi du 25 juin 1824 ne sont pas applicables à l'individu condamné an térieurement à une peine afflictive ou infamante.

Le ministère public. — Pierre P....
— 27 juillet 1824 (1)...... J. 1. 323

V. Délit forestier.

RÉCONCILIATION. — V. Séparation de corps.

RECONNAISSANCE. — V. Enfant naturel.

RECRUTEMENT.

1. — *Substitution frauduleuse.* — *Délit.*

Celui qui se fait admettre dans un régiment, en prenant de faux noms dans l'acte d'incorporation, se rend coupable du délit prévu par l'art. 43 de la loi du 21 mars 1832.

M. le procureur-général. — Germain et Dolin. — 27 septembre 1834.
— Chamb. correctionnelle. J. 7. 343

RÉCUSATION.

1. — *Audition des parties.*

En matière de recusation de juges,

---

(1) *Nota.* Cette décision n'est maintenant d'aucune application , la loi du 25 juin 1824 se trouvant abrogée par la loi modificative du Code pénal rendue en 1832.

les parties ne devant pas être appelées , le demandeur en récusation ne doit pas être entendu après le rapporteur.

M. S.... — M. R...., juge. — 13 février 1826. — 1re chamb. J. 2. 527

RÉDUCTION. — V. Donation. — Legs.

RÉFÉRÉ.

1. — *Appel.* — *Conclusion au fond.*

La cour royale , saisie de l'appel d'une ordonnance en référé , n'est pas régulièrement saisie pour prononcer sur des conclusions au fond.

M. Argentier. — Joseph - Sylvain Provin. — 1er novembre 1829. — 1re chamb.................. J. 5. 77

RÈGLEMENT DE JUGES.

1. — *Juridiction.* — *Conflit négatif.* — *Incompétence.*

Lorsqu'un tribunal correctionnel et un tribunal de police se déclarent incompétents , on doit se pourvoir en règlement de juges devant la cour de cassation, et non devant la cour royale, quoique les deux tribunaux entre lesquels existe ce conflit négatif soient situés dans le ressort de cette dernière cour.

François Roudet-Corneille. — Jean-Baptiste Bernard. — 21 septembre 1825. — Chamb. correctionnelle.

J. 2. 313

V. Conflit.

RÉMÉRÉ.

1. — *Action en réméré.* — *Concilia-*
tion. — *Etranger.*

Une assignation à bref délai, dont
le but est de faire admettre une demande en réméré d'immeubles vendus
avec faculté de rachat, n'étant qu'un
moyen pour parvenir au retrait, n'est
point soumise à l'épreuve de la conciliation, surtout si le défendeur est domicilié en Savoie, où il n'y a point de
juge de paix, ce qui rend cette épreuve
impossible.

Jacques Bori. — François Rolland.
— 15 mai 1823. — 2ᵉ ch.. J. 1. 361

2. — *Cohéritier.* — *Renonciation.—*
— Divisibilité.

Un seul des cohéritiers du vendeur à
pacte de rachat peut-il exercer le réméré pour la totalité de l'immeuble
vendu, ou seulement pour la part lui
revenant dans la succession, lorsque
tous les autres cohéritiers ont formel-
ment renoncé au rachat pour ce qui
les concerne? (Art. 1699, 1970, Cod.
civ.) — Décidé qu'il le peut seulement
pour la part lui revenant.

Jacques Brun. — Bonnafous et Brun.
—24 juillet 1834.—1ʳᵉ ch.. J. 7. 289

3. — *Délai.* — *Déchéance.*

On ne peut stipuler une faculté de
rachat indéfinie; elle s'éteint au-delà
de cinq ans; arrivée à ce terme, la déchéance est encourue irrévocablement
si le vendeur n'a pas remboursé ou fait
des offres réelles.

Dominique Grimaud. — Jean-Augustin Bonthoux.—29 novembre 1826.
— 1ʳᵉ chamb.......... .... J. 3. 224

4. — *Délai.* — *Offres réelles.* —*Rem-*
boursement.

D'après le droit romain et la jurisprudence du parlement de Grenoble,
le vendeur qui avait laissé expirer le
délai de réméré sans faire des offres
réelles ou sans effectuer le remboursement du prix stipulé était déchu de
droit de la faculté de rachat.

Les cohéritiers Reynier. — Les cohéritiers Germain-Bonne. — 16 mars
1826. — 1ʳᵉ chamb........ ... J. 3. 8

5. — Il n'est pas nécessaire, pour
exercer utilement le pacte de réméré,
que la demande qui en est faite par le
vendeur soit accompagnée d'offres
réelles ou du remboursement effectif
de ce qui est dû à l'acquéreur; il suffit
qu'il ait été exercé avant l'expiration
du délai stipulé dans la vente.

La veuve Arnaud. — Jean-Baptiste
Arnaud. — 29 juin 1820. — 2ᵉ chamb.
J. 2. 495

6. — *Savoie.* — *Offre.* — *Preuves*
par témoins.

En Savoie, le vendeur, sous pacte
de réméré, n'encourt pas la déchéance
de la faculté de rachat s'il offre le remboursement du prix à l'acquéreur, en
présence de témoins : la preuve testimoniale d'une pareille offre est admissible.

Jacques Bori. — François Rolland-

— Arrêt du 15 mai 1823. — 2ᵉ chamb.

J. 1. 361

REMPLACEMENT MILITAIRE.

1. — *Clause résolutoire.*

La clause par laquelle le remplaçant promet de rendre le prix de l'engagement, si le remplacé est appelé au service, ne se vérifie pas par le simple appel du remplacé, non suivi d'un service effectif.

Jean Bet père et fils. — Frères Marthelon et autres. — 18 janvier 1819. — 1ʳᵉ chamb.

Arrêt conforme :

Illy. — Patras. — 30 juillet 1817. — Chamb. civ. . . . . V·. 166

2. — *Compagnies d'assurance. — Contrat. — Action.*

Le remplaçant au service militaire n'a aucun recours contre le remplacé, pour obtenir le paiement du prix de remplacement, lorsqu'il a traité, non avec lui, mais bien avec un tiers : par exemple, une compagnie d'assurance qui s'est engagée à faire le remplacement, et s'est obligée à en payer le prix au remplacé ; peu importe que le remplaçant ait été présenté au conseil de révision par le remplacé.

Julien et Pierre Garnier. — Jean Chivert. — 11 janvier 1831. — 1ʳᵉ ch. Arrêt conforme :

Joseph Benoît. — Benoît Dalmais-Ginet. — 13 avril 1831. — 2ᵉ ch. (1).

J. 5. 286

3. — Les engagements contractés envers une société de remplacements militaires sont valables, quoique cette société ne soit pas autorisée par le gouvernement.

Les héritiers Filleul. — La veuve Tatin et le sieur Maumet. — 21 janvier 1835. — 1ʳᵉ chamb. (2). . . . J. 7. 493

4. — *Désertion. — Contrat. — Nullité.*

Le fait de désertion est une infrac-

---

(1) Attendu que Dalmais-Ginet, en contractant avec la compagnie Genin, a suivi la foi de cette compagnie, qu'il est devenu son homme et non celui de Benoît, et qu'il ne peut avoir de recours contre elle ;

Attendu que la présence de Benoît, lors de l'acte administratif de remplacement, présence qu'auraient nécessité les lois sur le remplacement militaire, ne pourrait établir, au profit de Dalmais-Ginet, un quasi-contrat de la part de Benoît, alors qu'avant cet acte de remplacement il était intervenu, entre la compagnie Genin et Dalmais-Ginet, un acte par lequel ledit Dalmais-Ginet s'était engagé envers elle au remplacement de Benoît; qu'il ne peut, en un mot, exister de quasi-contrat qu'en l'absence de conventions formelles qui aient réglé les droits des parties.

(2) Attendu que les lois sur le recrutement de l'armée ont autorisé les remplacements militaires ; que tout majeur est tenu des engagements par lui contractés ; que si bien l'ordonnance du 14 novembre 1821 ne permet l'existence des compagnies de remplacements militaires qu'autant qu'elles auront été autorisées par le roi, catégorie dans laquelle ne se trouve pas la compagnie Maumet, cette disposition, opposable par le gouvernement aux compagnies de remplacements, ne saurait être invoquée par les parties elles-mêmes qui ont traité avec ces compagnies, ont profité de leurs avances, et dont les conventions sont expressément soumises aux règles et formalités du droit commun.

tion à l'exécution du contrat d'engagement qui le rend nul, et prive le remplaçant du droit de demander une indemnité, lors même qu'il a obtenu sa grâce, et qu'il est rentré dans le corps dont il faisait partie.

François Gachet. — Joseph Normand — 23 juillet 1824 — 1re ch.

J, 1. 190

5. — *Erreur. — Nullité. — Dommages.*

Lorsqu'un acte de remplacement a été passé à la suite d'un appel fait par erreur à celui qui se fait remplacer, cet acte est nul comme étant le fruit de l'erreur ; cependant, il est dû des dommages au remplaçant à raison de l'inexécution du contrat.

Nicolet. — Arnaud et Heyraud. — 7 août 1811. — 4e ch...... V^s. 166

6. — *Étranger. — Libération.*

Le remplaçant, devenu étranger, a pu quitter les drapeaux, en vertu d'un certificat de bonne conduite, et il est en droit de demander le prix d'un remplacement.

Roche. — Larin. — 22 mars 1816. — 2e ch................. V^s. 168

7. — *Prix. — Contrat. — Validité.*

Il n'y a rien d'illicite dans le prix convenu pour procurer un remplaçant à un conscrit.

Les enfants Cara. — Les sieurs Rolland et Durand. — 17 août 1817. — 3e chamb................. V^s. 169

Arrêt conforme :

Chapet. — Escoffier. — 19 février 1819. — 2e chamb........ V^s. 170

8. — *Substitution de numéro. — Rappel. — Loi postérieure.*

Lorsque dans un acte de substitution de numéro les parties ont stipulé une clause résolutoire, au cas de rappel, cette clause ne peut avoir trait qu'à un rappel fait pour compléter le contingent de la conscription, pour lors existante, et non à un rappel fait par suite d'un sénatus-consulte postérieur qu'on ne peut présumer avoir été prévu par les parties.

Urdy. — Les héritiers Benoit. — 29 juillet 1816. — Ch. civ..... V^s. 167

RENONCIATION. — V. Donation — Legs. — Succession.

RENTES.

1. — *Action réelle. — Action personnelle. — Prescription.*

En Dauphiné, et sous la jurisprudence de son parlement, lorsque l'action personnelle se joignait à l'action réelle, la prescription des rentes ne pouvait s'acquérir que par le laps de quarante ans.

Les consorts Besson. — M. Clémaron. — 10 juillet 1829. — 2e chamb.

J. 5. 7

2. — *Albergement. — Déguerpissement.*

D'après les anciens principes, l'albergataire qui ne payait pas la rente était soumis au déguerpissement des immeubles albergés.

Veuve Bergoin. — Vargoz et Mathian. — 13 février 1833. — 1re ch.

J. 7. 63

3. — *Albergement. — Tiers-acquéreurs. — Arrérages.*

Les acquéreurs successifs de l'immeuble albergé sont soumis aux mêmes obligations que l'albergataire, et le possesseur actuel de l'immeuble soumis à la rente est passible des arrérages échus et de tous les frais faits par le créancier contre les possesseurs antérieurs.

Veuve Bergoin. — Vargoz et Mathian. — 13 février 1833. — 1re ch.

J. 7. 63

4. — *Arrérages. — Prescription.*

Les arrérages de rentes foncières se prescrivent par cinq ans.

Les consorts Besson. — M. Clémaron. — 10 juillet 1829. — 2e chamb.

J. 5. 7

5. — *Conversion en capital.*

Lorsque dans un contrat ancien de constitution de rentes, il est dit que la conversion du capital en dette à jour aura lieu, à défaut par le débiteur de payer les arrérages pendant trois ans, on ne peut appliquer l'art. 1912 du Code civil, qui ordonne le remboursement du capital, faute de paiement pendant deux ans seulement.

Vincent Roybet. — Consorts Roybet. — 30 août 1817. — Ch. civ.. V°. 531

6. — *Féodalité.*

Celui qui, plaidant pour ne pas payer une rente féodale, vend l'immeuble affecté à la rente, et charge l'acquéreur de la payer, est non recevable à contester ensuite sur la rente, et à réclamer ce que son acquéreur a payé en vertu de la délégation dont il lui a tenu compte.

Thevenin. — Gaillard. — 3 juillet 1810. —1re chamb......... V°. 537

7. — *Féodalité. — Reconnaissance.*

La reconnaissance d'une rente féodale, qui était au cas d'être abolie, suivant les lois de 1792 et 1793, faite depuis ces lois, emporte, quoiqu'elle ne contienne pas de transaction, obligation naturelle de servir cette rente, nonobstant les lois abolitives, et doit être exécutée.

Le sieur de Guenin. — Les héritiers Genin. — 24 février 1812. — 2e ch.

V°. 537

8. — Lorsque des immeubles originairement grevés d'une rente mélangée de féodalité, ont été successivement albergés pour une rente foncière, sous réserve expresse de la rente féodale en faveur du vendeur, il s'opère une séparation absolue des deux rentes, et dès ce moment la rente foncière cesse d'être entachée de féodalité.

Le sieur Charbonnel. — Vincendon

et Bonhomme. — 24 juillet 1823. —
1re chamb.............. J. 3. 374

9. — *Féodalité.* — *Transaction.*

Lorsqu'à la suite d'un procès en
paiement d'une rente contestée, comme entachée de féodalité, il intervient
entre les parties un acte par lequel le
débiteur de la rente se soumet à la
servir, en la dégageant des droits et
charges accessoires établis par l'acte
constitutif, cet acte formant un nouveau titre en faveur du créancier
n'est point un simple acte récognitif
d'une rente mélangée de féodalité,
mais un véritable traité sur procès,
qui ne peut être attaqué pour cause
d'erreur de droit, et qui n'a rien de
contraire à l'ordre public, ni aux lois
abolitives de la féodalité.

Les consorts Hardy. — Le sieur Cis-
terne-de-Lorme. — 7 août 1829. —
Chambres civiles réunies.. J. 4. 513

10. — *Mise en demeure.*

La clause stipulée dans un contrat de
constitution de rente, que le débiteur
renonce expressément à pouvoir purger sa demeure de payer les arrérages,
et que c'est là une condition essentielle, ne contient pas une renonciation
contraire à l'ordre public. En conséquence, le débiteur qui a laissé écouler deux années d'arrérages peut être
contraint au rachat sans qu'il soit nécessaire de le mettre en demeure.

Maurel. — Les cohéritiers de Virieu.
— 4 août 1814. — 2e ch..... V°. 531

11. — Le débiteur d'une rente constituée, qui laisse écouler deux ans sans
payer les arrérages, n'est pas, de plein
droit, et sans qu'il soit besoin de le
mettre en demeure, tenu de rembourser le capital.

Boissonnet. — Mottin. — 17 juillet
1813. — 2e chamb......... V°. 533

12. — Le créancier d'une rente stipulée portable peut contraindre le débiteur au rachat, après deux années
d'arrérages, sans que ce droit lui soit
enlevé par des offres réelles faites après
l'expiration des deux ans.

La mise en demeure n'est nécessaire
que dans le cas où la rente est quérable.

Il est indifférent que l'acte de constitution soit antérieur au Code civil,
dès que les arrérages sont échus postérieurement.

Les mariés Diday. — La veuve de
Chichilianne et le sieur d'Isoard. —
12 juillet 1821. — 1re chamb. V°. 535

13. — Le créancier d'une rente quérable, qui veut exiger la conversion
du capital en dette à jour, doit justifier d'une présentation au domicile du
débiteur, pour recevoir les arrérages
de chaque année; une citation en conciliation ne peut tenir lieu de la sommation nécessaire pour constituer le
débiteur en demeure.

La veuve Riband Goubernard. —
MM. de Pisançon et de Saint-Vallier.
— 19 juillet 1827. — 1re ch.. J. 4. 50

14. — *Paiement.*

Lorsqu'un acte de constitution de rente n'indique pas le lieu où la rente doit être payée, ce défaut de stipulation rend la rente quérable de la part des créanciers.

La veuve Riband-Goubernard. — MM. de Pisançon et Saint-Vallier. — 19 juillet 1827. — 1re ch.... J. 4. 50

15. — *Retenue.*

Les rentes constituées antérieurement à la loi du 3 septembre 1807 n'ont pas cessé d'être soumises à la retenue par la publication de cette loi, si la clause de non retenue n'a été stipulée.

Le sieur Roybet. — Goubert et Reynaud. — 30 août 1817. — Ch. civ.
V^t. 532

16. — Lorsqu'une rente a été constituée par un titre antérieur aux lois qui ont autorisé la retenue des impositions, cette retenue ne peut être exigée par le débiteur pour les arrérages qui ont couru sous le Code civil.

La veuve Ribaud-Goubernard. — MM. de Pisançon et de Saint-Vallier. 19 juillet 1827. — 1re chamb. J. 4. 50

17. — *Vente. — Garantie.*

Celui qui vend une constitution de rente, en maintenant le débiteur solvable et hors de discussion, ne se borne pas à la solvabilité au moment de la vente, mais garantit encore la solvabilité à venir.

Agelos. — Rey. — 22 juin 1808. — 2e section................ V^t. 728

V. Féodalité. — Novation. — Prescription.

RENTE VIAGÈRE.

1. — *Contrat. — Nullité. — Maladie.*

La disposition de l'article 1975 du Code civil qui frappe de nullité le contrat de rente viagère passé par une personne atteinte de la maladie dont elle meurt dans les vingt jours de la date du contrat, n'est pas applicable au cas où la rente est créée sur plusieurs têtes.

Les cohéritiers du général Dallemagne. — Le sieur Carrier. — 21 juin 1822. — Audience solenn. J. 1. 113

V. Vente.

REQUÊTE CIVILE.

1. — *Inscription de faux. — Fin de non-recevoir.*

Le n° 9 de l'art. 480 du Code de procédure civile exigeant, pour donner ouverture à la requête civile, non-seulement qu'il ait été jugé sur pièces fausses, mais encore que ces pièces aient été reconnues ou déclarées fausses depuis le jugement, l'inscription de faux doit précéder la requête civile; elle est tardive si elle n'est formée que postérieurement.

La commune d'Aiguilles. — La commune d'Abriès. — 29 mai 1834. — 1re ch................ J. 7. 225

2. — *Jugement. — Appel. — Requête civile.*

Les jugements susceptibles d'être attaqués par la voie de l'appel ne peuvent l'être par celle de la requête civile, qui n'est ouverte que contre les jugements rendus en dernier ressort.

M. Mathieu. — La commune de Rac. — 24 février 1829. — 1re chamb.

J. 4. 412

3. — *Violation des formes.*

La violation des formes ne donne ouverture à requête civile, qu'autant que ces formes sont prescrites à peine de nullité ; la violation dés formes substantielles non prescrites à peine de nullité ne peut donner lieu qu'au recours en cassation.

La commune d'Aiguilles. — La commune d'Abriès. — 29 mai 1834. — 1re chamb.................. J. 7. 225

V. Jugement.

RÉPUDIATION. — V. Donation.

RESCISION. — V. Action en rescision. — Mineur. — Partage. — Transport de créances.

RÉSERVE.

1. — *Accroissement.*

Lorsque le préciput a été donné ou légué, les héritiers à réserve ne peuvent prétendre que la réserve légale qui eût été dévolue au donataire renonçant doit venir en accroissement de leur part, et obliger le préciputaire à uspporter seul, sur la quotité disponi-

ble, les dons faits en avancement d'hoirie.

Pierre Gallois. — Les consorts Gallois. — 22 février 1827. — 2e ch. J. 3. 297

V. Enfant naturel. — Succession.

RÉSISTANCE.

1. — *Ordre illégal. — Force publique.*

L'individu arrêté quoique en vertu d'un ordre illégal n'est pas autorisé à faire résistance ; il doit céder à la force publique.

Le sieur Boissons. — La fille Geuton et le ministère public. — 4 décembre 1823. — 1re ch............ J. 1. 54

RÉSOLUTION. — V. Albergement. — Vente.

RESPONSABILITÉ. — V. Huissier. — Incendie. — Juge. — Mandat. — Notaire. — Voitures publiques.

RESPONSABILITÉ CIVILE. — V. Délit.

RETENUE. — V. Intérêts. — Rentes.

RETOUR CONVENTIONNEL.

1. — *Donation. — Héritier. — Droit ancien.*

Le retour conventionnel passe aux héritiers du donateur.

La circonstance que le donateur est décédé sous l'empire du Code civil ne détruit pas le principe.

Bompard. — Victoire Davin. — 26 août 1813. — 2ᵉ ch........ V⁰. 203

RETOUR LÉGAL.

1. — *Ascendants. — Testament. — Acte entre vifs. — Retranchement.*

Les ascendants ne peuvent succéder dans le cas prévu par l'art. 747 du Code civil, aux biens par eux donnés en avancement d'hoirie, qu'autant que l'enfant donataire n'a disposé des biens donnés, ni par acte entre vifs, ni même par testament. Ils n'ont que l'action en retranchement pour faire réduire la donation, afin d'obtenir leur réserve légale sur la succession du donataire.

Les mariés Clément. — Didier Carrichon. — 8 avril 1829. — 4ᵉ chamb. (1).
J. 5. 37

---

(1) Attendu qu'une donation, bien que faite en avancement d'hoirie, n'en est pas moins une donation entre vifs, par laquelle le donateur se dépouille à l'instant même et irrévocablement, de la propriété des biens donnés, pour la conférer au donataire ; qu'on ne voit nulle part dans le Code qu'une semblable donation soit subordonnée à une condition tacite de survie du donataire, et devienne caduque par le prédécès de celui-ci ; qu'on voit au contraire, par les dispositions de l'article 747, qui ne fait aucune distinction entre les donations en avancement d'hoirie et les donations par préciput, que les ascendants ne sont appelés à succéder, dans le cas prévu par cet article, à l'exclusion de tous autres, aux choses par eux données, que lorsqu'elles se trouvent en nature dans la succession : d'où il suit que le donataire a la faculté d'en disposer, soit par acte entre vifs, soit par acte de dernière volonté ;

2. — *Donation. — Effet. — Droit ancien.*

Dans les pays de droit écrit, le retour légal avait lieu à l'égard du père, pour les donations par lui faites à ses enfants morts sans postérité ; il n'avait pas lieu à l'égard de la mère.

La veuve Pion. — Le sieur Cret. — 16 janvier 1828. — 1ʳᵉ ch.. J. 4. 162

V. Donation.

RETRAIT SUCCESSORAL.

1. — *Cession. — Droit intermédiaire.*

Le retrait successoral a été maintenu par la législation intermédiaire.

Le cessionnaire ne peut s'étayer de sa possession ignorée des héritiers de droit, pour repousser leur action.

Boujard. — Bousson. — 13 juillet 1812. — 1ʳᵉ ch............ V⁰. 147

2. — *Cohéritiers. — Rapport.*

Le cohéritier qui a exercé le retrait

Attendu qu'en instituant son mari pour son héritier universel, la femme Didier-Carrichon a suffisamment manifesté l'intention de comprendre, dans la disposition qu'elle faisait en sa faveur, la généralité des biens dont elle avait la propriété ; que ce ne serait par conséquent que par l'action en retranchement que les mariés Clément pourraient la faire réduire, réduction qui ne pourrait avoir d'autre effet que de leur assurer la nue-propriété de leur réserve légale, qui n'est pas contestée, et non l'usufruit : donc, aux termes de l'article 1094, la femme du sieur Didier-Carrichon a pu disposer en faveur de son mari.

successoral est obligé de communiquer le bénéfice de la cession à ses cohéritiers, à la charge par ceux-ci de lui rembourser la portion supportable par chacun, de ce qu'il a payé.

Les héritiers Bessiron. — 21 août 1812. — 2ᵉ ch. . . . . V³. 149

3. — *Droits successifs.* — *Fin de non-recevoir.*

L'action en retrait successoral ne peut être exercée contre le parent non successible qui est devenu successible avant le partage et la demande en retrait.

Les cohéritiers Budillon. — Louvat-Canada et Joseph Cuzel. — 6 juin 1826. — 1ʳᵉ ch. . . . . J. 3. 81

4. — L'action en retrait successoral n'est plus recevable après que le partage est terminé.

Les cohéritiers Budillon. — Louvat-Canada et Joseph Cuzel. — 6 juin 1826. — 1ʳᵉ ch. . . . . J. 3. 81

5. — *Droits successifs.* — *Partage.*

L'action en retrait de droits cohéréditaires et litigieux peut être exercée tant que le partage provoqué par le cessionnaire n'a pas été consommé et suivi d'exécution.

Les consorts Barbier. — Guillaume Grossy. — 13 décembre 1821. — 1ʳᵉ ch. . . . . J. 3. 87

6. — *Héritiers.* — *Ligne paternelle.* — *Ligne maternelle.*

Si dans une succession échue à des collatéraux, et divisible entre les deux branches, paternelle et maternelle, les héritiers de l'une de ces lignes font cession de leurs droits à d'autres parents de la même ligne qu'eux, mais non successibles, les héritiers de l'autre ligne sont non recevables à exercer le retrait contre les cessionnaires.

Constant et consorts. — Ferrand et consorts. — 3 juillet 1824. — 2ᵉ ch. (1).
                                   J. 1. 388

7. — *Héritier testamentaire.*

Le droit de retrait successoral accordé par l'art. 841 du Code civil est applicable à l'héritier testamentaire comme à l'héritier légitime.

Veuve Seyve. — Désayes. — 2 avril 1818. — 1ʳᵉ ch. . . . . V³. 148

REVENDICATION. — V. Dot.

REVENUS. — V. Dot.

---

(1) Attendu que de la combinaison de l'article 733 du Code civil, portant qu'en matière de succession il ne se fait aucune dévolution d'une ligne à l'autre, que lorsqu'il ne se trouve aucun ascendant ni collatéral de l'une des deux lignes, et de l'article 841 du même Code, il résulte que bien que, d'après ce dernier article, toute personne, même parente du défunt, qui n'est pas son successible, puisse être écartée du partage, néanmoins les parents de la ligne paternelle sont sans qualité pour quereller les actes particuliers qui interviennent entre les parents de la ligne maternelle, et sont par conséquent non recevables à demander la subrogation au bénéfice des traités ou cessions que lesdits parents maternels jugent à propos de faire en faveur de leurs parents de la même ligne au degré successible.

RÉVISION.—V.Tribunal étranger.

RÉVOCATION. — V. Testament.

SAGE-FEMME.

1. — *Liste. — Inscription.*

La sage-femme qui a été portée une première fois sur la liste exigée par l'art. 34 de la loi du 19 ventôse an 11 ne peut être privée de l'exercice de sa profession sous le prétexte qu'elle n'aurait pas été comprise dans les listes postérieures, lorsque le défaut d'inscription sur la liste annuelle n'est qu'une omission volontaire ou involontaire de l'autorité administrative, et n'est point le résultat d'une décision légalement rendue.

M. le procureur-général. — Madeleine Sibilat, femme Rocheton. — 13 août 1828. — Chambre des appels.

J. 4. 285

SAISIE-ARRÊT.

1. — *Créance à terme.*

Un créancier ne peut faire des saisies-arrêts pour sûreté d'une dette à terme non échu.

La dame Mollard. — Le sieur Barge de Certeau. — 23 juillet 1818. — Ch. civ.................... V'. 541

2. — *Créance non liquide. — Saisie sur soi-même.*

Lorsqu'un débiteur, condamné au paiement d'une somme, se prétend créancier de son adversaire d'une

somme non liquide, il peut être autorisé à se retenir une somme évaluée par le juge; mais il doit s'adresser au tribunal qui a rendu le jugement.

Magnan. — Delagrée. — 4 mars 1809. — 2ᵉ chamb........ V'. 541

3. — *Créancier. — Nouvelle saisie.*

Tant que la distribution du prix qui a été l'objet d'une saisie-arrêt n'est pas faite, de nouveaux créanciers sont à temps d'en faire une autre et de demander à participer à la distribution.

Mᵉ Bouchet. — Le sieur Sibourg.— 29 décembre 1818. — 1ʳᵉ chamb.

V'. 542

4. — *Pension. — Receveur de l'enregistrement.*

On peut faire saisir-arrêter, à concurrence d'un cinquième, la pension d'un employé de l'enregistrement.

Blanc, Gaillard. — Massas. — 2 février 1813. — 1ʳᵉ chamb.... V'. 542

5. — *Tiers-saisi. — Déclaration. — Délai.*

Le tiers-saisi peut faire sa déclaration en tout état de cause, les art. 571 et 577 ne fixant pas de délai passé lequel il doive être condamné au paiement des causes de la saisie.

La femme Chaix. — Les sieurs Bernard. — 8 mars 1810. — 2ᵉ chamb. Arrêt conforme.

Gabriel Cret. — Mariés Vieroz. — 29 mai 1813. — 2ᵉ chamb... V'. 544

6. — *Titre. — Notification.*

La saisie-arrêt n'est pas nulle à défaut de la notification du titre ou de permission du juge.

Louis Armand. — Les sieurs Monnet et Barthélemy. — 17 mai 1821. — 2ᵉ chamb................ Vˢ. 544

SAISIE-EXÉCUTION.

1. — *Dénonciation au saisi.*

La dénonciation au saisi, exigée par l'art. 608 du Code de procédure, peut être faite par exploit postérieur à l'assignation signifiée au saisissant.

Marianne Caillat, femme d'Antoine Trapet. — Joseph Robert-Brunard, Antoine Trapet, Joseph Berger. — 21 février 1823. — 1ʳᵉ ch... J. 6. 34

SAISIE IMMOBILIÈRE.

§ 1ᵉʳ. —*Règles générales.*

1. — L'héritier ne peut poursuivre par la voie de la saisie immobilière le recouvrement d'une créance de l'hoirie qui a été léguée à d'autres, sans avoir préalablement fait déclarer que le legs est réductible en sa faveur.

Minjolat. — Fournier. — 14 mars 1812. — 2ᵉ chamb......... Vˢ. 552

2. — On ne peut poursuivre l'expropriation des biens d'un militaire en activité de service.

La saisie faite contre les cohéritiers est également nulle si leurs biens sont restés dans l'indivision.

La veuve Reymond. — Les cohéri-

tiers Annequin. — 9 avril 1812. — 2^e
chamb.................. V^r. 553

3. — Il suffit que l'indivision ait
cessé à l'époque de l'adjudication définitive pour que la vente soit régulière.
Il n'est pas nécessaire que la saisie
d'immeubles indivis soit refaite après
le partage, et le débiteur saisi ne peut
se plaindre que le cahier des charges
contienne une étendue d'immeubles
plus considérable que celle qui est
mise en vente.

Catherine Faisse. — Les cohéritiers
Planel. — 14 juillet 1812. — 1re ch.

V^r. 554

4. — Lorsque l'héritier bénéficiaire
a commencé les poursuites pour faire
vendre les immeubles de la succession,
un créancier hypothécaire ne peut en
poursuivre l'expropriation, sauf à lui à
se faire subroger à la poursuite de
l'héritier bénéficiaire, en cas de négligence de la part de ce dernier.

Baroud. — Durand. — 30 juillet
1814. — 2e chamb........ V^r. 556

5. — Suivant la nouvelle législation
on peut provoquer la vente, par expropriation forcée, d'un domaine remis
anciennement en gage, sans être tenu
de donner caution, de porter le prix
de l'adjudication à une somme au moins
égale à ce qui est dû au possesseur.

Fr. Bert. — Les frères Giraud. —
14 mars 1818. — Ch. civ.... V^r. 558

6. — La saisie immobilière devient
commune à tous les créanciers dès
l'instant qu'elle a été dénoncée aux
créanciers inscrits : cette communauté
s'applique aux créanciers à hypothèque légale dispensée d'inscription,
et les droits de ceux-ci ne peuvent
plus se prescrire dès que les poursuites
sont devenues communes à tous les
créanciers.

Joseph Pellat. — Les sieurs Sibert,
Robert et Mignot. — 2 juin 1831. —
2e chamb. (1)............ J. 5. 378

---

(1) Attendu que dès l'instant où une saisie
a été dénoncée aux créanciers inscrits par la
notification des placards, elle devient commune à tous ces créanciers; qu'il faut aussi
appliquer cette communauté à tous les créanciers à hypothèque légale dispensée d'inscription, qui sont admis à se présenter dans un
ordre, tant que la distribution des deniers
n'a pas été définitivement arrêtée; que la loi
qui veille ici à la conservation de leur hypothèque, qu'ils peuvent inscrire quand bon
leur semble sur le registre du conservateur,
en conserve le droit, qui ne peut plus périr,
dès l'instant où les poursuites à fin de saisie
immobilière sont devenues communes à tous
les créanciers; que dès ce moment il y a à
leur égard interruption de prescription;

Attendu qu'il faut encore voir cette interruption dans l'acte interpellatif signifié à
l'adjudicataire le 15 novembre 1828, par la
raison que cet adjudicataire, détenteur des
immeubles qui sont le gage de la créance, se
trouve substitué au débiteur primitif, et que
l'esprit de l'article 2244 du Code civil, combiné avec son texte, autorise cette interprétation; qu'il faut d'autant mieux le décider
ainsi, que la production dans un ordre, faite
par un créancier, suffirait pour interrompre
la prescription vis-à-vis de lui, et que l'acte
qui annonce cette volonté de produire en
interpellant en conséquence l'adjudicaire de
faire procéder à l'ordre, doit amener le même
résultat.

7. — Lorsqu'un immeuble dotal a été saisi, les tribunaux ne peuvent, sans le consentement des créanciers, et sous le prétexte d'une autorisation accordée à la femme, antérieurement à la saisie, de faire vendre ses immeubles, ordonner la conversion de cette saisie en vente volontaire.

Les sieurs Gauthier et Ancillon. — Les mariés Avias. — 22 juin 1831. — 2ᵉ chamb.............. J. 5. 460

8. — Ils ne peuvent pas non plus, sur la demande de la partie saisie et sans le consentement des créanciers, ordonner que la vente forcée sera convertie en vente volontaire, sous le prétexte que les frais de l'expropriation seraient supérieurs à la valeur de l'immeuble saisi.

Les sieurs Gauthier et Ancillon. — Les mariés Avias. — 22 juin 1831. — 2ᵉ chamb.............. J. 5. 460

9. — Les immeubles omis dans les placards n'en demeurent pas moins définitivement adjugés, même à l'égard des créanciers, mais sous l'affectation de leurs hypothèques, et alors il y a lieu de faire, au profit de l'adjudicataire et des créanciers eux-mêmes, une diminution proportionnelle du prix de l'adjudication, en raison de la valeur des immeubles omis, et suivant une procédure de ventilation aux formes ordinaires.

Le sieur Rajon. — Les sieurs André Pichat et autres. — 15 mars 1821. — 2ᵉ chamb................ J. 3. 339

10. — L'expropriation forcée de biens délaissés par suite de sommation hypothécaire doit, à peine de nullité, être précédée d'un commandement fait tant aux tiers-détenteurs qu'au curateur des mêmes biens.

Régis Meynot. — Antoine Montlovier et Maurice Sisteron. — 31 mars 1824. — 2ᵉ chamb....... J. 2. 206

§ 2. — *Formalités de la saisie.*

11. — On peut valablement former, par une signification à personne ou domicile, opposition à une saisie immobilière, avant l'adjudication préparatoire.

Le procès-verbal de saisie d'une maison ne faisant point mention des portes et fenêtres est nul, comme ne contenant pas une désignation suffisante de l'extérieur de ladite maison.

Mais il n'est pas nécessaire que le jour de la première publication du cahier des charges soit indiqué dans le verbal de la saisie.

L'erreur du jour de la première publication, commise dans un journal, peut être réparée par un *erratum* au journal suivant.

La seconde publication du cahier des charges doit être faite le quinzième jour, à partir de la première, à peine de nullité; et ce moyen, qui n'a pas été proposé en première instance, peut l'être en appel tant que l'adjudication préparatoire n'a pas eu lieu.

François Jullien. — Les cohéritiers Jullien. — 3 septembre 1814. — Ch. des vacations.............. Vᵉ. 561

12. — La vente passée par le débiteur, après que la saisie lui a été dénoncée, est nulle de plein droit.

Cette nullité peut être invoquée par tous les créanciers, quoique la notification du placard, prescrite par l'art. 695, ne leur ait pas encore été faite.

Elle n'est pas couverte par la circonstance que l'acquéreur a notifié sa vente aux créanciers, qu'aucune surenchère n'a été faite et qu'un ordre même a eu lieu pour la distribution du prix.

La subrogation à la saisie peut être demandée même par un créancier qui a produit dans l'ordre et qui n'a point fait faire lui-même de saisie.

Le sieur Mignot. — La femme Marion. — 27 juin 1817. — Ch. civ.

V⁵. 564

13. — Les créanciers du débiteur saisi ne peuvent attaquer la vente qu'il a faite conformément à l'art. 692 du Code de procédure, qu'autant que la saisie leur a été notifiée conformément à l'art. 595 du même Code.

Ferdinand Charles. — Mignet. — 3 avril 1821. — 1ʳᵉ ch. (1). . . . V⁵. 569

----

(1) Considérant qu'il résulte de la combinaison des articles 684, 692, 693, 694, 695 et 696 du Code de procédure civile, 1° que la nullité prononcée par l'article 692 de l'aliénation d'immeubles saisis, ne peut être invoquée ou opposée par les créanciers inscrits, non saisissants, qu'autant qu'en conformité des articles 695 et 696, un exemplaire du placard prescrit par l'article 684 (renfermant notamment l'énonciation de la saisie) leur a été notifié, et que la notification a été enre-

14. — Le créancier ne peut faire la coupe ou la vente, en tout ou en partie, des fruits pendants par racine, sur des immeubles saisis, qu'avec l'autorisation de la justice; et pendant l'instance de saisie immobilière, le saisi

----

gistrée, en marge de la saisie, au bureau de la conservation des hypothèques, auquel cas la saisie immobilière devient commune à tous les créanciers inscrits; 2° qu'à défaut de ces notifications et enregistrement, la vente des immeubles saisis ne peut point être querellée par les créanciers non saisissants, attendu que, dans ce cas, ils sont restés étrangers à la saisie, et qu'ils sont sans qualité pour attaquer l'aliénation; 3° que si, dans ce cas encore, la vente est passée en présence du créancier saisissant, avec consentement à la radiation de la saisie, l'acquéreur n'a point à redouter la nullité prononcée par l'article 692 précité, attendu que cette nullité, purement relative, n'aurait existé que dans l'intérêt seul du créancier saisissant;

Considérant qu'il est si vrai qu'il a été dans la pensée du législateur de ne rendre la saisie commune aux créanciers inscrits non saisissants, que par l'accomplissement de toutes les formalités sus-mentionnées, lesquelles tiennent lieu de la dénonciation de la saisie, que l'article 696 établit le principe que, tant que les notification et enregistrement n'existent pas, le consentement des créanciers non saisissants n'est pas nécessaire pour opérer la radiation de la saisie; ce qui s'induit de la seconde partie de cet article, portant que, du jour de l'enregistrement de la notification, la saisie ne pourra plus être rayée que du consentement des créanciers, ou en vertu de jugement, disposition dont la conséquence est que, s'il n'existe ni enregistrement, ni notification, la saisie peut être rayée sans le consentement des créanciers non saisissants;

Considérant que, s'il est exprimé en l'article 693 que l'aliénation faite au préjudice de la saisie aura néanmoins son exécution, si,

ne peut être dépouillé que de l'autorité du juge, de la qualité de séquestre judiciaire qui lui est attribuée par l'art. 688 du Code de proc. civ., lorsque les immeubles ne sont ni loués, ni affermés.

Jean-Pierre Fine. — Barthélemy Violin. — 3 juillet 1827. — 1re ch.

J. 4. 31

15. — Le cahier des charges devant contenir l'énonciation du titre en vertu duquel la saisie a été faite, la poursuite est nulle lorsque le cahier des charges ne contient pas l'énonciation du procès-verbal de carence qui a empêché la péremption du jugement par défaut, en vertu duquel la poursuite a eu lieu.

---

avant l'adjudication, l'acquéreur consigne une somme suffisante pour acquitter en principal, intérêts et frais, les créances inscrites et signifie l'acte de consignation aux créanciers inscrits ; cette disposition doit être entendue en ce sens que les notification et enregistrement prescrits par l'article 695 ont été observés ; que la saisie est devenue commune à tous les créanciers inscrits ; que le créancier saisissant a, dans l'intérêt général, poursuivi l'expropriation des immeubles saisis, et que le moment de l'adjudication est arrivé, ce qui s'induit notamment de ces mots : *Si avant l'adjudication*, etc., et encore de l'article 694, portant que, faute par l'acquéreur d'avoir fait la consignation avant l'adjudication, il ne pourra y être sursis sous aucun prétexte;

Considérant que c'est ainsi que tous les articles cités sont en parfait rapport, en parfaite harmonie, tandis que dans le système contraire, indépendamment du droit exorbitant accordé aux créanciers non saisissants, il résulte une contradiction frappante entre l'article 693 et l'article 696, pour arriver à ce résultat : ces mêmes créanciers devraient participer au bénéfice de la saisie, quoiqu'elle ne leur eût pas été dénoncée, et, par suite, au bénéfice de la nullité introduite par l'article 692, lorsque, dans le sens de l'article 696, la saisie ne devient commune à tous les créanciers inscrits que par l'effet d'une dénonciation de la part du créancier saisissant, et de l'enregistrement de la dénonciation au bureau des hypothèques, et lorsque, s'il n'existe ni

dénonciation, ni enregistrement, la radiation de la saisie peut être opérée sans le consentement, sans la participation des créanciers non saisissants ; qu'ainsi ce n'est donc pas dans leur intérêt que le législateur a prononcé la nullité de la vente des immeubles saisis, mais dans celui du seul créancier saisissant qui n'a point encore voulu rendre sa saisie commune aux autres créanciers inscrits ;

Considérant d'ailleurs que ce système conduirait à cette conséquence, que lors même que, sans l'expédient de l'aliénation des immeubles saisis, le débiteur aurait payé le créancier saisissant, et obtenu de celui-ci son consentement à la radiation de la saisie, consentement auquel aucune disposition de la loi ne s'oppose, dans le cas où il n'existe point de dénonciation aux autres créanciers ; cette saisie n'en subsisterait pas moins au détriment du débiteur; elle n'en serait pas moins un obstacle à toute vente, à toute négociation, et cela en vue de créanciers qui ont ignoré la saisie, qui n'ont rien réclamé, et dont les créances peuvent même n'être exigibles que dans deux ou plusieurs années, intervalles pendant lesquels le débiteur, usant et disposant librement de ses biens, pourrait facilement se libérer, d'autant mieux que l'extinction ou l'anéantissement de la saisie, par l'effet de la libération du débiteur envers le créancier saisissant, ne peut porter aucun préjudice aux autres créanciers, ni porter aucune atteinte à leurs hypothèques et à leurs inscriptions.

Revol. — Sorlin. — 1ᵉʳ septembre 1818. — Ch. des vacations... Vᵗ. 572

16. — La clause du cahier des charges par laquelle l'adjudicataire est soumis à fournir caution est licite et ne peut être rétractée sans le consentement des créanciers.

Les sieurs Berthier et Chartron. — François et Régis Clément. — 22 août 1832. — 2ᵉ ch........... J. 6. 220

17. — Dans la saisie des rentes, comme dans celle des immeubles, il n'est pas nécessaire, à peine de nullité, que le procès-verbal d'apposition des placards, qui précède l'adjudication définitive, soit notifié au débiteur saisi.

Mᵉ Badin, avoué. — François Roussilon. — 1ᵉʳ juillet 1816. — Ch. civ. Vᵗ. 573

18. — Lorsque la notification prescrite par l'art. 695 du Code de procédure a été faite aux créanciers, il n'est pas nécessaire de leur en faire une nouvelle, quand même les poursuites ont été suspendues; ces créanciers sont suffisamment avertis par la nouvelle apposition prescrite par l'art. 732 du même Code.

Les sieurs Belluard et Gagneux. — Joseph Milliat. — 28 juin 1826. — 1ʳᵉ ch.................... J. 3. 105

19. — Au jour de l'adjudication définitive, si le poursuivant ne la requiert pas, tout créancier inscrit auquel la notification des placards a été faite peut demander la subrogation aux poursuites et requérir sur-le-champ l'adjudication définitive.

Drevet. — Breynat. — 19 février 1818. — Chamb. civ....... Vᵗ. 582

20. — Lorsqu'un incident a fait surseoir indéfiniment l'adjudication définitive, il ne peut plus y être procédé qu'en vertu de nouvelles affiches apposées au moins quarante-cinq jours avant le nouveau jour indiqué pour l'adjudication.

Domègne. — Jeannet. — 18 août 1817. — Ch. civ.......... Vᵗ. 581

21. — La signification du jugement, exigée par l'art. 147 du Code de proc. civ., n'est prescrite qu'en matière ordinaire : elle ne l'est point pour les expropriations forcées, qui sont régies par une législation toute spéciale.

Jacques et Pierre Marcellot. — Didier Roux-Correl et Hugues Barbas. — 23 mai 1828. — 2ᵉ chamb.. J. 4. 157

22. — Est nulle l'adjudication par suite d'expropriation forcée poursuivie pour dépens adjugés mais non liquidés.

Les mariés Tardy-Panil. — M. Lenoir et le sieur Martin.— 23 mars 1820. — 2ᵉ ch............... J. 2. 486

23. — Le défaut d'accomplissement, de la part de l'adjudicataire, des conditions de l'adjudication, n'entraîne pas la nullité de l'adjudication, mais la poursuite sur folle enchère.

Les sieurs Berthier et Chartron. — François et Régis Clément. — 22 août 1832. — 2ᵉ ch.......... J. 6. 220

§ 3. — *Incidents sur la poursuite.* —
Moyens de nullité.

24. — Les art. 733, 735 et 736, qui
disposent que les moyens de nullité
contre la procédure qui précède l'adjudication préparatoire ne peuvent
être proposés postérieurement à l'adjudication, et que ceux qui résultent
de la procédure qui précède l'adjudication définitive doivent être proposés
vingt jours auparavant, ne concernent
que les nullités résultant des actes de
l'instruction. On peut opposer, en tout
état de cause, les nullités résultant du
titre qui est la base des poursuites.
Borel. — Joly. — 28 mars 1809. —
1re chamb................ V'. 573

25. — On peut opposer, en tout
état de cause, et même pour la première fois en cause d'appel et postérieurement à l'adjudication, les nullités résultant des vices du titre.
Le sieur Boulon. — La veuve Re-
naud et autres. — 18 août 1812. —
1re chamb.
Arrêt conforme :
Le sieur de Montchenu. — Les
sieurs Bachelezy et Chaine. — 29 juillet 1814. — 2e chamb. (1)... V'. 575

---

(1) Cet arrêt a été cassé par arrêt du 2
juillet 1816, et, malgré l'arrêt de cassation,
la cour a maintenu sa jurisprudence par un
autre arrêt du 2 mars 1819, 1re chambre,
rendu dans la cause d'entre la femme Estran
et le sieur Crozat................ V'. 577
Mais elle a plus tard adopté la jurisprudence de la cour de cassation. — V. les arrêts
cités sous les numéros 26 et suivants.

26. — Les nullités qui touchent le
titre fondamental en vertu duquel
une expropriation a été poursuivie,
sont non recevables après les délais
fixés par les art. 733, 735 et 736 du
Code de procédure, tout comme celles
qui sont relatives seulement à la forme
de la procédure d'expropriation.
Les sieurs Belluard et Busco. — Les
consorts Caillat. — 26 août 1825. —
2e ch.................. J. 3. 71
Arrêt conforme :
Jeanne Meffre, veuve Pizot. — Les
sieurs Reynaud-Béranger et Pichat. —
25 mai 1825. — 1re ch..... J. 3. 75

27. — Le débiteur ne peut, après
l'adjudication préparatoire prononcée
en défaut contre lui, proposer aucun
moyen de nullité antérieur, sans distinction entre ceux résultant de la procédure d'expropriation et ceux résultant du titre en vertu duquel la saisie a
été faite.
Les sieurs Belluard et Gagneux. —
Joseph Milliat. — 28 juin 1826. — 1re
chamb................ J. 3. 105

28. — La partie saisie ne peut, sur
l'appel du jugement d'adjudication définitive, proposer d'autres moyens de
nullité que ceux présentés en première
instance, lors même qu'elle a fait défaut.
Les sieurs Belluard et Gagneux. —
Joseph Milliat. — 28 juin 1826. — 1re
chamb................ J. 3. 105

29. — Le moyen de nullité contre la
procédure d'expropriation, résultant

du défaut de signification du jugement d'adjudication préparatoire, ne peut être proposé, pour la première fois, en cause d'appel lors même que le jugement d'adjudication définitive a été rendu en défaut contre le saisi, surtout si ce dernier a été instruit légalement de ce jugement et des poursuites faites contre lui, et a pu proposer le moyen avant l'adjudication définitive.

Dominique Riquéty et Claude Cuzin. — Claude Jacquier. — 19 février 1827. — 1re chamb............ J. 3. 410

30. — On n'est pas recevable à exciper en appel des moyens de nullité postérieurs à l'adjudication préparatoire, lorsqu'ils n'ont pas été présentés avant l'adjudication définitive.

Jacques et Pierre Marcellot. — Didier, Roux-Correl et Hugues Barbas. — 23 mai 1828. — 2e ch.. J. 4. 157

31. — Le tiers-détenteur contre lequel il a été pratiqué une saisie immobilière, à la suite de sommation hypothécaire, n'est pas recevable à proposer sur l'appel la nullité de la saisie, sur le motif qu'il n'a pas été donné, par le poursuivant, copie du titre de créance : cette nullité est couverte par son silence devant les premiers juges.

Xavier Bonthoux. — Pierre Pradier. — 4 mars 1829. — 1re ch.. J. 4. 448

32. — Les nullités du commandement et de la saisie doivent être opposées avant l'adjudication préparatoire.

L'appel du jugement qui statue sur la demande en nullité doit être émis dans la quinzaine.

Couilloud. — Guinet. — 8 décemb. 1815. — 2e chamb........ V·. 578

33. — Le débiteur exproprié n'est ni fondé ni recevable à vouloir se maintenir en propriété de plusieurs de ses immeubles saisis, sous le prétexte qu'ils ont été omis dans les placards d'affiches, dès-lors surtout qu'ils sont compris dans l'adjudication définitive ; cette exception doit, au surplus, à peine de déchéance, être proposée devant les premiers juges et avant aucune adjudication; une omission de cette nature n'est pas un motif qui puisse faire déclarer ces immeubles comme n'étant pas compris dans l'adjudication, si d'ailleurs ils étaient nominativement désignés dans le cahier des charges : cette insertion est suffisante.

Le sieur Rajon. — Les sieurs André Pichat et autres. — 15 mars 1821. — 2e chamb.............. J. 3. 339

34. — L'appel d'un jugement qui a statué sur des moyens de nullité, présentés par le débiteur saisi contre les formalités de l'expropriation, n'est pas un motif de surséance à l'adjudication définitive.

Champin. — Escot. — 20 août 1811. — 1re chamb............. V·. 578

35. — Les erreurs de contenance des immeubles adjugés ne peuvent être invoquées par l'adjudicataire postérieurement à l'adjudication définitive, à moins qu'il n'y ait dol.

Veuve Godet. — Veuve Bertrand. — 10 février 1816. — 2ᵉ ch.. V·. 584

36. — L'adjudicataire évincé de partie des immeubles n'a d'autre droit que de se retenir une partie du prix de son adjudication , et ce proportionnellement à la valeur des immeubles évincés , combinée avec la valeur des immeubles restants.

Le poursuivant est, dans ce cas, passible des dépens de l'instance en revendication.

Veuve Besson. — Gaspard et Dumolard. — 26 juillet 1816. — Ch. civ.
V·. 585

37. — Il n'est point dû de dommages pour l'éviction d'un immeuble adjugé judiciairement.

Rencurel. — Salomon. — 17 juin 1809. — 1ʳᵉ chamb........ V·. 585

38. — Le tribunal peut renvoyer à statuer sur la demande en distraction , même en prononçant l'adjudication provisoire, sauf à l'adjudicataire provisoire à demander ensuite sa décharge, en cas que la distraction d'une partie des objets saisis ait été ordonnée.

La femme Durand et le sieur Durhone. — Les héritiers Bardin. — 24 janvier 1826. — 1ʳᵉ chamb. J. 2. 511

§ 4. — *Appel des jugements rendus en matière de saisie immobilière.*

39. — Le délai d'appel, restreint par l'art. 734 du Code de procédure civile à la quinzaine de la signification du jugement à avoué, ne s'applique

qu'au jugement qui a statué sur des nullités résultant de l'instruction , et non à ceux qui statuent sur des nullités résultant des vices du titre.

Borel. — Joly. — 28 mars 1809. — 1ʳᵉ chamb............... V·. 573

Arrêt conforme :

Suzanne Bertrand. — Challe et Vasserot. — 19 juillet 1811. — 2ᵉ chamb.
V·. 574

40. — L'appel d'un jugement qui a statué sur la validité des poursuites en expropriation forcée , postérieures à l'adjudication préparatoire , est non recevable s'il n'est interjeté dans la huitaine de la prononciation de ce jugement, alors même que les poursuites sont attaquées par des moyens tirés du fond.

Antoine Chaix. — Guillaume David. — 4 mai 1825. — 2ᵉ chamb.
J. 2. 113

41. — L'appel sur incident , en matière d'expropriation forcée, n'est pas recevable après la huitaine de la prononciation du jugement, soit que les moyens se tirent du fond , soit des nullités contre la procédure; la loi ne faisant pas de distinction à cet égard , il n'est pas permis d'en admettre aucune.

Les consorts James. — Les consorts Candy et le sieur Lozerand. — 18 février 1829. — 1ʳᵉ chamb.. J. 4. 377

42. — L'appel d'un jugement qui

statue sur un incident quelconque, survenu dans une procédure d'expropriation forcée ou de folle enchère, postérieurement à l'adjudication préparatoire, doit être interjeté dans la huitaine de la prononciation du jugement, soit qu'il s'agisse de nullité de forme, soit de moyens tirés du fond; par exemple, d'offres réelles.

Le sieur Clément. — Le sieur Bérenger. — 26 mai 1831. — 1re chamb.

J. 5. 308

43. — L'appel du jugement qui a statué sur les moyens de nullité proposés après l'adjudication préparatoire, doit être interjeté, à peine de déchéance, dans la huitaine de la prononciation du jugement.

François Grenier. — Louis Guillermond. — 22 mai 1828. — 2e chamb.

J. 6. 155

44. — L'appel du jugement qui statue sur la validité du titre en vertu duquel on a procédé à la saisie immobilière doit être interjeté dans la quinzaine de la signification à avoué.

Le sieur Martin. — Les sieurs Courajeod. — 28 août 1832. — 1re chamb.

J. 6. 205

45. — L'appel du jugement qui, dans le cours d'une expropriation forcée, et antérieurement à l'adjudication préparatoire, statue sur une reprise d'instance, doit être interjeté dans la quinzaine de la signification à avoué.

Dorey et Ageron. — Ageron et Juveneton.—16 mars 1835.—1re chamb.

J. 7. 548

46. — La notification de l'appel au greffier, dans le cas prévu par l'art. 734 du Code de proc., ne dispense point de la notification à l'intimé, prescrite par les règles ordinaires.

L'appel ne peut être signifié à des héritiers collectivement, au domicile du défunt, lorsqu'ils ont introduit l'instance.

De Bonne. — Héritiers Mazerat. — 17 mars 1817. — 2e ch..... V^e. 101

47. — Le défendeur à une demande en distraction, accueillie par un jugement en premier ressort, n'est pas obligé, en appelant de ce jugement, d'intimer, à peine de nullité de son appel le débiteur saisi, le premier créancier inscrit et l'avoué adjudicataire provisoire : le demandeur en distraction est seul tenu de former sa demande contre eux, et de les amener en instance d'appel, le cas échéant.

Antoine Chêne et Thomé. — La veuve Colomb. — Arrêt du 6 février 1823. — 1re chamb....... J. 1. 287

48. — L'appel du jugement qui statue sur des moyens de nullité, en matière de saisie immobilière, est non recevable s'il n'a été notifié au greffier et visé par lui.

La veuve Bonicard. — Le sieur Brocard. — 28 février 1833. — 2e chamb.

J. 6. 381

V. ADJUDICATION.—DERNIER RESSORT. — HÉRITIER BÉNÉFICIAIRE. — HYPOTHÈQUE LÉGALE.

SÉPARATION DE BIENS.

1. — *Administration.* — *Capitaux mobiliers.*

La femme séparée de biens peut recevoir des capitaux mobiliers sans autorisation et sans caution. . V·. 602

2. — *Créanciers.* — *Communication de pièces.*

Les créanciers peuvent, après le jugement de séparation de biens, comme durant l'instance, se prévaloir de l'art. 871 du Code de procédure, pour obtenir la communication des pièces justificatives des demandes de la femme.

Le vicomte de Pernety. — La veuve Montlovier. — 29 décembre 1847. — Ch. civ.................... V·. 600

3. — *Demande.* — *Fin de non-recevoir.*

L'abandon par la femme, du domicile marital, ne peut motiver une fin de non-recevoir contre sa demande en séparation de biens.

Jacques Fayard. — Marie Tournier, sa femme. — 1ᵉʳ août 1847. — Ch. civ.
V·. 597

4. — *Dot mobilière.* — *Avantages de mariage.* — *Retrait.* — *Emploi.*

La femme séparée de biens, mariée sous le régime dotal, ne peut retirer sa dot mobilière et son trousseau qu'à charge d'emploi ou de placement chez une personne rescéante et solvable.

L'emploi n'est pas obligé pour le retrait des bagues et joyaux.

Les mariés Luneau. — 24 mars 1821. — 1ʳᵉ ch................ V⁵. 602

5. — *Dot mobilière.* — *Remboursement.* — *Femme.* — *Garantie.*

La femme séparée de biens, ayant la libre administration de ses biens, peut recevoir le remboursement de ses capitaux dotaux sans être assujettie à fournir des garanties pour la sûreté de la dot.

M. Leharivel. — La dame Clémentine-Hélène Mayol-de-Lupé. — 24 août 1833. — 1ʳᵉ ch......... J. 6. 519

6. — *Femme.* — *Capacité.* — *Reprise.*

L'effet du jugement de séparation de biens, donne à la femme la libre faculté de répéter ses avantages matrimoniaux, quelles que soient d'ailleurs les clauses et conditions de son contrat de mariage.

Bouquin. — Rabilloud. — 17 juin 1845. — 2ᵉ ch............ V·. 602

7. — *Immeubles dotaux.* — *Inaliénabilité.*

La séparation de biens ne fait point cesser l'inaliénabilité des biens dotaux. En conséquence, la femme ne peut réclamer, par voie d'hypothèque légale, contre son mari, les deniers provenant de la vente de ses biens dotaux ; elle n'a que l'action en revendication.

Les cohéritiers Trolliet. — La dame

Escoffier. — 3 juin 1848. — Ch. civ.
V'. 601

8. — *Jugement. — Créanciers. — Tierce-opposition.*

Les créanciers conservent le droit , même après l'expiration du délai d'un an accordé par l'art. 873 du Code de procédure civile pour attaquer le jugement de séparation de biens, de former tierce-opposition à ce jugement, en ce qui concerne la liquidation des créances de la femme.

Dusserre. — Ranc et autres. — 6 juin 1817. — Ch. civ.

Arrêt conforme :

Veuve Berard. — Dalmas. — 11 février 1819. — 1re ch........ V'. 599

9. — L'art. 873 du Code de procédure, qui limite à un an le délai pendant lequel les créanciers du mari peuvent se pourvoir par tierce-opposition contre le jugement de séparation de biens, ne s'applique pas à la tierce-opposition dirigée seulement contre le chef de ce jugement qui liquide les droits et reprises de la femme.

Les sieurs Gerin et Odier. — Les consorts Gerin. — 21 mars 1827. — 2e ch..................... J. 3. 529

Arrêts conformes :

François Guillermy. — Les représentants de la femme de Volland. — 3 juillet 1828. — 2e ch. (1). J. 4. 256

____

(1) Attendu que l'article 873 du Code de procédure civile doit être entendu en ce sens, qu'après le délai d'une année , les créanciers

La dame veuve Brun. — Le sieur Marchand. — 6 juin 1829. — 2e ch.
J. 4. 474

____

du mari ne sont plus recevables à s'opposer à la séparation de biens provoquée par la femme, mais non pas qu'ils doivent encore être privés de la faculté d'attaquer , de contredire des dispositions qui attribueraient à la femme des créances ou des hypothèques qui n'existeraient pas, des dispositions qui seraient le résultat de la collusion , de la fraude qui auraient existé entre la femme et le mari ;

Attendu qu'en imposant une pareille privation aux créanciers du mari , ce serait ouvertement contrevenir à l'article 1378 du Code civil , portant que s'il y a eu mauvaise foi de la part de celui qui a reçu ce qui ne lui était pas dû , il est tenu de restituer tant le capital que les intérêts , du jour du paiement ;

Attendu que c'est là une action dont la durée est de trente années ;

Attendu que , lors même que ce ne serait que par erreur que la femme se serait fait adjuger des sommes non dues, cette erreur autoriserait également une demande en restitution pendant trente années (art. 1576 du Code civil) ;

Attendu qu'il peut arriver que les créances de la femme ne soient pas liquidées par le même jugement qui prononce la séparation de biens ; de là un nouveau motif de ne point admettre la fin de non-recevoir introduite par l'article 873 du Code de procédure civile, lorsqu'il ne s'agit que des créances de la femme , et non de la séparation de biens ;

Attendu , d'ailleurs , que l'article 1167 du Code civil autorise tout créancier à attaquer , en son nom personnel, tous les actes faits par son débiteur en fraude de ses droits , et que l'article 474 du Code de procédure civile autorise toute partie à former tierce-opposition à un jugement qui préjudicie à ses droits, et cela pendant tout le temps attribué par le droit commun à l'exercice des actions en général.

10. — *Jugement.* — *Exécution.* —
Dépens. — *Hypothèque légale.*

Le défaut d'exécution du jugement
de séparation, dans la quinzaine de sa
date, n'entraîne pas la péremption du
jugement. L'art. 872 du Code de procédure a modifié, sous ce rapport, l'art.
1444 du Code civil.

Le défaut d'exécution ne peut être
opposé, surtout lorsqu'il ne reste plus
au mari de biens sur lesquels les exécutions puissent frapper.

La femme n'a pas hypothèque légale
pour les dépens faits à l'occasion de sa
séparation de biens.

Léon et Got. — La femme Cordeil.
— 10 mai 1820. — 2ᵉ ch.... V°. 604

11. — *Jugement.* — *Exécution.* —
Nullité.

La nullité résultant de ce que le
jugement n'a pas été exécuté dans la
quinzaine ne peut être opposée par le
mari.

Jacques Fayard et sa femme. — 14
mai 1848. — Ch. civ...... V°. 598

12. — *Jugement.* — *Exécution.* —
Poursuites.

Il suffit, pour que le jugement de
séparation de biens soit réputé exécuté,
qu'il y ait eu des poursuites commencées dans la quinzaine de sa prono-
ciation, et que ces poursuites aient été
continuées.

La dame veuve Brun, née Astier. —
Le sieur Marchand. — 6 juin 1829. —
2ᵉ ch................. J. 4. 474

13. — *Jugement.* — *Péremption.* —
Exécution.

Le défaut d'exécution, dans la quinzaine d'un jugement de séparation de
biens n'entraîne pas nullité, lorsque la
femme, au moment de commencer ses
poursuites, trouve les meubles et immeubles de son mari déjà saisis, parce
que dans ce cas elle n'a pu agir.

Chapot. — Champion. — 19 juin
1807. — 2ᵉ sect.......... V°. 597

14. — *Jugement par défaut.* — *Notification.* — *Exécution.*

La simple notification d'un jugement
par défaut de constituer avoué, prononçant une séparation de biens, ne
peut être considérée comme un commencement d'exécution, dans le sens
de l'art. 1444 du Code civil.

Joseph Durand. — Marie Bouvier,
femme Gonon. — 1ᵉʳ juin 1822. — 2ᵉ
ch..................... J. 2. 545

15. — *Reprises.* — *Liquidation.* —
Tiers-détenteur. — *Fin de non-recevoir.*

Le tiers-détenteur des biens du mari,
dont le droit n'est pas ouvert au moment
du jugement de séparation de biens,
n'est pas représenté par son débiteur
dans ce jugement et dans celui qui fixe
les reprises de la femme; il a le droit
d'attaquer ces jugements pendant trente
ans, alors qu'ils lui sont opposés.

Mais lorsque ce tiers-détenteur, partie dans un ordre, où les créances de
la femme ont été allouées, n'a élevé
aucune difficulté relativement à cette

allocation , il s'est rendu non recevable à attaquer le jugement qui fixe ces mêmes créances.

Clair Mathieu. — Finet, dit Petit-Jean. — 28 novembre 1832. — 2ᵉ ch.

J. 6. 359

16. — *Séparation volontaire.* — *Nullité.* — *Transaction.*

Est nulle la transaction intervenue sur séparation de biens volontaire ; en d'autres termes, la transaction intervenue par suite d'un jugement en défaut envers lequel il y a opposition sur demande en séparation de biens , doit être annulée en ce sens qu'il n'existe pas de jugement définitif prononcé.

La veuve Bellet. — Les mariés Couturier. — 16 juillet 1824. — 1ʳᵉ ch.

J. 1. 230

V. Dépens. — Dot. — Prescription.

SÉPARATION DE CORPS.

1. — *Appel.* — *Preuve.* — *Evocation.*

La séparation de corps peut être prononcée sur l'appel , par évocation du principal , lorsque la cour juge inutile la preuve ordonnée en première instance , à raison des excès , sévices et injures graves articulés par l'époux demandeur en séparation.

Clotilde Comte, femme Coindre. — Son mari. — 28 janvier 1826. — 2ᵉ ch.

J. 3. 278

SÉPARATION DE CORPS.

2. — *Appel.* — *Preuve.* — *Faits nouveaux.*

La preuve de faits proposés par exception à la demande en séparation de corps ne peut être admise lorsqu'il y a lieu, sans plus ample procédure , de prononcer cette séparation , et que, surtout, cette preuve n'a pas été demandée en première instance.

Clotilde Comte , femme Coindre. — Son mari. — 28 janvier 1826. — 2ᵉ ch.

J. 3. 278

3. — *Avantages de mariage.* — *Révocation.*

La séparation de corps ne peut porter atteinte aux avantages de mariage stipulés entre les époux.

Clotilde Comte , femme Coindre. — Son mari. — 28 janvier 1826. — 2ᵉ ch.

J. 3. 278

4. — *Conciliation.*

Lorsque , en matière de séparation de corps , après une première épreuve de conciliation et un premier jugement, l'époux demandeur , pour obvier à l'irrégularité de cette épreuve , en tente une seconde qu'il fait suivre d'un nouvel ajournement , il n'est pas nécessaire, pour la régularité de cette seconde épreuve , qu'elle soit précédée du désistement de l'instance précédemment introduite.

M. Leharivel. — La dame Clémentine-Hélène Mayol-de-Lupé. — 24 août 1833. — 1ʳᵉ ch.......... J. 6. 519

5. — *Enfants. — Administration.*

Après la séparation de corps, l'administration des enfants peut être confiée à l'un des époux, au choix du juge.

Le sieur Mansord. — Thérèse Biessy, sa femme. — 21 décembre 1820. — 2ᵉ ch. . . . . V⁸. 613

6. — *Fin de non-recevoir. — Résidence. — Concubine. — Maison commune.*

Le défaut de résidence de la femme, demanderesse en séparation de corps, au lieu qui lui a été assigné par le président du tribnnal, ne peut produire une fin de non-recevoir contre sa demande.

La demande en séparation de corps, pour cause d'adultère du mari, est fondée, quoique celui-ci n'ait tenu sa concubine dans la maison commune qu'en l'absence de la femme.

Le sieur Peignard. — La dame Danton, son épouse. — 11 juin 1817. — Ch. civ. . . . . V⁸. 609

Arrêt conforme sur le défaut de résidence de la femme.

Les mariés de Lacoste. — 26 février 1821. — 1ʳᵉ ch. . . . . V⁸. 611

7. — *Injures graves. — Mémoires.*

Les injures graves renfermées dans un mémoire publié par l'époux défendeur en séparation peuvent, à elles seules, faire admettre la séparation de corps.

M. Leharivel. — La dame Clémen-

tine-Hélène Mayol-de-Lupé, son épouse. — 24 août 1833. — 1ʳᵉ chamb.

J. 6. 519

8. — *Jugement. — Appel. — Survenance d'enfant. — Fin de non-recevoir.*

La survenance d'un enfant, pendant l'instance sur l'appel en séparation de corps, prononcée par le jugement dont est appel, opère la réconciliation et rend la femme non recevable à continuer la poursuite en séparation de corps.

La femme Laurent. — Son mari. — 23 août 1822. — 2ᵉ ch. . . . . J. 2. 458

9. — *Ministère public. — Conclusion. — Ordonnance. — Nullité.*

Est nulle l'ordonnance rendue dans une instance en séparation de corps, sans que le ministère public ait été entendu.

M. Eymonot. — Mᵐᵉ Eymonot. — 20 août 1825. — 2ᵉ ch. . . . . J. 2. 335

10. — *Peine infamante. — Réhabilitation.*

La condamnation à une peine infamante est un motif de séparation, bien que le condamné ait subi sa peine, tant qu'il n'a point fait prononcer sa réhabilitation.

Il ne peut opposer sa réconciliation avec l'époux demandeur.

Pierre Vivier. — Marie Rachel, sa femme. — 17 août 1821. — 1ʳᵉ ch.

V⁸. 611

11. — *Réconciliation. — Preuve. — Fin de non-recevoir.*

Lorsque le défendeur à une demande en séparation de corps excipe d'une réconciliation qui aurait eu lieu postérieurement à la demande, la preuve des faits dont on veut faire résulter la réconciliation peut être faite en même temps que celle des autres faits sur lesquels est motivée la demande en séparation, et ne doit pas être ordonnée préjudiciellement.

M. Eymonot. — Mme Eymonot. — 20 mai 1825. — 2e ch....... J. 2. 160

12. — *Règlement verbal. — Exécution. — Acte authentique.*

Le règlement intervenu sur les droits de la femme, par suite de la séparation de corps, quoique verbal, mais exécuté librement, est valable ; la disposition de l'art. 1444 du Code civil, qui veut que ces droits soient réglés et payés par acte authentique, n'est qu'en faveur des créanciers, et ne s'applique pas aux époux ni aux séparations de biens résultant d'un jugement prononçant la séparation de corps.

La dame Pachot-d'Arsac. — Le sieur Pachot-d'Arsac. — 17 juillet 1824. — 2e ch.................. J. 1. 225

V. Donation entre époux.

SÉPARATION DE PATRIMOINES.

1. — *Action. — Durée.*

Dans l'ancien droit, comme sous la législation nouvelle, l'action en séparation de patrimoines durait autant que l'action principale, et pouvait être exercée tant que les biens étaient entre les mains de l'héritier, ou que, étant vendus, le prix n'en était point encore distribué.

Marie Ferrier, veuve de Jean-Laurent Roux. — Magdeleine-Sophie Roux, Jean-Joseph et Victor Roux. — 30 août 1831. — 2e ch............ J. 5. 426

2. — *Confusion.*

L'action en séparation de patrimoines ne peut plus être exercée sur le prix d'un immeuble, lorsque ce prix a été compensé ou délégué aux créanciers.

Les sieurs Allard et Mathieu. — Jean-Antoine Bosq. — 25 avril 1823. — 1re ch.................... J. 2. 338

3. — Il y a confusion et, par suite, extinction du privilége de séparation de patrimoines, lorsque les biens du défunt et ceux de l'héritier ont été vendus conjointement en justice, pour un seul et même prix, en présence des créanciers du débiteur primitif, sans qu'ils se soient opposés à la confusion.

La veuve Blanc-Fatin. — Les héritiers d'Herculais et le sieur Drier-Laforte. — 7 février 1827. — 1re ch.
J. 3. 406

4. — Le privilége de séparation de patrimoines ne peut plus être exercé, lorsque les immeubles du défunt et ceux de l'héritier ont été vendus conjointement et pour un seul et même prix, et que pour parvenir à déterminer leur valeur relative, il faudrait avoir recours à des procédures dispendieuses et dont le résultat serait incertain. Dans ce cas, il y a confusion de patrimoines.

Les consorts Martel, M⁰ Primard et le sieur Blanc. — Le sieur Gustave Hall et autres. — 18 août 1828. — 1ʳᵉ ch.

J. 4. 198

5. — Le privilége de séparation de patrimoines ne peut plus être exercé lorsque les immeubles du défunt et ceux de l'héritier ont été vendus en bloc pour un seul et même prix, et qu'il s'est opéré une confusion telle qu'on ne pourrait la faire cesser que par des opérations longues, dispendieuses et nuisibles aux intérêts des créanciers qui seraient privés de la faculté de surenchérir.

Les consorts Monnier-Poutot. — Les mariés Charrin, M⁰ Guerre et autres. — 9 mars 1831. — 2ᵉ ch... J. 5. 451

6. — *Prescription.*

Les poursuites qui n'ont d'autre objet que de faire déclarer le titre du créancier exécutoire contre l'héritier du débiteur ne sont pas interruptives de la prescription de l'action en séparation de patrimoines.

Les sieurs Allard et Mathieu. — Jean-Antoine Bosq. — 21 avril 1823. — 1ʳᵉ ch.

J. 2. 338

7. — *Privilége.* — *Inscription.* — *Fin de non-recevoir.*

L'inscription n'est pas nécessaire pour autoriser la demande en séparation de patrimoines, dans les successions

ouvertes antérieurement au Code civil. Ce droit est maintenu au créancier, malgré les poursuites judiciaires qu'il aurait faites contre l'héritier de son débiteur.

Françoise Barnier. — La veuve Repellin. — 27 mars 1811. — 1ʳᵉ ch.

V⁰. 510

Arrêt conforme :

Morin. — Créanciers Borel. — 28 mars 1812. — 2ᵉ ch........ V⁰. 511

8. — *Privilége.* — *Novation.*

Le privilége de séparation de patrimoines est éteint, nonobstant la réserve des anciens droits, priviléges et hypothèques, sans novation, si cette réserve est incompatible avec la nature et les effets d'un traité intervenu entre le créancier et l'héritier, duquel il résulte nécessairement l'acceptation de l'héritier pour débiteur, et par suite la novation.

La veuve Tholosan. — Les héritiers Moynier-Dubourg. — 14 janvier 1824. — 2ᵉ ch................. J. 2. 70

9. — Le créancier qui traite avec l'héritier de son débiteur, et qui a soin de se réserver tous ses droits, priviléges et hypothèques, ne perd pas le privilége de séparation de patrimoines, si ce traité n'est qu'un simple règlement de droits préexistants, qui n'emporte pas nécessairement novation et acceptation de l'héritier pour débiteur.

Les héritiers Pion. — Les mariés Bouillaton. — 10 avril 1824. — 2ᵉ ch.

J. 2. 76

10. — Le traité par lequel l'héritier fixe en argent le montant de ce qu'il doit au légitimaire, pour la légitime de droit de ce dernier, est un simple règlement de créance qui ne fait aucune novation, et le légitimaire conserve, nonobstant ce traité, le droit d'être alloué en privilége sur les biens de la succession, par la voie de la séparation du patrimoine du défunt d'avec celui de l'héritier, pour le montant de sa légitime ainsi réglée en argent.

Les mariés Mercier. — La veuve Barcemont. — 8 juin 1821. — 5ᵉ chamb.

J. 2. 174

SERMENT. — V. Acquiescement. — Preuve testimoniale.

SERVITUDES.

1. —' *Construction sur le sol d'autrui. — Accession.*

La construction d'une maison, faite partie sur le sol d'autrui, partie sur celui du propriétaire de la maison, ne donne pas, au tiers-propriétaire du sol, le droit de demander l'application de l'art. 555 du Cod. civ., lorsque la majeure partie de la maison a été construite sur le sol de l'édificateur. Le sol est alors l'accessoire que le propriétaire de la maison a droit de se retenir en en payant la valeur.

Durand et Valin. — Gonon. — 7 juillet 1820. — 2ᵉ chamb.... Vᵉ. 632

2. — *E aux.*

Suivant les anciens principes, il était

constant que l'on pouvait acquérir l'usage des eaux publiques et courantes au préjudice des seigneurs, par l'effet d'une possession immémoriale, et que cette possession tenait lieu de titre ou faisait supposer l'existence d'un titre.

12 janvier 1813. — 1ʳᵉ ch. Vᵉ. 618

3. — Pour que la dérivation des eaux soit acquise par prescription, il ne suffit pas que le propriétaire du fonds inférieur fasse des travaux apparents sur son sol; il faut qu'ils soient faits sur le sol de celui où les eaux prennent leur source. Jusque là le propriétaire de la source peut en disposer arbitrairement, sans égard à la pente naturelle des lieux.

Escoffier. — La commune de Domarin. — 24 juillet 1809. — 1ʳᵉ chamb.

Vᵉ. 618

4. — Des particuliers n'ont point qualité pour revendiquer un droit de propriété sur des eaux qu'ils soutiennent appartenir à la commune dont ils font partie.

Les consorts Ginet. — Emery. — 13 février 1812. — 2ᵉ chamb... Vᵉ. 634

5. — Un propriétaire a le droit de faire des fouilles dans son fonds pour y rechercher des eaux qui peuvent s'y trouver, alors même que, par l'effet de ces fouilles, les eaux d'une fontaine communale seraient diminuées; la disposition de l'art. 643 du Code civil ne s'applique qu'aux sources qui fluent à ciel ouvert.

Commune d'Apprieux. — Perrin et Thermoz. — 5 mai 1834. — 1ʳᵉ chamb.
J. 7. 258

6. — *Forge. — Incommodité. — Voisinage.*

Le propriétaire du rez-de-chaussée d'une maison peut y construire une forge, quelle que soit l'incommodité résultant du bruit pour les propriétaires des étages supérieurs, si d'ailleurs la forge ne nuit pas à la solidité de la maison, et n'est pas susceptible de causer d'autres dommages.

Rigaud. — Vial. — 17 mars 1813. — 2ᵉ chamb............... Vᵗ. 629

7. — *Mouture. — Droit personnel.*

Le droit de franche mouture, attribué par un acte aux parties qui y sont désignées, aux leurs et à leurs rentiers, n'est point une servitude réelle; c'est seulement un droit personnel, non transmissible à d'autres qu'aux héritiers naturels et légitimes.

Le sieur Beraud. — Merle. — 20 juillet 1832. — 4ᵉ chamb.. J. 6. 250

8. — *Mur mitoyen. — Réparations.*

Les réparations d'un mur mitoyen ne doivent être supportées à frais communs entre les propriétaires, qu'autant qu'elles sont nécessaires des deux côtés du mur, ou dans sa totalité.

Pierre Bouloud. — Jean - Thomas Cattier. — 20 juillet 1822. — 2ᵉ ch.
J. 2. 474

9. — *Passage.*

Le propriétaire dont le fonds était enclavé pouvait acquérir, par la possession, le droit de pratiquer un passage sur le fonds du voisin, pour garnir et dégarnir le sien; mais il fallait, pour acquérir cette possession, qu'il eût passé et repassé chaque année sur le fonds, au vu et su du propriétaire, sans trouble ni empêchement, et lors même que ce fonds était ensemencé. Toute autre possession était réputée clandestine ou précaire, ou de simple tolérance.

Essartier.— Robert. — 24 juin 1818. — Chamb. civ.............. Vᵗ. 620

10. — Le passage dans un fonds bordé par un chemin public, quoique plus long et impraticable, est toujours considéré comme abusif, et ne peut s'établir par la prescription.

Favier. — Cohéritiers Chapuis. — 20 juillet 1813. — 2ᵉ chamb.

Arrêts conformes :

Guinard. — Tabaret. — 18 août 1814. — 2ᵉ chamb.

Delaye. — Lepassur. — 21 décemb. 1814. — 1ʳᵉ chamb........ Vᵗ. 623

11. — Une servitude de passage ne peut s'acquérir que par titre, et non par possession, lorsque le fonds pour lequel le passage est réclamé aboutit à la voie publique; dans ce cas la possession est présumée n'avoir lieu que par tolérance et familiarité; quand même le fonds de celui qui réclame la servitude lui aurait été expédié dans un partage avec ses entrées et issues.

Rolland père et fils. — Joseph Breyton. — 4 mai 1824. — 1re chamb.

J. 1. 283

12. — Avant le Code civil on pouvait acquérir, par la possession de trente ans, un droit de passage pour un fonds auquel aboutissaient seulement des chemins privés.

Couchet. — Burais. — 29 décemb. 1821.................... J. 1. 514

13. — Avant la promulgation du Code civil, celui dont le fonds aboutissait à un chemin public, quoique plus long et même impraticable en plusieurs endroits, ne pouvait pas acquérir, sans titre, et par le seul effet de la prescription, une servitude de passage sur l'héritage de son voisin; un passage de cette nature, quelque longue et ancienne qu'en fût la jouissance, était toujours censé avoir été concédé à titre précaire et de pure familiarité.

Pierre Cotta. — Abraham et Vialet. — 17 mai 1822. — 2e ch... J. 2. 11

14. — En Dauphiné, la servitude de passage ne pouvait pas s'acquérir par la seule possession lorsque le fonds pour lequel on la réclamait pouvait être exploité en passant sur les autres possessions voisines du propriétaire; dès-lors, il n'y avait plus d'enclave.

Jean Roux. — Les consorts Poncet.

— 21 décembre 1826. — 2e chambre.

J. 3. 237

15. — Une servitude discontinue, telle qu'un droit de passage, ne peut s'acquérir sans titre, par la seule possession, en faveur d'un fonds qui confine un chemin public.

La veuve et les enfants Périer. — Les mariés Pont. — 11 mai 1824. — 1re chamb.............. J. 2. 515

16. — La destination du père de famille ne vaut titre que pour les servitudes continues et apparentes; elle ne peut faire acquérir, au moyen de la possession, une servitude discontinue, telle qu'un droit de passage, au profit d'un fonds qui est contigu à un chemin public.

Antoine Gerin. — Antoine Couturier et les sieurs Eparvier et Escot. — 1er février 1826. — 1re ch.. J. 2. 519

17. — L'acquéreur d'un fonds désigné dans l'acte de vente comme confinant la voie publique, et qui la confine réellement, n'a aucune action en garantie ou en résolution contre son vendeur, à raison de la servitude de passage qu'il prétend avoir sur un fonds voisin, et qui lui est contestée lorsqu'il n'a été promis aucune garantie spéciale quant à ce, et qu'il a seulement été stipulé que l'acquéreur jouirait de la même manière que le vendeur et ses auteurs avaient joui ou avaient eu droit de le faire.

Antoine Gerin. — Antoine Couturier

et les sieurs Eparvier et Escot. — 1ᵉʳ février 1826. — 1ʳᵉ ch.... J. 2. 519

18. — On ne peut réclamer une servitude de passage en alléguant même la prescription trentenaire ou immémoriale avant le Code civil, lorsque le fonds pour lequel on la demande a des issues sur la voie publique dont il y a titre.

Benoît Perret. — La veuve Chosson, Pierre Rival et M. Labbe. — 15 février 1828. — 1ʳᵉ chamb....... J. 4. 131

19. — Sous le Code civil, comme sous l'ancien droit, la servitude de passage nécessaire pour arriver à un fonds enclavé s'acquiert par la possession trentenaire.

Les mariés Fournier. — De Morel. — 28 février 1829. — 1ʳᵉ chamb.
J. 4. 382

20. — La demande tendant à transporter l'exercice d'une servitude de passage dans un autre endroit que celui où elle était primitivement établie est une demande principale, qui doit subir les deux degrés de juridiction.

Les mariés Fournier. — De Morel. — 28 février 1829. — 1ʳᵉ chambre.
J. 4. 382

21. — Le propriétaire d'une portion de maison qui n'a aucune issue sur la voie publique, et qui est en même temps copropriétaire d'un escalier commun servant de moyen de communication à deux autres portions de maison dont l'une lui appartient égale-

ment, peut réclamer, moyennant indemnité, le droit de se servir de l'escalier commun pour sa portion de maison qui n'a aucune issue.

Les mariés Carlhan. — Le sieur Bompard. — 28 juin 1833. — 4ᵉ chamb.
J. 6. 503

22. — *Place publique. — Destination.*

La jouissance et la destination d'une place publique ne peut être changée que dans les formes voulues par la loi, et sauf l'opposition des parties intéressées ; ainsi les tribunaux ne pourraient statuer que prématurément sur des questions de servitudes particulières tant que la place publique conserve ce titre, c'est-à-dire sa destination première ; jusque là tous les habitants ont droit d'en jouir comme la commune, *ut universi.*

Le sieur Vachon. — La commune de Meyzieux. — 15 juillet 1824. — 2ᵉ ch.
J. 1. 519

23. — *Possession. — Preuve.*

C'est à celui qui soutient avoir droit à une servitude sur le fonds d'autrui à prouver sa possession pendant le temps nécessaire pour prescrire, alors même qu'il a la possession annale de la servitude et qu'il est défendeur au pétitoire.

Les mariés Argoud. — Les mariés Revol. — 14 juillet 1832. — 4ᵉ ch.
J. 6. 240

24. — *Puisage. — Possession.*

La possession, depuis plus de trente

ans avant le Code civil, d'user des eaux d'un puits, équivalait à un titre.

François Jourdan.—Jean-Alexandre Ugnon. — 26 août 1826. — 2ᵉ chamb.

J. 3. 150

25. — *Vue.*

Les fenêtres pratiquées dans un mur mitoyen et au-dessus sont toujours présumées établies à titre précaire. Le propriétaire n'est point recevable à opposer de la prescription à celui qui demande l'exhaussement du mur mitoyen.

Antoine Fine. — Antoine Faure. — 23 mai 1820. — 1ʳᵉ ch...... V°. 625

26. — Lorsqu'un droit de vue a été établi par prescription, le propriétaire ne peut, en achetant la mitoyenneté du mur dans lequel les jours ont été pratiqués, forcer le propriétaire à boucher ses fenêtres.

Breton. — Berard. — 27 juin 1816. — 1ʳᵉ chamb.............. V°. 624

27. — Suivant une ancienne jurisprudence constante, il n'est point permis à un voisin de pratiquer même des jours de coutume sur des établissements publics destinés à la retraite et à une éducation religieuse.

Le sieur Oddoz. — L'évêque de Grenoble. — 18 juillet 1809. — 1ʳᵉ ch.

V°. 627

28. — Les fenêtres d'aspect ou à vue droite, qui existent depuis plus de trente ans, ne peuvent être suppri-

mées. En conséquence, lors même qu'on a la mitoyenneté de la partie inférieure d'un mur, on ne peut réclamer la mitoyenneté de la partie supérieure, s'il y a servitude de jour dans celle-ci depuis plus de trente ans ; en ce cas, il y a prescription acquise.

Pierre Bouloud. — Jean - Thomas Cattier. — 20 juillet 1822. — 2ᵉ ch.

J. 2. 474

29. — Si deux bâtiments de hauteur différente sont adossés à un même mur, mitoyen jusqu'à l'héberge, et si dans la partie supérieure et non mitoyenne de ce mur il existe, depuis plus de trente ans, des fenêtres à vue droite, le propriétaire du bâtiment le moins élevé a la faculté de contraindre l'autre propriétaire à lui céder la mitoyenneté de la portion supérieure du mur, conformément à l'art. 660 du Code civil ; mais cette faculté ne lui confère pas le droit de faire supprimer ces fenêtres, dont l'existence constitue une servitude continue et apparente, qui pouvait s'acquérir en Dauphiné par la prescription trentenaire.

La veuve Curtil. — Les consorts Mermet. — 1ᵉʳ août 1827. — 2ᵉ ch.

J. 4. 57

30. — Le droit attribué par l'art. 660 du Code civil au propriétaire joignant un mur de le rendre mitoyen, n'emporte pas celui de faire boucher les fenêtres existant dans le mur depuis plus de trente ans ; l'existence de ces fenêtres constitue une servitude qui doit être maintenue.

Le sieur Constantin. — Le sieur Bouvat. — 3 décembre 1830. — 2ᵉ ch.
J. 5. 159

31. — C'est d'après le droit ancien, et non d'après les dispositions du Code civil, que doit être déterminée la nature des jours établis avant la promulgation de ce code.

Bathelier. — Les frères Duc. — 7 janvier 1832. — 4ᵉ chamb. J. 5. 534

32. — D'après le droit ancien, la prescription ne pouvait être invoquée à l'égard des jours de coutume.

Bathelier. — Les frères Duc. — 7 janvier 1832. — 4ᵉ chamb. J. 5. 534

33. — On ne peut ouvrir des vues droites sur l'héritage voisin en pratiquant des ouvertures dans un mur qui le joint immédiatement, quoique ce soit une propriété publique.

Gilbert. — Veuve Bius. — 18 avril 1834. — 4ᵉ chamb....... J. 7. 246

V. Vaine pature.

SIGNATURE. — V. Acte notarié. — Acte sous seing privé. — Arbitrage. — Femme. — Jugement. — Preuve testimoniale. — Testament.

SIGNIFICATION. — V. Acquiescement. — Adjudication définitive. — Adjudication préparatoire. — Appel. — Avoués. — Exploit. — Jugement par défaut. — Mandat d'amener. — Ordre. — Saisie immobilière. — Transport de créances.

SIGNIFICATION D'AVOUÉ A AVOUÉ.

1. — *Formes.*

La signification d'avoué à avoué doit contenir, à peine de nullité, l'immatricule de l'huissier, le nom de l'avoué à la requête duquel elle est faite, et la mention de la personne qui a reçu la copie.

Michel Bazin. — Les héritiers Benoit, Bruno, Duclot. — 28 juillet 1820. — 2ᵉ chamb.............. Vᵗ. 296

2. — La signification d'un acte d'avoué à avoué, dans les instances liées, n'est pas soumise aux formalités exigées pour les exploits ordinaires.

Les consorts Filleul. — Jean Rolland. — 4 mai 1824. — 1ʳᵉ ch.

Arrêts conformes :

Le sieur Sambuc. — Les frères Anthouard. — 6 août 1822. — 2ᵉ chamb.
Pierre Pellat. — Les héritiers de Louis Pellat. — 20 février 1823.
J. 1. 155
Joseph Richer. — Guillaume David. — 28 mai 1823. — Chamb. du conseil.
J. 1. 382

SIMULATION.

— 1. *Contrat de mariage.*

Le père du futur époux, et le futur époux lui-même, sont recevables à attaquer de simulation un contrat de mariage non exécuté, portant réception d'une dot.

Eyme. — Paradis. — 19 décembre 1811. — 1re chamb......... V⁵. 18

2. — *Indices.*

La parenté, la cohabitation du fils avec le père, le fait qu'ils auraient passé entre eux beaucoup d'actes dont la sincérité ne peut être prouvée, que le père n'aurait cessé de jouir des biens vendus, sont autant d'indices de simulation d'une vente passée par le père à son fils.

La veuve et les héritiers Dijoin. — — 11 janvier 1846. — 2e chamb.
V⁵. 19

3. — *Vente. — Biens indivis. — Exécution.*

Lorsque des biens communs et possédés par indivis ont été vendus par l'un des copropriétaires, se faisant fort pour l'autre, et que la vente a été volontairement exécutée par tous les deux, celui qui n'a pas concouru directement à la vente n'est pas recevable à la quereller pour cause de simulation dans l'énonciation du prix, et ne peut demander que le vendeur soit soumis à lui tenir compte de la valeur estimative des biens vendus.

Les mariés Sestier. — Georges Guillet. — 7 mai 1831. — 2e chamb.
J. 5. 303

4. — *Vente. — Réserve d'usufruit. — Exécution.*

La vente faite avec réserve d'usufruit ne peut être querellée pour cause de simulation, par ceux des successibles en ligne directe qui ont consenti à cette aliénation, et qui ont postérieurement reçu la portion qui leur revenait sur le prix de la vente, alors surtout que l'acquéreur ne se trouvait pas, à l'époque de la vente, au nombre des successibles du vendeur.

La renonciation faite dans un pareil acte, par un successible, à toute part et portion sur les biens aliénés, peut être ratifiée postérieurement au décès du vendeur, par l'exécution volontaire résultant d'un partage dans lequel le prix de la vente a été distribué entre des cohéritiers.

Les mariés Clément. — Les consorts Feugier. — 25 mars 1831. — 4e ch.
J. 5. 297

V. CAUTIONNEMENT. — CONTRAT. — DONATION DÉGUISÉE.

SOCIÉTÉ.

1. — *Confusion. — Privilége.*

Lorsque la société est dissoute, et que l'un des associés, s'étant chargé de la liquider, a confondu l'avoir social dans le sien, sans que les créanciers de la société aient demandé la séparation de l'avoir de la société d'avec celui des sociétaires, le privilége de ces créanciers est éteint par la confusion.

Les sieurs Ollivier, Lachesserie et consorts. — Les syndics provisoires de la faillite Thomas aîné et Philippe Thomas. — 1er juin 1831. — 2e ch.
J. 5. 385

2. — Créancier. — Privilége.

Le créancier d'une société, qui a laissé partager, sans protestation, un immeuble qu'il soutient avoir fait partie de l'actif de la société, et qui a laissé exproprier, sans réclamation, la portion de l'un des associés à la poursuite d'un créancier personnel de ce dernier, ne peut réclamer aucun privilége sur cet immeuble.

La dame Savoye. — Victor-Amédée Savoye et autres. — 3 février 1831. — 2ᵉ chamb.............. J. 5. 217

3. — Les créanciers d'une société ont sur son actif un privilége que ne peuvent leur disputer les créanciers personnels des divers sociétaires.

Les sieurs Ollivier, La Chesserie et consorts. — Les syndics provisoires de la faillite Thomas aîné et Philippe Thomas. — 1ᵉʳ juin 1831. — 2ᵉ ch.
J. 5. 385

4. — Exécution. — Nullité.

L'associé qui a fait transcrire et afficher l'acte de société commerciale n'est pas admissible à en proposer la nullité sous le prétexte que cette formalité n'a été que tardivement remplie; c'est, de sa part, un acte d'exécution qui couvre la nullité qui n'est point absolue ni d'ordre public.

M. Milleret. — Le sieur Lavauden. — 22 juillet 1823. — 1ʳᵉ ch. J. 1. 526

5. — Intérêts.

Les sommes dues par des associés à la société dont ils sont membres, portent intérêt, de plein droit, au profit de cette société, depuis l'échéance, et non pas seulement depuis la demande judiciaire, lors même que ces sommes ne sont que des prix de baux à ferme passés par la société à ces associés.

Les sieurs Bruyère et Monistrol. — Les sieurs Watrin, Biffardel et autres. — 4 mars 1826. — 2ᵉ ch... J. 3. 79

6. — Preuve testimoniale.

L'existence d'une société, dont l'objet est d'une valeur de plus de 150 fr., ne peut être établie par la preuve testimoniale.

André Faresse. — Arnaud, Bellier et autres. — 7 mars 1818. — Ch. civ.
J. 2. 488

7. — Remplacements militaires.

Une société d'assurance pour les remplacements militaires est une société commerciale, lors surtout qu'elle fait une sorte de courtage et des actes de commerce.

Le sieur Tolentin. — Le sieur Eymieux. — 19 juillet 1830. — 1ʳᵉ ch.
J. 5. 104

V. Arbitrage forcé. — Remplacements militaires.

SOCIÉTÉ ANONYME.

1. — Notaire. — Capacité.

Un notaire peut recevoir des actes pour une société anonyme, quand même un de ses parents, au degré prohibé par l'art. 8 de la loi du 26 ventôse an 11, est actionnaire et en même temps administrateur de cette société.

La caisse hypothécaire.—M. Charles Durand et C°. — 8 mars 1832. — 1re chamb.................. J. 6. 25

SOLIDARITÉ.

1. — *Acquiescement. — Fin de non-recevoir*.

La solidarité ne se présume pas, elle doit être prouvée ; on n'est pas recevable à la demander lorsqu'on a acquiescé à un jugement qui ordonne un rapport d'experts pour fixer la part de la dette supportable séparément par chacun des débiteurs.

Les mariés Croizel. — Le sieur Ferlin et les syndics de la faillite Croizel. — 5 août 1828. — 1re ch.. J. 4. 208

2. — *Stipulation*.

L'énonciation de renonciation au bénéfice de discussion équivaut à une stipulation expresse de solidarité.

Latreille. — Payet. — 20 janvier 1830. — 1re chamb........ J. 5. 1

V. Délit forestier. — Dépens. — Expertise.

SOMMATION HYPOTHÉCAIRE. — V. Hypothèque.

SOURCE. — V. Eaux.

STATUT PERSONNEL ET RÉEL.— V. Capacité. — Femme.

STELLIONAT.

1. — *Immeuble dotal. — Vente. — Mari*.

Le stellionat gît dans l'intention et non dans le fait ; ainsi le mari qui vend ou hypothèque l'immeuble dotal peut n'être pas stellionataire.

Salamon. — Rancurel. — 17 juin 1809. — 1re chamb........ V'. 730

V. Dot.

SUBHASTATION.

1. — *Nullité. — Fruits*.

Lorsqu'une mise en possession, par suite de subhastation, est annulée, le créancier possesseur doit rendre compte des fruits ; mais il peut compenser les intérêts, et même ceux échus au moment de la mise en possession.

Bonnemery. — Robin Duvernay. — 11 germinal an 9. — 1re sect. V'. 551

2. — *Poursuites. — Gage*.

La subhastation faite par un créancier était convertie en simple droit de gage par les poursuites faites par ce créancier contre son débiteur, pour ses créances anciennes, postérieurement à la subhastation.

Joseph Busse. — Les consorts Darve. — 10 mai 1832. — 1re ch. J. 6. 127

3. — *Prise de possession. — Intimation. — Droit de gage*.

Pour qu'une subhastation fût régulière, il fallait que le procès-verbal de prise de possession eût été notifié au saisi; à ce défaut, le créancier ne jouissait des biens subhastés qu'à titre de gage, et ne pouvait jamais en prescrire la propriété.

Les consorts Rif et Coynet. — La dame de Lavallonne. — 30 juillet 1828. — 1re chamb . . . . J. 6. 246

4. — *Rachat. — Délai.*

La faculté de rachat, accordée pendant le délai de quatre mois au débiteur dépossédé, n'emportait pas déchéance. On était même dans l'usage de lui accorder jusqu'à deux ans pour payer le créancier.

Le sieur Silans. — Me Dumas, avocat. — 15 avril 1808. — 1re section.
V. 549

SUBROGATION.

1. — *Acquéreur. — Paiement.*

L'acquéreur qui paie son prix de vente à un créancier, au profit duquel il a été délégué, est subrogé de plein droit aux priviléges et hypothèques du créancier, quoique ses priviléges et hypothèques ne reposent point sur l'immeuble vendu.

La veuve Arthaud. — Le sieur Trolliet. — 19 août 1818. — Ch. civ.
V. 420

2. — *Cession.*

Sous la législation du parlement de Dauphiné, comme sous la nouvelle, la cession faite à un étranger non possesseur de l'héritage donnant lieu au litige, peut être l'objet de la subrogation autorisée par l'art. 1699 du Code civil.

La commune de Champoléon. — Le chevalier d'Hugues. — 19 mai 1828. — 1re chamb . . . . J. 4. 353

3. — *Créancier. — Paiement.*

En matière de subrogation, le droit attribué par l'art. 1252 du Code civil au créancier qui a été payé en partie, de se faire payer de ce qui lui reste dû de préférence à celui dont il n'a reçu qu'un paiement partiel, ne doit s'entendre que de ce qui reste dû au créancier sur la créance acquittée en partie, et non pas de ce qui peut lui être dû pour une créance postérieure en hypothèque.

La dame Dusserre. — Les sieurs Chosson et Piatet. — 12 août 1831. — 2e chamb . . . . J. 5. 436

V. Dot. — Droits litigieux — Hypothèque. — Saisie immobilière. — Vente.

SUBROGÉ TUTEUR. — V. Mineur. — Tutelle.

SUBSTITUTION.

1. — *Abolition.*

Les substitutions stipulées avant la publication de la loi du 15 novembre 1792, et non ouvertes à l'époque de cette publication, sont abolies et ne peuvent produire aucun effet.

Le sieur Robert de la Revol. — La famille Dantour. — 4 janvier 1821. — 1re chamb.............. J. 1. 465

2. — *Biens substitués. — Inaliénabilité. — Prescription.*

Les biens substitués sont inaliénables, et par conséquent imprescriptibles; ainsi le possesseur de ces biens n'a pu en prescrire la propriété même par une possession de cent ans.

Desisnard. — Gaydan et autres. — 10 juillet 1833. — 2e ch... J. 7. 14

3. — *Caducité. — Effet. — Loi nouvelle.*

Une substitution prohibée par les lois nouvelles n'entraîne pas la nullité du testament, et doit être réputée non écrite, lorsqu'elle est devenue caduque par le décès de l'appelé avant la promulgation du Code civil.

Consorts Gallay. — Claude Gallay. — 22 mars 1834. — 2e ch. J. 7. 196

4. — *Charge d'élire.*

Il y a substitution fidéi-commissaire dans la clause d'un testament par laquelle l'héritier est chargé de disposer à son choix des biens donnés, en faveur d'un des enfants du testateur.

Mayol Raclet et consorts. — Les héritiers de François Raclet. — 28 avril 1831. — 1re chamb....... J. 5. 261

5. — *Contrat de mariage. — Droit ancien.*

La clause d'un contrat de mariage

par laquelle l'un des époux, voulant conserver ses biens dans sa famille, déclare les substituer à l'un de ses enfants, est une substitution fidéi-commissaire, irrévocable, par l'effet de laquelle le disposant devient grevé de l'obligation de rendre les biens substitués qu'il ne peut plus dès-lors aliéner.

Les mariés Desisnard. — Les consorts Jacomet. — 18 août 1823. — 1re chamb................. J. 3. 35

6. — *Election. — Condition. — Héritier grevé.*

L'héritier grevé de substitution ne pouvait rien se retenir pour lui-même dans les biens substitués, ni imposer aucune condition à l'élection ; toute stipulation contraire est réputée non écrite.

Mayol Raclet et consorts. — Les héritiers de François Raclet. — 28 avril 1831. — 1re chamb....... J. 5. 261

7. — *Election. — Donation. — Contrat de mariage.*

La donation faite en contrat de mariage à l'un des enfants, par l'héritier, des biens recueillis, constitue l'élection du donataire.

Mayol Raclet et consorts. — Les héritiers de François Raclet. — 28 avril 1831. — 1re chamb....... J. 5. 261

8. — *Héritier grevé. — Aliénation. — Servitude.*

L'héritier grevé de substitution ne pouvant aliéner les biens substitués, n'a pas le droit de les assujettir à une servitude quelconque.

Desisnard. — Gaydan et autres. — 10 juillet 1833. — 2ᵉ chamb. J. 7. 14

9. — *Nullité.*

Une substitution en faveur d'enfants, *de eo quod superest*, n'est pas prohibée par le Code civil, qui ne défend que les dispositions à charge de conserver et de rendre.

Sève. — Desayes. — 2 avril 1818. — Chamb. civ............... Vᵉ. 693

V. LEGS. — TESTAMENT.

SUCCESSION.

1. — *Acceptation. — Droit de mutation. — Paiement.*

Le paiement fait par le successible du droit de mutation pour cause de décès, n'est pas un acte d'héritier pur et simple, et n'est point un obstacle, soit à la renonciation ou répudiation de la succession , soit à l'acceptation sous bénéfice d'inventaire.

Benoît Colomb.—La veuve Pirodon. — 12 août 1826. — 2ᵉ ch.. J. 3. 146

2. — *Loi étrangère. — Cohéritier. — Indemnité.*

Avant la loi du 14 juillet 1819, qui a abrogé l'art. 726 du Code civil, un cohéritier ne pouvait réclamer sur les biens de la succession , situés en France, aucune indemnité à raison de la portion des biens situés en pays étranger, dont il était privé par la loi étrangère.

Genon. — Trouillet et Perret. — 12 juillet 1833. — 2ᵉ ch..... J. 6. 549

3. — *Rapport. — Avancement d'hoirie. — Légataire.*

Une donation étant faite en avancement d'hoirie, le donataire, venant au partage de la succession du donateur, doit rapporter cette donation au cohéritier légataire. Ce n'est qu'envers l'étranger légataire qu'il est dispensé du rapport.

Le sieur de Luzy. — Les frères de Barrin. — 29 juillet 1820. — 2ᵉ ch.
Vᵉ. 231

4. — *Rapport. — Prix de remplacement.*

La somme que le père a payée pour le remplacement de son fils aux armées est sujette à rapport.

Les cohéritiers Roybet. — 17 avril 1819. — 1ʳᵉ chamb.

Arrêts conformes :

Héritiers Charignon. — 12 février 1816. — 1ʳᵉ chamb.

Frères Milliat. — 25 juillet 1816. — 1ʳᵉ chamb.

Guiguet. — Cohéritiers Bourjaillat. — 8 mars 1817.—Chamb. temporaire.
Vᵉ. 235

5. —Le père ne peut compenser une créance de son fils avec le prix de son remplacement qu'il a payé.

Les sieurs Astier père et fils. — 13 mars 1817. — Chambre civile.

V². 236

6. — La somme que le père a payée pour le remplacement de son fils au service militaire n'est pas sujette à rapport, lorsque cette demande est modique, par rapport à la fortune du père.

Charles Drivon. — Les héritiers Drivon. — 2 janvier 1822. — 2ᵉ chamb.

J. 2. 295

7. — *Rapport.* — *Quotité disponible.*

L'héritier qui est en même temps légataire par préciput de la quotité disponible peut obliger ses cohéritiers à rapporter fictivement ce qui leur a été donné en avancement d'hoirie, pour calculer cette quotité disponible.

Pierre Gallois. — Les consorts Gallois. — 22 février 1827. — 2ᵉ ch. civ.

J. 3. 297

8. — *Rapport.* — *Représentation.* — *Créances.*

Le petit-fils venant à la succession de son aïeul par représentation, après répudiation de la succession de son père, est soumis à rapporter non-seulement les dons faits à ce dernier, mais encore les sommes dues par le père à la succession de l'aïeul.

Les enfants de Jean-François Pagnoud. — Les cohéritiers Pagnoud.

— 27 décembre 1832. — 2ᵉ chamb.

J. 6. 312

9. — *Rapport.* — *Trousseau.*

Le trousseau donné à une fille, par contrat de mariage, n'est sujet à rapport qu'en ce qui concerne les objets donnés pour le ménage commun des époux.

Bouchon. — Ollagnon. — 28 août 1816. — Ch. civ. . . . . V². 238

10. — *Renonciation.* — *Donataire.* — *Effet.* — *Droit ancien.*

Sous l'ancienne jurisprudence, le cohéritier donataire qui renonçait à la succession, pour s'en tenir aux biens donnés, pouvait retenir tout à la fois sa légitime par voie d'exception et la portion disponible comme donataire.

Tripier aîné. — Consorts Tripier. 13 mars 1833. — 1ʳᵉ chamb. J. 7. 80

11. — *Renonciation.* — *Donation.* — *Quotité disponible.*

Le donataire en avancement d'hoirie, qui renonce à la succession, ne peut retenir, sur les biens donnés, tout à la fois le montant de la quotité disponible et celui de la réserve légale.

Le don peut être retenu jusqu'à concurrence de la quotité disponible, pourvu toutefois que le père ou la mère n'en ait pas disposé.

Ainsi, la portion que le donataire renonçant a le droit de retenir doit se composer d'abord de sa part dans la réserve légale, et ensuite d'une part de biens prise à titre de supplément sur la quotité disponible , de telle sorte néanmoins que ces deux parts réunies n'excèdent en aucun cas la quotité disponible.

Les consorts Champeau. — Jean Champeau. — 22 janvier 1827. — 1re chamb................ J. 3. 289

Arrêt conforme :

Pierre Gallois. — Les consorts Gallois. — 22 février 1827. — 2e chamb. J. 3. 297

12. — L'héritier donataire par préciput, qui renonce à la succession pour s'en tenir à la donation à lui faite, ne peut retenir que la portion disponible et doit rendre tout l'excédent.

Faure Godard et les mariés Betton. — Les mariés Mounier-Pontot. — 20 juillet 1832. — 2e ch..... J. 6. 152

13. — *Renonciation. — Rétractation. — Droit ancien.*

Sous l'ancien droit on ne pouvait, après l'expiration du délai légal, revenir sur une renonciation faite à une succession, lorsqu'elle résultait d'actes et de faits non équivoques sur l'intention de répudier, et la disposition de quelques biens de la succession non faite à titre d'héritier n'était pas une renonciation suffisante au bénéfice de la répudiation, ce n'était qu'une rétention frauduleuse.

La commune de Brangues. — M. Dubouchage. — 14 août 1823. — 1re

chamb................ J. 1. 479

14. — *Renonciation. — Rétractation. — Erreur de fait.*

La renonciation à une succession faite par un donataire, pour s'en tenir à son don , ne peut être réputée conditionnelle , et comme telle rétractée, qu'autant qu'elle n'a pas été faite en connaissance de cause, et qu'elle est le résultat du dol ou d'une erreur de fait.

Faure Godard et les mariés Betton. — Les mariés Mounier-Pontot. — 20 juillet 1832. — 2e chamb.. J. 6. 152

15. — L'héritier qui a renoncé à une succession ne peut pas attaquer sa renonciation et la faire annuler, sur le fondement qu'il avait précédemment accepté cette succession par l'effet d'une demande en partage.

Frères Rivier. — Mariés Ravix. — 5 décembre 1834. — 2e ch.. J. 7. 415

16. — *Statut réel.*

Les objets formant la succession mobilière d'une personne sont régis par les lois du lieu où la succession s'est ouverte.

Genon. — Trouillet et Perret. — 12 juillet 1833. — 2e chamb.. J. 6. 549

17. — *Vente à forfait.*

La vente générale de plusieurs hérédités, sans désignation spéciale des objets vendus et dépendant de chacune d'elles, sous la charge d'acquitter indéfiuiment toutes les dettes , constitue un contrat à forfait, contre lequel on ne peut admettre nul recours , quand bien même l'acquéreur , par suite d'é-vènements postérieurs, serait privé des biens qu'il avait cru acheter.

Les mariés Roux-Paris. — La veuve Gauthier. —17 janvier 1828. — 2ᵉ ch. J. 4. 139

V. Retour légal.

SUCCESSION FUTURE.

1. — *Renonciation. — Action en nullité. — Prescription.*

Avant le Code civil, l'action en nul-lité ou en rescision d'une renonciation à la succession d'une personne vivante se prescrivait par le laps de dix ans depuis l'ouverture de la succession.

Jean-Antoine Bosq. — Mᵉ Massot. — 2 juillet 1819. — 1ʳᵉ ch. J. 3. 179

2. — *Traité. — Nullité.*

La déclaration par laquelle l'un des enfants légataires de la quotité dispo-nible se soumet, du vivant du père , à expédier à ses frères et sœurs une portion de son préciput, et reconnaît que telle est la volonté du père, est un acte nul comme contenant traité sur une succession future.

Joseph Juge et les sœurs Juge. — 13 décembre 1828.—4ᵉ ch. J. 4. 385

SUPPLÉMENT DE LÉGITIME. — V. Légitime.

SURENCHÈRE.

1. — *Adjudication. — Offre.*

L'offre d'une somme supérieure au prix d'adjudication ne peut être ac-cueillie; c'est un moyen repoussé par la loi en ce qu'il tendrait à faire ad-mettre une seconde surenchère.

Le sieur Rajon. — Les sieurs André Pichat et autres. — 15 mars 1821. — 2ᵉ chamb............... J. 3. 339

2. — *Adjudication définitive. — Appel.*

La cour saisie de l'appel d'un ju-gement d'adjudication définitive ne peut, en cette instance d'appel, statuer sur une surenchère postérieure à ce ju-gement d'adjudication.

Les sieurs Belluard et Gagneux. — Joseph Milliat. —, 28 juin 1826. — 1ʳ chamb................ J. 3. 105

3. — *Cahier des charges.*

Il est facultatif au surenchérisseur d'insérer dans le cahier des charges les clauses qu'il juge convenables dans l'intérêt des créanciers.

Le sieur Argoud. — Lesbros. — 7 avril 1824. — 1ʳᵉ chamb.. J. 1. 160

4. — *Caution.*

La caution d'une obligation inscrite ne peut être admise à surenchérir sur le prix de la vente des biens du débi-teur, lorsqu'elle n'est pas subrogée aux droits du créancier.

Artaud. — Chiffe , Tournigaud et Pignet. — 8 juillet 1834. — 1re ch.

J. 7. 299

5. — *Caution. — Assignation. — Délai.*

En matière de surenchère , et pour la réception de caution , l'assignation donnée le 1er septembre , pour paraître le 5 , est valable.

Les mariés Augunier. — Michel Tézier et Ce. — 22 juin 1819. — 1re ch.

J. 3. 226

6. — *Caution. — Solvabilité.*

En matière de surenchère, la preuve de la solvabilité de la caution peut être complétée en cause d'appel; et cette solvabilité ne se détermine pas seulement par le prix des immeubles portés dans les titres probatifs de la propriété, mais par la valeur réelle desdits immeubles au moment de la présentation de la caution.

Boutarin. — Chiffe, Tournigaud et Pignet. — 19 décembre 1834. — 2e chamb................ J. 7. 453

7. — *Caution. — Titres.*

Le surenchérisseur n'est pas tenu, lors de la présentation de la caution, qu'il doit faire conformément à l'article 2185 du Code civ., de déposer au greffe les titres servant à établir la solvabilité de celle-ci.

Les mariés Augunier. — Michel Tézier et Ce. — 22 juin 1819. — 1re ch.

J. 3. 226

8. — *Cession. — Droits successifs. — Hypothèque.*

Les actions ne sont pas susceptibles d'hypothèque ; en conséquence , une cession de droits successifs encore indivis ne peut donner lieu à une surenchère.

MM. Durand et Ce. — Joseph-Fleury Châtain et Me Michal. — 24 janvier 1835. — 2e chamb....... J. 7. 505

9. — *Créanciers.*

Le bénéfice de la surenchère formée par l'un des créanciers leur devient commun , et profite à tous les créanciers inscrits.

Félicien Trolliet.—La dame Magnin. — 11 juin 1825. — 2e ch.. J. 2. 393

10. — *Créanciers. — Ventilation.*

Lorsque des immeubles frappés d'inscriptions particulières et séparées ont été adjugés pour un seul et même prix, les créanciers intéressés à la ventilation ne peuvent employer que la voie de la surenchère, pour faire élever le prix de l'un ou plusieurs desdits immeubles. En conséquence, ils ne sont plus recevables à demander la ventilation , lorsqu'ils ont laissé expirer les délais de la surenchère.

La veuve Michallon. — La veuve Vincendon et autres. — 17 août 1831. — 2e chamb............ J. 5. 406

11. — *Délai. — Forclusion.*

La faculté accordée aux créanciers

40

ayant hypothèque légale , de surenchérir comme d'inscrire, dans les deux mois de la notification prescrite par l'art. 2194 du Code civil , ne peut être étendue au-delà de ce terme, même en faveur des mineurs.

Le sieur Favier. — Les enfants Brun. — 27 décembre 1821. — 2ᵉ ch.

J. 2. 466

12. — Délai. — Jour férié.

Si le dernier jour de la huitaine dans laquelle on peut faire une surenchère sur l'adjudication définitive des biens expropriés, aux termes de l'art. 710 du Code de procéd., est un jour férié, cette surenchère peut être valablement faite le lendemain.

Fontaine. — Falconnet. — 19 janvier 1819. — 1ʳᵉ chamb.... V⁴. 591

13.—Femme.—Reprises dotales. — Remboursement.

La femme qui n'a que des biens dotaux peut, pour en obtenir le paiement, former surenchère sur le prix des biens vendus par le mari ; et le créancier de celui-ci ne peut la forcer de se désister du bénéfice de la surenchère , en offrant de garantir , par un cautionnement, le paiement intégral de ses reprises dans un ordre ouvert pour la distribution du prix d'autres biens du mari, vendus antérieurement; cette offre ne désintéresse pas suffisamment la femme , en ce sens qu'elle se trouverait replacée dans une discussion judiciaire.

Félicien Trolliet.—La dame Magnin. — 11 juin 1825. — 2ᵉ ch.. J. 2. 393

14. — Jugement. — Appel. —Délai.

L'appel d'un jugement qui statue sur la validité d'une surenchère, faite ensuite d'adjudication définitive , doit être interjeté dans la huitaine de la prononciation du jugement.

Les sieurs Charles Durand et fils et Cᵉ. — Les sieurs Brosse père et fils. — 3 mars 1831. — 1ʳᵉ chamb. J. 5. 313

15. — Licitation.

Toute personne peut faire, sur l'adjudication, par suite de licitation, d'immeubles indivis entre des majeurs et des mineurs , la surenchère du quart établie par l'art. 710 du Code de procédure.

Faure Finant. — Martin Biava. — 25 juin 1825. — 2ᵉ chamb. J. 2. 257

16. — Notification. — Nullité.

La notification de la surenchère sur aliénation volontaire est nulle si, au lieu d'être faite à personne ou domicile, elle est faite au domicile de l'avoué constitué par l'acquéreur dans la notification qu'il a faite aux créanciers de l'extrait de son contrat de vente.

Mathieu de Laréal. — Dijou de Cumane. — 22 janvier 1819. — 2ᵉ ch.

V⁴. 593

17. — Possession. — Immeubles vendus.

Le débiteur exproprié doit rester en

possession des biens vendus pendant le délai de la surenchère, bien que le jugement lui soit signifié avant l'expiration de ce délai.

Fontaine. — Falconnet. — Le sieur Delaporte. — 19 juin 1821. — 1re ch.
V°. 585

18. — *Prix. — Distinction. — Meubles. — Immeubles.*

Lorsque dans une vente il y a un prix distinct pour les immeubles et les meubles, la surenchère du dixième est valable, lors même qu'elle ne porte que sur le prix des immeubles.

Les mariés Augunier. — Michel Tézier et C°. — 22 juin 1819. — 1re ch.
J. 3. 226

19. — *Vente à réméré.*

La surenchère sur aliénation volontaire anéantit cette vente en entier, et notamment une clause de réméré stipulée dans l'acte.

Le sieur Argoud. — Lesbros. — 7 avril 1824. — 1re chamb.. J. 1. 160

20. — *Vente volontaire.*

On peut répéter une surenchère en justice, après qu'elle a déjà été ordonnée sur une vente volontaire. L'art. 710 du Cod. de procéd., qui, dans le cas d'une expropriation forcée, permet à toute personne de surenchérir du quart, pendant la huitaine qui suit l'adjudication, est applicable à l'adjudication faite à la suite d'une surenchère sur aliénation volontaire.

Galland. — Albran. — 21 février 1818. — Chamb. civ........ V°. 589

SURVEILLANCE.

1. — *Infraction. — Peine.*

La disposition de l'art. 45 du nouveau Code pénal, qui punit de l'emprisonnement la rupture du ban de surveillance, s'applique non-seulement à ceux qui seraient condamnés postérieurement à ce Code, mais encore à ceux qui l'auraient été antérieurement.

M. le procureur-général. — François Doyon. — 11 décembre 1833. — ch. correctionnelle............ J. 7. 47

2. — *Infraction. — Récidive.*

La rupture du ban de surveillance, de la part d'un condamné, ne donne pas lieu à l'application des dispositions du Code pénal relatives à la récidive.

M. le procureur-général. — François Doyon. — 11 décembre 1833. — Ch. correctionnelle.......... J. 7. 47

V. Délit.

TÉMOINS.

1. — *Avoué.*

Le procureur ou avoué d'une partie peut être assigné en témoignage à la requête de l'adversaire.

Les sieurs Cuchet. — Les sieurs Perrotin et Faure. — 15 février 1810. — 1re chamb................ V°. 504

2. — *Commune.* — *Habitants.*

Les habitants d'une commune peuvent être admis à déposer, comme témoins, dans une contestation qui intéresse la commune en corps.

La commune de la Verpillière. — François Gerin, Drevon et autres. — 31 janvier 1829. — 2ᵉ chambre.

J. 4. 405

3. — *Domicile.*

La désignation du domicile des témoins, par l'indication des fonctions dont ils sont revêtus, remplit le vœu de la loi, lorsqu'une résidence est nécessairement attachée à l'exercice de ces mêmes fonctions.

Les sieurs Jullien, Chevrier et Dalban. — Le sieur Lamarre. — 7 août 1828. — 1ʳᵉ chamb....... J. 4. 193

4. — *Reproche.*

Les motifs de reproches énumérés dans l'art. 203 du Code de procédure civile, à l'égard des témoins, ne sont point absolus ; les juges peuvent les admettre ou les rejeter, suivant les circonstances.

Louis Puzin. — Les consorts Puzin. — 2 février 1829. — 1ʳᵉ chambre.

J. 4. 407

5. — *Reproches.* — *Parenté.*

Lorsqu'une partie reproche des témoins produits par sa partie adverse, en se fondant sur ce que ces témoins

sont ses proches parents, les tribunaux peuvent, alors même que les faits de parenté sont justifiés, ne pas admettre les reproches et lire les dépositions recusées, sauf à y avoir tel égard que de raison.

La veuve Cordonnery. — Le sieur Brémond. — 4 février 1832. — 2ᵉ ch.

J. 6. 91

V. Acte notarié. — Donation. — Enquête.—Faux.— Faux témoignage. — Testament.

TESTAMENT (droit ancien).

1. — *Disposition additionnelle.* — *Lecture.* — *Nullité.*

Sous l'empire de l'ordonnance de 1735, le testament devait exprimer, à peine de nullité, l'énonciation de la lecture de toutes ses dispositions; ainsi, le défaut de mention de la lecture d'une disposition additionnelle invalidait le testament pour le tout.

Les mariés Roux-Paris. — La veuve Gautier. — 17 janvier 1828. — 2ᵉ ch.

J. 4. 139

2. — *Droit d'élire.* — *Condition de viduité.*

La femme qui ne remplit pas la condition de viduité, que lui a imposée son mari en l'instituant héritière à charge d'élire, ne perd pas ce droit d'élire, par son convol, lors surtout qu'il n'a eu lieu qu'après l'élection.

Chollat. — Rivier. — 5 janvier 1815. — 1ʳᵉ chamb............. Vᵗ. 664

3.—*Héritier.*— *Dispense de rapport.*

Un testament fait en 1791 est valable si le testateur décède sous le Code civil; on réduit seulement les avantages à la portion disponible d'après le Code, et l'héritier institué cumule cette portion disponible avec sa part virile dans les réserves, s'il est au nombre des héritiers de droit.

Burriand. — Murgier. — 31 juillet 1807. — 2e sect.

Arrêt conforme :

Héritiers Thibaudon. — 6 juillet 1811. — 1re chamb........ V'. 674

4. — *Legs.* — *Réception.* — *Fin de non-recevoir.*

La réception du legs ne formait pas obstacle à la demande en nullité du testament.

Jouve. — Bellon. — 15 ventôse an 9. — 1re sect.

Buissard. — 28 prairial an 13. — 1re sect.

De Pujol. — 31 août 1818. — Ch. civ.

Perier. — Delaye. — 6 juillet 1821. — 2e chamb.............. V'. 667

5. — *Prescription.* — *Fin de non-recevoir.*

On ne peut opposer de fin de non-recevoir tirée de la prescription contre une demande en nullité de testament, formée à la suite d'une demande en pétition d'hérédité.

Don. — Magnan. — 22 janvier 1810.

— 1re chamb............. V'. 669

6. — *Prétérition* — *Nullité.* — *Révocation.*

Un testament nul pour prétérition, mais contenant révocation de tous testaments antérieurs, vaut néanmoins pour la clause révocatoire.

Les héritiers Lacroix. — 16 mars 1812. — 4e chamb........ V'. 663

7. — *Signature.* — *Interpellation.* — *Nullité.*

Le testament fait sous l'empire de la loi du 10 septembre 1791 n'est pas nul par le défaut d'interpellation de la part du notaire au testateur de signer, lorsque ce testament contient d'ailleurs la déclaration du testateur de ne pouvoir signer.

Héritiers Buissard. — 28 prairial an 13. — 1re sect............. V'. 671

8. — Le testament est nul par le défaut de déclaration de la part du testateur de ne savoir signer. Cette déclaration n'est remplacée par aucun équipollent.

Dupré. — Perier. — 25 juillet 1807. — 2e sect.

Arrêt conforme :

Guillaudin. — Châtin. — 18 août 1808. — 2e sect.......... V'. 672

9. — *Substitution.* — *Nullité.*

Un testament fait sous l'ancienne législation, contenant une substitution fidéi-commissaire, n'est pas nul, quoique le testateur soit décédé depuis le Code civil, si la personne substituée était décédée avant le testateur.

Vincendon.—Doncieux.—Chauvin. 3 juillet 1810. — 1ʳᵉ ch..... Vᵉ. 675

10. — *Substitution. — Tuteur fiduciaire.*

Une institution à charge de rendre n'est, dans certain cas, qu'une fiducie qui n'empêche pas que le substitué ne soit le véritable propriétaire depuis le jour du décès.

Crozat. — Broussard. — 9 janvier 1815. — 1ʳᵉ chamb......... Vᵉ. 665

11. — *Validité. — Prétérition. — Enfant posthume.*

Sous l'empire de l'ordonnance de 1735 sur les testaments, l'obligation d'instituer les enfants posthumes n'était point une formalité substantielle et nécessaire pour la validité du testament.

La naissance de deux enfants posthumes innommés dans un testament n'entraîne point la nullité de ce testament, lorsque le testateur est décédé sous l'empire du Code civil.

Consorts Gallay. — Claude Gallay. — 22 mars 1834. — 2ᵉ ch. J. 7. 196

TESTAMENT (DROIT NOUVEAU).

1. — *Capacité. — Mineur.*

Le testament fait par un mineur ne peut valoir qu'à concurrence de la portion dont il pouvait disposer, quoiqu'il soit décédé depuis sa majorité.

Reboul.—Lienard.—5 juillet 1811. — 2ᵉ chamb............. Vᵉ. 678

2. — *Capacité. — Preuve.*

On peut admettre la preuve par témoins de la démence du testateur, à l'époque où il a fait son testament, nonobstant l'énonciation dans le testament que le testateur était sain d'esprit.

La demoiselle de Coucy. — Le bureau de bienfaisance de Rumilly. — 26 juin 1811. — 1ʳᵉ chamb.. Vᵉ. 677

3. — *Captation. — Suggestion. — Nullité.*

Un testament peut être annulé, sous l'empire du Code civil, pour cause de captation et de suggestion; l'annulation porte sur toutes les dispositions du testament comme participant au même vice.

Les mariés Dunand. — Les consorts Truchet. — 21 mai 1824. — 1ʳᵉ ch. J. 1. 192

4. — Le testament qui est le fruit de la captation et de la suggestion doit être annulé.

Lucie Prompsal, femme Chapuis. — M. Prompsal. — 26 juillet 1828. — 2ᵉ chamb................. J. 4. 179

5. — *Exécution. — Nullité.*

L'exécution donnée à un testament par traité ou partage de biens n'est pas un obstacle à ce qu'on puisse faire valoir la nullité dont il est atteint, lorsqu'on n'a pas connu cette nullité.

Les sieurs Jullien, Chevrier et Dalban. — Le sieur Lamarre. — 7 août 1828. — 1re chamb....... J. 4. 193

6. — *Exécution volontaire.* — *Fin de non-recevoir.*

L'exécution volontaire d'un testament rend non recevable à demander ensuite la nullité de cet acte pour des vices de forme apparents.

Les mariés Barnier. — Les mariés Faure. — 7 avril 1827. — 2e chamb.
J. 4. 64

7. — *Incapacité.*

Une femme qui exerce habituellement l'art de guérir ne peut profiter des dispositions testamentaires faites en sa faveur par la personne qu'elle a traitée pendant sa dernière maladie ; elle se trouve comprise dans la prohibition portée par l'article 909 du Code civil, quoiqu'elle n'eût aucun titre ni aucun droit pour exercer la médecine.

La femme Trouillet. — Les consorts Duc. — 6 février 1830. — 2e chamb.
J. 5. 83

8. — *Incapacité.* — *Médecin.*

Il n'y a pas incapacité de la part du médecin dans le sens de l'art. 909 du Code civil, lorsqu'à l'époque du testament le mal dont le testateur était atteint, et qui plusieurs années après a occasionné sa mort, n'exigeait pas un traitement continuel, mais seulement des remèdes familiers, prescrits et administrés par des personnes autres que le médecin, et lorsque ce mal n'empêchait pas le testateur de vaquer à ses affaires et de remplir les fonctions ordinaires de la vie.

Alméras-Latour.—Demoiselle Traynard et mariés Ronjat. — 16 janvier 1834. — 4e chamb........ J. 7. 97

9. — *Incapacité.* — *Preuve testimoniale.*

Aucune preuve, soit d'incapacité, soit de toute autre nature, ne peut être admise contre les énonciations d'un testament, tant qu'il n'est pas attaqué par la voie de l'inscription de faux.

La veuve Vallet-Vernatel. — La dame Jat. — 3 août 1829. — 1re ch.
J. 5. 18

10. — *Interposition.* — *Suggestion.* — *Capacité.* — *Ministre du culte.*

La présomption légale d'interposition de personnes n'existe que pour les personnes désignées dans l'art. 911 du Cod. civ.

L'action en nullité d'un testament pour suggestion et captation n'est pas abolie par le Code, mais il faut, pour qu'elle réussisse, des faits positifs et précis.

L'administration des fruits de la succession, à la charge de nourrir et entretenir l'héritier, attribuée à une personne comprise dans l'art. 909 du Code civil, n'est qu'une disposition rémunératoire permise.

L'art. 909 du Code civ. ne peut s'appliquer qu'aux ministres du culte qui auraient dirigé la conscience du testateur dans sa dernière maladie, et au tribunal de la pénitence ; l'administration de l'extrême-onction n'est pas suffisante pour caractériser l'empire du prêtre sur le malade.

Montlovier. — Saint-Geneys. — 14 avril 1806. — 1re sect....... V^s. 678

11. — *Lecture. — Disposition additionnelle. — Nullité.*

Une disposition inutile placée par addition à la fin d'un testament public ne le rend pas nul, lors même que la mention de la lecture n'en serait pas suffisamment exprimée : le mot *publié* peut être, dans certains cas, équipollent du mot *lu*.

Les héritiers Thermé. — François Therme. — 9 juillet 1823. — 1re ch. civ..................... J. 1. 85

12. — Un testament à la suite duquel, et après la mention de la lecture, il est ajouté une disposition à laquelle cette lecture ne se rapporte pas, est nul pour le tout ; de telle sorte que les autres dispositions dont il a été donné lecture sont également nulles.

Joseph Sambin. — Les mariés Delisle et consorts. — 23 juin 1825. — 2e ch................... J. 2. 241

13. — *Lecture. — Nullité.*

Le testament est valable lorsque la mention de la lecture au testateur, en

présence des témoins, est exprimée comme il suit : « et lui ai fait lecture en » entier de sesdites dispositions, aux- » quelles il a déclaré persister ; le tout » fait aux lieu et maison susdits, en la » continuelle présence et assistance » de...... témoins. »

Etienne et Jean Vernay. — 3 février 1809. — 2e chamb.

Arnaud. — Guinard. — 28 juillet 1812. — 1re chamb.

Claude et Catherine Chalandard. — 16 avril 1812. — 1re chamb.. V^s. 684

14. — *Lecture. — Validité.*

Le testament qui exprime que lecture en a été faite au testateur, et qui ajoute que l'acte a été lu et publié en présence des témoins, est conforme aux dispositions de l'art. 972 du Code civil ; cette dernière énonciation ne peut s'entendre que de la lecture déjà faite au testateur, et non point d'une seconde lecture faite aux témoins, hors la présence de celui-ci.

Les mariés Roux-Paris. — La veuve Gautier. — 17 janvier 1828. — 2e chamb............... J. 4. 139

15. — *Nullité. — Exécution. — Transaction.*

La nullité d'un testament n'est pas couverte par les traités, partages ou autres actes faits en exécution de ce testament, s'ils ne contiennent pas transaction expresse sur cette nullité.

Les mariés Richard. — Les consorts Balmet. — 7 août 1849. — 1re chamb. J. 3. 174

16. — *Quotité disponible. — Cumul. — Réduction.*

La quotité disponible fixée par les art. 913 et 1094 du Cod. civ. ne peut être cumulée, en ce sens, qu'un père de trois enfants, après avoir donné à l'un d'eux le quart de ses biens, ne peut léguer à la veuve la jouissance de la moitié de tous les fruits, au préjudice de la réserve légale des enfants. Mais il peut donner un quart en pleine propriété à l'un de ses enfants, et un quart en usufruit à la mère, en sorte que la réserve légale peut être affectée d'un quart en usufruit, lorsque les dispositions sont faites au profit du père ou de la mère survivant.

Revol. — Rabatel. — 10 avril 1812. — 1re chamb.............. V°. 691

17. — *Révocation. — Fruits.*

Le legs d'une moitié de biens en usufruit n'est pas révoqué de fait par une donation postérieure de la moitié des biens présents, l'usufruit pouvant se prendre sur les biens réservés.

Les héritiers Amblard. — 7 août 1812. — 2e chamb........ V°. 691

18. — *Révocation. — Incompatibilité.*

Un premier testament est révoqué de fait par un second testament qui épuise la quotité disponible.

Veuve Rabatel. — Meyer. — 10 avril 1812. — 1re chamb.

Les héritiers Humbert. — 20 août 1814. — 1re chamb........ V°. 690

19. — *Révocation. — Legs. — Dispositions contraires ou incompatibles.*

La loi a laissé à la sagesse et à la conscience des magistrats le droit d'apprécier les dispositions de divers testaments qui peuvent être contraires et incompatibles ; ainsi, lorsque deux legs en argent, de sommes différentes, ont été faits à la même personne par deux testaments successifs, la révocation du premier peut être admise comme résultant des circonstances de la cause.

M⁵ Gayet. — Les héritiers Jourdan-Ponat. — 18 mai 1831. — 1re chamb. J. 5. 416

20. — *Révocation. — Nullité.*

La nullité du second testament, contenant révocation du premier, fait également cesser la clause révocatoire ; l'acte étant nul pour le tout.

Cohéritiers Amblard. — 7 août 1812. — 2e chamb.

Guinard. — Arnaud. — 28 juillet 1812. — 1re chamb........ V°. 690

21. — *Révocation. — Testaments successifs.*

Un premier testament révoqué par un second reprend son effet lorsque le second est à son tour révoqué par un troisième qui ne renferme pas des dispositions contraires au premier.

La veuve Beard. — Claudine Martin. — 14 juin 1810. — 2e chamb. V°. 687

22. — *Signature.* — *Déclaration mensongère.*

La déclaration de ne savoir signer, lorsqu'il est constant que cette déclaration n'est point sincère, est une preuve évidente que le testament n'est point l'effet de la volonté du testateur.

Fagot. — Jacolin. — 25 juillet 1810. — 1re chamb.............. V^s. 686

23. — *Signature.* — *Nullité.*

Le testament est nul lorsqu'au lieu de contenir la déclaration formelle du testateur de ne pouvoir signer, le notaire se contente d'attester de son chef *que le testateur* n'a pu signer à cause de la grande faiblesse de sa main droite, de ce enquis et requis.

Amblard. — Mercy. — 22 juin 1810. — 2e chamb.............. V^s. 686

24. — *Soustraction.* — *Preuve testimoniale.*

La soustraction, l'enlèvement ou le détournement d'un testament peuvent être établis par témoins, lorsqu'il est présenté des présomptions de l'existence de ce testament; mais en l'absence de ces présomptions, la preuve testimoniale n'est point admissible.

Les consorts Peronnier. — Le sieur Mante. — 27 avril 1831. — 2e chamb.
J. 5. 276

25. — *Surcharge.* — *Nullité.*

La surcharge dans un acte notarié n'annule l'acte qu'autant qu'elle est faite après coup, à dessein de nuire, et non pas quand elle est faite incontinent, et que d'ailleurs elle ne peut être nuisible. Ainsi est valable le testament dans lequel on a remplacé par surcharge la date du mois de prairial par le mois de floréal.

Breynat. — Montoison. — 22 février 1809. — 1re chamb........ V^s. 687

26. — *Témoin.* — *Clerc de notaire.*

La circonstance qu'un individu aurait fait quelques expéditions d'actes pour un notaire ne suffit pas pour le faire considérer comme clerc et incapable, en cette qualité, d'être témoin d'un testament reçu par ce notaire, surtout si le commerce forme l'occupation principale de cet individu.

Les mariés Barnier. — Les mariés Faure. — 7 avril 1827. — 2e chamb.
J. 4. 64

27. — *Témoin.* — *Signature.*

Est valable un testament qu'un témoin a signé en écrivant (au lieu de son nom patronimique) un surnom sous lequel il était publiquement connu et désigné.

Les mariés Barnier. — Les mariés Faure. — 7 avril 1827. — 2e chamb.
J. 4. 64

28. — *Témoins.* — *Signature.* — *Campagne.*

C'est aux magistrats qu'il appartient de déterminer, soit d'après la population du lieu où le testament est reçu, soit d'après d'autres circonstances, les lieux qui doivent être considérés comme campagne, et où la signature de deux témoins suffit, aux termes de l'art. 974 du Code civil.

Les mariés Espitalier. — Les mariés Liauthard. — 22 mars 1832. — 2ᵉ ch.
J. 6. 64

V. ACTE NOTARIÉ. — FAUX. — LEGS.

THÉATRES.

1. — *Subvention.* — *Directeurs brevetés.*

La subvention établie sur les petits théâtres, au profit des directeurs brevetés, n'a pas le caractère d'impôt et n'est qu'une charge imposée à ces théâtres, comme condition de l'autorisation à eux accordée : dès-lors, les ordonnances et règlements qui établissent cette subvention sont obligatoires pour les tribunaux. La subvention est due même par un théâtre où l'on ne perçoit aucune rétribution à la porte, mais où les spectateurs ne sont admis qu'à la charge par eux de prendre, à un taux indiqué, des vins, bière ou liqueurs.

Le directeur privilégié du théâtre de Grenoble. — Le sieur Couard. — 6 juillet 1833. — 4ᵉ ch..... J. 6. 485

TIERCE-OPPOSITION.

1. — *Acquéreur.*

Le tiers-acquéreur qui a acquis avant le litige est recevable à former tierce-opposition au jugement rendu contre le vendeur.

Briançon Rey. — Briançon Massy et autres. — 12 avril 1808. — 2ᵉ sect.
Vᵗ. 374

2. — Le second acquéreur n'est pas admis à former tierce-opposition à un jugement qui aurait prononcé la résiliation de la vente passée au premier acquéreur, quoiqu'il ait acquis, avant l'instance en résiliation, et qu'il offre, pour se mettre à l'abri de l'éviction, de payer ce qui reste au vendeur primitif.

Les mariés Mallet. — Les sieurs Pradelle et Meynot. — 30 juin 1818. 1ʳᵉ ch.................... Vᵗ. 375

3. — *Arbitres forcés.*

La voie de la tierce-opposition est admissible contre les jugements rendus par les arbitres forcés qui ont momentanément remplacé les tribunaux ordinaires.

Les frères Blanchet. — La commune de Saint-Gervais. — 31 janvier 1822. — 2ᵉ ch................ J. 2. 389

4. — *Donataire.* — *Créanciers.* — *Fraude.*

Le créancier d'un donataire est recevable à attaquer par la voie de la tierce-opposition, comme intervenu en fraude de ses droits, un jugement qui, par suite d'une collusion entre ce donataire et le donateur, prononce la révocation de la donation au profit de ce dernier.

Les sieurs Barthelon, Ailloud et comp*. —Les sieurs Bajat, père et fils. — 10 février 1827. — 2° ch.

J. 3. 429

5. — *Jugement de reconnaissance d'écriture. — Créancier.*

Les créanciers sont non recevables à attaquer, soit par la voie de la tierce-opposition, soit autrement, un jugement de reconnaissance d'écriture rendu contre leur débiteur, qui n'a pas lui-même attaqué ce jugement.

Etienne-Jeanmonnet. — Les créanciers de Joseph Achard. — 28 août 1818. — Ch. civ........ J. 2. 367

6. — *Mineur.*

Lorsqu'un père plaide comme tuteur de son fils mineur, si celui-ci a acquis sa majorité avant le jugement et n'a pas dénoncé son changement d'état, il ne peut être admis à former tierce-opposition.

Arnaud. — Mermont. — 18 février 1817. — Ch. civ.......... V°. 376

V. Cautionnement. — Ordre. — Saisie-arrêt. — Séparation de biens.

TIERS. — V. Acquiescement. — Ayant-cause. — Date certaine. — Donation. —Papier-monnaie. —Preuve testimoniale.

TIERS-DÉTENTEUR. — V. Action en déclaration d'hypothèque. — Donation. — Échange. — Hypothèque.

— Pacte de préférence. — Prescription. — Rentes. — Transcription. — Vente.

TRADITION. — V. Transport de créances.

TRANSACTION.

1. — *Nullité.—Fin de non-recevoir.*

Le traité fait sur un titre nul produit néanmoins une fin de non-recevoir contre toute action ultérieure, aux termes de l'art. 340 du Code civil. Lorsque le titre renferme des dispositions à titre gratuit, l'art. 2054 n'est applicable qu'aux transactions faites à l'occasion d'actes à titre onéreux.

Lebaty. — Montjoux. — 26 août 1806. — 1° sect. .... V°. 694

Arrêt contraire qui décide que les actes d'exécution d'un testament ne produisent une fin de non-recevoir que lorsqu'on a eu connaissauce du vice qu'il renfermait.

Seyssel. — Cordon. — 17 juillet 1813. — 2° ch........... V°. 696

V. Actions dotales. — Mineur. — Paraphernaux. — Partage. — Rentes. Séparation de biens. — Testament. — Tutelle.

TRANSCRIPTION.

1. — *Donation mutuelle entre époux. — Hypothèque légale.*

Il n'est pas besoin que la femme fasse transcrire, à peine de déchéance, une donation mutuelle d'usufruit en cas de survie : c'est là une convention matrimoniale pour la conservation de laquelle la loi accorde hypothèque légale à la femme, par l'art. 2135 du Code civil.

Joseph Abry. — La femme Berger. — 12 janvier 1813. — 1re ch.. V°. 234

2. — *Tiers-détenteurs.*

Les tiers-détenteurs qui n'ont pas fait transcrire leur contrat ne peuvent se prévaloir du bénéfice de la prescription portée par l'art. 2265 du Code civil. Cette prescription ne commence à courir en leur faveur que du jour où leur contrat a été transcrit.

Marie Porchier, veuve Guillermin. — Les sieurs Monin, Voilin, Gonin et autres. — 24 avril 1828. — 1re ch.

J. 4. 97

3. — Le défaut du renouvellement d'inscription libère du paiement les tiers-détenteurs qui ont fait transcrire leur contrat.

Mais il n'en est pas de même pour ceux qui ne l'ont pas fait, quoique ayant acquis sous la loi du 11 brumaire an 7 ; l'inscription prise et renouvelée a dû produire tout son effet sur les biens par eux acquis.

Ils n'ont pas été dispensés de remplir les formalités exigées par le Code civil et par le Code de procédure civile, s'ils ont voulu s'exonérer de toute hypothèque.

Marie Porchier, veuve Guillermin.

— Les sieurs Monin, Voilin, Gonin et autres. — 24 avril 1828. — 1re ch.

J. 4. 97

4. — S'il est vrai que le créancier hypothécaire d'un ancien propriétaire a conservé, d'après la loi du 11 brumaire an 7, vis-à-vis le tiers-détenteur, dont l'acquisition était antérieure à cette loi, le droit de prendre inscription sur l'immeuble soumis à son hypothèque, tant que l'acte qui avait transféré la propriété à ce tiers-détenteur n'avait pas été transcrit ; néanmoins, l'inscription prise par ce créancier, après les délais fixés par ladite loi de l'an 7, ne lui assure de rang qu'à dater du jour où elle a été prise ; ainsi, cette inscription se trouve primée par celles qui ont été prises antérieurement par les créanciers personnels du tiers-détenteur.

Les consorts Mounier-Poutot. — Les mariés Charrin, M° Guerre et autres. — 9 mars 1831. — 2e ch.. J. 5. 452

5. — *Vente.*

La transcription d'une vente n'est plus nécessaire pour transmettre la propriété à l'acquéreur, et le Code civil a valu transcription pour les ventes passées sous la loi du 11 brumaire an 7. — En conséquence, les créanciers hypothécaires sur l'immeuble vendu ne peuvent plus, depuis le Code, expulser l'acquéreur à la suite d'une expropriation dirigée contre le vendeur ; ils sont obligés d'agir par sommation hypothécaire contre le tiers-détenteur.

Dorothée Billard. — Porcher-Guinet.
— 10 août 1808. — 1re sect.. V^s. 336

V. DONATION. — HYPOTHÈQUE. — HY-
POTHÈQUE LÉGALE. — PRIVILÉGE.

TRANSPORT DE CRÉANCES.

1. — *Créancier.* — *Action.*

Le créancier qui a cédé ses droits ne
peut exercer son action pour ce qui lui
reste dû, de manière à nuire à l'effet de
la cession ; il ne peut invoquer la disposition finale de l'art. 1252 du Code
civil, qui ne s'applique qu'à la subrogation et non à la cession proprement
dite.

Barthelon et Comp^e. — Société d'assurance mutuelle contre l'incendie. —
15 février 1834. — 4e ch.. J. 7. 188

2. — *Créanciers.* — *Nullité.* — *Fraude.*

Les créanciers ne peuvent faire annuler une cession faite à un tiers par
leur débiteur, comme simulée et faite
en fraude de leurs droits, qu'autant
qu'il est établi que ce tiers a participé
à la fraude.

Campana et Maury. — Dussert et
Biava. — 27 février 1834. — 1re ch.
J. 7. 143

3. — *Droits successifs.* — *Lésion.* — *Rescision.*

Une vente de droits successifs faite
sans fraude, aux périls et risques de
l'acquéreur, et à la charge d'acquitter

toutes les dettes connues et inconnues,
n'est pas susceptible d'être rescindée
pour lésion.

Les consorts Ravière. — Les consorts
Perrard. — 9 février 1824. — 1re ch.
J. 1. 279

4. — *Effet de commerce.* — *Remise de titres.*

La rétrocession d'un effet de commerce de la part du porteur, au profit
de l'endosseur, résulte suffisamment de
la remise des titres de créance.

Jeanmonnet. — Les créanciers
Achard. — 28 août 1818. — Ch. civ.
J. 2. 367

5. — *Obligation.* — *Tradition.*

Les obligations, quoique déclarées
meubles par la loi, ne sont pas trans-
missibles par le seul fait de la tradition
du titre.

Chenevas. — Cornier. — 12 janvier
1816. — 2e ch............ V^s. 721

6. — *Obligation à ordre.* — *Signification.* — *Endossement.*

Le transport d'une obligation à ordre
souscrite devant notaire ne peut produire son effet à l'égard du débiteur
que par la signification de ce transport
faite au débiteur ; le simple endossement mis au bas de la grosse de l'obligation ne peut suppléer à cette formalité.

MM. Doyon. — Claude Ravat. — 7
février 1835. — 2e ch...... J. 7. 499

7. — *Obligation notariée. — Endossement.*

Une obligation notariée, stipulée purement et simplement avec hypothèque, ne peut être négociable et transmissible par voie d'endossement, comme un effet de commerce, par suite d'une convention postérieure, portant qu'elle serait payable à ordre et au porteur.

André Bouvard. — Brun-Pain. — 6 juillet 1818. — Ch. civ..... V°. 337

8. — *Obligation notariée. — Notification. — Délai. — Faillite.*

Le transport d'obligations notariées devient nul, s'il n'a pas été notifié au débiteur, ou accepté par lui avant les dix jours qui ont précédé l'ouverture de la faillite.

Les sieurs Gaillard, Doyon et autres. — Les syndics de la faillite Poncet. — 28 janvier 1826. — 4° ch.. J. 3. 326

9. — *Signification. — Compensation.*

Le défaut de signification de la cession d'une promesse au débiteur en personne, et par exploit, de la part de cessionnaire, n'est pas un obstacle à ce que ce dernier oppose la compensation du montant de cette promesse avec une somme dont il était lui-même débiteur, alors surtout qu'il a, dans l'instance sur la demande en paiement de sa promesse, communiqué originalement la cession à lui faite ; l'art. 1690 du Code civil n'est pas applicable à ce cas, qui

n'est régi que par les art. 1289 et 1290 du même Code.

Le sieur Busco. — M. Jean Perrin. — 21 août 1828. — 2° ch. J. 4. 228

10. — *Signification. — Faillite.*

La cession d'une créance purement civile, celle qui n'est point négociable par la voie de l'endossement, devient nulle si elle n'a pas été notifiée au débiteur ou acceptée par lui, avant les dix jours qui ont précédé l'ouverture de la faillite.

Les sieurs Gaillard, Doyon et autres. — Les syndics de la faillite Poncet. — 28 janvier 1826. — 4° ch.. J. 3. 326

11. — *Signification. — Poursuites.*

Les poursuites faites par le cessionnaire contre le débiteur cédé, en paiement de la créance, tiennent lieu de la signification du transport, et suffisent pour saisir le cessionnaire à l'égard des tiers.

La veuve Bergoin. — Le sieur Franchelin. — 4 mars 1829. — 2° ch.

J. 4. 396

12. — *Signification. — Priorité.*

La priorité entre deux cessionnaires appartient à celui qui, le premier, a fait notifier sa cession, nonobstant que cette cession soit d'une date postérieure, et que le premier cessionnaire ait, en exécution de sa cession et antérieurement à la deuxième, formé une demande en sous-allocation sur le débiteur cédé, dans un ordre où le second cessionnaire était également partie.

Les frères Anthouard. — La dame Marchon, les sieurs Ferrier et Lesbros. — 29 mars 1827. — 1re ch. J. 4. 12

V. Droits litigieux. — Faillite. — Héritier bénéficiaire. — Lettre de change.

TRANSPORT DE LETTRES.

1. — Contravention.

Il n'y a pas contravention à l'arrêté du gouvernement du 27 prairial an 9, relatif au transport de lettres et journaux de la part de celui qui, n'étant ni voiturier ni commissionnaire, est trouvé porteur de lettres cachetées concernant ses propres affaires.

M. le procureur-général. — Etienne Rajon. — 30 octobre 1833. — Chamb. correct.................. J. 7. 50

2. — Perquisition.

Les dispositions des lois et règlements concernant le transport des lettres ne s'appliquent pas à l'individu qui n'est ni commissionnaire, ni piéton, ni voiturier, ni entrepreneur ou conducteur de voitures, et aucune perquisition ne peut être exercée sur un semblable individu.

M. le procureur-général. — Claude Goudon. — 2 janvier 1834. — Chamb. correct.................. J. 7. 186

TRAVAUX APPARENTS. — V. Eaux. — Servitudes.

TRIBUNAL.

1. — Renvoi. — Suspicion légitime.

La demande en renvoi d'un tribunal à un autre, pour cause de suspicion légitime, n'est que l'emploi d'un moyen légal, non injurieux par lui-même; et si cette demande contient des énonciations irrespectueuses pour les magistrats, c'est à la cour de cassation à les réprimer.

M. le procureur-général. — Louis-Victor B... — 3 janvier 1827. — Ch. correct.................. J. 3. 451

V. Jugement.

TRIBUNAL CORRECTIONNEL. — V. Compétence.

TRIBUNAL DE COMMERCE. — V. Compétence.

TRIBUNAL ÉTRANGER.

1. — Compétence. — Révision.

Un arrêt rendu en Savoie contre un Français assigné sans lettres citatoires n'a pas force de chose jugée en France, quand même ce Français aurait comparu et se serait défendu.

Vertu. — Berthelot et Vasserot. — 7 août 1817. — Ch. civ..... V¹. 368

2. — L'arrêt rendu par un tribunal étranger (sénat de Turin) contre des Français qui y ont été assignés sans lettres citatoires ne peut avoir, à leur égard, force de chose jugée, quand

même ils auraient comparu et se seraient défendus ; dans ce cas, il y a lieu à révision par les tribunaux français.

Le sieur Vertu. — Les sieurs Barthelot, Vasserot et la commune de Ristolas. — 7 août 1817. — Ch. civ.
J. 1. 207

3. — Les tribunaux étrangers sont incompétents pour prononcer des condamnations, *ratione personæ*, contre des Français.

Il n'y a donc pas lieu d'accorder, sur lettres rogatoires, l'exécution d'un jugement rendu par la judicature-mage de Savoie contre un Français.

M⁰ Dumas. — Morel. — 9 janvier 1826. — 1ʳᵉ ch.......... J. 2. 398

4. — Les jugements et arrêts rendus par un tribunal étranger contre des Français ne peuvent avoir à leur égard force de chose jugée, quand même ces derniers auraient comparu et se seraient défendus.

Il y a lieu à révision, dans ce cas, devant les tribunaux français.

L'édit de 1629 n'a point été abrogé, ni par les traités postérieurs avec la Savoie, ni par le droit nouveau.

Le sieur Ovel. — Le sieur Challier. — 3 janvier 1829. — 1ʳᵉ ch. J. 4. 343

TROUSSEAU.

1. — *Estimation.* — *Allocation éventuelle.*

Lorsque, dans le contrat de mariage, la femme s'est réservé la faculté de reprendre son trousseau en nature ou d'en répéter l'estimation, elle ne doit être allouée qu'éventuellement dans l'ordre des créanciers de son mari, pour le montant de l'estimation de ce trousseau ; l'intérêt de cette somme doit être payé annuellement au premier créancier en perte, jusqu'à l'époque de l'option autorisée par le contrat de mariage, et il doit être procédé à l'inventaire des effets qui composent ce même trousseau.

MM. Barge de Certeau. — La dame Mollard et les créanciers de son mari. — 6 janvier 1831. — 1ʳᵉ ch. J. 5. 325

2. — *Restitution.* — *Estimation.*

Lorsque le trousseau constitué à la femme a été estimé, elle peut demander en même temps, à la dissolution du mariage, et la restitution du prix et le trousseau en nature ; par la raison que l'estimation emporte vente au profit du mari, qui devient débiteur du prix, et que le mari est tenu de fournir à l'entretien de sa femme, à qui on ne peut ensuite enlever les nippes et hardes achetées pendant le mariage.

Fiat. — Bouvier. — 24 janvier 1812. — 1ʳᵉ ch.

La veuve et les héritiers Domet. — 31 décembre 1814. — 2ᵉ ch.

Les mariés de Lacoste. — 30 décembre 1818. — 1ʳᵉ ch........ V⁰. 259

3. — *Restitution.* — *Estimation.* — *Papier-monnaie.*

Lorsqu'un contrat de mariage fait

pendant le cours du papier-monnaie contient estimation du trousseau et des effets mobiliers de la future, le montant de cette estimation doit être restitué en numéraire, sans réduction, parce qu'elle équivaut à une vente faite au mari.

4. — *Restitution.* — *Séparation de biens.*

La femme qui, après la séparation de biens, a repris tout ou partie des effets qui composaient son trousseau, ne peut plus être admise à faire comprendre dans la liquidation de ses reprises, ni la somme estimative de ce trousseau, ni aucune somme inférieure, à moins qu'elle ne prouve que ce qu'elle en a retiré n'est pas égal en valeur à celui qui lui avait été constitué.

V. Donation. — Succession.

TUTELLE.

1. — *Administration.* — *Conseil de famille.*

Le conseil de famille, en maintenant la tutelle à la mère mariée en secondes noces, ne peut restreindre les droits de cette dernière dans l'administration des biens de ses enfants mineurs.

2. — *Compte.* — *Action en reddition.*

On ne peut, sous prétexte de la modicité d'une succession, rejeter l'action en reddition d'un compte de tutelle.

3. — *Compte.* — *Action.* — *Durée.*

En Dauphiné, le mineur avait trente ans, à dater de sa majorité, pour demander la reddition du compte tutélaire.

4. — *Compte.* — *Compensation.*

Ce serait admettre la compensation d'une créance liquide avec une qui ne l'est pas, que de déclarer un ancien tuteur non recevable dans la demande en paiement d'une somme d'argent, parce qu'il a un compte à rendre.

5. — *Compte.* — *Dépenses.*

Le tuteur ne peut, avant d'avoir rendu compte, répéter les sommes par lui payées à la décharge des biens dont l'administration lui avait été confiée.

Jean Chevalier. — Les cohéritiers

Lambert. — 9 août 1823. — 2e ch.

J. 2. 277

6. — Le tuteur peut, avant d'avoir rendu compte, réclamer le paiement des sommes qui lui sont dues par les mineurs, pour des causes étrangères à l'administration de la tutelle (comme si, par exemple ; il s'agit de la dot due à une mère tutrice), sans qu'on puisse opposer de compensation avec ce dont il pourra être déclaré débiteur par suite de la reddition de compte.

Jean Chevalier. — Les cohéritiers Lambert. — 9 août 1823. — 2e ch.

J. 2. 277

7. — *Compte. — Partage.*

L'obligation de rendre compte de sa gestion ne rend pas le tuteur non recevable à demander le partage d'une succession sur laquelle il a des droits, et qui est indivise entre lui et le mineur devenu majeur.

Platel. — Femme Rivoire. — 9 août 1808. — 1re sect . . . . V^e. 714

8. — *Compte. — Serment en plaid. — Forclusion.*

Lorsqu'un tuteur est en demeure de rendre compte, quoiqu'il y soit condamné par jugement, il ne peut être prononcé contre lui de forclusion, et, par suite, de condamnation définitive à une somme déterminée par forme de serment en plaid. Les tribunaux peuvent seulement ordonner que le tuteur sera contraint, même par corps, à rendre son compte à concurrence de telle somme, sauf au tuteur à faire cesser cette fixation en rendant son compte.

Consorts Poncin. — Jean Poncin. — 2 février 1818. — Ch. civ . . . V^e. 713

9. — *Compte. — Transaction. — Nullité.*

Le compte de tutelle rendu au mineur devant des arbitres en l'an 8, et sous l'empire de l'ordonnance de 1667, est nul et inutile. Les transactions postérieures intervenues entre le tuteur et le mineur devenu majeur ne peuvent valider ce compte, s'il n'y a pas eu remise de pièces justificatives ; ces transactions sont même nulles pour les dispositions étrangères au compte, si ces dispositions ont été consenties en considération de celles relatives au compte.

Les mariés de Miribel. — Le sieur Gerbolet-du-Châtelard. — 31 août 1819. — 2e ch . . . . J. 1. 14

10. — *Constructions. — Réparations.*

Lorsqu'un tuteur fait faire des constructions dans le fonds du mineur, sans autorisation du conseil de famille, l'ouvrier n'a pas action contre le mineur en paiement du prix. Il ne peut la diriger que contre le tuteur, qui est tenu de le payer, sauf à lui à porter dans le compte de la gestion le montant des améliorations qui en sont résultées.

Rose Brugeat. — Bernuzel et Barral. — 2 mars 1810. — 2e ch.

Clerc. — Baconnier. — 27 janvier 1819. — 1re ch . . . . V^e. 711

11. — *Dépenses.*

On passe au tuteur les dépenses pour la nourriture et l'entretien du pupille, quoique elles excèdent les revenus.

Blanchet. — Clemençon. — 8 juillet 1819. — 2ᵉ ch............ Vˢ. 713

12. — *Désistement. — Appel. — Droit mobilier.*

Le tuteur a qualité pour se désister valablement d'un appel interjeté au nom des mineurs, d'un jugement qui a statué sur un droit mobilier leur appartenant.

Les sieurs Belluard et Busco. — Les consorts Caillat. — 26 août 1825. — 2ᵉ ch.................... J. 3. 71

13. — *Destitution. — Effets mobiliers. — Restitution.*

La mère tutrice qui a passé à de secondes noces, et à laquelle le conseil de famille a retiré la tutelle, ne peut plus retenir les effets mobiliers de son fils mineur, ni les vendre sans formalité.

Les mariés Vaganay. — Mathieu Mandidier. — 12 juillet 1832. — 2ᵉ ch. J. 6. 225

14. — *Exclusion. — Enfant naturel.*

La cécité n'est pas un motif d'exclusion de la tutelle.

La mère n'est pas tutrice légale de ses enfants naturels.

Virginie Hours. — Abel Dantour. —

Tachon. — 5 avril 1819. — 2ᵉ ch. Vˢ. 376

15. — *Hypothèque. — Désistement.*

Un tuteur ne peut se départir d'une inscription hypothécaire prise pour des droits immobiliers dus au mineur.

Salomon. — Besson. — 12 juillet 1816. — Ch. civ.......... Vˢ. 710

16. — *Interdiction. — Subrogé tuteur. — Intervention.*

Lorsque le tuteur d'un interdit a, conformément à la délibération d'un conseil de famille, intenté une action tendant à obtenir l'annulation des actes passés par l'interdit, antérieurement à l'interdiction, le subrogé tuteur peut-il intervenir dans l'instance liée à cet effet, sous le prétexte de surveiller les intérêts de l'interdit? *Oui.*

Bruno Empereur. — Urbain Pradoura. — 12 février 1835. — 2ᵉ chamb. J. 7. 497

17. — *Mère. — Convol. — Peine. — Droit ancien.*

Le bénéfice des peines encourues par la femme qui passait à de secondes noces, *non petitis tutoribus*, appartenait aux enfants du premier lit, sans égard à la qualité d'héritier.

Couturier. — Constantin. — 20 août 1814. — 2ᵉ ch............ Vˢ. 707

18. — *Subrogé tuteur.*

L'existence d'un subrogé tuteur,

dans toute tutelle , est indispensable : a tel point qu'il y a nullité des jugements rendus contre les mineurs représentés par le tuteur , mais non pourvus de subrogé tuteur , alors même qu'il ne s'agit que d'actions mobilières.

Les consorts Patton. — Eugène Patton. — 1er juillet 1830. — 1re chamb.
J. 5. 348

19. — *Transaction*.

Avant le Code , le tuteur avait capacité pour transiger au nom de ses mineurs.

La veuve Tholosan. — Les héritiers Moynier-Dubourg. — 14 janvier 1824. — 2e ch................ J. 2. 70

20. — *Usufruit légal*. — *Déchéance*. — *Destitution de tutelle*.

La destitution de la tutelle légale , pour fait d'inconduite notoire , entraîne-t-elle la déchéance de l'usufruit légal ?

Et spécialement la mère , tutrice légale de ses enfants légitimes , qui a donné le jour à un enfant hors mariage , et qui , pour cela , a été destituée de cette tutelle , peut-elle , par suite , être déclarée déchue de l'usufruit que la loi lui confère sur les biens de ses enfants? Dissertation.......... J. 7. 477

21. — *Vente*. — *Droit ancien*.

La vente passée par le tuteur , des biens de son pupille , était valable quoi-

que faite sans solennité , lorsque elle était nécessaire et indispensable.

Babolin. — Massif. — 13 frimaire an 11. — 2e sect.......... V. 709

V. Fruits. — Hypothèque légale — Mineur. — Vente.

USAGE.

1. — *Bois*. — *Bétail*. — *Pâturage*.

L'ordonnance de 1669 et le règlement de 1731 ont dérogé , par des motifs d'ordre public , aux clauses des anciens titres qui accordent le droit de faire paître le bétail gros et menu dans des bois appartenant à des particuliers. Ce droit doit être restreint au gros bétail dans les bois déclarés défensables.

Le sieur Rocher. — Les syndics des usagers de la montagne de Charence. — 27 août 1824. — 1re ch. J. 1. 416

2. — *Prescription décennale*.

La prescription décennale n'étant admise que contre le véritable propriétaire, et le droit d'usage se rapprochant plus d'une servitude réelle que de l'usufruit , cette prescription ne peut être invoquée contre les usagers.

La commune de Voreppe. — L'état et l'hospice de Grenoble. — 23 juillet 1832. — 1re chamb....... J. 6. 164

V. Cantonnement.

USUFRUIT.

1. — *Abus*. — *Extinction*.

La mère , tutrice légale , doit être

privée de l'usufruit , soit légal , soit testamentaire , qu'elle a sur les biens de ses enfants , si elle commet des dégradations, dissipe des effets mobiliers, ou vend , en son propre et privé nom , des immeubles de la succession.

Les mariés Delphin. — Le sieur Fuzier. — 19 février 1816. — 1re chamb.
J. 2. 417

2. — *Action directe.*

L'obligation imposée par l'article 614 du Code civil ne peut priver l'usufruitier du droit d'exercer lui-même les actions qui sont dans son intérêt comme dans celui du propriétaire. Cette obligation est purement facultative pour l'usufruitier , sauf la responsabilité prévue par le même article 614.

Le sieur Oddoz. — Le sieur Luya.
— 23 mai 1823. — 2e ch.   J. 2. 422

3. — *Caution. — Effet rétroactif.*

La femme n'est pas dispensée de donner caution à raison de l'usufruit qui lui a été donné par son mari antérieurement au Code civil , si ce dernier est décédé sous l'empire de ce Code.

Me Favier. — Claudine Landre. —
1er juin 1818. -- Ch. civ... J. 2. 420

4. — *Dettes. — Répétition.*

La clause d'un testament, par laquelle la veuve du testateur , légataire de l'usufruit de tous ses biens , est chargée de payer toutes ses dettes , ne prive point l'usufruitière ou ses héri-

tiers du droit de répéter , à la fin de l'usufruit , les capitaux qu'elle a avancés pour l'acquittement des dettes de l'hoirie. Il faudrait qu'il y eut dans le testament une dérogation formelle au droit commun , pour que l'usufruitière fût tenue de payer les dettes sans répétition.

Les mariés Rey-Dupelay. — Joseph Rey-Furand. — 23 juillet 1828. — 2e chamb.................. J. 4. 266

5. — *Expropriation.*

Un créancier peut poursuivre l'expropriation d'un usufruit quoique le propriétaire se soit imposé la condition de ne le point vendre , sous peine de le voir éteindre.

Les héritiers Mazerat. — Le sieur de Baune. — 24 mars 1817. — 2e chamb.
V^e. 559

6. — *Semences.*

Les semences trouvées par l'usufruitier, au moment de son entrée en jouissance , doivent être par lui restituées en nature ou en argent, d'après leur valeur , à l'époque où il les a reçues.

Les mariés de Miribel. — Le sieur Gerbolet du Châtelard.— 31 août 1819.
— 2e chamb.............. J. 1. 11

7. — *Servitude.*

L'usufruitier peut s'opposer à l'établissement d'une servitude sans être tenu de dénoncer le fait d'usurpation au propriétaire; il est essentiellement le mandataire de ce dernier.

Le sieur Oddoz. — Le sieur Luya. —
23 mai 1823. — 2ᵉ chamb. J. 2. 422

V. Convol. — Dot. — Testament.
— Tutelle. — Vente.

USURE.

1. — *Délit successif.*

L'usure habituelle étant un délit
successif, le délit se compose de tous
les actes usuraires récents et anciens,
même de ceux qui remontent à plus de
trois ans.

Le ministère public. — Les frères
S..... — 2 mars 1825. — 4ᵉ chamb.
J. 2. 439

2. — *Escompte. — Taux.*

On ne peut incriminer comme faits
d'usure les escomptes pris sur des effets
de commerce, la loi n'ayant fixé aucun
taux pour ce genre de négociation,
qui peut présenter des chances de perte
comme de gain.

Le procureur-général. — Les sieurs
C.... et R.... — 1ᵉʳ septembre 1826. —
chamb. corr............. J. 3. 353

3. — *Excuse. — Taux légal.*

Les prêts faits au taux légal ne sont
pas un motif d'excuse pour ceux faits
à usure, alors que la preuve d'habitude
d'usure se trouve acquise par la conti-
nuité de prêts usuraires.

Le ministère public. — P..... — 20
mars 1828. — ch. corr.... J. 4. 129

4. — *Intérêts. — Taux légal.*

Celui qui a prêté, au taux de l'intérêt
légal, des sommes plus considérables
que celles portées par les actes incriminés d'usure, n'est pas punissable de
délit d'usure; ce qui constitue un délit
de cette nature, c'est l'habitude de
prêts usuraires et successifs.

M. le procureur-général.—Les sieurs
C.... et R.... — 1ᵉʳ septembre 1826. —
ch. corr............... J. 3. 353

5. — *Prescription. — Délits succes-*
sifs. — Interruption.

On ne peut invoquer le bénéfice de
la prescription en matière d'usure, si
les prêts qui la constituent ont été successifs et faits à des intervalles rappro-
chés.

Le ministère public. — P.... — 20
mars 1828. — Ch. corr.... J. 4. 129

6. — *Prescription. — Interruption.*

Il n'y a pas prescription du délit
d'usure tant qu'il n'y a pas eu interruption d'actes usuraires pendant trois
ans.

Le ministère public. — Les frères
S..... — 2 mars 1825. —4ᵉ chamb.
J. 2. 439

V. Complicité.

VACATIONS. — V. Expertise.

VAINE PATURE.

1. — *Clôture.*

Par la clôture, le propriétaire peut

s'affranchir de tout droit de vaine pâture non établie par titre ; ce droit ne peut d'ailleurs s'exercer sur les terrains non clos , avant la récolte de la première herbe.

Les sieurs Pravaz , Permezel et autres. — La commune de Pressin. — 30 août 1826. — 1re chamb... J. 3. 219

2. — *Titre. — Servitude.*

Le droit de vaine pâture non accompagné d'un titre n'est que précaire et ne peut être le fondement d'une servitude de pâturage ; considéré d'autre part comme servitude discontinue , il ne pourrait s'acquérir que par titre et non par prescription.

Les sieurs Pravaz, Permezel et autres. — La commune de Pressin. — 30 août 1826. — 1re chamb....... J. 3. 219

VALEUR INDÉTERMINÉE. — V. Dernier ressort.

VENTE.

1. — *Coupe de bois. — Acte illicite.*

La revente d'une coupe de bois faite par l'adjudicataire avant l'expiration du délai de la surenchère n'est point un acte illicite , et, comme tel, susceptible d'être annulé.

Jean Ferlay. — Jean Matthieu. — 2 juillet 1830. — 4e chamb.. J. 6. 177

2. — *Délégation. — Rentes.*

Lorsqu'une vente a été faite à la charge de payer deux rentes à des tiers

non présents à l'acte , le vendeur peut révoquer cette délégation et demander lui-même le paiement , à moins que l'acquéreur n'ait intérêt , pour sûreté de l'exécution de la vente , à payer le créancier du vendeur.

Me Ythier. — Jean Richard. — 2 août 1808. — 1re sect....... V. 420

3. — *Epoux. — Cause légitime.*

La vente passée par le mari à sa femme non séparée de biens, en paiement de sa date , est nulle, comme étant sans cause légitime.

Les mariés Chollat. — Le sieur Monnet. — 8 mars 1831. — 1re chamb.
J. 5. 289

4. — *Epoux. — Nullité.*

La vente passée par le mari à sa femme non séparée de biens, en paiement de ses reprises , est nulle lorsque les époux sont mariés sous le régime dotal , et qu'aucune condition de remploi n'a été imposée au mari pour la réception des prix de vente et autres deniers dotaux.

Les mariés Nery-Blagnat. — M. de Boisvert. — 26 mars 1832. — 1re ch.
J. 6. 80

5. — *Nullité. — Garantie.*

La nullité d'une vente entraîne la nullité de la promesse de garantie , lorsque l'acquéreur n'a pu ignorer l'incapacité du vendeur.

Les consorts Prat. — Les mariés

Faure et Frezet. — 8 janvier 1823. —
2ᵉ chamb.............. J. 2. 208

6. — *Prix.— Terme.— Notification.*

L'acquéreur par vente volontaire,
qui, d'après le contrat, n'était soumis
à payer une portion du prix qu'à terme
et sans intérêts, jusqu'à l'échéance du
terme, n'est pas privé de ce bénéfice,
en notifiant son contrat aux créanciers
inscrits, avec déclaration qu'il est prêt
à acquitter les dettes et charges hypothécaires.

Les héritiers Barge de Certeau. —
La femme Janon, le sieur Rivoire de
la Bâtie, et Alexandre Janon. — 20
janvier 1832. — 2ᵉ ch..... J. 5. 554

7. — *Rente-viagère. — Privilége.*

L'abandon ou la cession d'un usufruit
de biens-immeubles, moyennant une
rente viagère, est une véritable vente
d'un droit immobilier, dont la rente
forme le prix, pour la sûreté duquel le
vendeur a un privilége sur les immeubles vendus.

Jean-Antoine Autussac. — Marianne
Blain, Claude Guillot et autres. — 16
août 1828. — 2ᵉ ch...... J. 2. 255

**8. — *Rente viagère. — Rescision. —
Vileté du prix.***

Une vente consentie moyennant une
rente viagère peut être rescindée pour
vileté du prix.

Pierre Serpeilles. — La veuve Im-
bert. — 18 avril 1831. — 1ʳᵉ chamb.
J. 5. 294

**9. — *Résolution. — Défaut de paie-
ment.***

Le défaut de paiement, en entier,
du prix de vente, au terme convenu,
autorise la résolution du contrat. — Les
juges peuvent néanmoins accorder un
délai de grâce.

Ogier. — Gondrand. — 20 janvier
1820. — 1ʳᵉ chamb........ V'. 726

**10. — *Résolution. — Pacte commis-
soire.***

On ne pouvait, dans l'ancien droit,
demander la résolution de la vente à
défaut de paiement du prix, qu'autant
que le pacte commissoire avait été
stipulé. L'acheteur ne pouvait être
contraint que par les voies ordinaires
d'exécution.

Roux. — Turpin. — 9 août 1821. —
1ʳᵉ chamb............... V'. 725

**11. — *Résolution. — Paiement. —
Demande alternative.***

La demande alternative, primitivement formée en résolution de la vente
ou en paiement du prix, n'est pas un
obstacle à ce que le demandeur ne
puisse en définitive rectifier sa conclusion alternative et opter pour le paiement du prix, surtout si l'option qu'il
avait offerte lui-même au défendeur a
été rétractée avant l'acceptation de ce
dernier; cette conclusion rectifiée n'est
pas une demande nouvelle; elle est
simplement une modification de la première.

Jean-Claude Armand, — Dumas, Guibert et Feutrier. — 11 juillet 1822. — 2ᵉ chamb............ J. 2. 463

12. — Résolution. — Privilége. — Subrogation.

La subrogation faite par le vendeur à ses droits et priviléges, au profit d'un tiers qui le paie, confère à celui-ci le droit de demander la résolution de la vente à défaut de paiement du prix.

François Marrel. — Les sieur Belluard et Gantin. — 5 janvier 1826. — 2ᵉ chamb............ J. 3. 1

13. — Résolution. — Tiers-acquéreur.

La résolution du contrat, prononcée contre l'acquéreur faute de paiement du prix, peut être opposée aux tiers-acquéreurs qui ne sont plus admis à payer le prix, quoiqu'ils aient acheté avant l'instance de résiliation.

Mallet. — Meynat. — 30 juin 1818. — Chamb. civ............ Vˢ. 728

14. — Tuteur. — Capacité.

Dans l'ancien droit, les tuteurs et autres administrateurs n'étaient pas incapables, sauf le cas de fraude, de se rendre adjudicataires des biens de leurs administrés, lorsque la vente s'en faisait judiciairement.

Morel. — Aubert. — 4 juillet 1809. — 1ʳᵉ chamb............ Vˢ. 717

15. — Vente verbale. — Vente authentique. — Concours. — Droit ancien.

Avant la promulgation du Code civil,

la vente verbale d'un immeuble, consommée et prouvée, devait avoir son effet, nonobstant la vente postérieure du même immeuble, par acte authentique ; cette dernière vente était, en ce cas, frappée de nullité.

Etienne Mathieu. — Victor Blanc et autres. — 25 mars 1825... J. 2. 552

V. Contre-lettre. — Faillite. — Mineur. — Prescription. — Preuve testimoniale. — Privilége. — Saisie immobilière. — Simulation. — Subrogation. — Succession. — Surenchère. Transcription, — Tutelle.

VIOLENCES.

1. — Les injures et mauvais traitements du fils envers le père ne sont pas un simple délit, mais un crime prévu par l'article 312 du Code pénal ; le tribunal correctionnel est incompétent pour prononcer sur un fait de cette nature.

Le fils Gessey. — M. le procureur général. — 28 avril 1824. — Chamb. correct............ J. 1. 124

2. — Celui qui, quoique sans préméditation, a exercé des violences ou des mauvais traitements sur la personne de son père est passible de la peine de la réclusion, quand bien même ces mauvais traitements n'auraient pas occasionné une maladie ou une incapacité de travail pendant plus de vingt jours.

Le ministère public. — Louis L.... — 18 mai 1820. — Cour d'assises de l'Isère............ J. 2. 550

VOITURES PUBLIQUES.

1. — *Responsabilité.— Effets perdus*.

Les voyageurs ne sont pas légalement obligés de faire inscrire et constater la valeur des effets qu'ils portent avec eux; et à défaut par les entrepreneurs de voitures publiques d'avoir exigé cette déclaration, l'estimation des effets perdus est abandonnée à l'arbitrage des tribunaux.

Le sieur Gringeat. — Le sieur Léas. — 29 août 1833. — 4ᵉ ch. J. 6. 506

V. Homicide.

VOL.

1. — *Effet perdu*.

Est coupable de vol ou de soustraction frauduleuse celui qui, ayant trouvé un effet perdu (un manteau), ne le rend pas à son propriétaire, et nie de l'avoir en sa possession.

Jean Valentin. — Le ministère public. — 2 juin 1824...... J. 1. 534

2. —Celui qui a trouvé des effets dans un chemin public et qui les retient, avec intention de se les approprier, n'est pas pour cela coupable de vol, si cette intention a été conçue postérieurement à l'enlèvement des effets.

M. le procureur-général. — Les mariés Girerd. — 4 septembre 1833. — Chamb. corr............ J. 6. 511

3. — *Effraction. — Voitures publiques*.

L'enlèvement de caisses, boîtes et autres meubles fermés, qui contiennent des effets, ne constitue le vol avec effraction intérieure, prévu par l'article 396, paragr. 2, du Code pénal, qu'autant que l'enlèvement a été opéré dans les lieux désignés dans l'article 395. Ainsi l'enlèvement fait sur une grande route et sur une voiture publique d'une caisse fermant à clef, ne constitue pas un vol avec effraction, bien qu'il soit établi que la caisse a été ouverte à la suite de l'enlèvement.

M. le procureur-général. — Cyprien Faure. — 29 septembre 1832. — Ch. d'accus................. J. 6. 203

4. — *Récoltes. — Maraudage*.

Le vol de récoltes non détachées du sol, qui n'est accompagné d'aucune des circonstances mentionnées dans l'article 13 de la loi du 25 juin 1824, ne présente que le fait de maraudage prévu par l'article 34 du Code rural de 1791.

Joseph F.... — Le procureur-général. — 2 février 1825. — Chamb. corr.
J. 2. 300

V. Dommages-intérêts.

VUES. — V. Servitudes.

FIN.